영국·러시아 그레이트게임의 파장

세계사와 포개 읽는 한국 100년 동안의 역사 ❹

영국·러시아 그레이트게임의 파장

김 용 삼

근현대사 탐구가

백년
동안

제4권 서문

골수에 박힌 외세 의존 습성

사전적 해석에 의하면 사대주의란 '큰 나라나 세력권에 붙어 그 존립을 유지하고자 하는 외교술'이다. 조선의 경우 중화문명권에 편입되어 중국의 보호 우산 아래 들어감으로써 평화를 유지한다는 전략이었다.

농업 이외의 산업이 존재하지 않았던 조선은 재정 능력의 한계로 인해 국가를 지킬 군사력을 유지하기 힘들었다. 그러나 중국에 안보를 의지하는 사대 정책 덕분에 500여 년 동안 임진왜란과 정묘·병자호란을 제외하고는 안보에 대한 부담을 덜면서 생존을 유지할 수 있었다. 국력의 한계로 인한 어쩔 수 없는 선택이었던 사대주의는 한편에선 씻을 수 없는 정신적·문화적 상처를 남겼다.

우선 사대주의는 조선 지배층의 두뇌에 중국제일주의, 즉 모화慕華사상을 유전인자로 심었다. 계승범의 『중종의 시대』에 의하면 조선 초에는 명 황제의 사신이 서울에 도착하면 조선 국왕이 모화관에서 사신을 존경하는 뜻에서 몸을 굽히는 국궁鞠躬의 예로 맞았다. 그러던 예법이 중종 시절인 1537년부터 바뀌었다. 중종은 이해 명나라 칙사가 서울에 도착하자 조선 국왕으로서는 최초로 도성의 백성이 지켜보는 가운데 오배삼고두五拜三叩頭의 예를 거행했다.

이후 조선은 중국의 신하·아들임을 당연한 논리로 수용했고, 명나라 칙사가 오면 국왕이 모화관까지 직접 나가 오배삼고두의 예로 맞는 것이 당연한 절차로 자리 잡았다. 조선의 붓잡이 선비들은 일본의 '독서하는 사무라이' '칼 찬 사대부'들과 달리 조선은 자주독립국이란 의식을 팽개치고 '중화의 충실한 외변外邊'을 자처했다.

그들은 1644년 여진 오랑캐들이 '천자의 나라' 명을 멸망시키자 북벌론을 외쳤다. 그것이 현실적으로 불가능함을 깨닫자 재빨리 "우리는 명나라의 후예"라며 '소중화'를 자처했다. 그것이 도가 지나쳐 "우리가 명나라의 법통을 이어받아 중화가 되었다"라면서 조선중화주의를 선언한다.

조선중화주의자들은 이름마저 중국식으로 창씨개명했고, 지명도 중국식으로 바꿨다. 그들 입장에서 볼 때 한문은 외국어가 아니라 조선의 공용어가 당연했다. 이것이 배우고 쓰기 어려운 한문을 19세기 후반까지 고집했던 이유다. 그들은 문자에 이어 언어(말)마저 중국어로 바꿨어야 하는데 그것을 시행하지 못하고 조선어(한국어)를 사용하는 현실을 개탄했다. 언어마저 중국어로 바꿨어야 진정한 조선중화가 완성된다고 믿었다.

조선어 사용을 부끄러워한 대표적 인물이 조선 후기 북학파 실학자 홍대용이다. 그는 청에 사신으로 파견되어 손유의라는 중국인과 대화하는 과정에서 "우리나라는 중국을 사모하고 존숭하며 의관과 문물이 중화의 제도와 방불해 옛날부터 중국에서 소중화라고 부르고 있습니다만, 언어만은 아직도 이풍夷風(오랑캐풍)을 면하지 못했으니 부끄러운 일"이라고 실토한다(배우성, 『조선과 중화』, 돌베개, 2016, 163~164쪽).

박제가도 조선의 언어를 버리고 중국어를 받아들여야 오랑캐 칭호를 면하고 주周·한漢·당唐·송宋의 풍기를 열게 될 것이라고 스스럼없이 말했다. 조선어를 버리고 중국어와 중국 문자, 중국식 성과 이름을 사용하는 것이 당연하다고 주장하는 사람들은 한국인인가, 아니면 중국인인가?

대보단이 '문화적 자주의식'이라고?

국수주의에 심취한 국사학자들은 북벌론, 소중화, 조선중화주의, 서학중원론을 비판하면 "그것은 일제 식민사관이 만든 억지 논리"라면서 발끈한다. "조선이 그렇게 엉터리 나라였다면 어떻게 500년이나 왕조가 유지되었는가?"라는 반박이 제기된다. 조선 왕조가 그만한 기간을 계속 유지 지탱한 것은 끊임없는 자기 정화 작업 내지 재정비의 노력을 경주했기 때문이라는 것이다(정옥자, 『조선후기 조선중화사상 연구』, 일지사, 1998, 66쪽).

일군의 국수주의적 국사학자들은 이미 멸망한 명나라에 대한 기억을 19세기 말까지 놓지 못했던 조선 후기 지식인들의 사고 양식은 선뜻 수긍하기 어려운 측면이 있음을 부정할 수 없다고 비판하면서도(우경섭, 『조선중화주의의 성립과 동아시아』, 유니스토리, 2017, 26쪽), 한편에선 그런 행위를 극구 변명하고 미화 찬양한다. 조선의 주자성리학자들이 추구한 문화란 '중국'이라는 특정한 역사공동체의 소산이 아니라, "동아시아 유교 문화의 정수를 일컫는 것이었다는 점을 상기해야 한다"라는 식이다(김한규, 『한중관계사 I』, 아르케, 1999, 36~37쪽).

국사편찬위원장을 지낸 정옥자는 대보단으로 상징되는 조선 후기 중화사상의 전개는 사대주의의 산물이 아니라 문화적 자존의식으로 정의한다(정옥자, 「대보단 창설에 관한 연구」, 『변태섭 박사 화갑기념 사학논총』, 1985). 정옥자의 주장을 쌍수를 들어 환영한 학자가 우경섭이다. 그는 정옥자의 주장에 대해 "지난 100년간 한국 사회가 추구했던 근대화(세계화)의 열풍 속에서 기형적 형상으로 내면화되었던 자화상을 극복하고, 평화 공존의 세계 질서를 지향해야 할 현실적 과제로 제시했다"라고 높이 평가했다(우경섭, 『조선중화주의의 성립과 동아시아』, 2017, 20~21쪽).

조선의 드높은 '정신승리법'에 심취한 국수주의 사학자들의 사고방식은 1704년 숙종이 대보단 설치를 명하면서 "정축년(1637) 하성지거下城之擧는 부득이한 일로, 당시 척화삼신斥和三臣은 죽음으로써 투쟁해 절의가 빛났다"라고 한 발언, 그리고 "황제(명나라 마지막 황제 숭정제를 뜻함)께서 척강陟降하시어 하토下土를 바라보실 제 구국(명나라)은 융적戎狄(청나라)의 것이 되었으니 누가 제사를 받들겠습니까? 우리나라가 비록 누추하지만 우리의 정성은 지극하고 오히려 이를 큰 기쁨으로 삼는 것입니다"(『숙종실록』 30년 3월 무오)라고 감읍하는 심리 상태와 동일한 패턴이 아닌가 생각된다.

삼전도 항복이 부득이한 일이었다고? 조선 사신들이 홍타이지의 황제 즉위식에 재를 뿌리고, 국서를 공관 숙소에 내팽개쳐 병자호란을 자초하지 않았는가. 그 결과 수만 명 백성이 포로로 끌려가고 학살당하고 겁탈당하도록 팽개친 행위를 국뽕 국사학자들의 번지르르한 말장난으로 통칠 수 있는 일인지는 독자 여러분이 심판하고 판단할 몫이다.

'국뽕' 관념으로 조선 왕조를 미화 찬양하는 심리 상태는 조선의 주자성리학에 대한 극도의 자부심과, 조선을 무력으로 짓밟은 청에 대한 적개심이 혼합되어 조선이 문화적으로 천하에서 가장 우월하다고 외치는 일종의 자기 시위였다.

그들은 무엇을 지키려 했는가

문제는 또 있다. 사대의 대상인 중국이 조선을 보호할 능력과 의지가 있을 때는 다행이지만, 그들이 조선을 보호할 능력을 상실하거나 그럴 의지를 철회하면 국가 생존은 지극히 불투명해진다. 1860년대 서양 제국주의 세력이 동아시아로 몰려오면서 조선과 일본은 비슷한 시기에 서양 열강의 개방 압력을 받았다. 일본은 확고한 독립 자존 의식을 토대로 적극적인 개방과 메이지유신으로 근대화를 이루었다. 일본이 열강 대열에 합류한 것은 근대화 성공의 보너스였다.

반면에 조선의 지도부를 구성한 고종과 민 왕후, 민씨 척족들의 두뇌 속엔 '국가'란 개념은 존재하지 않았다. 오로지 왕실과 가문의 안전만 선명하게 각인되어 있었다. 구한말의 국제 질서는 약육강식의 법칙이 지배하는 정글의 세계였다. 힘이 곧 정의인 시대에 국력은 군사력·경제력·외교력으로 표출된다. 조선은 그 세 가지 중 어느 하나도 제대로 갖추지 못했다. 애오라지 주자성리학적 자존심을 앞세워, 1644년 멸망해 지구상에서 사라진 명나라 중심의 친중 사대주의 패러다임을 맹종했다.

그들은 위정척사로 세계사의 흐름에 저항했고, 사대교린에 의거해 왕도정치를 펼치면 제국주의 세력의 침략을 막아낼 수 있다고 믿었다. 프랑스군이 강화도를 침공하자 고종은 주자성리학 원리주의자 이항로를 동부승지同副承旨(승정원의 정3품)에 임명한다. 그에게 서양 오랑캐 퇴치를 위한 방책을 묻자 이항로는 "우리나라는 비록 소국이지만 군신이 마음을 하나로 해서 덕을 닦고 정사를 행해 고대 중국의 삼대三代와 같이 이상 정치를 실시하면 서양 오랑캐洋賊가 감히 침범하지 못할 것"이란 처방을 내놓았다.

그들이 말하는 이상 정치란 석기 시대로의 회귀를 뜻한다. 주자성리학 원리주의자들은 이런 사고 체계로 근대 과학기술 문명과 맞서 싸운 '위대한 돈키호테'들이었다. 그들은 의병을 일으켜 외세와 장렬하게 싸웠다. 그들이 목숨 걸고 지키려 했던 것은 조선 백성의 생명과 재산, 왕조가 아니었다. 그들이 지키려 했던 궁극적 가치는 주자성리학이었다.

돈키호테들의 '우호국 찾기' 게임

조선 국왕과 그 전위 세력인 민씨 척족은 청이 내정 간섭을 일삼자 그들의 속박에서 벗어나기 위해 '우호국' 찾기에 나섰다. 새로운 상국,

즉 '아버지의 나라'에 의지해 조선을 옭죄고 있는 오랑캐 청의 내정 간섭을 물리치고 왕권을 수호하고자 했다. 그 결과 조선 왕조의 최우선 관심사는 '충분히 신뢰할 수 있는 우호국' 찾기로 귀결됐다.

임오군란 때문에 청군 점령하에 놓인 조선에서는 '청나라와의 긴밀한 연대'를 주장해 온 조영하·김윤식·어윤중 등이 권력의 전면에 나서게 되었다. 친청親淸을 표방한 조정 대신들의 사고방식은 무역장정 체결 후 김윤식의 다음과 같은 발언을 통해 엿볼 수 있다.

> "우리나라가 중국의 속방이 됨은 천하가 모두 아는 바인데, 항상 중국이 착실하게 담당하려는 뜻이 없음을 근심했습니다. 우리나라처럼 고립되고 약한 형세로 만약 대국의 보호가 없다면 실로 특립特立하기 어려울 것입니다. 이제 이 중당中堂(리훙장)은 중국에서 병권兵權을 장악한 대신입니다. 중대한 우리나라의 문제를 의연히 자임해 이미 각국에 성명하고 조약에 대서大書했으니 뒷날 우리나라에 일이 생겼을 때 만약 온 힘을 다해 구원해 주지 않는다면 필시 천하 사람들의 비웃음을 살 것입니다. 천하 사람들이 중국이 우리나라를 담임하는 것을 본다면, 각국에서 우리를 무시하는 마음 또한 그에 따라 조금 그칠 것입니다." (김종학, 『개화당의 기원과 비밀외교』, 일조각, 2017, 175쪽)

온건 개화 노선의 지도부 인사들은 정신적으로는 오랑캐의 나라 청을 배척·멸시하면서도 현실적으로는 그들에게 의지해야 하는 이중 구조에 빠져들었다. 이들의 특이한 행보는 일본을 발전 모델로 삼아 근대화를 추진하려는 세력들의 불만을 사게 됐다.

문제는 급진 개화당도 일본에 기대려는 외세 의존적 사고에서 한 치도 벗어나지 못했다는 점이다. 개화당은 권력 기반이 취약해 독자적인 힘으로는 어떤 성과도 낼 수 없다는 사실을 잘 알고 있었다. 때문에 정치적 목적을 달성하기 위한 수단과 방법을 일본에서 찾았다. 일본 언론이나 외무 당국이 조선에 대해 '개화당'이란 용어를 사용했는데, 그것은 "일본의 국익에 도움이 되는 정치 세력"을 뜻했다(김종학, 『개화당의 기원과 비밀외교』, 2017, 8쪽 참조).

해는 저무는데 갈 길은 멀고…

제4권의 시대적 배경은 조선의 개화파 인사들이 일본을 등에 업고 갑신정변 쿠데타를 실행한 1884년 전후다. 갑신정변을 사전에 눈치 챈 주한 미국·영국 외교관들은 "정변은 시기상조이니 때를 기다리라"라고 간곡하게 만류했으나 개화당은 거사를 실행한다. 하지만 주한 일본 공사의 우유부단한 대처, 조선 주둔 청군의 무력 개입, 민심을 타지 못한 개화당의 섣부른 거사로 갑신정변은 사흘천하로 막을 내린다.

청군의 출동으로 조선 국왕의 집무실이자 거처인 궁궐에서 청군과 일본군이 무력 충돌을 벌인 일은 이후 동북아의 패권 쟁탈전에서 의미심장한 변화를 야기한다. 청나라는 틈만 나면 청의 영향력에서 벗어나려는 조선을 묶어두기 위해 전통적인 속방 체제를 근대적 식민지로 개편하기 위해 내정 간섭을 강화한다. 고종은 점점 심각해지는 청의 내정간섭에서 벗어나기 위해 러시아에게 손을 내민다.

고종의 러시아 끌어들이기 외교는 전 지구적 차원에서 '그레이트게임'을 벌이고 있던 러시아를 긴장시킨다. 고종의 '러시아와 손잡기 외교'는 영국의 무력 개입으로 이어져 거문도를 점령하는 사건으로 발전한다. 영-러 그레이트게임의 소용돌이로 조선을 끌고 들어간 것은 갑신정변의 후폭풍이었다.

| 차례 |

제1장

중화사상의 뿌리, 삼전도

조선 지식층의 영혼을 사로잡은 중화사상이란 중국이 세계의 중심이며, 모든 것이 중국을 중심으로 해서 전 세계로 퍼져나간다고 믿는 중국의 민족 사상이다. 중中이란 지리적으로나 문화적으로 '한가운데'라는 뜻이며, 화華는 '뛰어난 문화'를 뜻한다. 즉 '중화'는 한족의 문화를 의미하며, 한족 국가 이외 나라를 이민족으로 여기고 천시하는 관념을 지니고 있어 화이華夷사상이라고도 한다.

중화는 축軸의 핵심이며 멀리 있는 원심력을 끌어들이는 구심력이다. 우주의 중심에 중국이 있고, 중국의 중심에 천안天安이 있으며, 천안의 중심에 승안承安이 있고, 승안의 중심에 천자天子가 있다는 것이 중화중심주의다(박치정, 『한국 속 중국』, 도서출판 삼화, 2017, 101쪽).

중화사상은 중국에 대한 절대적 우월성과 지배의 정당성을 용인하는 관념이다(이성규, 「중화사상과 민족주의」, 『철학』 27집, 1992, 32쪽). 중국인들뿐만 아니라 조선의 주자성리학자들은 학문, 사회 제도, 도덕적 가치, 심지어 언어에 이르기까지 중국 문명의 모든 영역이 중국을 제외한 나머지 세계의 '오랑캐들'의 것에 비해 우수하다고 확신했다(김영식, 『중국과 조선, 그리고 중화』, 아카넷, 2019, 30~31쪽). 이러한 확신이 강철처럼 굳어졌기에 서양 문명의 우월성을 인식한 후에도 중화사상은 지속되었다.

조선의 정신문명은 중화사상에서 소중화로 이어졌고, 급기야 조선이 곧 중화가 되었다는 조선중화주의로 꽃을 피운다. 이러한 변천 과정에서 결정적인 매개가 된 사건이 1636년 벌어진 병자호란이었다. 중국의 역사가 1840년 아편전쟁을 기준으로, 현대 미국의 역사가 2001년 9·11 테러 이전과 이후로 확연히 갈리듯, 조선의 역사도 병자호란을 기점으로 정신세계가 완전히 달라졌다. 좀 심하게 표현하면 병자호란은 조선 폐망의 카운트다운이 시작된 기점이나 다름없다.

1636년 12월 8일(양력 1637년 1월 3일), 청 태종 홍타이지皇太極가 대군을 직접 이끌고 얼어붙은 압록강을 건너 조선을 침략했다. 선두 부대가 압록강을 건넌 지 불과 53일 만인 1637년 1월 30일(양력 2월 24일), 남한산성에서 내려온 인조는 한강 남안의 삼전도에서 홍타이지에게 무릎을 꿇었다.

임진왜란은 7년, 병자호란은 2개월 전쟁

고려는 13세기 세계 대제국을 건설한 천하무적 몽골군의 침략을 받아 30년이나 항전했다. 16세기 말 조선은 햇수로 7년 동안 일본의 침략에 거국적으로 맞서 싸웠고, 마침내 그들을 사실상 빈손으로 귀국하게 만들었다(구범진, 『병자호란, 홍타이지의 전쟁』, 까치, 2019, 27쪽). 1627년 정묘호란 때도 여진족이 세운 후금後金의 침략을 받아 군사적으로 계속 패배했지만, 조정이 강화도로 파천하는 데 성공했고 후금을 형님으로 모시는 형제지의兄弟之義 맹약을 체결해 파국을 면했다.

1636년의 병자호란은 그 전에 체험했던 전쟁과는 양상이 완전히 달랐다. 불과 두 달도 안 되는 기간에 조선은 인구 150만에 불과한 여진족에게 저항 한번 제대로 못 하고 참담하게 패했다. 정치적으로도 완패했다. 하늘같이 우러르던 명나라 천자가 베이징北京에 존재하는 상황에서 여진족 추장을 새로운 천자로 받들어 모시는 군신지의君臣之義를 수용한 것이다.

흥하는 나라는 흥하는 이유가 있고 폐망하는 나라는 망하는 원인이 있게 마련이다. 대체 조선이 병자호란을 맞아 왜 그렇게 허망하게 패배했을까?

1636년의 병자호란을 비롯하여 왜倭의 침략을 당한 1592년 임진왜란의 전후 과정을 정밀 복기하면 두 전쟁 모두 사전에 충분히 예방할 수도 있었다는 사실이 발견된다. 임진왜란의 경우 조선 지도부는 일본 전국시대를 통일한 도요토미 히데요시豊臣秀吉의 동향이 심상치 않다고 판단, 1590년 3월 통신사를 에도(현재의 도쿄)에 파견했다. 정사正使에 조선 초 명재상으로 소문난 황희 정승의 4대손 황윤길, 부사副使 김성일, 종사관 허성으로 구성된 통신사 사행단은 11개월 동안 일본을 관찰한 후 1591년 2월 귀국했다.

조선이 통신사를 파견한 이유, 일본의 대신들이 막대한 예산을 들여 조선 통신사를 초빙한 이유는 도요토미가 일으키려는 명나라와의 전쟁을 막기 위해서였다. 명과의 전쟁은 도요토미의 일방적인 주장이었을 뿐, 다른 신하들은 모두 반대했다. 그들은 조선 통신사가 일본의 이런 실상을 정확히 알고 전쟁이 일어나지 않도록 중간 역할을 해주기를 간절히 기대했다(최성락, 『100년 전 영국 언론은 조선을 어떻게 봤을까-'이코노미스트'가 본 근대 조선』, 페이퍼로드, 2019, 24쪽).

『선조실록』은 부사 김성일의 일본에서의 언행을 극구 칭찬한다. 일본인들에게 옳고 그름을 수시로 설파했고, 항상 올바른 도리에 맞춰 일을 했다는 것이다. 반면에 황윤길과 허성은 일본인을 두려워해 겁을 먹고 그들 하자는 대로 따라 하려 들었다고 기록하고 있다. 실록의 평가를 따른다면 김성일은 조선의 우수성을 보여주고, 미개한 일본을 교화하고 온 훌륭한 사신이었다(최성락, 『100년 전 영국 언론은 조선을 어떻게 봤을까-'이코노미스트'가 본 근대 조선』, 2019, 23쪽).

일본 측 기록과 평가는 『선조실록』과는 크게 다르다. 부사 김성일은 통신사 본연의 업무와 상관없는 사소한 일로 끝없이 트집을 잡았다. 그는 조선의 주자성리학적 예의범절을 일본에 그대로 적용하려 들었고, 그에 어긋나는 일이 발생할 때마다 일본 측을 비난하고 행사 진행을 방해했다.

사전 예방 가능했던 임진왜란

조선의 예법에 의하면 황제를 만날 때, 왕을 만날 때, 영의정 등 고관의 계급과 품계에 따라 만날 때 절을 하는 횟수가 각각 다르다. 일본인들에게 주자성리학적 의례는 전혀 중요한 사안이 아니었음에도 불구하고 김성일은 조선식 예법을 일본에서도 적용하기 위해 도요토미 히데요시의 지위가 무엇인지, 절은 몇 번 해야 하는지, 자신을 상대하는 일본 사신의 직위는 무엇이어야 하는지 등등을 캐묻고 따졌다.

통신사 김성일은 "일본이 과연 조선을 침략할 것인가" 혹은 "제발 도요토미의 침략을 막아달라"라는 일본 측 대신들의 바람은 안중에도 없이 예의범절만 따지다 귀국했다. 일본에서는 김성일을 최악의 통신사로 평가했다(최성락, 『100년 전 영국 언론은 조선을 어떻게 봤을까-'이코노미스트'가 본 근대 조선』, 2019, 24쪽).

조선 지도부가 당파가 서로 다른 인물로 사행단을 구성한 것이 결정적 패착이었다. 정사 황윤길은 당파가 서인西人이요, 부사 김성일은 반대 당파인 동인東人이었다. 그들이 귀국하여 황윤길은 "일본이 반드시 침략할 것"이라 했고, 부사 김성일은 "침략할 만한 움직임이 조금도 없다"

라고 상반된 보고를 했다.

당파가 달랐기에 상대방 의견에 동의해야 할 이유는 조금도 없었다. 훗날 임진왜란의 교훈을 얻기 위해 집필한 『징비록懲毖錄』의 저자 유성룡도 김성일의 의견에 찬성하는 바람에 황윤길의 의견은 무시되었다. 같은 시기에 함께 일본을 정탐하고 온 두 사람이 정반대 보고를 하는 바람에 조선 지도부는 도낏자루만 썩히다가 침략을 자초했다.

병자호란 역시 사전에 충분히 예방할 수 있었던 전쟁이었다. 임진왜란은 도요토미가 침략한 전쟁이었다면, 병자호란은 조선이 도발을 해서 화를 자초한 전쟁이었다. 전쟁을 일으킨 주범은 조선이 후금의 수도 선양瀋陽에 파견한 사신 나덕헌과 이확이었다. 나덕헌은 1603년(선조 36) 무과에 급제해 1624년(인조 2) 이괄의 난 때 도원수 장만 휘하에서 종군해 서울 홍제동 안현鞍峴 전투에서 반란군을 무찌르는 전공을 세웠다. 외교적 수완이 능해 여러 차례 사신으로 파견되었던 인물이다.

1635년 6월, 후금의 지도자 홍타이지는 숙적이었던 차하르 몽골을 복속시켰다. 이때 차하르 릭단 칸林丹汗의 아들과 부인, 모후가 귀순해 왔다. 홍타이지는 릭단 칸의 부인으로부터 대원 제국의 국새를 얻었다. 이로써 홍타이지는 칭기스칸의 적통을 계승해 대원 제국이 보유했던 아시아와 중화 전역에 걸친 지배자의 명분을 얻었다.

정묘호란의 약속 깨뜨린 조선

만주족·몽골족은 물론, 투항해 온 한족 신하들이 홍타이지에게 여러 차례 제위에 오를 것을 촉구했다. 홍타이지는 "조선은 형제의 나라이니 이 문제를 그들과 의논해야 한다"라며 조선에 사신을 보내 의견을 물으라고 명했다. 그의 속내는 조선 조정이 "정묘화약에서 약속한 '아우'로서의 진정성을 보여달라"라는 뜻이었다. 즉, 명나라를 하늘처럼 섬기는 조선마저 동참시켜 만장일치 분위기에서 명예롭게 황제에 등극하고자 했다.

홍타이지의 명을 받은 잉굴다이龍骨大와 마푸타이馬夫大 일행이 "홍타이지를 황제로 추대하는 데 조선도 동참하라"라는 서신을 들고 1636년 2월 16일 서울에 도착했다. 조선은 정묘화약을 맺은 후에도 변함없이 명나라를 '부모의 나라' '천조天朝'라 떠받들고 후금을 '노적奴賊'이라 부르며 멸시했다.

홍익한은 "태어난 후 대명 천자大明天子가 있다고 들었을 뿐이다. 홍타이지가 천자가 되고 싶으면 자국 안에서 할 것이지 왜 조선을 끌어들이는가"라며 즉시 잉굴다이 일행을 참수해 그 머리를 명으로 보내야 한다고 주장했다(『인조실록』 14년 2월 丙申). 여러 대신들이 "당장 후금과 단교하고 전쟁을 해야 한다"라면서 기세등등하자 잉굴다이 일행은 허겁지겁 도주했다.

최명길과 일부 대신들은 "저들이 교린의 예를 갖춘다면 칭제건원稱帝建元을 하든 말든 우리가 따질 일이 아니다"라며 현실론을 내놓았다. 최명길은 "우리 역량을 돌아보지 않고 큰소리를 일삼아 개와 양犬羊들의 노여움을 촉발시켜 생령을 도탄에 빠뜨리고 종사를 위기로 몰아넣는 것은 죄악"이라고 말했다.

강경파의 주장에 귀가 솔깃해진 인조는 전쟁을 결심한다. 그는 자신의 심정을 담은 유시문을 서북 변경 지역에 보내 후금의 침략에 대비하라고 명했다. 국왕의 유시문을 평안감사에게 전달하려던 전령이 잉굴다이의 복병에게 붙잡혀 유시문을 빼앗겼다. 유시문에는 "정묘 당시에는 국운이 불행해 어쩔 수 없이 강화를 맺었는데 10년 동안 후금이 세력이 커져 우리를 무시하므로 이제 관계를 끊기로 결단했다"라고 적혀 있었다.

조선 입장에서 볼 때 후금에 형제지의를 약속한 정묘화약은 "오랑캐의 협박에 밀려 마지못해 체결한 임시방편"으로 이해했다. 후금 입장에서는 "완전히 굴복시킬 수 있었으나 은혜를 베푸는 차원에서" 체결했다고 믿었다. 양국 입장이 크게 달랐으니 여차하면 파국을 향해 치달을 수밖에 없는 상황이었다.

정묘호란 화의 후부터 조선 조정은 매년 봄 후금에 춘신사春信使라는 사신을 파견했다. 1636년 봄 춘신사는 나덕헌과 이확이었다. 그들이 선양에 체류하던 4월 11일, 홍타이지가 국호를 후금에서 청으로 선포하고 황제에 오르는 즉위식이 장엄하게 거행되었다. 만주족 신료들을 비롯해 몽골에서 온 여러 왕들, 명나라에서 투항해 온 한족 출신 문무관이 도열한 가운데 홍타이지는 남문 밖에 쌓은 제단으로 나아가 하늘에 세 번 무릎 꿇고 아홉 번 머리를 조아리는 삼궤구고두의 예를 올렸다. 그리고 '관대하고 온화하고 어질고 성스러운 군주'라는 의미의 관온인성황제寬溫仁聖皇帝로 추대되었다.

청 태종 즉위식 엉망으로 만든 조선 사신

참석자들은 만주문·몽골문·한문으로 쓴 추대문을 바치고 홍타이지에게 삼궤구고두의 예를 행했다. 홍타이지는 조선 사신 나덕헌과 이확에게 다른 사람들과 함께 새로 황제에 오른 자신에게 삼궤구고두의 예를 올릴 것을 강요했다. 하지만 조선의 사신은 홍타이지에 대한 배례를 목숨 걸고 거부함으로써 한바탕 소동을 야기했다(구범진, 『병자호란, 홍타이지의 전쟁』, 2019, 65~66쪽).

나만갑이 쓴 『병자록丙子錄』에 의하면 조선 사신 나덕헌과 이확이 홍타이지 즉위식장에서 무릎을 꿇지 않고 버티자 격분한 청나라 관원들이 두 사람을 마구 구타해 옷이 찢어지고 갓이 부서졌다. 조선 사신의 저항은 청 태종의 황제 즉위식에 재를 뿌린 대참사였다.

조선 지도부 인사들의 머릿속에는 하늘에 태양이 하나이듯 지상에도 황제는 오직 한 사람, 대명大明의 황제만 존재한다고 믿었다. 조선은 명-청 교체라는 동아시아 대변혁의 한복판에서 '지는 해' 명의 번국으로서 '떠오르는 태양' 청의 존재를 끝까지 인정하지 않았다. 화이론자들은 조선이 청에 신하를 칭하는 순간을 국망國亡이라고 정의할 정도였다(허태구, 「병자호란 강화협상의 추이와 조선의 대응」, 『조선시대사학보』 52, 2010).

홍타이지는 조선 사신을 죽이지 않고 추방했다. 대화의 문을 완전히 닫지는 않겠다는 의사 표현이었다. 이 와중에 조선 사신들이 두 번째 도발의 강펀치를 날렸다. 청은 나덕헌·이확의 무례를 비난하고 "조선이 정묘 강화 당시 맺은 형제의 맹약을 파기하려 한다"라면서 전쟁을 불사한다는 국서를 주었다.

홍타이지가 황제로 즉위했으니 국서에는 청 태종 홍타이지의 지위가 '황제'로 표기되어 있었다. 조선 사신은 국경인 압록강을 건너기 전, 만주 통위안바오通遠堡에 위치한 청의 관용 숙소에서 하루를 묵었다. 도도하게 흐르는 압록강에 이르러 두 사람은 심각한 고민에 휩싸였다. 즉위식장에서 목숨 걸고 오랑캐 추장에게 고개를 숙이지 않은 것까지는 좋았는데, 오랑캐 추장을 '황제'로 명기한 국서를 거부하지 못했기 때문이다.

그들은 황제 참칭 국서를 조정에 전달할 경우 극단적인 명분론에 젖어있는 조정 분위기로 볼 때 목숨을 부지하기 힘들 것으로 판단했다. 그들은 홍타이지의 국서를 보따리에 싸서 청의 관용 숙소에 팽개치고 강을 건너 귀국했다. 다만 청의 국서 내용을 베낀 장계를 서울로 보냈다(『인조실록』 14년 4월 26일). 1868년부터 몇 년에 걸쳐 왜倭의 두목을 '천황天皇'으로 칭한 국서를 거부하다가 정한론征韓論을 촉발시켰던 '서계書契

거부 사건'이 이때도 발생한 셈이다.

사신의 장계에 의해 홍타이지의 국서 내용이 조정에 알려지면서 평지풍파가 일었다. 조정 대신들은 사신들이 국서를 거부하고 그 자리에서 자결했어야 마땅한데, 개돼지만도 못한 오랑캐 추장이 황제를 참칭하는 국서를 받아 통위안바오까지 온 것을 용납해선 안 된다고 주장했다. 평안감사 홍명구는 "즉시 나덕헌과 이확의 목을 베어 그 수급을 홍타이지에게 보여줘야 한다"라고 상소했다. 두 사신은 이조판서 김상헌의 변호로 극형을 면하고 평안도 변방의 백마산성으로 유배되었다.

홍타이지를 '황제'로 인정할 수 없다고 공개 거부한 이상 조-청 관계는 돌아올 수 없는 다리를 건넌 셈이 되었다. 인조를 비롯한 조정 대신들은 "오랑캐와 일전불사"를 외치며 전쟁 준비에 돌입했다. 청 태종 홍타이지도 자신의 즉위식에 재를 뿌린 조선의 무례를 잊지 않았다.

홍타이지, 전쟁 준비

조선을 응징하기 위한 군사행동은 그로부터 8개월 후인 12월에 개시되었다. 홍타이지가 한겨울이 오기까지 인내하고 기다렸던 이유가 있다. 1627년 청의 전신인 후금군이 치렀던 정묘호란 전투의 교훈 때문이다.

만주팔기 기마대를 선봉으로 한 청군의 약점은 수전水戰, 즉 물과의 싸움이었다. 정묘호란 때 후금군은 전 병력을 한곳에 집중시켜 의주-곽산-정주-안주-평양-황주를 거쳐 황해도 평산까지 남하하면서 주요 성곽을 차례로 공격 점령했다. 조선군은 남하하는 후금군의 깃발만 봐도 전열이 무너져 도주하는 등 지리멸렬했다.

후금군은 곳곳에서 살육과 약탈을 자행해 조선 군민이 큰 피해를 당했다. 하지만 조선군이 곳곳에서 농성전을 벌여 후금군을 붙잡아 두는 데 성공했다. 인조는 이 기회를 이용해 강화도로 파천했고, 소현세자는 분조를 이끌고 전주로 옮겨 장기 저항 태세를 갖추었다.

정묘호란 때처럼 인조가 강화도로 탈출하면 전쟁이 장기화할 우려가 있었다. 청군 주력이 조선에 발이 묶일 경우, 그 틈을 노려 명군이 수도 선양을 공격하면 속수무책이 된다. 이런 위급 상황을 피하려면 조선 국왕이 강화로 피신하지 못하도록 기습전, 전격전電擊戰 전략이 필요했다.

홍타이지는 여진족의 자랑인 만주팔기 기마대에서 보병과 보급 부대를 분리시킨 다음 전광석화처럼 내달려 서울을 포위하는 작전을 구상했다. 청은 오래전부터 첩자를 활용하거나 상인·주민을 매수해 조선군 관련 정보를 광범위하게 수집했다. 정묘호란 때 투항해 온 조선인들에게서 한강 이북의 지리 정보를 수집했고, 자신들이 잡아간 포로들을 첩자로 훈련해 조선에 침투시켰다.

전쟁을 각오한 이상 조선 조정도 정묘호란 당시 후금군의 전투 양상을 분석한 후 나름의 방어 전략을 준비했다. 조선군은 적이 침공해 오면 군민을 산성으로 대피시켜 살육과 약탈의 피해를 막고, 산성을 거점으로 방어한다는 나름대로의 전략을 세웠다. 정묘호란 이후 조선 조정은 후금군의 침공 예상로인 평안도와 황해도 일대에 백마산성, 용골산성, 운암산성, 능한산성, 당아산성, 자모산성, 정방산성, 철옹산성, 태백산성 등 성곽을 개보수하거나 신축하고 군량과 무기를 비축했다.

청군이 서울로 향하는 진군로상에는 압록강·청천강·대동강·임진강이 가로막고 있다. 만주팔기 기마대가 전격전을 벌이려면 강이 얼어야 한다. 홍타이지는 서울을 최단시간 내에 공략하기 위해 강이 얼어붙는 결빙기까지 8개월을 인내했다.

그동안 압록강·두만강 결빙기를 이용해 여진족 기마병들이 말을 타고 강을 건너와 조선 국경 마을을 약탈한 후 도주하는 사건이 자주 발생했다. 조선 조정도 강이 얼면 오랑캐가 침략할 것임을 알고 있었다.

청군의 침략이 예고되었으니 국경인 압록강변에서 결전을 벌여 적이 강을 건너지 못하도록 막는 것이 최선의 전략이었다. 또 국경에서 싸워야 백성들의 피해를 줄일 수 있고, 패하더라도 유리한 조건으로 강화를 맺을 수도 있었다.

전쟁이 목전에 닥친 1636년 9월, 최명길(당시 한성판윤)이 인조에게 "압록강이 얼면 화가 목전에 닥칠 것이니 군 사령부를 의주로 이동시켜 의주를 굳게 지키면 대책 없이 망하기를 기다리는 것보다 낫다"라는 보고서를 올렸다(『인조실록』 14년 9월 5일). 최명길의 보고서를 접하고도 국왕은 어떤 조치도 취하지 않았다. 정묘호란 때처럼 '강화도 천도 후 장기 항전' 패러다임에 빠져있었기 때문이다.

압록강 도하 6일 만에 서울 포위한 청군 선발대

조선이 음풍농월하는 사이, 홍타이지는 조선 침략을 위한 모든 준비를 끝냈다. 드디어 압록강이 얼어붙은 1636년 12월 2일(양력 12월 28일), 홍타이지는 이복형제들인 다이샨代善·도르곤多爾袞·도도와 자신의 장남 호오거, 조카 요토·두두 등을 이끌고 친정에 나섰다.

홍타이지는 정묘호란 때와는 달리 전군을 동로군東路軍과 서로군西路軍으로 분리했다. 동로군은 압록강 북쪽의 콴뎬寬奠을 거쳐 조선 창성으로 진입해 영변으로 진군했다. 서로군은 압록강을 건너 의주-안주로 진군했다.

12월 3일, 홍타이지는 마푸타이와 로오사에게 병력 300명을 이끌고 상인으로 가장해 밤낮없이 달려가 조선의 왕이 있는 수도 서울을 포위하라고 명했다. 선발된 300명의 부대는 청군 중에서도 기동력이 가장 뛰어난 경무장 최정예 기병이었다(구범진, 『병자호란, 홍타이지의 전쟁』, 2019, 94~95쪽).

병자호란 당시 청군 부대 편성과 각 부대의 서울 도착 날짜

구분		지휘관	병력 구성·규모	서울 도착 날짜
서로군	전군	로오사, 마푸타이	전봉 300명	12월 14일
		도도, 쇼토, 니칸, 요토, 양구리	호군 1,000명 팔기 3,000명	12월 16일
	중군	홍타이지	팔기 중 5기 약 3,100명 외번몽고 우익 약 5,500명	12월 29일
	후군	두두, 석정주, 마광원, 공유덕, 경중명, 상가희	팔기 1,000명 우전 초하 약 1만 명 천우병·천조병 약 1,900명	1월 4일(기병) 1월 10일(치중)
동로군		도르곤, 호오거	팔기 중 3기 약 1,900명 외번몽고 좌익 약 6,600명	1월 10일

출처 : 구범진, 『병자호란, 홍타이지의 전쟁』, 까치, 2019, 130쪽.

로오사는 '송코로바투르'라는 전쟁 영웅 칭호를 받은 용맹한 장수였고, 마푸타이는 조선에 여러 차례 사신으로 왕래한 경험이 있어 조선의 지리를 훤히 꿰고 있었다. 로오사 선봉대는 전속 질주해 홍타이지보다 이틀 앞선 12월 8일 압록강을 건넜다. 홍타이지는 도도가 지휘하는 호군護軍(정예 기병 부대) 1,000명에게 로오사 선봉대 지원 임무를 부여했다. 12월 9일에는 요토와 누르하치의 사위 양구리에게 3,000명의 병력을 주어 서울 포위를 명했다.

로오사 선봉대는 압록강을 건넌 지 불과 6일 후인 12월 14일, 도도와 요토 부대는 8일 만인 12월 16일 서울 무악재에 나타났다. 로오사 선봉대는 오랑캐의 침략을 알리는 파발마보다 사흘 먼저 서울에 들이닥쳤다. 6일 만에 1,200리를 주파했으니, 하루 평균 200리의 진군 속도를 기록한 셈이다.

조선군 방어 전략 완전 무력화

조선이 항전 한번 못 하고 서울을 포위당한 이유는 만주팔기 기마대의 놀라운 기동력과, 강의 결빙 시기를 이용한 겨울 침공 덕분이다. 만주 일대의 혹독한 추위에 단련된 여진족 전사들에게 동계 전투는 너무나 익숙했다.

조선군 최정예 병력은 임경업 장군이 의주의 백마산성에, 평안병사 유림이 지휘하는 병력은 안주에 배치되어 거점방어에 돌입했다. 의주와 안주는 적의 예상 침공로였다. 하지만 이들 부대는 적의 침략을 막지 못했고, 적의 진격 속도를 늦추는 지연작전도 수행하지 못했다.

당대 최고의 무장으로 꼽히던 임경업 장군은 오랑캐가 쳐들어온다는 소식을 듣고 군대와 백성들을 이끌고 부랴부랴 백마산성으로 들어가 농성했다. 백마산성은 산세가 험해 소수 병력으로 대군과 맞서 싸우기에 적합한 요새였다. 청군은 조선군이 포진하고 있는 방어 거점을 쳐다보지도 않고 우회하며 남하해 버렸다. 이로써 조선군이 애써 마련한 방어 전략과 방어 기제는 무용지물이 되고 말았다.

정묘호란 이후 후금 사신들이 서울과 선양을 수십 차례 왕래했다. 그들은 평안도와 황해도 일대의 군사 시설과 방어 태세를 샅샅이 탐지해 보고했고, 청군 지휘부는 조선군의 장단점을 손금 들여다보듯 파악했다. 청군은 정보전을 통해 조선군의 대비책을 정확하게 파악하고, 조선군의 허를 찔러 무력화시키는 맞춤형 전략을 준비한 것이다.

청군이 얼어붙은 압록강을 내달려 서울을 향해 진격하고 있을 때 도원수(전시 군사령관) 김자점은 의주에서 평산 일대의 청군 진격로상에 위치한 기존 진의 병력을 산성으로 이동시켰다. 뿐만 아니라 1636년 12월 6일 의주 부근 용골산에서 청군 침입 사실을 알리는 봉화가 올랐으나 그 사실을 서울에 보고하지 않고 은폐했다.

태평성대를 구가하던 조정이 청군의 안주 통과 소식을 접한 것은 12월 13일이었다. 느닷없는 침략 소식에 큰 충격을 받은 조정은 그날로 강화도 파천을 결정했다. 12월 14일, 국왕이 강화도로 피난하기 위해 궁궐을 나섰다. 하지만 서울에서 강화로 향하는 길은 청군이 봉쇄하고 있었다. 어가는 허둥지둥 남한산성으로 향했고, 간신히 빈궁(소현세자의 부인)과 봉림대군을 비롯한 왕실 가족, 고위 신료의 가족을 비롯해 역대 국왕들의 신주를 강화로 옮기는 데 성공했다.

조정이 피난을 떠나면서 도성 문을 모두 폐쇄하는 바람에 장안 백성들은 성에 갇혀 피난을 가지 못했다. 도성 안에 고립되어 있던 백성들 대부분은 청군의 포로가 되어 선양으로 끌려갔다.

로오사 선봉대가 안주를 통과할 무렵에야 조선군 정보망에 이들 부대의 움직임이 포착되었다. 하지만 각 군진의 조선군이 대로에서 떨어진 산성으로 들어가 농성하는 바람에 아무런 방해도 받지 않고 무인지경의 대로를 내달렸다. 청나라 측 기록에 따르면 로오사 선봉대는 12월 14일 서오릉의 하나인 창릉昌陵(고양시 신도읍 용두리) 근처에서 최초의 전투를 벌여 조선 정예 병력 60여 명을 격파했다(구범진, 『병자호란, 홍타이지의 전쟁』, 2019, 105쪽).

청군, 인조 서울에 가둬두는 데 실패

조선군이 맥을 못 춘 또 한 가지 이유는 보병 위주로 구성되어 있었기 때문이다. 만주팔기 기마대가 질풍노도처럼 진군해도 추격할 방법이 없었다. 기동력 뛰어난 소수 정예를 돌격시킨 홍타이지의 전략은 제대로 먹혀들었다. 홍타이지의 구상대로 인조가 서울에 갇혔다면 서울 도성의 성벽 대부분이 평지에 있어 손쉽게 함락되었을 가능성이 높다. 청군은 인조의 강화도 탈출은 봉쇄했으나, 남한산성으로의 탈출은 막

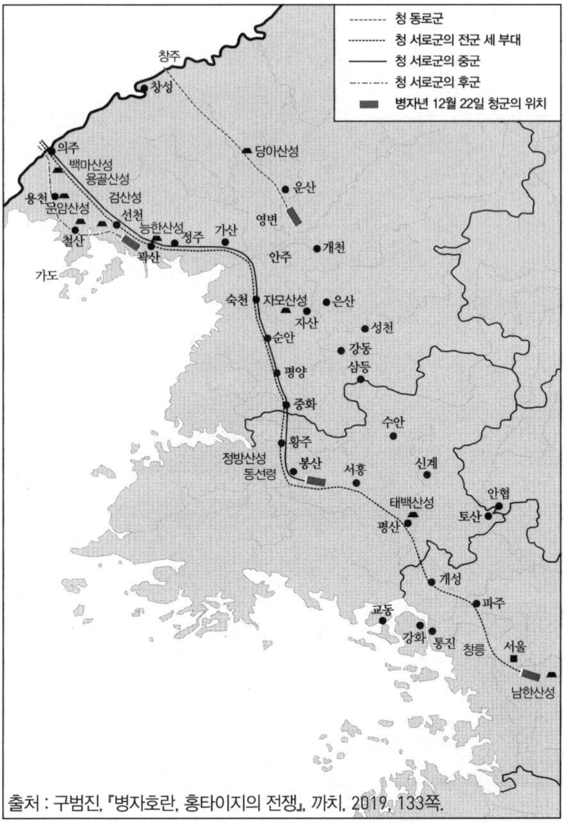

출처 : 구범진, 『병자호란, 홍타이지의 전쟁』, 까치, 2019, 133쪽.

병자호란 당시 청군 남침로

지 못했다. 홍타이지는 전쟁이 끝난 후 인조를 서울 도성 안에 묶어두는 데 실패한 로오사에게 그 책임을 준엄하게 물었다.

간신히 서울 도성을 탈출해 남한산성에서 농성에 돌입한 조선 수뇌부는 국왕 인조를 비롯해 재상급 관료 70여 명, 당상관 50여 명, 당하관 270여 명, 군병 1만 3,800여 명이었다(『승정원일기』 인조 14년 12월 20일). 남한산성에 고립된 조선군은 12월 18일부터 29일까지 7차례 청군과 접전을 벌였으나 별 성과가 없었다.

남한산성 입성 9일 후, 명 황제인 숭정제崇禎帝(재위 1627~1644)의 생일을 맞았다. 오랑캐의 침략을 당해 포위 고립된 절체절명의 위기 상황에서 인조는 문무백관을 거느리고 서북쪽을 향해 숭정제의 만수무강을 기원하는 망궐례望闕禮를 행했다.

병자호란 당시 조선을 침략한 청군 병력은 10만~12만으로 이야기되어 왔다. 역사학자들의 연구 결과 이 수치는 과장된 것으로 보인다. 구범진의 연구에 의하면 당시 청군 규모는 갑옷을 제대로 갖춰 입은 정규군은 3만 4,000명, 쿠틀러라 불리는 노복 혹은 하인 1만 1,000명 등 아무리 많이 잡아도 5만에 불과했다고 한다(구범진, 『병자호란, 홍타이지의 전쟁』, 2019, 56~58쪽). 홍타이지가 여진족에서 동원한 군사는 정규 병사를 기준으로 2만 2,000명, 나머지 1만 2,000명은 동맹 관계에 있던 외번몽고에서 동원했다(구범진, 『병자호란, 홍타이지의 전쟁』, 2019, 285쪽).

막대한 식량·무기 청군에게 빼앗겨

12월 29일, 홍타이지가 지휘하는 본진 병력이 도착해 남한산성 주위에 목책을 두르고 견고한 포위망을 완성했다. 남한산성에 갇힌 조선 조정은 외부와의 연락이 두절되어 인조는 독 안에 든 쥐 형국이 되었다. 임경업은 백마산성에 틀어박혀 인조가 삼전도에서 항복할 때까지 꼼짝도 하지 않았다. 왜 그는 고립된 국왕을 구원하기 위해 출동하지 않았을까?

국왕 인조나 조선 조정이 임경업에게 출격 명령을 내리지 않았기 때문이다. 상부의 이동 명령 없이 방어 지역을 이탈하는 것은 군율 위반이었다(구범진, 『병자호란, 홍타이지의 전쟁』, 2019, 125쪽). 그보다 더 중요한 이유가 있다.

청군은 병력을 동로군·서로군으로 분리해 양로兩路 병진 작전을 구사했다. 그 바람에 평안도와 황해도 일대의 조선군은 기동에 결정적인 제약을 받았다. 조선 조정은 12월 17일 황해도 봉산군의 정방산성을 지키고 있던 도원수 김자점과 영변을 수비하던 부원수 신경원申景瑗에게 남한산성에 포위된 국왕을 구하라는 근왕령을 내렸다.

근왕령을 접수한 신경원은 기병 700명, 보병 300명 등 1,000명을 이끌고 즉각 영변에서 출격했다. 하지만 성에서 나오자마자 청군 동로군 50명의 기습을 받아 지휘관 신경원이 포로가 되고 부대는 와해되었다. 조선군 1,000명이 청군 50명에게 대패할 정도로 청군의 전투력은 뛰어났다.

김자점도 근왕령을 받자 황해감사 이배원에게 정방산성 수비를 맡기고 출격했다. 김자점 부대는 하루 평균 40리 속도로 남한산성을 향해 남하했다. 영변에서 신경원 부대를 궤멸시킨 청군 동로군은 김자점 부대보다 세 배 빠른 속도로 추격에 나섰다. 1월 5일, 청군 동로군은 황해도 동남부 내륙의 토산에서 김자점 부대를 기습해 격파했다. 이런 방식으로 청군은 남한산성을 구원하기 위해 출동한 조선군을 곳곳에서 각개 격파했다. 청군 포위망을 뚫고 남한산성에 합류한 병력은 단 한 명도 없었다.

해가 바뀌어 정축년 정월 초하루(음력), 인조는 문무백관과 함께 명 황제 숭정제를 위한 새해맞이 망궐례를 올렸다. 청 태종 홍타이지는 남한산성 동쪽 망월봉에서 명나라를 향해 망궐례를 올리는 인조 일행을 지켜보았다(『인조실록』 15년 1월 1일).

남한산성이라는 천혜의 요새 앞에서 조선군과 대치하게 된 홍타이지의 고민은 커졌다. 우선 성이 산 정상부에 위치하고 있어 공성 장비 접근이 불가능했다. 공성 장비 없이 공격하면 공격군의 피해가 커지게 마련이다. 최선의 방법은 포위망을 단단히 구축한 다음 식량과 물을 고갈시키는 전략인데, 이 경우 오랜 시간과 많은 병력이 요구되었다.

후에 중원 대륙을 차지한 청나라는 광대한 영토 정복, 수많은 인구, 다양한 민족과 문화, 치밀한 지배 체제를 완성해 중국의 역대 왕조 중에서 가장 성공한 왕조로 꼽힌다. 하지만 홍타이지가 조선을 침략한 1636년에는 만주 일대를 겨우 통일한 인구 150만의 소국에 불과했다.

1월 10일, 청군은 후위 부대가 끌고 온 홍이포 34문을 남한산성을 향해 포진했다. 남한산성의 식량은 2월 20일이면 바닥을 드러낼 상황이었다. 반면에 청군의 식량 사정은 풍족했다. 조선군이 허둥지둥 남한산성으로 들어가는 바람에 서울 도성을 비롯해 경기도 일대에 비축해 놓았던 식량과 물자를 청군에게 노획당했다.

청군은 식량 걱정 없이 장기 포위전이 가능한 상황이었다. 1월 16일까지만 해도 남한산성을 철통같이 포위하고 조선군 고사枯死 작전을 전개했던 청군은 1월 17일부터 분위기가 완연히 달라졌다. 1월 20일, 홍타이지는 인조에게 "성에서 나와 항복하고 척화를 주장한 신하 두세 명을 인질로 내놓으면 철군하겠다"라는 국서를 보냈다.

너무나 관대했던 항복 조건

1월 22일에는 천혜의 요새로 알려졌던 강화도가 청군에게 함락되었다. 강화도 수비 책임자인 검찰사 김경징이 "청군은 수군이 약해 절대 강화에 건너올 수 없다"라고 호언장담하며 매일 연회만 즐겼다. 그사이 누르하치의 14번째 아들 도르곤이 지휘하는 청군은 한강 주변의 선박들을 징발하고 목재로 배를 건조했다. 1월 19일, 자체 제작한 선박 80척을 수레에 실어 강화도 대안까지 운반했다.

선박을 수레에 실어 운반하는 작전은 완벽하게 조선군의 허를 찔렀다. 청군이 갑곶에 상륙하자 김경징은 혼비백산해 달아났다. 청군의 능욕을 피하기 위해 많은 여인들이 바다에 투신했다. 조경남의 『속잡록續雜錄』에는 "여인들의 머릿수건이 바닷물에 떠있는 것이 마치 연못 위 낙엽이 바람을 따라 떠다니는 것 같다"(정축년 2월 13일)라고 처참했던 당시 정황을 기록했다.

사로잡힌 여인들은 왕족이나 행세깨나 하는 고관대작 가문의 유부녀로 아이를 데리고 있는 이들이 적지 않았다. 청군은 여인들을 포로로 끌고 가면서 아이들을 죽이거나 유기했다. 전쟁이 끝난 후 강화도 수비를 포기하고 도주한 김경징에 대한 처벌 문제가 제기되었다. 군율에 의하면 극형이 마땅했으나, 그의 아버지가 반정 원훈인 김류金瑬여서 강계로 귀양 보내는 선에서 마무리 지으려 했다. 비판 여론이 크게 일자 인조는 할 수 없이 김경징에게 사약을 내려 죽였다.

강화도가 함락되어 왕실 가족이 포로로 잡히자 인조는 멘탈 붕괴 상태가 되었다. 여진족은 자신들에게 맞섰던 적들을 가혹하게 다룬 사례가 많았다. 1126년 11월, 그들 선조가 세운 금金나라는 중국 대륙을 침략해 송宋나라 수도 카이펑開封을 함락하고 휘종과 흠종을 비롯한 왕족과 관료 수천 명을 포로로 끌고 갔다. 고전적인 항복 의식은 면박여츤面縛輿櫬, 즉 스스로 손을 뒤로 묶고 관櫬을 짊어지고 사죄하는 모양으로 끌고 가는 것이다.

항복 조건을 놓고 청의 일부 황족들은 조선 8도 가운데 일부만 인조에게 넘겨주고 나머지 6도는 청의 직할령으로 삼아야 한다고 주장했다(『인조실록』 20년 10월 乙酉). 홍타이지는 조선을 협상 테이블로 끌어내기 위해 이런 주장을 물리쳤다. 며칠 전만 해도 느긋하게 고사 작전을 구사하던 청군이었다. 그런데 느닷없이 이해하기 힘들 정도로 관대한 조건을 내걸고 항복을 유도한 이유는 무엇이었을까?

병자호란을 연구한 구범진은 1636년 11월부터 서울과 경기 일대에 창궐했던 천연두가 그 주인공이었다고 분석한다(구범진, 『병자호란, 홍타이지의 전쟁』, 2019, 259~284쪽). 1637년 1월 16일, 남한산성을 포위한 청군 진영에서 천연두가 발병했다. 그 때문에 홍타이지가 전쟁을 서둘러 끝내기 위해 관대한 조치를 제안했다는 것이다.

천연두에 대한 면역력이 없었던 홍타이지를 비롯한 황족들은 전염병이 발병하면 감염을 피하기 위해 칩거에 들어가야 했다. 또 천연두 감염 위험이 높은 지역에서의 군사 작전 참여를 금기시하고 있었다.

삼전도 항복이 굴욕이었나

남한산성 내에서는 조정 대신들이 척화파와 주화파로 갈려 갑론을박 끝에 항복 요구를 수락하기로 했다. 1월 27일 국왕 인조는 "안심하고 목숨을 맡길 길을 열어달라"라는 국서를 보냈다. 이 국서에서 인조는 홍타이지를 '천자'로 호칭하고 제후국이 될 것을 약속함으로써 사실상 무조건 항복했다. 그리고 "청나라 사신들을 죽여 모욕을 씻어야 한다"라고 척화론을 주장했던 윤집尹集·오달제吳達濟·홍익한을 넘겨주기로 했다.

청군은 인조가 항복을 위해 출성할 때 용포 대신 남색 옷을 착용하고, 산성 정문인 남문 대신 서문을 이용하며, 말을 타지 말고 걸어서 삼전도로 나오라고 명함으로써 강화가 성립되었다. 1월 29일 윤집·오달제가 청군 진영에 넘겨졌고, 홍익한은 1637년 2월 초 회군하는 청군이 평양에서 그를 체포해 선양으로 끌고 갔다.

조선에서는 그들을 삼학사三學士라 불렀는데, 끝까지 투항을 거부한 삼학사는 선양 서문 밖에서 목이 잘렸다. 조정에서는 그들의 충절을 기리기 위해 정문旌門을 세웠으며, 홍익한에게는 충정忠正, 오달제에게는 충렬忠烈, 윤집에게는 충정忠貞이라는 시호를 내리고 모두 영의정으로 추증했다.

인조가 청 태종 앞에 나아가 항복하기로 결정하자 주전파 김상헌은 단식투쟁으로 맞섰다. 6일 동안 식음을 전폐한 후 목을 맸으나 가족에게 발견되어 목숨을 건졌다. 이 소식을 접한 최명길은 "가족들 다 보는 앞에서 자살을 시도했으니 어찌 죽을 수나 있었겠는가" 하고 김상헌을 비난했다. "항복 의식이 끝났으니 이제 쇼는 그만하시게" 하고 동료 대신에게 야단을 친 셈이다. 일본 사무라이들처럼 깨끗하게 죽지도 못해 체면이 크게 손상된 김상헌은 그길로 낙향 은거했다.

모든 항복 절차에 대한 협상이 완료된 1월 30일, 굳게 잠겼던 남한산성 성문이 열리고 조선 국왕 인조가 밖으로 나왔다. 청군은 서울 송파구 삼전도에 단을 쌓고 황색 천막을 쳤다. 홍타이지는 단 위에 앉아 인조 일행을 기다렸다. 인조는 조선 국왕의 공식 복장인 용포 대신 남색 융의(군복)를 입고 남한산성 정문(남문)이 아닌 서문으로 나와 삼전도로 향했다.

인조 일행이 항복식장에 도착하자 홍타이지가 자리에서 일어났다. 이날 후세에 두고두고 회자되는 삼궤구고두, 즉 세 번 절하고 아홉 번 머리를 조아리는 의례는 두 차례 실시되었다. 첫 번째는 천신天神에 대한 의례였다. 홍타이지는 인조 일행과 함께 다 같이 삼궤구고두를 올렸다.

하늘에 고하는 의례를 마친 홍타이지가 단상에 자리 잡고 앉았고, 인조는 단 아래에서 홍타이지를 향해 삼궤구고두를 올렸다. 두 번째 삼궤구고두는 조선 국왕 인조가 홍타이지를 황제로 섬기겠다는 신하로서의 의례였다.

두 차례의 삼궤구고두가 끝난 후 활쏘기와 잔치가 차례로 이어졌다. 인조를 수행했던 조선 장수들도 함께 활을 쏘았다. 인조는 세자 및 대군과 단상에 올라 연석宴席에 앉았다. 자리 배치는 남쪽을 향해 앉은 홍타이지를 중심으로 왼쪽의 상석에 인조가 앉았고, 그다음에 청의 왕족

(버일러) 세 명과 소현세자(인조의 장남)가 순서대로 앉았다. 오른쪽에는 버일러 네 명 다음에 봉림대군(인조의 둘째아들)·인평대군(인조의 셋째아들)이 앉았다(구범진, 『병자호란, 홍타이지의 전쟁』, 2019, 299~300쪽).

항복한 적국의 국왕을 황제 홍타이지에 이어 서열 2위의 좌석에 앉히는 의전은 파격적인 예우였다. 조선 조정과 인조에게는 삼전도 항복이 모멸·수치·치욕으로 받아들여졌지만, 여진족이 정복했던 다른 나라들로부터 항복을 받을 때의 의식이나 항복 조건에 비하면 홍타이지는 조선에 대해서는 이해하기 힘들 정도로 관대했다.

홍타이지는 1636년 4월 11일, 조선 사신들의 극렬 저항으로 엉망이 되었던 자신의 황제 즉위식에 아쉬움이 컸다. 삼전도에서 인조의 삼궤구고두는 자신을 황제로 인정하기를 거부한 조선 국왕을 무릎 꿇려 놓고 즉위식을 완성함으로써 완벽하게 만·몽·한을 아우르는 '황제'를 표방할 수 있게 되었다(한명기, 『정묘·병자호란과 동아시아』, 푸른역사, 2017, 165쪽). 홍타이지의 황제 등극은 조선 정복과 삼전도 항복 의식으로 완결되었다.

인조 항복 직후 서둘러 철군한 홍타이지

잔치가 파한 뒤에도 인조는 밭 가운데 앉아 기다려야 했다. 해질 무렵에야 도성으로 돌아가도 좋다는 청 태종의 '분부'가 떨어졌다. 인조는 청군의 호위 속에 서울로 향했다. 지나는 길에 1만 명 가까운 포로들이 "왕이시여, 왕이시여! 우리를 버리고 가십니까?"라며 울부짖었다(한명기, 『정묘·병자호란과 동아시아』, 2017, 4쪽).

인조가 다시 서울로 돌아왔을 때, 그곳은 참혹한 죽음의 도시로 변해 있었다. 『인조실록』은 "경성(서울)에 사는 백성이 가장 혹독하게 화를 당해 남아있는 자라고는 10세 미만의 어린이와 나이 70이 넘은 사람들뿐인데, 대부분 굶주리고 얼어서 거의 죽게 되었다"라고 기록할 정도였다.

2월 2일. 홍타이지는 승전의 기쁨을 만끽할 새도 없이 2,300명의 병력을 이끌고 서둘러 귀국 길에 올랐다. 창궐하고 있는 천연두의 위협으로부터 탈출하기 위해서였다.

『병자록』의 저자 나만갑은 삼전도에서 인조가 청 태종에게 항복하는 장면을 기록하면서 첫머리에 "해가 빛이 없다日色無光"라고 썼다. 조석윤이란 관리는 병자호란을 "하늘과 땅이 위치를 바꾸고 온 나라가 오랑캐 땅左衽이 되어버린 변고"라고 정의했다. 조선 초기 자신들에게 조공을 바쳤던 하찮은 오랑캐 추장에게 항복하는 난감한 상황이었다. 실록은 '패전' '항복'이란 용어 대신 국왕이 정축년에 산성에서 내려왔다는 뜻에서 '정축하성丁丑下城'으로 용어를 세탁했다. 남한산성에서 내려와 청 태종에게 항복한 직후 인조는 정신적으로 공황 상태에 빠졌다.

홍타이지는 전쟁에 나갈 때마다 "비록 금은이나 폐백을 많이 얻어도 기쁘지 않지만, 오직 사람을 많이 얻는 것은 기쁘다"라고 말할 정도로 포로 획득에 대한 열망을 드러냈다(한명기, 『정묘·병자호란과 동아시아』, 2017, 406쪽). 청나라 지도부가 포로를 중시한 이유는 만주족 전체를 다 합쳐도 인구가 150만에 불과했기 때문이다. 포로 획득을 통해 국가 경영에 필요한 인재를 얻고, 인구를 늘려 국력을 강화하려는 의도에서 포로를 중시했다.

그들은 전장에서 사로잡은 포로들은 "혈전血戰을 통해 획득한 재물"로 인식했다. 전쟁터에서 잡아온 포로는 노동력을 제공하는 노예로 사용하거나 몸값을 받고 팔 수도 있으니 재산 증식의 수단이기도 했다. 청군은 인조와 조선 조정이 남한산성에서 농성하는 동안 자신들이 점령했던 지역에서 포로 사냥과 살육을 자행했다.

그들은 회군 과정에서 수많은 조선인 포로를 선양으로 끌고 갔다. 무기를 들고 적대했던 병사뿐만 아니라 아무 죄도 없는 백성을 무작위로 잡아갔다. 청군은 조선에서 획득한 포로들을 세 줄로 세운 뒤 수백 명 단위로 선양을 향해 출발시켰다. 수많은 포로들이 대오를 유지하면서 엄중한 감시와 채근 속에 선양까지 수천 리를 도보로, 그것도 엄동설한에 이동하는 과정에서 많은 사람이 굶어 죽고 얼어 죽고 병들어 죽었다. 탈출했다가 붙잡히면 다시는 탈출하지 못하도록 발뒤꿈치를 잘랐다.

정묘호란 때도 후금군은 수많은 조선인 포로를 끌고 갔다. 1627년 4월, 홍타이지는 선천·곽산·철산 등에서 사로잡은 조선인 포로 3만 2,100여 명을 선양으로 데리고 갔다. 평안도 3개 지역의 수치가 이 정도였음으로 미루어 볼 때 실제 끌고 간 포로는 그보다 훨씬 많았을 것으로 추산된다.

환향녀들의 비극

그렇다면 병자호란 때는 포로를 몇 명이나 잡아갔을까? 일부 연구자들은 20만~50만으로 추산하는데, 이 수치는 좀 과장된 것으로 보인다. 학자들은 5만~10만 정도를 적정선으로 보고 있다. 5만이든 50만이든, 왈가왈부하기 전에 알아야 할 것이 있다.

조선의 남자 포로들은 만주족의 노예가 되어 뼈 빠지게 노동력을 착취당했고, 여자들은 대부분 능욕당했다. 끌려간 여자들 대다수가 청군 장병들의 첩이 되었다. 조선에 원정 나갔던 남편이 조선 여성을 첩으로 데리고 돌아오자 만주족 본처들은 질투심에 몸을 떨었다. 일부 청군 본처들은 조선 여인들에게 끓는 물을 뿌리거나 고문을 가해 사회 문제가 되었다.

오죽했으면 홍타이지가 도르곤 등 신료들에게 "조선에서 데려온 여성들에게 계속 못된 짓을 자행하는 여인이 있을 경우, 남편이 죽을 때

순사殉死시키겠다"라며 투기를 근절시키라고 경고를 해야 할 정도였다(한명기, 『정묘·병자호란과 동아시아』, 2017, 431~432쪽).

인조는 '오랑캐 두목'에게 무릎 꿇는 치욕을 감수한 대가로 국왕 자리를 유지했다. 전란의 와중에 방치되었던 조선의 백성들은 죽거나 다치거나 포로로 끌려가 노예 일을 하거나 오랑캐들의 성욕을 충족시켜 주는 정액받이로 고통을 당해야 했다.

조선의 포로들은 스스로 목숨 건 탈출을 해서 도망 오거나 일가친척들이 돈을 주고 데려왔다. 또 소현세자가 볼모 생활을 끝내고 귀환할 때 많은 포로들을 송환해 왔다. 그런데 오랑캐에게 몸을 더럽힌 채 돌아온 여성들 처리 문제가 정국의 현안 이슈로 등장했다. 양반 사대부 집안에서는 "이미 몸을 더럽힌 여자를 집안에 받아들여 선조의 제사를 받들 수 없으니 이혼하고 새장가를 들도록 허락해 달라"라는 요청이 쇄도했다.

왕조 실록을 기록하는 사관들마저 "충신은 두 임금을 섬기지 않고 열녀는 두 남편을 섬기지 않으니, 이는 절개가 국가에 관계되고 우주의 동량이 되기 때문이다. (청나라에) 사로잡혀 갔던 부녀들은 비록 그녀들의 본심은 아니었다 해도 변을 만나 죽지 않았으니, 절의를 잃지 않았다고 할 수 있겠는가. 이미 절개를 잃었으면 남편의 집과는 의리가 끊어진 것이니 억지로 다시 합하게 해서 사대부 가풍을 더럽힐 수는 없다"라고 기록하고 있다(『인조실록』 16년 3월 11일).

제 나라 백성을 지킬 힘이 없어 아녀자와 딸들을 강탈당해 오랑캐들에게 정조를 짓밟히게 만든 것은 조선의 양반 지배층 아닌가. 그러고도 정신 못 차리고 '절개'와 '사대부 가풍' 운운하는 것을 보면 조선 주자성리학자들의 이율배반적인 모습이 참으로 가증스럽다. 이날 이후 양반 사대부 집안에서는 포로가 됐다가 송환된 부인을 버리고 모두 새장

가를 들었다고 한다.

백성들은 목숨 걸고 탈출해 왔으나 시댁에서 쫓겨나 거리를 헤매는 여성들을 환향녀還鄕女라 불렀다. 환향녀들은 집안에서 받아주지 않자 스스로 목숨을 끊거나 비구니가 되거나 몸을 팔아 생존을 이어가는 사례가 허다했다. 이것이 후일 '화냥년'의 어원이 되었으니, 불행하여라, 조선의 여인들이여!

제2장

'조선중화'의 실체

병자호란 난리를 당해 남한산성으로 쫓겨 간 조선 조정이 척화파와 주화파로 갈려 대립한 모습은 영화 〈남한산성〉을 통해 잘 알려졌다. 외로운 섬처럼 고립된 상황에서 척화파는 "죽음으로써 문명국의 자존심을 수호하자" "오랑캐에 대한 저항은 강약·승패·존망을 초월해 어떤 대가를 치르더라도 감수해야 할 절대적 가치"라고 외쳤다. 반면에 주화파는 "힘이 달리는 냉엄한 현실을 바로 보자"라고 소리쳤다.

양측 모두 백성들의 생명과 재산을 보호할 뚜렷한 대책을 내놓지 못했으니 누가 누굴 탓하겠는가. 하지만 조선의 주자성리학 원리주의자들은 주화론자 최명길을 역적·간신으로 매도했고, 척화론자 김상헌을 절개의 상징이자 충신으로 나라가 망할 때까지 떠받들어 모셨다. 후에 안동 김씨가 세도정치로 기세를 날린 것은 김상헌 덕분이다. "죽더라도 싸우다 죽어야 한다"라고 외친 자랑스런 주인공이 안동 김씨였으니까.

김상헌의 후손에서 13명의 재상宰相과 판서判書(현재의 장관)·참판參判(현재의 차관급)이 줄줄이 배출되었다. 순조비·헌종비·철종비 등 왕비 3명, 숙종의 후궁 영빈 김씨가 모두 그의 후손이었다. 나라와 백성이 결딴나든 말든, 김상헌이 애오라지 주전론을 외친 덕분에 그의 가문은 오래도록 꿀단지를 빨았다.

인조는 반정反正이라는 비정상적 정변을 통해 추대됨으로써 애초부터 왕권이 취약했던 인물이었다. 하지만 한번 맛을 보면 마약처럼 끊기 어려운 것이 권력이다. 병자호란이 터지기 전까지 '일전불사'를 외쳤던 열렬한 척화론자·반청론자였던 인조는 삼전도 굴욕 후 잘 길들여진 개처럼 청의 요구에 철저히 순응했다.

그는 항복의 예를 마치고 환궁한 직후 척화론자들을 모두 해임하고 주화파 최명길을 중심으로 묘당을 구성했다. 주자성리학자들로 구성된 양반 사대부들은 조선 국왕의 정통성은 명나라 황제(천자)의 책봉에서 나온다고 믿었다. 그런데 명의 천자가 베이징에 버젓이 살아있는 상황에서 조선 국왕이 여진족 추장을 천자로 떠받들겠다고 삼전도에서 하늘에 맹약함으로써 국왕의 정통성에 심각한 하자가 발생했다.

항복한 인조를 '더러운 임금'으로 멸시

인조의 항복 후 척화파 대신들은 "임금은 사직과 함께 죽었어야 한다"라면서 국왕의 권위를 무시했다. 심지어 '하찮은 조정小朝'에 들어가 벼슬하지 않겠다며 관직을 거부하고 과거 응시를 포기하는 사례가 속출했다. 인조를 "오랑캐 추장에게 항복한 더러운 임금汚君"이라면서 섬기지 않겠다는 항의였다. 인조의 항복 소식을 접한 광해군 시절 집권 세력이었던 대북大北 계열 인사들은 소를 잡고 잔치를 벌이는 등 쾌재를 불렀다고 한다(한명기, 『정묘·병자호란과 동아시아』, 2017, 190~191쪽).

1640년대 들어 인조의 친청親淸 행보는 청에 대한 아부 수준으로 확대되었다. 1641년 함양 백성이 땅을 파던 중 항아리를 발견했는데, 그 안에 황금 14조각이 들어있었다. 인조는 이 항아리를 홍타이지에게 바쳤다. 한편에선 병자호란을 계기로 '하늘을 함께 이고 살 수 없는' 적개심의 대상이 임진왜란을 일으킨 왜倭에서 오랑캐 청으로 바뀌었다.

청·일에 대한 멸시 감정의 근원을 추적하면 소중화 사대주의라는 거대한 뿌리가 나타난다. 중화사상의 가장 분명한 형태는 중국 황제인 천자가 천하를 지배하는 것, 주변 나라의 통치자는 천자의 제후임을 인정하는 것이다. 조선은 건국 후 명 황제로부터 책봉을 받아 그 후광으로 왕권을 유지했다. '조선'이라는 국호도 명이 정해 준 것이다.

조선 왕조 유교 지식인들의 사고와 행동을 규정하는 중추적 이데올로기로 기능한 것이 중화사상이다(우경섭, 「조선중화주의에 대한 학설사적 검토」, 『한국사연구』 159호, 2012, 237쪽). 중국이 중화로서 위대한 나라이니 조선은 스스로를 낮추는 겸양 의식을 고도로 발휘하기 시작했다.

그들은 명나라를 '천조天朝'라 칭하고, 조선은 동국東國·동방東方·동토東土·해동海東·대동大東으로 낮춰 불렀다. 자신들은 천자의 제후인 조선 국왕을 섬기는 신하로서 '천자의 신하의 신하'라는 뜻에서 '배신陪臣'이라 칭했으며, '명나라에 속한 조선국'이란 뜻에서 '유명조선국有明朝鮮國'으로 표기했다. 급기야 조선 국왕 선조의 입에서 "제후의 땅은 천자로부터 받은 것이므로 조선이 실제로는 중국 땅인데, 중국이 우리나라로 하여금 스스로 다스리게 한 것"(『선조실록』 26년 8월 2일)이란 망언까지 나오는 세상이 되었다.

베이징을 방문한 조선 사신들은 자신의 학문적 수준과 성취를 중국 사대부들에게 인정받기 위해 피나는 노력을 기울였다. 중국 사대부들이 조선 성리학자의 학문적 수준을 인정하는 순간 그는 무소불위의 권위를 획득하게 된다. 『동의보감東醫寶鑑』이 조선에서 드높은 권위를 떨치게 된 근본적인 이유는 이 책이 중국에서도 간행되었기 때문이다.

망해 없어진 명나라에 의리 지킨 조선

반면에 조선 지식인들은 몽골·여진·왜倭 등 한족漢族 이외의 이민족은 '열등하고 하잘것없는 오랑캐'로 멸시·천대했다. 오랑캐는 당연히 지켜야 할 예의를 모르는 자, 좀 더 적나라하게 표현하면 '짐승 같은 놈' 정도로 취급되었다(이희진, 『중화사상과 동아시아-자기 최면의 역사』, 책세상, 2013, 23쪽).

성종 연간에 조선 관리들이 후에 누르하치를 배출하게 되는 건주여진을 '사람의 얼굴을 한 짐승'으로 정의한 사실, 인조가 후금을 가리켜 '보잘것없는 건주 추물'이라고 비하한 것이 그 표본이다. 금나라가 멸망한 후 압록강·두만강 이북에 뿔뿔이 흩어져 조선의 경제적 지원을 받으며 근근이 살아가는 여진족에 대해 조선의 지식인들은 자신들을 "여진족의 상국上國"으로 자리매김했다.

임진왜란을 앞두고 일본에 통신사로 파견되어 "침략은 없다"라고 허위 보고해 화를 자초했던 인물이 김성일이다. 그는 1579년 9월, 함흥과 길주의 창고를 검열反庫하라는 왕명을 수행하기 위해 함경도에 갔다가 회령 북쪽 험준한 산성인 운두성에 올랐다. 운두성 안에는 송나라 휘종과 흠종의 능으로 전해지는 두 개의 무덤이 있었다. 김성일은 여진족 오랑캐에게 붙잡혀 와서 이역에서 생애를 마친 두 황제를 추모하며 다음과 같은 시를 썼다.

오랑캐 마음 시랑보다 더욱 사납고
의복에는 표범 무늬 뒤섞여 있네
오랑캐의 소굴 된 것 어느 때인가
비린 냄새 사방에 넘쳐흘렀네
백 년 오랑캐 운수 다해

천 년의 태평 시대 돌아온다면
멀리까지 중국 땅을 개척하고서
잔악해진 오랑캐 종자 죽여 없애리.

오랑캐 땅에는 비린내만 진동하고, 그들 운세는 100년을 가지 못할 것이며, 그들을 죽여 없애버리고 싶다는 적개심이 잘 드러나 있는 작품이다.

명나라를 대국大國·상국으로 극진히 흠모하던 상황에서 느닷없이 명이 멸망했다. 그것도 자신들이 그토록 하대하고 멸시 천대했던 여진족에 의해. 사태가 허망하게 전개되자 중화 문명을 세상 모든 가치의 상위에 두고 있던 조선의 주자성리학자들은 "하늘이 무너지고 땅이 꺼지는天地崩坼" 멘탈 붕괴 상태에 빠졌다.

그들은 비록 나라는 망해 없어졌지만, 명에 대한 의리를 지켜야 한다는 신념에 사로잡혔다. 이러한 의협심은 임진왜란 당시 명의 만력제萬曆帝(재위 1572~1620)가 군대를 파견해 왜적을 물리쳐 조선을 구해 주었다는 재조지은再造之恩의 감정으로 표출되었다. 조선의 주자성리학자들은 명 왕조가 멸망했으니 중화 문화는 중원 땅에는 없어졌다고 믿었다. 결국 주자성리학을 보존 유지할 곳은 지구상에 조선밖에 없다는 논리에서 스스로 이적이면서 소중화라고 자칭했다(박치정, 『한국 속 중국』, 2017, 52쪽).

조선이 이적이면서 중화 문화를 수용해 소중화가 되었다면, 같은 이적인 만주족 청나라도 같은 방식으로 중화 문화를 수용해 높은 문화를 소유할 수 있다는 생각은 왜 하지 못했을까?

북벌론의 허상

조선을 단숨에 쓰러뜨린 청은 1644년 난공불락이었던 산하이관山海關을 돌파해 베이징에 난입했다. 명의 마지막 황제 숭정제가 자살하고 청나라 군대가 베이징을 점령하는 천하대란이 일어난 것이다. '하늘'처럼 숭배해 왔던 명나라가 폐망하고 오랑캐 청이 '천하'의 중심이 되었다.

1644년 청나라가 중원 대륙을 차지한 후 볼모로 끌려갔던 소현세자와 봉림대군이 귀국했다. 얼마 후 소현세자가 독살당하고 봉림대군이 즉위한다. 그가 효종이다. 그는 송시열로 대표되는 재야 운동권인 사림士林 세력을 대거 등용해 북벌론 드라이브를 걸었다.

우리가 비록 힘이 약해 겉으로 섬기는 척하고 있지만, 만주족 오랑캐가 세운 청은 하늘 같은 대명 제국을 쓰러뜨린 불구대천의 원수다. 이들을 우리가 공격해 명에 대한 원수를 갚아야 한다는 의식이 북벌론 레토릭이었다. 당시 조선의 군사력은 1만에 불과했다. 인구나 국력, 군사력 면에서 조선을 압도하고 있던 청나라를 군사력 1만의 조선이 정벌하겠다는 주장은 모기가 바위에 침을 놓아 태산을 무너뜨리겠다는 허황한 만용이었다.

북벌에 열광했던 조선 지식인들이 그것은 '한여름 밤의 꿈'이란 사실을 깨닫는 데는 오랜 시간이 걸리지 않았다. 애초부터 현실성 제로였던 북벌론의 약발이 먹힌 이유는 조선 주자성리학자들의 허위·위선으로 치장된 '정신승리법' 덕분이다. 효종과 송시열 세력이 자나 깨나 북벌론을 외친 이유가 있다.

삼전도 항복 이후 오랑캐들이 명나라를 무너뜨리고 중원 대륙을 차지한 대이변이 여차하면 조선에서도 현실화할 수도 있다. 또 임진왜란에 이어 정묘호란·병자호란을 겪으며 패전에 대한 책임을 물어 백성들이 들고일어나면 체제가 뒤집혀 기득권층이 몰살당할 가능성도 배제할 수 없게 된다.

조선 지배층은 오랑캐에게 두 차례나 패배해 그 두목에게 항복한 사실을 합리화하기 위한 새로운 어젠다가 절실히 필요한 상황이었다. 이 과정에서 북벌론이란 선명한 구호를 앞세워 혜성처럼 등장한 인물이 송시열이다. 노론의 영수가 된 송시열은 망해 없어진 명나라를 단순한 황제국이 아닌, 조선을 보살피는 '아버지의 나라'로 자리매김했다. 그리고 임진왜란 때 원군을 보내 조선을 구해 준 명나라에 대한 사대론·의리론을 부추겼다. 이것이 재조지은이다. 왕조의 창업을 승인하고 국호를 내려준 것이 첫 번째 은혜요, 군대를 보내 왜적을 물리쳐준 것이 두 번째 은혜라는 것이 재조지은의 의미다.

수직적 지배 구조로 구성되어 있는 조선은 지배 구조의 상징이 충忠과 효孝다. 명은 부모의 나라이니 충의 대상인 동시에 효의 대상이 된다. 반면, 오랑캐 청나라 황제는 천자로 인정하지 않았다. 송시열 일당은 오랑캐에게 머리 숙인 현실을 부정하고 정신적 위안을 찾기 위해 숭명배청崇明排清 이데올로기를 조작해 냈다. 조선에 모욕을 가한 오랑캐 청나라를 정벌해야 한다는 북벌론을 들고 나와 센세이션을 일으킨 것이다.

북벌론에서 소중화로 의식 전환한 이유

효종과 송시열이 북벌론을 제기한 이유는 정치적 명분 쌓기였다. 삼전도 항복으로 동요하는 민심과 사회 분위기를 '조선 왕조'라는 깃발 아래 묶어두기 위한 강력한 선동 무기가 북벌이었다. 다시 말하면 북벌론은 실제로 청나라를 정벌하는 것이 주된 목적이 아니었다. 그것은 병자호란 패배에 대한 책임 및 정치·경제적 위기에서 빠져나와 자신들의 지배력을 강화하기 위한 고도의 정치적 프로파간다였다.

1659년 북벌론의 상징 인물 효종이 죽고 1662년 명의 복원 세력인 남명南明이 멸망하면서 그들은 '한여름 밤의 꿈'에서 비로소 깨어났다. 그제야 조선의 주자성리학자들은 청조의 중원 지배를 더 이상 돌이킬 수 없는 현실로 받아들였다(우경섭, 『조선중화주의의 성립과 동아시아』, 2017, 133~138쪽).

목숨이 끊어지더라도 중화의 은혜로부터 벗어나선 안 된다는 주자성리학 원리주의자들은 조선이 오랑캐 청나라를 격파하고 중원을 회복해 명의 원수를 대신 갚아줄 힘이 없음을 안타까워했다. 그들은 재조지은에 보은하지 못했다는 '심리적 부채의식'을 떠안게 되었다. 그러한 부채의식은 기형 변태적인 방법으로 표출되기 시작한다. 청의 중원 지배가 부당하지만, 자기들 힘으로는 현실을 바꿀 수 없는 상황에서 조선이 택할 수 있는 논리는 단 하나. 자신이 중화 문명의 유일한 계승자라는 믿음을 더욱 강화하는 것이었다(배우성, 『조선과 중화』, 2016, 310쪽).

조선의 주자성리학자들은 '천자의 나라' 명에 정성스럽게 사대해 온 역사를 자랑스러워하며 머리를 숙였다. 반면 청에게 머리를 숙였지만, 정신적으로는 청을 중화 제국으로 인정하지 않았다. 그러한 반항 의식은 병자호란 이후 청의 책봉을 받으면서도 청의 연호를 무시하고 패망한 명의 연호를 고집하는 것으로 표출되었다.

송시열·김상헌을 비롯한 조선 후기 사대부들 비석에는 어김없이 '숭정기원후崇禎紀元後 ○○년'이라는 날짜가 새겨졌다. '숭정'이란 1644년 폐망한 명의 마지막 황제 숭정제의 연호다. '기원후'란 망해 없어진 명나라 연호를 계속해서 사용하겠다는 의지의 표현이었다.

그들의 세계관 속에서 명은 '중국'이었지만, 개항기에 이르기까지 대부분의 조선 사인士人들은 청 왕조를 '중국'이라 부르지도 않았다(계승범, 『정지된 시간-조선의 대보단과 근대의 문턱』, 서강대학교 출판부, 2011, 244쪽). 명을 언급할 때는 중조中朝·황조皇朝·황명皇明이라 칭했지만, 청에 대해서는 호청胡淸·북국北國, 청 황제는 '청주淸主'로 칭했다. 삼전도 굴욕의 주인공 청 태종은 황제 즉위 이전의 공식 호칭인 '황태극皇太極' 대신 '때려잡아야 할 붉은 돼지'란 뜻의 '홍타시紅打豕'로 표기했다(계승범, 「조선후기 중화론의 이면과 그 유산」, 『한국사학사학보』 19, 2009, 61쪽).

명나라가 멸망한 후 조선 양반 사대부들은 '유명조선국'이라고 칭했을 뿐, '유청有淸조선국'이란 표현을 사용한 경우는 없었다(이성규, 「중화제국의 팽창과 축소: 그 이념과 실체」, 『역사학보』 186집, 2005, 115~117쪽). 송시열은 자살한 명의 마지막 황제 숭정제를 '우리 황제吾皇, 我皇帝'라고 칭송했다.

도시 명칭에도 현격한 차등을 두었다. '북경北京'은 명대의 도성을 지칭하는 용어였다. 청이 들어선 이후에는 북경이 아니라 정복 왕조가 중국을 통치하는 도성이라는 멸시의 뜻을 담아 '연경燕京'이라 표기했다.

세계제국으로 부상한 청나라

사신 명칭에도 차별을 두었다. 명나라 시절 중국에 보내는 사신단은 '천조天朝인 중국에 조근朝覲(신하가 조정에 나아가 천자를 뵙는 행위)하는 사행'이라는 뜻에서 조천사朝天使라 불렀다. 청이 들어선 1644년 이후에는 '연경을 다녀오는 사행'으로 하대하는 뜻에서 연행사燕行使 또는 청사淸使·북사北使라고 불렀다. 연행사들은 압록강을 건넌 후 만나는 세상을 '오랑캐 하늘胡天' '오랑캐 산胡山'으로 표현했다.

이 과정에서 조선 지도부는 청은 조만간 멸망할 것이 확실하며, 오랑캐들이 자기들 본거지인 닝구타寧古塔로 철수하는 과정에서 또 한 번 조선을 침탈할 가능성을 우려하는 '닝구타 회귀설'이 파다하게 퍼졌다. 이런 우려는 조선 주자성리학자들의 순진무구한 착각이었다.

조선 조정이 이미 죽어 백골이 된 명나라 황제에게 제사를 올리기 위해 대보단을 지어놓고 음풍농월할 때 청나라는 지배 영역을 팽창해 나

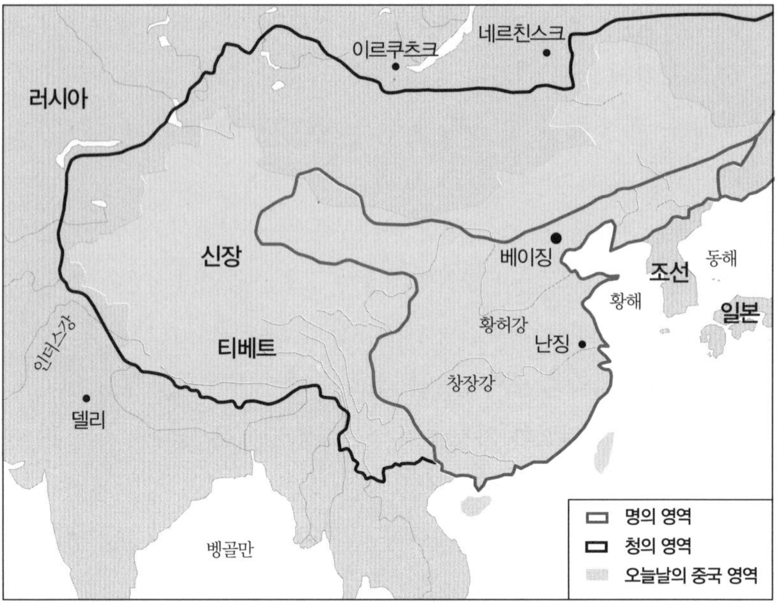

명·청·중국의 지배 영역 비교

갔다. 강희제 재위기에는 동몽골 할하를 복속시켰고 티베트를 영향권에 두었다. 18세기 중엽에는 신장新疆 북부의 중가르(Dzungar)와 남부의 알티샤르 지역을 정복함으로써 청은 역대 중국 왕조가 보유한 적이 없던 초유의 강역을 형성했다(이훈, 『만주족 이야기』, 너머북스, 2018, 282~283쪽).

18세기 말 청은 전성기를 구가했다. 이 무렵 청 제국의 판도는 약 1,315만 제곱킬로미터로, 15세기 전반 약 650만 제곱킬로미터였던 명은 물론, 약 965만 제곱킬로미터나 되는 오늘날 중국 영토보다 훨씬 더 넓었다. 1800년경 청의 인구는 약 3억 명에 이르렀다. 당시 세계 인구는 약 9억 명. 청은 세계 인구의 3분의 1을 지배하는 제국이었다(구범진, 『청나라, 키메라의 제국』, 민음사, 2017, 51쪽).

명나라를 정복한 후 150년 만에 영토를 두 배 확장해 동투르키스탄과 티베트에서 만주 일대에 이르는 광활한 영토를 오늘날의 중국에 물려준 나라가 청이다. 만주족은 자신들보다 인구가 350배나 많은 중국을 250년간 통치했다. 청은 동아시아 세계와 중앙유라시아 세계를 아우르는 하나의 '세계제국'이었다(구범진, 『청나라, 키메라의 제국』, 2017, 34~35쪽).

인류사에서 그 유례를 찾아보기 힘들 정도의 거대한 족적을 남긴 대제국을 수립한 것도 위대하지만, 그것을 200년 넘도록 지켜낸 것도 대단한 일이다. 만주족의 혁신성과 기동성, 다민족 흡수라는 포용성이 이전 제국들이 해내지 못했던 위업을 이룬 원동력이었다.

청에 앞서 중국 전체를 지배한 나라 중 수명 200년을 넘긴 경우는 당唐·명 두 왕조밖에 없었다. 청나라 이전에 이민족 정권으로 중국 전체를 정복해 지배한 것은 원元, 즉 몽골 제국밖에 없었다. 하지만 몽골 제국은 중국을 지배한 지 채 100년도 못 돼 초원으로 쫓겨났다(구범진, 『청나라, 키메라의 제국』, 2017, 104쪽).

조선 지도부의 '정신 승리법'

이처럼 위대한 세계 대제국을 우습게 여긴 사람들이 조선의 양반 사대부였다. 조선의 주자성리학자들이 청을 '오랑캐'라고 업신여기는 사고방식은 현재의 한국인들이 일본을 멸시하는 정신병리적 패러다임과 완벽하게 일치한다. 조선 지도부는 '정신승리법'에 도취해 거대한 판타지의 세계에 투신했다.

1662년 남명이 멸망한 후 명의 후예들이 조선으로 망명해 왔다. 숙종 시절부터 조선으로 이주한 중국인을 '황조인皇朝人'으로 칭하고 부역을 면제해 주는 등 우대 정책을 시행했다. 영조 후기인 1764년부터는 충량과忠良科라는 과거 제도를 신설해 망명해 온 명나라 후예들이 관직에 오를 수 있도록 배려했다. 황조인 우대 정책은 고종 시절까지 이어졌다. 이런 정책을 통해 조선에 파병되어 싸웠던 이여송의 후손인 이원을 지중추부사(정2품 관직)에 제수하고 도총관(조선시대 중앙군인 오위도총부의 지휘관)을 겸하게 했다(우경섭, 『조선중화주의의 성립과 동아시아』, 2017, 118~120쪽).

조선 주자성리학자들은 주자 정통론에 심취해 경전 해석을 전적으로 주희(주자)의 해석에 의존했다. 주자의 생각과 조금이라도 어긋나는 주장을 하면 사문난적斯文亂賊으로 몰아 죽였다. 한편에선 서양의 영향을 받아 일취월장하고 있는 금석학·고증학·양명학 등 청의 학문을 깔아뭉갰다.

청은 중국 역사상 최고의 황금기를 구가했다. 강희·옹정·건륭제가 통치했던 130여 년간, 강건성세康乾盛世라는 번영의 고속도로를 달렸다. 조선이 기형 변태적인 시대착오 짓을 하건 말건 청나라는 관심이 없었다. 그러한 무관심이 북벌이니 대보단 제사니 하는 정신승리법을 가능케 한 요인이었다.

조선 지식인들의 주자에 대한 절대 존숭 분위기는 19세기 말까지 줄기차게 이어졌다. 주자에 대한 깊은 존경심은 한 치의 미동도 없었다. 그들은 주자의 학문, 사상뿐만 아니라 그의 공부 및 사고방식, 행동까지 본받고 따르고자 했다(김영식, 『중국과 조선, 그리고 중화』, 2019, 119~129쪽).

북벌론으로 시동이 걸린 조선 주자성리학자들의 시대착오적 인식은 세계 최강의 제국으로 군림한 청나라를 자신들 힘으로 정벌하는 것이 불가능하다는 사실을 깨달으면서 정서적 변화를 일으킨다. 그 결과 드높은 대명 의리, 반청 의식, 주자 정통론은 조선이 중국 문화를 받아들여 중화의 수준을 따라잡았고, 그 결과 조선은 이적夷狄에서 소중화로 재

탄생했다는 판타지를 탄생시켰다.

중화의 나라 명이 멸망하면서 중국 대륙은 누린내 나는 오랑캐 땅으로 변했으니 중화 문명을 계승·보존하는 곳은 조선이다. 이러한 소중화 의식은 중화 문명의 담지자였던 명이 멸망하고 이적인 청이 중원에 밀고 들어와 무력으로 주인 행세를 하고 있으므로 중화 문명의 정통 계승자는 조선이라는 조선중화주의로 폭발한다(정옥자, 『조선후기 조선중화사상 연구』, 1998, 241쪽).

이런 사고 체계 아래 조선의 주자성리학자들은 조선을 '동쪽의 주나라', 즉 동주東周라 칭하기 시작한다. 또 폐망한 명 황실을 대신해 조선이 제사를 올리는 것은 당연한 귀결이 된다. 1704년, 숙종은 국왕의 거처이자 집무 공간인 창덕궁 경내에 대보단大報壇을 설치한다. 그리고 임진왜란 때 군대를 보내 조선을 구해 주었다는 재조지은의 주인공 만력제에게 제사를 올리기 시작했다.

'조선이 명의 황통 계승' 선언

1749년 영조는 대보단을 중건하고 제사 대상을 명의 초대 황제 홍무제洪武帝(재위 1368~1398), 명의 마지막 황제 숭정제로 확대했다. 심지어 영조는 1751년 "해동의 한 모퉁이에 명나라가 존재하고 있다"라고 했으며, 급기야 1764년에는 "황조의 일월, 우리 동국이 대명이다皇朝日月, 我東大明"라는 글을 인쇄해 신하들에게 나눠주었다. 명나라의 황통은 오랑캐 청이 아니라 주자성리학의 나라 조선이 계승하였으니, 우리가 곧 중화가 되었다고 선언한 것이다.

대보단을 연구한 계승범의 저작에 의하면 대보단에 대한 영조의 집착은 거의 병적인 수준이었다고 한다. 제삿날이 아닌데도 궁궐에서 명나라 세 황제의 신위가 놓인 대보단을 향해 망배례를 행하고, 절을 하는데 오래 부복하여 동궁(세자)이나 신하들이 억지로 일으켜야 마지못해 일어나는 수준이었다(계승범, 『정지된 시간-조선의 대보단과 근대의 문턱』, 2011, 130~131쪽).

18세기 중엽 이후 서울과 경기 출신의 홍대용·박제가·박지원 등 일부 학자들은 현실에 눈을 뜨기 시작한다. 오랑캐 청이 중원을 차지한 이후 100년이 지나면서 예의를 숭상하고 충효를 본받는 등 중화의 면모를 갖추어 변화무쌍하게 진보했으니 청나라를 진정한 중화로 인정한 것이다. 따라서 중화가 된 청나라의 문물을 배워야 한다는 주장을 내놓았다. 이런 일군의 학자들을 북학파라 불렀다.

조선중화 의식은 세계제국을 형성한 청이 주도하는 국제무대의 현실을 부정해야만 가능한 것이었다. 따라서 현실과 괴리된 관념 세계에서만 통용되는 태생적 한계를 안고 있었으며, 동아시아의 국제 현실과도 동떨어진 자기 최면이었다.

한 걸음 더 나아가 조선의 주자성리학자들은 서양 과학도 자신들이 직접 서양인과 접촉하거나 서양 책을 읽고 공부하는 방식이 아니라, 중국 서적을 통해서 흡수했다. 중국을 통한 간접 도입은 서양 과학과 지식을 접하는 데 큰 제약과 한계가 있음에도 불구하고, 조선의 사대부들은 지식과 문화의 도입을 중국에 의존하는 것을 당연하게 여겼다.

개화기에도 서양 관련 지식은 중국을 통해 얻는 것으로 충분하다고 여겼다. 1910년대 이후에야 서양 지식 도입의 경로가 중국에서 일본으로 바뀌게 된다. 조선 지식인들은 서양 언어를 배우려는 생각조차 하지 않았다. 조선 지식인 최초로 영어를 배운 사람은 윤치호尹致昊였고, 그 시기는 1883년이었다(박성래, 『한국사에도 과학이 있는가』, 교보문고, 1998, 204~206쪽).

서양 학문을 이단이며 사악한 것으로 배척하던 성리학자들은 중국이 이미 그것을 받아들였다는 사실 때문에 쉽게 서양 과학 지식을 받아들였을 가능성이 있다(김영식, 『중국과 조선, 그리고 중화』, 2019, 383쪽). 이런 사고는 서양 과학이 중국에서 기원했다는 관념으로 진화했고, 급기야 이 세상에서 가치 있는 모든 것은 중국에서 기원했으므로 그것을 받아들이는 데 문제가 없다는 '서학중원론西學中原論'으로 이어졌다.

조선 주자성리학자와 현대의 국수주의적 국사학자는 일란성 쌍둥이다. 그들의 북벌·소중화·조선중화 의식에 대한 미화 찬양이 얼마나 시대착오적인 주장인지를 베트남 사례와 비교해 본다. 베트남도 조선과 비슷하게 중국 황제로부터 책봉을 받았으며, 조공 체계에 편입되어 있었다. 한자를 공용 문자로 사용했고, 과거 제도를 통해 관리를 선발했다. 베트남의 역대 왕조는 중국에 조공은 했지만, 스스로 황제라 칭하면서 연호도 독자적으로 사용했다.

조선이 기자의 후손인가

베트남은 중국 문화를 수용하는 과정이 우리와는 차원이 달랐다. 그들은 조선처럼 중국 문화를 인정했지만, 중국 중심의 세계 질서가 당연하다는 춘추사관까지 무차별로 수용하지는 않았다. 중화 문화에 일방적으로 편입된 것이 아니라, 중화 문화의 틀을 가져다 베트남 황제의 통치술에 이용했다. 중화 문화를 수용하되 자기 문화의 자양분으로 삼은 것이다(박치정, 『한국 속 중국』, 2017, 78~79쪽).

일본도 중화 문화를 수용하는 과정에서 자기 정체성의 바탕에서 자국에 대한 자부심과 충성심으로 유학을 수용했다. 일본은 중국의 황제 체제라는 틀을 일본에 옮겨 천황 중심의 세계관을 만들어냈다. 그들도 한자문화권이었지만 공자묘나 향교, 사당 대신 신사神社를 전국에 세웠다. 성씨도 짐승(소)·새·밭·산·강·숲이나 태어난 곳, 사는 곳의 지명을 따서 썼다.

에도 시대의 대표적인 유학자 야마자키 안사이山崎闇齋는 퇴계 이황을 존경했다. 하지만 그는 공자를 우러러보면서도 자국을 먼저 생각했다. 그는 공자와 맹자가 군대를 이끌고 일본으로 쳐들어온다면 공맹의 도를 배우는 자신은 무기를 들고 싸워 공자와 맹자를 포로로 잡아 나라의 은혜에 보답할 것이라고 주장했다. 자기 나라나 국왕보다 중국 황제와 주자를 극진하게 신봉했던 조선의 주자성리학자들과는 차원이 다른 세계관이었다.

조선은 중화 문화를 종족이나 국가보다 우선했고, 그것을 본받는 것을 동방예의지국의 기본이라 믿었다. 사대 모화를 습득하면서 자발적 충성심으로 중국에의 종속을 자처했다. 중화 천하일가에 동참하기 위해 그들은 민족의 시조 단군을 팽개치고 중국 주周나라 무왕으로부터 조선 왕으로 책봉받았다는 기자箕子를 시조로 삼았으며, 기자의 후손임을 자랑스럽게 여겼다.

기자가 실제로 고조선에 왔는지 아닌지 학문적으로 증명되지도 않았지만, 사실 여부는 어떻든 상관없었다. 오로지 기자와 같은 중국의 현인이 고조선에 와서 백성을 교화한 것이 명예스럽다고 믿어버린 것이다. 그 결과 기자의 후예임을 자처하는 청주 한韓씨, 태원 선우鮮于씨, 해주 기奇씨, 서徐씨 등이 나타났으며, 기자를 따라왔다는 5,000명의 사람들이 봉화 금琴씨, 태인 경景씨, 토산 궁弓씨, 밀양 및 함평 노魯씨 등 각 성씨의 시조로 등장했다.

각 문중이 신주단지처럼 떠받드는 족보는 대부분 임진왜란 이후 주자학이 민간으로 확산되는 시점에 편찬되었다. 문중은 자기 혈통과 가계를 미화하기 위해 민족의 시조를 단군에서 기자로 바꿔치기하듯 자기 성씨의 시조를 중국에서 온 것으로 날조했다. 사대 모화사상이 절정에 달했던 주자성리학 천국이기에, 시조가 중국에서 도래했다고 하면 그만큼 권위가 높아졌기 때문이다.

대한민국 상위 50대 성씨 본관 중 28퍼센트인 14개가 귀화 성씨 본관이다. 임진왜란과 명나라 멸망 시 귀화한 중국 성씨 본관만 25개에 달한다(김정호, 『한국의 귀화 성씨: 성씨로 본 우리 민족의 구성』, 지식산업사, 2003, 205~210쪽). 1985년 국내 전체 성씨 275개 중 절반 정도인 136개 성씨의 시조가 귀화 외국인으로 밝혀졌다. 이성무 전 국사편찬위원장은 한국 족보의 80퍼센트는 그 시조를 중국에서 온 사람으로 설정하고 있다고 비판한다(이성무, 『대은 변안열 평전』, 글항아리, 2015, 73쪽).

중국인들은 노盧씨를 강태공의 후손이라고 생각한다. 중국의 노씨 후손들은 자신들과 한 조상을 가진 노태우와 노무현이 한국의 대통령이 된 것을 자랑스럽게 생각한다. 노태우는 대통령 퇴임 후 부부 동반으로 강태공 탄생 기념 하카족客家族 축제 겸 세계 노씨 대회에 참가해 "선조의 고귀한 뜻 높이 받들 것"이란 휘호를 남겼다. 노향盧鄕의 거대한 기념관에는 그의 현판 글씨가 걸려있다. 노무현 대통령 재임 시절 서울에서 세계 노씨 대회가 열렸다. 노무현 대통령은 대회 참가자들을 청와대로 초청해 만찬을 함께했고, 기념사진도 찍었다(박치정, 『한국 속 중국』, 2017, 187~188쪽).

스스로 중화 방식의 창씨개명 자행

한국 외교관 반기문이 유엔사무총장에 올랐을 때 중국 허난성河南省 정저우鄭州시 외곽의 반씨 집성촌에서는 반씨 가문에서 세계 대통령이 탄생한 것을 기념하기 위해 마을 잔치를 벌였다. 반기문 총장은 2015년 8월 베이징에서 열린 중국 전승절 열병식에 참석한 다음 날 부인과 함께 중국 5악五嶽 중 하나로서 전 세계 화교와 중국인, 과거 조선 사람들이 성지로 여겼던 태산泰山에 올랐다. 태산에 오른 반기문 총장은 '중화태산中華泰山'이란 휘호를 남겼다.

태산에 오른 것은 반기문뿐만이 아니다. 김대중도 야당 총재 시절 비가 주룩주룩 내리는 가운데 지팡이를 짚고 불편한 다리를 절룩이며 태산에 올랐다.

이 땅의 사람들이 성씨만 중국식으로 갈아치운 것이 아니다. 이름도 중국 유명인을 따랐다. 신라 초기만 해도 존재했던 혁거세·알지·거칠부 같은 토종 이름은 모두 사라지고 한문식으로 짓는 것이 대유행했다. 몇 가지 사례를 살펴본다.

고려 말 주자학에 심취한 정몽주는 "꿈속에서라도 중국 주周나라를 따르겠다"라는 뜻에서 이름을 몽주夢周라 지었다. 그의 꿈과 희망은 조선 땅에 주나라를 세우는 것이었다. 비슷한 시대를 살았던 정도전의 이름은 도道를 전한다傳는 뜻이다. 여기서 도란 '주자의 도', 즉 조선을 동주東周로 만드는 것이다.

임진왜란 때 조선을 구한 성웅 이순신의 아버지는 자식들이 중화를 떠받치는 큰 신하가 되는 것이 꿈이었다. 그래서 작명 과정에서 삼황오제 이름을 차용했다. 첫째는 복희씨伏羲氏에서 한 글자를 따 이희신李羲臣으로, 둘째는 요堯 임금에서 글자를 빌려 이요신李堯臣으로, 셋째는 순舜 임금 이름을 따서 이순신李舜臣으로, 넷째는 우禹 임금 이름을 따서 이우신李禹臣으로 지었다(박치정, 『한국 속 중국』, 2017, 293쪽).

조선의 행세깨나 하는 문중은 족보에 자기 시조를 중국에서 온 것으로 고쳤고, 중화 방식의 창씨개명創氏改名을 광범위하게 자행했다. 누가 폭력으로 강권하거나 감언이설로 속여서 그렇게 지은 것이 아니다. 조선 사람 스스로 나서서 성姓과 이름名을 중국식으로 갈아 치웠다. 그들은 중화 천하일가를 이루기 위해 중국식 창씨개명을 자랑스러운 행위로 인식하고 행복해했다. 조선의 양반 사대부는 물론 일반인들까지 자발적으로 중화적 창씨개명을 통해 중화 문화에 투항했다. 그 결과 이름만으로는 중국인과 한국인을 구별할 수 없게 되었다. 족보만 따지면 한국인들은 자기 나라를 중국에 갖다 바친 셈이 되었다.

식민지 시절 일본은 한국인에게 창씨개명을 시행했다. 이것은 중화적 종법 제도가 뿌리내린 조선을 중화권에서 분리해 한-일 동조론同祖論의 내선일체를 이루기 위한 시도였다. 한국인들이 창씨개명을 수치스럽게 여기고 혐오·저주하는 이유는 창씨개명을 요구한 주체가 '중화 문명'이 아니라, 주자성리학자들이 '왜놈'이라고 멸시하던 일본이었기 때문이다. 일본이 조선을 '아버지의 나라' 중화 문화에서 분리시키려 하자 반발 저항한 것이다.

한·중·일의 성명학과 관련해 흥미로운 관점을 제공하는 사례가 청 왕조다. 청 황실 구성원의 성은 애신각라愛新覺羅다. 원래는 청 태조 누르하치를 배출한 부족 이름이었는데, 이것이 청 황실의 성이 되었다.

애신각라는 "신라를 사랑하고 신라를 생각한다"라는 뜻이다. 경주 김씨 김함보가 통일신라 멸망 무렵 전란을 피해 백두산 말갈 지역에 자리를 잡았다. 김함보의 후손인 완안아골타完顔阿骨打가 금金나라를 일으켜 금 태조가 되었고, 그의 직계 후손이 누르하치다. 누르하치는 금나라 후손으로서, 금을 계승한다는 의미에서 자신이 창업한 왕조를 후금後金이라 명명했다.

단일민족 배달겨레의 진면목

애신각라를 한자로 풀이하면 애신은 금金이요 각라는 씨氏, 즉 김씨라는 뜻이다. 중국을 점령해 270여 년 지배했던 청 황실은 경주 김씨의 후손이라는 뜻이다(박치정, 『한국 속 중국』, 2017, 247쪽). 신라의 김씨 혈통이 만주로 건너가 건국했고, 그 나라가 중국 대륙을 석권했으니, 당연히 그 본고장에서는 자랑스러워하고 길이 빛내는 것이 당연한 일이다.

하지만 조선은 '중화'를 최고 가치로 떠받드는 주자성리학 원리주의자들이 지도부를 구성한 나라 아닌가. 그들은 중국인 기자가 고조선에 와서 문명을 전파했다는 동래설東來說을 하늘처럼 신봉했다. 반면에 금나라 시조 아골타가 신라인 김함보의 후손이라고 금나라 정사正史에 기록되어 있는 것을 부끄럽게 여기며 은폐하기에 급급했다. 그것을 인정하면 조선은 오랑캐임을 공인하는 행위가 되기 때문이다. 그 결과 금나라가 손잡자고 하자 고려가 내쳤고, 청나라가 손을 내밀었으나 조선은 오랑캐라고 뿌리쳤다(박치정, 『한국 속 중국』, 2017, 465쪽 참조).

한국인들이 종교처럼 숭앙하는 것 중의 하나가 '단일민족'이란 순혈주의다. 이것은 여진이나 몽골, 흉노 혈통이 끼어드는 것은 안 되고, 중국 혈통이 끼어드는 것은 영광으로 생각하는 정서가 빚어낸 거대한 사기극이다. 성씨를 중국에서 온 것으로 날조해 중국인漢族과의 일체감과 연대감에 만족하는 중화사상이 만들어낸 판타지다.

한족화한 순혈주의는 이이제이와 원교근공의 덫에 걸려 신라의 후예인 여진족을 오랑캐로 적대시했다. 한민족은 중국 인종과는 명백히 다르건만, 조선의 주자성리학자들은 자신들을 '중화의 본가', 즉 명나라의 후예라면서 멸망한 명 왕조를 떠받들었다. 반면에 같은 핏줄인 여진은 '중화'의 본향 중국과 적대·경쟁 관계에 있다는 이유로 부정했다.

중국을 말로만 떠받든 것이 아니다. 성과 이름까지 중국식으로 개명했고, 자신들의 시조가 중국에서 왔다고 날조했으며, 세종이 15세기에 훈민정음을 창제했음에도 불구하고 19세기 후반까지 한문을 공용어로 사용했다. 그 결과 중국인들은 한국은 중국인들이 한반도로 건너가 세운 화교 국가이며 한국의 영토는 중국의 영토라는 인식이 뇌에 들어가 박혔다. 이것이 오늘날 센세이션을 일으키고 있는 한중韓中 동조론의 뿌리다.

구한말 단발령, 대한제국 군대 해산 이후 봉기한 의병장들은 대부분 위정척사를 부르짖는 주자성리학자들이었다. 의병 봉기는 조선의 임금을 모시는 충성심의 발로였지만, 다른 한편으로는 중화 중심의 세계관 속에서 중화의 파괴를 걱정한 것으로 볼 수 있다(박치정, 앞의 책, 82~83쪽).

1911년 청이 멸망하고 중화민국이 들어선 신해혁명 당시 중국의 혁명파 인물 다이지타오戴季陶는 "한국은 3,000년 이상 중국의 속국이었으며, 땅은 중국의 강토이고, 그 사람들은 우리와 동족이며, 그 문자는 우리와 같고 그 정치 풍속도 우리와 같다"라고 말했다.

신해혁명에 참여했던 장빙린章炳麟도 문화적으로 이질적인 신장·티베트·몽골·만주를 독립시키는 대신 유교 문명을 공유한 조선·베트남·류큐를 편입해 대중국을 건설하자고 주장했다(박치정, 『한국 속 중국』, 2017, 114~115쪽). 삼민주의를 주창한 쑨원孫文도 "중국이 혁명을 완수하고 부강해지면 태국이나 조선, 베트남이 중국의 한 성省으로 복속시켜 달라고 요구해 올 가능성이 있다"라고 말했다(배경한, 『쑨원과 한국』, 한울아카데미, 2007, 295쪽).

중국 국민당이 한국의 독립 운동을 지원하는 이유는 "한국은 중국의 번속이었고, 그 혈통이 은殷·주周의 후예로, 중화 민족의 한 지류이기 때문"이라고 밝혔다. 심지어 중화민국이 수립된 후 편찬한 『청사고淸史稿』는 조선을 베트남, 류큐와 함께 속국 열전에 포함시켰다.

한중 동조론의 뿌리

장제스蔣介石도 제2차 세계대전 중 한반도에 대한 영토권을 주장했다.

중국 국민당 정부는 중일전쟁이 끝난 후 한강 이남에는 미국과 영국이 진주하고 한강 이북에는 중국군을 주둔시키려 했다. 마오쩌둥毛澤東도 1936년 7월 16일 미국 언론인 에드거 스노(Edgar Snow)와의 회견에서 "한국은 중국이 상실한 식민지의 하나이자 여전히 중국의 세력권 내에 있다"라고 주장한 바 있다.

중국인들이 망언이나 다름없는 한중 동조론 주장을 내놓아도 반박할 논리와 근거가 막막하게 된 것은 이 땅의 주자성리학자들이 입만 열면 '중화 본가'를 자처한 덕분이다. 당연한 얘기지만 조선 사대부들이 주장한 '중화 본가'에 청나라는 포함되지 않는다. 청은 그저 오랑캐, 이적일 뿐이었다. 그들이 서양 문명을 받아들여 문명적 진보를 이루었다 해도 그것은 오랑캐, 야만의 누린내일 뿐이었다.

조선이 천하에서 가장 우월하다는 드높은 자존심은 오늘날 역사학계의 주류를 형성하고 있는 대다수 국사학자들의 국수주의 정신으로 계승되어 반일 종족주의라는 집단적 정신병리학의 원류를 형성하게 된다.

이런 상황에서 임오군란을 계기로 '누린내 나는 야만의 마왕' 여진족이 세운 청나라에 식민 지배를 당하게 되었다. 고종을 비롯한 조선 지도부는 멘탈 붕괴 상태에 빠져 틈만 나면 야만, 오랑캐의 압제에서 벗어나기 위한 필사의 몸부림을 시작한다. 이것이 고종에 의해 일본·미국·영국·러시아를 끌어들여 '자주독립'을 이룬다는 정책으로 표출되어 조선을 거덜내기 시작했다.

제3장

조선의 상권 장악한 외국 상인들

조선 후기는 삼림 파괴로 인한 자연재해의 빈발로 조선의 유일한 산업이었던 농업 작황이 엉망이 되었다. 특히 주식이자 세금의 원천인 쌀 생산량이 크게 줄면서 재정 수입도 직격탄을 맞았다. 종주국 청으로 조공 사절을 파견하거나 청의 칙사가 서울에 올 때마다 적지 않은 비용이 발생해 재정을 압박했다.

『일성록日省錄』(고종 12년 10월 25일)에 의하면 강화도조약 체결 전해인 1875년 조선 조정의 1년 세입은 고작 52만 냥. 이 해에 네 차례 청나라 칙사가 다녀가면서 80만 냥의 임시 지출이 발생했다. 돈이 없어 조정이 시중 상인들에게 공물 납품 비용貢價을 연체한 금액이 50만 냥에 달했다.

19세기 들어 정부 재정 창고의 재고가 지속적으로 줄었고, 1880년대에는 바닥이 드러날 정도로 고갈되었다. 위기에 대한 왕실의 대처는 미온적이었다. 왕실 재정 적자는 왕실에 납품한 상인에 대한 대금 미지급, 조달 기관에 근무하는 임직원에 대한 급료 미지급 등으로 전가되었다 (조영준, 『조선 후기 왕실재정과 서울상업』, 소명출판, 2016, 7쪽).

고종은 외국으로부터 돈을 빌리거나, 매관매직을 하거나, 화폐(동전)를 발행해 재정난을 타개하려 했다. 세 방식 모두 중병을 앓고 있는 환자에게 근원적 치료가 불가능하니 일시적인 고통을 줄이기 위해 모르핀을 주사하는 것이나 다름없는 극약처방이었다.

조선이 도입한 최초의 차관은 1882년 청나라와 무역장정을 체결하기 사흘 전 청에서 빌린 50만 냥이었다. 차관 도입은 공짜가 아니었다. 그 대가로 고종은 청나라에 조선 해관 인사권을 넘겼다. 같은 해 일본도 고종에게 차관 2만 4,000달러를 제공하고 해관 수납권을 장악했다. 조선의 무역량이 증가하면서 관세 수입도 늘었지만 해관 수입을 청과 일본이 장악하고 있어 조선 정부에는 아무런 도움이 되지 않았다.

고종은 청일전쟁이 발발한 1894년까지 전신 가설권, 연안 운항권, 어로채취권, 고래잡이 이권捕鯨權을 비롯한 각종 이권을 헐값에 청·일본·러시아에 넘겼다. 재정난이 심화되자 고종과 왕비 민씨는 돈을 받고 관직을 팔기 시작했다. 이를 지켜보던 영의정 이유원이 "재물이 모이는 것은 원망이 일어나는 곳이니 왕께서는 절대 재물을 만들어낼 생각을 하지 마십시오. 어쩔 수 없는 경비로 인해 원망을 사면서까지 재물을 마련해야 할 일이 있더라도, 신하가 한다면 모르겠지만 지존 지위에서는 절대로 하면 안 됩니다. 죽음을 무릅쓰고 아뢰는 말씀"(『승정원일기』 1875년 고종 12년 3월 25일)이라고 하소연했다.

국왕 부부가 직접 관직 팔아 비자금 마련

조선 왕조에서 국왕이 매관매직을 하는 것은 성리학적 왕정 윤리가 중앙 정치를 강하게 규제했던 18세기까지는 상상하기 힘든 일이었다. 그 시대에도 매관매직 사례는 있었지만, 그런 일은 권문세가의 은밀한 특권이었다(이영훈, 『한국경제사 I』, 일조각, 2016, 578쪽).

고종 부부의 매관매직 사례는 황현이 쓴 『오하기문梧下記聞』에 그 실상이 적나라하게 기록되어 있다. 국왕의 특명에 의해 임시로 치르는 과거인 응제과應製科를 매년 10여 차례나 실시했으며, 대소과大小科도 함께 뽑았다. 나라에 경사가 있을 때 이를 기념하기 위해 시행한 증광과增廣科를 2년마다 시행했으며, 생원·진사를 선발하는 소과를 실시해 방을 붙였는데 그 인원이 1,000여 명이나 되었다(황현, 김종익 옮김, 『번역 오하기문梧下記聞』, 역사비평사, 1994, 43쪽).

『고종시대사』에 의하면 1890년에는 과거가 13회, 1891년에는 40회, 1892년에는 27회, 1893년에는 12회 치러졌다(함재봉, 『한국사람 만들기 III - 친미기독교파 1』, H프레스, 2020, 823쪽). 1894년에는 3회로 급격히 줄었는데, 이것은 그해 초 폭발한 동학 농민 봉기 여파로 추측된다.

정상적인 과거 시험은 문과의 경우 전국의 수만 명 응시자 중 소과 최종 시험 합격자는 200명이고, 대과 최종 시험에서는 33명만이 합격한다. 고종 시절 과거를 자주 시행하고 급제자가 1,000여 명에 달한 이유는 돈벌이를 위해서였다. 소과는 3만 냥, 대과는 10만 냥을 바쳐야 합격이 가능했다.

황현의 기록에 의하면 민 왕후는 궁중에서 시도 때도 없이 굿이나 푸닥거리, 고사와 다례茶禮를 벌였다. 또 하사하는 물품 비용이 너무나 많아 이를 감당하기 어렵게 되자 국왕과 왕비는 돈을 받고 관직을 팔기 시작했다. 그 방식이 기상천외했다. 중앙 관직의 경우 고종은 매월 말 전국의 재산가를 불러 참봉參奉(종9품), 도사都事(종5품), 감역監役(종9품) 등을 경매 형식으로 팔아치웠다.

각 지방의 수령을 임명할 때는 입찰 방식으로 관직을 매매했다. 즉 후보자들 중 가장 많은 금액을 써낸 후보자를 임명했는데, 하급직은 1만 냥, 현재의 도지사에 해당하는 관찰사는 50만 냥 수준이었다.

고종 부부는 관리를 교체할 때마다 먼저 임시 직함을 충분히 팔아 수익을 챙긴 후 실제 직함을 팔았다. 실제 직함을 팔 때는 매관매직 수익을 극대화하기 위해 임기를 최대한 짧게 해서 많은 사람에게 팔았다. 덕분에 잠시 부임했다가 곧바로 해임하는 경우가 허다했다.

모든 관직을 시장 가격에 따라 판매

지방관들이 임명장을 들고 부임하기 위해 임지로 내려가는 도중에 후임을 임명해 보내는 진풍경도 심심치 않게 벌어졌다. 그 결과 지방 수령이 1년 동안 몇 번이나 바뀌었는지 헤아릴 수 없을 정도였다.

국왕 부부가 조직적인 범죄 행위에 앞장서자 행세깨나 하는 지위에 있는 관리들도 앞뒤 눈치 가리지 않고 매관매직 대열에 합류했다. 지방 관아에서 행정을 집행하는 말단 공무원(향리)이 이서吏胥인데, 이들에 대한 매관매직 실태는 버라이어티쇼를 방불케 했다.

이서에 임명되려면 수령에게 임채任債라는 자리 값을 상납해야 했다. 전라도 광양현의 경우 임채는 좌수座首(향청 우두머리) 500냥, 별감別監 80냥, 교임校任(향교 직원) 300냥이 관례였다(한우근, 『동학과 농민봉기』, 일조

1893년 6조의 요직 인사 회수 (1893.4.28~1894.4.27)

6조	당상관	당하관
이조	7	9
호조	3	6
예조	7	9
병조	5	25
형조	18	35
공조	24	18

출처 : 함재봉, 『한국사람 만들기 III: 친미기독교파 1』, H프레스, 2020, 825쪽.

지방 행정 부서의 자리 값

명칭	주요 업무	자리 값
서원(書員)	지방 행정 실무자	1,000냥
이속(吏屬)	기록·문서·전곡(錢穀) 담당 말단 관리	1,000냥
이방(吏房)	지방 관청 인사 실무자	5,000냥
호장(戶長)	말단 실무 행정 총책	100냥
도서원(都書員)	서리의 우두머리	1,000냥
대동색(大同色)	조정에 바칠 쌀·무명을 관리하는 아전	1,000냥
창색(倉色)	창고 담당자	1,200냥
관청색(官廳色)	지방 관서의 주방 담당	700냥
민고색(民庫色)		700냥
승발(承發)	아전 아래서 잡무를 보는 사람	600냥
포보색(砲保色)		200냥

각, 1997, 9쪽). 1874년(고종 11) 목사(정3품 외관직) 조아무개는 지방 향리들을 파면한 후 이들에게서 총 2만 2,830냥을 뜯어낸 다음 복직시켰다가 암행어사에게 적발되었다. 이때 지방 향리들에게 챙긴 자리 값은 위 표와 같다.

스코틀랜드 출신 선교사인 존 로스(John Ross) 목사는 1879년 발표한 『코리아의 역사』에서 조선에 만연한 부정부패와 관련해 "높은 자리에서 낮은 자리에 이르기까지 모든 관직은 시장 가격에 따라 팔고 팔리며, 법률은 돈을 쥐어짜 내기 위한 방편으로 이용된다"라고 비판했다.

당오전 주조해 왕실 생활비로 흥청망청

조선 초기만 해도 흉년이 들어 나라 살림이 어려워지면 왕실은 검소한 살림을 해서 백성들에게 모범을 보였다. 고종 시대에는 이와 정반대 현상이 벌어졌다. 조선 조정은 왕실에 필요한 물자를 조달하기 위해 내수사內需司·명례궁明禮宮·수진궁壽進宮·용동궁龍洞宮·어의궁於義宮 같은 여러 궁방宮房을 설치했다.

왕비전에 속하면서 궁중의 주방에 각종 식재료를 조달한 명례궁 예산은 1892~93년 연평균 291만 6,290만 냥으로, 1853~54년에 비해 88배나 늘었다. 명례궁의 주된 수입원은 국왕과 왕비의 하사금內下이 88퍼센트, 정부 예산은 5퍼센트에 불과했다. 궁중에서 벌인 국왕 일가의 살림살이는 거의 전적으로 국왕 내외가 매관매직 등 사적으로 취득한 수입으로 꾸려진 것이다(이영훈, 『한국경제사 I』, 2016, 581쪽).

고종 부부는 자기들과 인연을 맺은 외국인이나 무당 등에게 수시로 거액의 하사금을 내렸다. 명례궁 수입부에 의하면 국왕과 왕비의 하사금 출처는 1883년부터 발행한 당오전當五錢이었다. 관직을 판 수익금이나 서울·강화도에서 주조된 당오전은 정부 공식 재정으로 들어가지 않고 고종과 왕비가 관리한 비자금 창고나 명례궁 금고로 직행해 왕실 생활비나 하사금 등으로 지출되었다.

이영훈의 『한국경제사』에 의하면 조선 왕조에서 동전 제조·유통은 백성의 살림살이를 안정시키기 위한 국가적 재분배 경제의 수단으로 엄격하게 관리되었다. 1860년대까지만 해도 동전은 백성을 구휼하기 위한 사창제의 기곡基穀을 마련하기 위해 발행되었다. 고종 시대인 1880년대에는 왕실의 사치와 품위 유지를 위해 동전을 발행했다. 조선 왕조를 지탱해 온 성리학적 왕정 윤리가 붕괴된 것이다.

이영훈은 고종 대에 이르러 조선은 성리학적 공공국가에서 가산제

家産制(patrimonialism) 국가로 변질되었다고 지적한다(이영훈, 『한국경제사 I』, 2016, 581쪽). 가산제란 절대적 소유권을 장악한 군주가 관직과 관료 집단을 두어 자신의 부와 권력을 관리하도록 하고, 이를 수호할 군대 조직을 운영하는 국가다. 즉 국왕의, 국왕에 의한, 국왕만을 위한 국가로 변질되었음을 뜻한다.

당오전은 주조되는 대로 명례궁 금고로 실어 날랐음에도 불구하고 명례궁의 재정은 1870년대부터 만성적 차입 상태였다. 특히 1883년 이후 차입 규모가 급증해 1892년까지 누적 채무가 총 68만 냥에 달했다(조영준, 「19세기 왕실 재정의 위기 상황과 전가轉嫁 실태: 수진궁 재정의 사례분석」, 『경제사학』 44, 2008, 59~64쪽 참조). 1893년 1년 동안 연간 수입은 290만 냥인 데 비해 지출은 총 444만 냥으로, 150만 냥 이상 적자가 발생했다.

1907년 수진궁이 그때까지 시전 상인들에게서 물품을 납품받고 대금을 지급하지 못한 빚이 8만 9,000엔, 동전으로 환산하면 89만 냥에 달하는 거액이었다(조영준, 「19세기 왕실재정의 위기상황과 전가轉嫁 실태-수진궁 재정의 사례분석」, 2008, 74쪽).

흙 뿌리듯 돈을 쓴 민 왕후

명례궁·수진궁에서 이처럼 대규모 적자가 발생한 이유는 무엇이었을까? 궁중에서 시도 때도 없이 벌어진 연회와 하사금, 용하다고 소문난 무당과 박수를 불러 굿판을 벌이는 과정에서 엄청난 비용이 낭비되었기 때문이다. 왕비 민씨의 흥청망청한 낭비 행태를 폭로한 사람은 『매천야록』의 저자 황현이다.

그의 기록에 의하면 세자가 태어난 후 국왕과 왕비, 세자의 생일에 관리들이 물건을 상납하는 관례가 생겨나 서울 일대의 관원은 아예 녹봉을 받지 못했다. 이렇게 몇 해가 흐르자 서울의 다섯 개 친군영인 오영

五營에서는 군인들의 급료조차 지급할 수 없게 되어 임오군란이 폭발했다. 왕비는 세자와 관련된 일이라면 돈 쓰기를 흙 뿌리는 일처럼 했다 한다(황현, 김종익 옮김, 『번역 오하기문梧下記聞』, 1994, 28~29쪽).

명례궁 지출부에 의하면 1893년 1년 동안 총 29회 고사와 다례를 행했다. 왕실이 조정 관료나 외국 빈객을 대상으로 음식을 하사한 것도 37회였다(이영훈, 『한국경제사 I』, 2016, 582쪽). 이러한 고사와 다례, 음식 하사가 벌어지는 날이면 으레 궁중 후원에서 대규모 푸닥거리나 향연, 가무와 음주가 행해졌다.

1893년 명례궁 총지출 444만 냥 중 고사·다례·연회에 사용된 식재료 등으로 247만 냥이 지출되었다. 1894년에는 고종의 생일을 축하하기 위한 연회에 220만 냥을 사용했다. 연회가 끝난 후에는 일본에서 수

명례궁의 연평균 지출과 용도의 추이 (1853~1893)

단위: 兩, %

구분 \ 연도		1853		1893	
		전(錢)환산액	비중	전(錢)환산액	비중
총지출		38,208	100	4,446,912	100
식료비	궁중의 주방에 들어가는 식재료 비용	15,515	40.6	3,542,335	79.6
자재비	장작이나 석탄 같은 연료비, 나인들의 피복비, 주방에 쓰이는 각종 포목류 등	2,657	7.0	121,185	2.7
공업비	궁중 안에서 이루어지는 염색, 원예, 침장, 말 사육비 등	2,386	6.2	221,345	5.0
임료(賃料)	명례궁에 속한 나인·차지·노비·야장 등에게 지급되는 보수와 지게꾼 품삯	12,938	33.9	372,177	8.4
기타		4,712	12.3	189,870	4.3

출처: 이영훈, 「대한제국기 황실재정의 기초와 성격」, 『경제사학』 51, 2011, 6쪽.

입한 쟁반에 음식을 담아 보자기에 싸서 지게꾼에게 지워 빈객들의 집으로 배달했다. 조선 왕조 역사상 궁중에서 이처럼 사치스러운 연회를 수없이 열어 국고를 탕진한 전례는 없었다(이영훈, 「대한제국기 황실재정의 기초와 성격」, 『경제사학』 51, 2011, 13~14쪽).

왕실이 외상으로 물건을 납품받은 뒤 납품 대금을 지급하지 못해도 시전 상인들은 물건을 계속 납품할 수밖에 없었다. 납품처가 왕실에 소용되는 궁방이었기 때문이다. 그 결과 시전 상인에 대한 미지급금이 폭발적으로 늘었다. 결국 왕실 사치와 품위 유지에 따르는 경비는 왕실이 상인들 물건 값을 떼어먹거나 궁방 소속 일꾼인 무역노의 급여를 체불하는 방식으로 처리되었다. '민간의 광범위한 희생' 형식으로 청산해 버린 것이다.

물건 납품받고 물건 값 떼어먹은 왕실

「독립신문」(1898년 7월 18일)에 "시전 상인 10여 명이 명례궁에 물건을 납품한 것이 4년 동안에 여러 만금萬金어치인데, 상인들이 알기에는 그 돈이 이미 다 지급되었을 터이거늘 궁속宮屬들이 중간에서 범용犯用하고 주지 않아 상인들이 굶어 죽을 지경"이라고 하소연하는 기사가 실릴 정도였다.

궁방에서 지속적으로 대규모 적자가 발생한 이유는, 수입은 감소한 반면 왕실 수요 물자(내탕)는 크게 늘었기 때문이다. 이에 따르는 모든 부담은 무역노를 포함한 궁속과 시전 상인들에게 전가되었다. 광범위한 수탈 구조가 여기서도 완벽하게 작동한 것이다.

조선과 조약을 체결해 최초로 상인이 진출한 나라는 일본이었다. 뒤를 이어 청국 상인淸商, 華商이 조선에 진출해 일본 상인과 경쟁했다. 조선은 수백 년간 자국민이 바다로 나가는 것을 금하고 섬을 비우는 공도空島

정책, 해금海禁 정책을 시행했다. 그 결과 원양을 항해할 수 있는 선박이 존재하지 않아 해외 무역 활동이나 해상 수송이 불가능했다.

일본은 조일통상장정을 통해 전라도·경기도·강원도·함경도 등 조선의 동·서·남해 연안에서 자유로운 어로 작업 권리를 따내 수산물을 잡아 갔다. 증기선을 보유한 일본은 부산·원산·인천 등 개항장의 출입 화물은 물론, 조선 연해의 선박 운송권을 장악했다.

개항장과 서울에는 일본인 이주자가 급격히 늘었다. 일본 상인들은 부산을 중심으로 자국 군함의 엄호 아래 치외법권 등 조약상의 이점을 이용해 약탈적인 무역 활동에 종사했다.

국제법에 무지했던 조선 정부는 강화도조약 체결 후 수년 동안 일본과의 무역에서 관세를 부과하지 못했다. 덕분에 일본 상인들은 자국에서 장사하는 것처럼 자유로운 상업 활동이 가능했다. 조선 쌀과 잡곡을 일본으로 가져가면 5배 이상 이득이 생겼다. 일본으로의 미곡 유출이 해마다 늘자 국내 쌀값이 급등했고, 생필품 가격도 덩달아 오르는 등 인플레가 만연했다. 문제는 조선이 남아도는 쌀을 수출하는 게 아니라 일종의 '기아 수출'이었다는 점이다. 이로써 곡물 수출은 곡가 폭등과 함께 백성들을 굶주리게 했다(박도 엮음, 『개화기와 대한제국, 빼앗긴 근대와 자주독립(1876~1910)』, 눈빛, 2012, 203쪽).

일본이 1877년부터 1882년까지 5년간 조선에서 수입해 간 쌀은 6,400톤이었으나, 1891년에는 연간 5만 6,000톤의 쌀이 일본에 수출되었다. 1884년부터 1893년 사이 대일對日 수출량 중 곡류가 차지하는 비율은 90퍼센트였다(우윤, 「일제의 국권침탈에 항거한 갑오농민혁명에 대한 학술적·법률적 검토」, 윤철상 편저, 『동학농민혁명의 역사적 의미』, 사회와 연대, 2003, 162쪽).

등짐장수·봇짐장수 등장

1876년 강화도조약 체결 당시 일상日商의 활동 허용 거리는 부산항에서 사방 10리로 한정되었다. 이 제약이 일부 풀려 1882년에는 개항장에서 사방 50리로, 1884년에는 사방 100리로 확장되었다. 1884년 조선의 수도 서울이 일상에게 개방되었고, 일본 외교관 및 그 수행원들은 조선의 어느 곳이라도 여행할 수 있는 자유가 허용되었다(우윤, 「일제의 국권침탈에 항거한 갑오농민혁명에 대한 학술적·법률적 검토」, 2003, 161쪽).

1884년 12월 갑신정변 후에는 중국 상인의 상권이 확대되어 서울에서는 화상華商이 일상을 압도했다. 일본인들은 임오군란과 갑신정변 등 정치적 격변 과정에서 큰 피해를 당하자 여차하면 일본 공사관의 보호를 받기 위해 일본 공사관 근처의 진고개 일대에 집단 거주지를 이루어 거주했다. 현재의 중구 충무로2가 전 중국 대사관 뒤편에서 세종호텔 뒷길에 이르는 지역이다.

조선에 진출한 일상은 대부분 영세 상인이었다. 그들은 개항장에 문을 연 일본은행 지점의 자금 지원을 받았다. 반면에 화상은 동순태同順泰 같은 거상巨商 기업이 조선에 진출했고, 화상 상호간의 신용과 저리의 금융, 뛰어난 상술로 서울의 상권을 장악해 나갔다.

조선은 지주-전호佃戶(소작)제를 바탕으로 한 사회였다. 지주가 소작인에게 토지를 빌려주고 소작료를 받는 토지 경영 방식이다. 성리학적 특성상 농업은 모든 경제 가치의 척도인 '본업本業'이요, 상업은 사농공상士農工商 가운데 말업이었다. 근대화 물결이 닥친 조선 후기 들어 사농공상의 위계질서에 미세한 변화가 일어났다. 먹고살기 위해서는 상업과 제조업이 농업보다 더 효율적인 것으로 인식되면서 '천업天業'인 농업을 박차고 '천업賤業'인 상업을 통해 이익을 추구하려는 사람들이 생겨났다.

18세기 말부터 지방의 장시場市가 전국에 1,000여 개 생겨났다. 장시가 열릴 때마다 등짐을 짊어진 부상負商(등짐장수)과 보따리를 든 보상褓商(봇짐장수) 등 행상을 하는 사람들이 생겨났다. 흥선대원군 시절에는 상인들이 읍과 군을 벗어나지 못해 조직력이 미약했다. 강화도조약 이후 개항장이 설치되고 해외 문물이 유입되면서 상인들의 활동 공간도 전국 규모로 확대되었다. 이 무렵 조선의 등짐·봇짐장수들이 지역 단위로 조직 체계를 구성했다. 이 시기에 보상·부상이란 용어가 등장했다(조재곤, 『한국근대사회와 보부상』, 혜안, 2001, 18쪽).

조선 상권이 외국 상인에게 잠식당하기 시작한 것은 1882년 조청상민수륙무역장정이 체결되면서부터다. 이 조약으로 조선은 화상에게 치외법권을 비롯해 서울·양화진 개방, 내지 통상권, 연안 어업권, 항해권 등 이권을 허용했다. 게다가 1883년 조-영 신조약(파크스조약)에 의해 개항장 100리 바깥까지 내지 통상이 가능해졌다.

이 특권은 최혜국대우 조항에 의해 다른 나라에게도 똑같이 제공되어 외국 상인들의 내지 통상에 봇물이 터졌다. 그 결과 국내 상권을 외국 상인들이 잠식해 나가기 시작했다(이병천, 「개항기 외국 상인의 침입과 한국 상인의 대응」, 서울대 경제학과 박사학위 논문, 1985, 123~126쪽).

조선 후기, 정치에 개입한 보부상

특정 지역에 점포를 가지고 상업 활동을 하는 정주상定住商과는 달리 보부상은 전국 각지를 순회하며 물건을 판다. 당시 행상으로는 보부상 외에 객주의 차인差人, 매집상, 순회 소상인, 농부들의 반농반상半農半商이 있었다(조재곤, 『한국근대사회와 보부상』, 2001, 40~41쪽 참조). 객주의 차인은 단순 대리인이지만, 객주의 화물 집산과 운반이 이들을 통해 이루어졌기 때문에 넓은 의미에서 행상 범주에 포함된다. 매집상은 주로 미곡상

보상과 부상 비교

종류	보상(褓商)	부상(負商)
상업 형태	보자기나 질빵에 물건을 싸 들고 다니면서 지방 장시와 포구 순회	지게에 얹어 등에 지고 다니며 판매
취급 상품	비단, 명주, 견직물, 종이류, 모시, 금은과 구리, 담비 가죽, 수달 가죽, 면화, 우산, 성냥, 사탕류 등 직물·귀금속류·잡화류	어물, 소금, 콩, 무쇠, 토기와 질그릇, 목제 수공품, 삼베, 기름 등 생필품
특징	부피가 작고 가벼운 특산품, 비교적 값이 나가는 제품	헐값의 생필품
비고	봇짐장수, 항어장수	등짐장수, 장돌뱅이, 선길꾼, 도부꾼

으로, 우마牛馬나 선박을 빌려 장시와 각 포구의 객주를 통해 곡물을 매집했다. 다른 행상에 비해 대규모 자본이었다. 순회 소상인은 장시가 열리는 곳마다 돌아다니며, 혹은 포구를 중심으로 자신의 상품을 소비자에게 판매했다.

보부상은 판매 방식과 취급 상품에 따라 보상과 부상으로 구분된다. 보상은 보자기나 질빵에 물건을 싸 들고 지방 장시와 포구를 순회하며 물건을 팔았다. 일명 봇짐장수, 항어장수로 불렸다. 부상은 헐값의 물건을 지고 다니면서 판매하는 등짐장수다. 이들을 장돌뱅이, 장돌림, 선길꾼, 도부꾼이라 불렀다.

조선 후기에는 몰락한 양반 가문이 상업이나 보부상에 뛰어들었다. 동학의 창시자 최제우는 유학을 업으로 삼아온 선비 집안이었다. 벼슬길이 막힌 최제우는 21세부터 31세까지 10여 년간 생계를 위해 무명白木 행상을 했고, 34세 때는 잠시 경상도 울산에서 철물점을 운영했다.

일제 식민지 시절 오산학교를 설립한 이승훈도 몰락한 선비 집안 출신이다. 그는 평안도 정주 납청정納淸亭의 유기 공장 점원으로 일하던 중

15세 되던 1878년 보부상에 투신했다. 이승훈은 1887년까지 평안도와 황해도 일대 유기 행상으로 자본을 축적했다. 후에 유기와 도자기 공장을 차려 산업자본가로 성장했다.

보부상은 전국을 커버하는 강력한 네트워크(조직력)와 기동력을 보유하고 있었다. 때문에 조선 말기 봉건제 해체와 세계 자본주의 편입 과정에서 조직을 바탕으로 정치적 행위에 깊이 개입하게 된다. 그들은 상인이 곧 군대요商以護兵 군대가 곧 상인兵以護商이었다(조재곤, 『한국근대사회와 보부상』, 2001, 28쪽). 보부상은 고종 재위 시절 정치적 상인으로 기능했다.

보부상, 왕실 친위군으로 어용화

1866년 프랑스 군대가 강화도를 점령했을 때 조선은 국가 재정이 붕괴해 군대 유지가 불가능한 상황이었다. 1862년(철종 13) 조선의 총병력은 중앙군과 지방군을 합쳐 10만 5,863명이었다. 장부상 수치가 그랬을 뿐 실제 병력은 3만 7,809명에 불과했다. 대원군 집권 당시 중앙군京軍은 총 1만 6,000명이었는데, 그중 절반이 노약자였다(육군사관학교, 『한국군제사-근세 조선후기 편』, 1977, 261·267쪽).

고종이 즉위한 1863년부터 고종 31년(1894)까지의 기간 동안 병조판서(현재의 국방부장관)가 50번이나 경질되어 평균 재임 기간이 6개월에 불과했다(차준회, 「한말 군제개편에 대하여」, 『역사학보』 22, 1964, 75쪽). 대원군은 재임 시절 부국강병에 심혈을 기울인 것으로 알려졌다. 그 실상은 군제와 작전, 무기 근대화는 손도 대지 못하고, 화승총으로 무장한 포수와 구형 포대를 확대하고 군사 장비를 보수하는 정도에 그쳤다.

프랑스군이 강화도를 점령하자 대원군은 보부상 집단을 조직화하고 등짐장수負商를 징발해 양곡 수송을 맡겼다. 병인양요가 끝난 후 조정은 정족산성 전투에서 공을 세운 부상 대표를 포상하고 비변사의 군공자

명단에 이름을 올려주었다. 보부상의 활약상에 만족한 대원군은 상공국商工局을 설치하고 대원군 자신이 1당상을 맡았으며, 측근인 이경하를 2당상, 이종건을 3당상에 임명했다.

보부상은 사회 신분 구조로 보면 천한 직군에 불과했다. 하지만 15만 명에 달하는 회원, 전국적 네트워크를 보유한 보부상단이 왕조에 적대하는 입장에 설 경우 큰 위협이 될 수도 있었다. 조정은 국가적으로 필요할 때마다 동원령을 내려 등짐·봇짐장수들을 군사 조직화한 다음 친위군 역할을 맡겼고, 그 대가로 상업적 특권을 제공했다.

1870년대 들어 보부상 활동은 그 전과는 다른 특징을 보인다. 우선 다른 조직의 폭력적 수탈에 저항하기 위해 대규모 대중 집회인 '도회都會'를 열어 대항했다. 또 하나는 자신들의 이해를 관철하기 위해 사발통문沙鉢通文을 돌렸다(유자후, 『조선보부상고攷』, 정음사, 1948, 34~35쪽). 보부상을 신임한 고종은 왕실의 필요에 의해 급히 인력을 모아야 할 경우 보부상 조직의 사발통문을 활용해 단숨에 1만 명을 동원함으로써 문제를 해결했다.

강화도조약으로 개항이 되자 외국 상품과 함께 외국 상인들이 국내에 진출했다. 1884년 6월 독일계 상사인 세창양행世昌洋行(Meyer & Co.)이 조선에 진출했다. 마이어(H. E. Meyer)와 볼터(Carl A. Wolter)가 합작해 설립한 이 회사는 조선의 외교협판으로 주조선 외국인들이 '조선의 왕'이라고 칭했던 묄렌도르프의 후원을 받아 활발한 활동을 했다.

외국 상인, 조선 상권 잠식

독일 함부르크의 거대 무역자본이었던 마이어상사의 조선 지사였던 세창양행은 조선에 각종 잡화류(예컨대 바늘)를 비롯해 화약 병기류, 다이너마이트, 심지어 화폐 주조기까지 수입했고, 조선 정부에 대한 차관 제공, 금광 채굴권 획득, 해운 업무 대리 사업 등 다양한 활동을 전개했다. 세창양행의 규모는 조선에 들어와 있던 외국 회사들 중 가장 컸으며, 독일의 가장 중요한 이권 사업을 담당했다(최종고, 「구한말의 한독관계」, 『한독수교 100년사』, 한국사연구협의회, 1984, 111~113쪽).

이허양행怡和洋行(Jardine Matheson & Co.)은 1832년 영국인 자딘(William Jardine)과 그의 대학 후배 매시슨(James Matheson)이 중국 광저우廣州에 설립한 상사다. 1880년대 초, 제물포에 이허양행 교역소를 설치하고 국내 영업을 개시했다. 1884년 상하이-나가사키長崎-부산-제물포를 운행하는 증기선 노선을 개통했고, 국내에서 사금을 채굴했다.

외국 상인들이 상사商社나 상회商會를 조직해 개항장을 중심으로 국내 상권을 잠식하자 조선 정부는 상권과 보부상단 보호를 위해 1879년 부상단負商團을 비변사에 소속시켰다. 1881년에는 무위소武衛所로 이전해 소정의 경비를 납부하는 대가로 특수 물종에 대한 전매권을 부여했다.

보상단褓商團은 1879년 한성부를 거쳐 1882년 11월 의정부에서 관장했다. 보상은 한성부·의정부를 통해 수세를 관장했고, 부상은 비변사·무위소를 통해 치안 행정 보조 혹은 준군사적 조직으로 활동했다(조재곤, 『한국근대사회와 보부상』, 2001, 90~91쪽). 1883년에는 보상·부상을 군국아문에 귀속시켰다.

중국, 일본, 서양 세력의 진출과 함께 사농공상의 전통적 직업관도 바뀌기 시작했다. 1882년 12월, 고종은 "개항 이후 각국 간 통상이 시작되는 이때 구태의연하게 구습만 고수할 수는 없다. 신분 귀천에 구애됨이 없이 사족들도 농·공·상에 종사할 수 있다"라면서 상공업을 장려하는 유시를 발표했다. 이때부터 사농공상의 신분 구조가 흔들리기 시작했다.

국내 상권이 외국 상인들에게 잠식당하자 대상인大商人 중심으로 상업

질서를 재편할 필요성이 제기됐다. 조정은 보부상에게 영업허가증인 신표信標를 내주는 대가로 일정 비용을 받고, 이들에게 소상인에 대한 상업세 징수 업무를 맡겼다. 또 곡물과 포목류를 제외한 생선·소금·무쇠水鐵·토기·나무제품木物 등 다섯 종류는 부상에게 전매 특권을 부여했다. 조정은 보부상에게 특권을 부여하고 그 대가로 유통 질서 확립, 항구적 수세원 확보, 유사시 무력 수단 확보라는 세 마리 토끼를 한꺼번에 잡을 수 있었다.

1883년 8월 19일 고종은 외국 상인의 불법적 시장 침투를 막고 불량 행상의 폐단을 일소해 보부상의 권익을 보호한다는 명분을 앞세워 군국아문 산하에 혜상공국惠商公局을 설치했다. 이것은 겉으로 내세운 이유였고, 사실은 보부상을 정부가 지배하기 위한 조치였다. 이때 고종은 2만 냥의 내탕금을 보부상단에 하사했다. 혜상공국 출범으로 보부상의 활동은 다음과 같은 몇 가지 특징이 발견된다(조재곤, 『한국근대사회와 보부상』, 2001, 109~112쪽).

조선에서 기업 태동

우선 혜상공국 중앙 기구에 집권 세력을 대표하는 민태호와 어영대장 한규직을 비롯해 민영익·윤태준·민응식·이조연 등 당대의 세도가들이 대거 참여했다.

둘째, 혜상공국 시절부터 보부상뿐만 아니라 일반 상인에게도 영업허가증(신표) 발급이 확대되어 전국의 상인을 당국의 수세 체계 아래 두었다. 일반 상인에 대한 신표 발급과 상업세 징수는 혜상공국 산하 임방任房이 담당했다.

셋째, 정부는 보부상을 '상인 군대商隊'로 인정하고 이들에게 화적火賊과 가짜 상인 단속 권한을 부여했다. 보부상은 범인 체포 등 치안 유지

개항 직후 설립된 조선인 상회사(商會社) 및 상국(商局)

설립년도	업체	관계자	업종	전거	비고
1883	장통상회	서울 중촌인	일반 잡화	음청사(下)	내외아문 보호
	원산상회소	원산 객주 45명		한성부지(漢城府志)	공동 자본 출자
	연무국(煙務局)		담배 제조	한성순보	서울
	보영사		우두 접종	한성순보	서울
	혜상공국	보부상, 정부	생필품	혜상공국 절목	전국 조직
	대동상회	이동진	일반 잡화	음청사(下)	외아문 보호
	권연국(卷煙局)		담배 제조	음청사(下)	내외아문 보호
	양춘국(釀春局)		주류 제조	음청사(下)	내외아문 보호
	두병국(豆餠局)		두부 제조	음청사(下)	내외아문 보호
	촬영국(撮影局)	김용원, 지운영	사진 촬영	한성순보	혼다(本多修之輔) 초빙
	장춘국(長春局)	신기선 등 14명	주류 제조 유통	한성순보	조례 1책 간행
	부산상무회의		도량형 교정		부산
	순신초상회(순신상회)	민응식, 신기선	외국 무역		인천(1885 폐점)
	광인사(廣印社)		서적 인쇄 출판	한성순보	자본 공동 출자
1884	의신회사	이명재 등	금광 채굴		서울
	금천사상회		각종 물산		김천
	거기사(居奇社)		각종 물산		
	안동 성내리상회		각종 물산		안동
	남부의신호초(義信號招)상사		각종 물산		
	경상도 포목상회사		면직물		영남
	박림사		각종 물산		
	영신상회	김우선	각종 물산		서울

설립 년도	업체	관계자	업종	전거	비고
1885	기선회사		해운업, 세곡 수송		미국인 합작
	객주상회	서상집 등	수세 청부업, 객주 구문	한성순보	인천
	태평상회				인천 만석동
	상리국(商理局)	보부상, 정부	생필품	판하상리국절목(判下商理局節目)	전국 조직
	교하농상사(農桑社)		농림업		왕명으로 설립
	경성농상사(農桑社)		농림업		향약과 동일 규칙
1886	대동상회				인천
	박림상회				
	신창상회	이재명			순창, 담양 등
1887	대안상회				천안
	권평국(權平局)	인천항 감리	도량형 규제		인천
	선상(船商)회사	선상객주	수세		인천 만석동
1888	제생회사	공주현 등	미곡 수입판매		자본 합자
	삼산(三山)회사	조의연	해운업		日 선박 고용, 포경
	전경(電警)회사	박기종	운송업		부산, 남연회사
	해산(海産)회사	안후선, 이규항	해산물업		부산
	동항(東航)회사	김현일	해운업, 수세		부산 절영도
	태평회사	이치경			영남
1889	괴흥(槐興)상회				괴산
	용호상회				
	기선회사		해운업		부산, 전 利運社
	광성회사	홍성효			인천
	균평소(均平所)		도량형, 수세		인천
	상법(商法)회사	객주조합		상공회의소 90년사	부산

출처: 조재곤, 『한국근대사회와 보부상』, 혜안, 2001, 85~86쪽.

업무에 동원되었다. 범인 체포에 공을 세운 보부상은 포상과 함께 변경 지역의 국경 수비대 장교邊將에 임명했다.

넷째, 보부상 조직에 양반 선비들이 참여하기 시작했다.

보부상들은 이때부터 대한제국 시기에 이르기까지 상병단商兵團의 일원으로 경찰력·준군사력 역할을 수행했다. 조정은 죄인에 대한 수배령을 내리고 인상착의를 적은 쪽지를 보부상단에 보냈다. 보부상단은 산하 전국 조직에 죄인의 인상착의를 적은 통문을 회람시켜 전국 방방곡곡을 돌아다니는 등짐·봇짐장수를 통해 죄인 체포에 협조했다.

보부상은 대원군 시절에는 쇄국 정책을 지지하는 철혈국수당鐵血國粹黨으로, 고종 시절에는 왕권 강화를 위한 전위 부대로 기능했다. 보부상이 조정의 비호를 받는 어용 기구로 전락하면서 일반 백성들을 상대로 비행을 저지르는 등 조직의 타락상이 연출되었다.

혜상공국의 개편 필요성이 제기되어 1885년 8월 내무부로 이관되면서 상리국商理局으로 명칭이 바뀌었다. 이때 부상은 좌단左團, 보상은 우단右團으로 개칭되었다. 상리국은 1894년 내무부에서 농상아문農商衙門으로 이관됐다. 이때부터 보부상에게 1년마다 영업허가증을 갱신할 때 신표를 받고 반대급부로 장시 지배권을 부여하면서 보부상단의 어용성이 더욱 강화되었다.

상리국은 1897년 황국협회皇國協會로, 1899년 6월에는 상무사商務社로 개칭되면서 육의전과 보부상이 통합되었다. 상무사는 상업과 국제무역, 기타 상행위에 관한 업무를 관장하기 위해 설립된 기관이다. 이때 부상은 좌사左社, 보상은 우사右社로 명칭이 바뀌었다. 상무사는 1904년 12월 공진회共進會로 개칭되었는데, 이때부터 이준·나유석의 영도하에 친일 단체인 일진회一進會와 대립했다.

1883년 김옥균은 「한성순보」에 「회사설會社說」이란 칼럼을 발표했다.

내용은 조선이 가난한 것은 상인 혼자서 사고 팔 줄만 알 뿐, 여럿이 힘을 합쳐 큰 사업을 일으키지 않았기 때문이라면서 서구의 주식회사·합명회사·합자회사 등을 소개했다. 이 밖에 여러 인사들이 일본의 회사, 은행, 국채 제도를 소개하는 글을 실었다(이영훈, 『한국경제사 I』, 2016, 610쪽).

보부상은 왕실의 비호 아래 임방을 통해 판로를 개척했고, 상인들에게서 상업세를 징수했으며, 상품 판매 독점권을 확보했다. 이런 특권을 이용해 20세기 초에는 산업자본화하는 사례도 나타났다. 일부 상인은 자본금 규모가 수십만 냥에 달했고, 기선이나 범선을 동원해 국내 교역은 물론 해외 무역에 뛰어들어 기업 구조를 갖추기 시작했다.

서울의 의신사義信社·장춘사長春社·광인사廣印社, 평양의 대동상회 등이 1880년대에 태동한 기업이다. 사기업들은 토산물을 해외에 수출하거나 범선·기선을 구입해 운송업에 종사했다.

제4장

개화당, 전술적 변화 추구

고종은 당면한 재정난 타개를 위해 1882년 임오군란 후 박영효·김옥균 등 개화당을 중심으로 수신사를 꾸려 일본에 파견했다. 그들의 가장 중요한 임무는 일본으로부터 300만 엔의 차관을 도입하는 것이었다. 하지만 개화당 수신사가 성과 없이 빈손으로 귀국하자 개화당에 대한 고종의 관심이 차갑게 식었다.

개화당은 김옥균 등 정치적 커리어가 일천한 청년들 위주로 구성되었기 때문에 묘당에서 영향력을 행사할 만한 세력을 확보하지 못했다. 때문에 개화당은 무력을 동원해 권력을 장악하고 독자적인 힘으로 개혁을 추진하고자 했다. 권력 장악을 위해서는 군대 양성이 필요한데, 이에 필요한 재원은 일본으로부터 차관을 도입해 해결하고자 했다.

임오군란 직후 리훙장李鴻章은 묄렌도르프를 조선에 보내면서 "조선을 넘보는 러시아·일본을 견제하라"라는 임무를 부여했다. 무슨 까닭인지 조선의 외교와 해관 업무를 장악한 묄렌도르프는 리훙장의 기대와는 달리 일본과 결탁해 그들의 이권 보장에 앞장섰다. 일본 외상 이노우에 가오루井上馨는 협상 때마다 일본의 이익을 챙겨주는 묄렌도르프에 만족해 "그는 지극히 공평한 인물"이라고 평했다.

외교 용어는 일반 사회에서 통용되는 의미와 크게 다르다. 양국 간 외교 협상에서 "활발한 의견 교환이 있었다"라는 표현은 주먹으로 책상을 치고 고함을 지르거나 상대방 멱살을 잡고 싸웠다는 뜻이다. 외교 교섭에서 "의견의 일치를 보았다"라는 뜻은 아무런 합의에 도달하지 못한 채 지루한 말싸움만 계속했음을 뜻한다. 이노우에가 묄렌도르프를 '공평한 인물'이라고 표현한 것은 "일본에 결정적인 이익을 제공하는 우리 사람"이란 뜻이다.

당시 조선 정부가 해결해야 할 급선무는 재정 파탄의 극복이었다. 정부는 재정 위기 탈출을 위해 동전을 찍어내기로 결정했다. 1883년 1월 22일, 고종은 민씨 척족 세력의 일원인 민영익의 아버지 민태호를 주조당상에 임명하고 임시 주조국 설치를 명했다. 그는 3월 1일부터 금위영·강화도·의주 등 세 곳에서 동전을 주조하기 시작했다.

이때 영의정 홍순목이 기존 화폐인 상평통보와 같은 양의 구리를 투입하되 액면가만 5배로 뻥튀기한 '당오전'을 발행하자는 제안을 했다. 귀가 번쩍 뜨인 고종은 1883년 3월 14일, 신설된 전환국 총판(중앙은행장과 조폐국 총재를 겸한 직책)에 묄렌도르프를 임명한다. 고종이 당오전 발행을 지시한 것은 일본에 파견되었던 김옥균과 서광범이 영국 군함을 타고 인천에 도착한 지 4일 후의 일이다.

당오전 발행에 묄렌도르프는 찬성, 김옥균은 반대

당오전 발행은 발행자 입장에서는 동전 제조 원가보다 훨씬 큰 액면가로 인해 큰 시세차익을 얻을 수 있는 '황금알을 낳는' 프로젝트였다. 반면에 백성들 입장에서 보면 극심한 인플레이션을 유발해 큰 해악을 끼치는 프로젝트였다. 김옥균은 고종에게 대원군 치세 때 당백전當百錢을 발행했다가 심각한 인플레이션을 겪은 사례를 들며 반대했다. 그 대신 자신이 일본에서 차관을 도입해 재정난을 타개하겠다고 주장했는데, 자신의 부재중에 당오전 발행이 결정되자 크게 당황했다.

당오전이 발행되면 왕실과 기득권 세력은 막대한 이득을 얻는다. 반면에 개화당 주장대로 일본에서 차관을 도입해 재정난을 해소하면 개화당에 힘이 실리게 된다. 당오전 발행을 둘러싼 논쟁은 민씨 척족 세력과 개화당 간의 정치적 이해관계가 걸린 한판 승부처가 되었다.

귀국한 김옥균이 당오전 발행을 반대하자 민영익이 고종에게 "화폐 전문가인 묄렌도르프에게 의견을 물어 당오전 발행 여부를 결정하자"라는 묘책을 제시했다. 고종은 "묄렌도르프와 김옥균이 의논해 계략을 아뢰라"라고 지시했다. 이 무렵 묄렌도르프는 민씨 척족과 깊이 결탁하고 있어 그의 의견은 물어보나 마나였다.

고종의 지시로 김옥균과 묄렌도르프가 회동했으나 의견 차가 커서 심한 언쟁이 벌어졌다. 두 사람의 충돌 장면은 김옥균의 『갑신일록』에 자세히 기록되어 있다. 묄렌도르프는 "시급한 경비를 마련하기 위해 당오전·당십전이나 당백전을 주조해 재정난을 해결하는 것이 급선무다. 경제에 조금도 해가 될 것 없다"라고 주장했다. 김옥균은 "당오전이 폐해를 야기할 것을 알면서도 추진한다면 심성이 바르지 못한 것"이라고 반박했다(김옥균·박영효·서재필, 조일문·신복룡 편역, 『갑신정변 회고록』, 건국대학교 출판부, 2006, 44쪽).

김옥균은 묄렌도르프와 반나절에 걸쳐 격렬한 논쟁을 벌인 후 고종에게 실상을 보고했다. 난감해진 고종은 특유의 우유부단한 결정을 내렸다. 김옥균에게는 "일본에 가서 국채를 조달해 오라"라고 명했고, 묄렌도르프에게는 "당오전을 발행하라"라고 지시했다. 양쪽 손을 다 들어준 것이다.

김옥균의 우려대로 당오전은 기울어가는 조선 경제에 평지풍파를 일으켰다. 당오전은 동전 한 개가 상평통보의 5배였다. '당오當五'라는 글자만 새겨 엽전 한 닢 가치를 다섯 배로 뻥튀기한 것이다. 명목가치는 상평통보의 5배였으나, 시중에서는 상평통보와 동일한 가치로 통용되는 악화惡貨였다.

당오전 주전권, 민씨 척족들이 장악

명목가치와 실질가치에 큰 갭이 생기자 지방관들은 조세를 거둘 때는 상평통보로 거두고, 이를 국고에 납부할 때는 당오전 액면가로 납부해 그 차액을 착복하는 등 파행과 기행이 만연했다.

1876년 개항 전후에 전국의 동전 유통고는 2,000만 냥 전후였으나 1893년에는 7,000만~8,000만 냥으로 서너 배 폭증했다. 1883년부터 1893년까지 당오전 발행 규모는 5,000만 냥으로 추산된다(오두환, 『한국근대화폐사』, 한국연구원, 1991, 93~95쪽). 짧은 기간에 대량의 당오전이 시중에 공급된 결과 극심한 인플레이션이 발생해 백성들 삶은 더욱 피폐해졌다.

서울의 찹쌀 1석 가격은 1882년 18냥에서 1894년 144냥으로, 같은 기간 소금 1석은 5냥에서 40냥으로 치솟았다. 당오전 발행에 따른 물가 상승은 평균 8배에 달했다(이영훈, 『한국경제사 I』, 2016, 579쪽).

당시 조선의 통화는 가운데 구멍이 뚫린 동전뿐이었다. 동전 10문文이 1전錢, 10전이 1냥兩, 10냥이 1관貫이었다. 당오전 발행 전까지는 은화 1원이 3냥에 교환되었는데, 당오전 발행 후에는 은화 1원당 20냥으로 껑충 뛰었다. 조선의 화폐 가치가 급락하면서 무역수지에서도 막대한 손실을 가져왔다.

더욱 주의 깊게 봐야 할 점은 당오전의 주전권鑄錢權이다. 당시 주전소는 서울 삼청동, 평양, 강화도 등 세 곳에 있었다. 서울 주전소는 민태호,

평양도 같은 민씨 척족인 민응식, 강화도는 민씨 세력과 연계된 조영하가 주전권을 쥠으로써 국가 재정권이 민씨 일파 수중에 장악되었다.

그들은 재정난 타개를 구실로 당오전 주조를 강행해 주전 차익을 자신들이 착복했다. 당오전은 고종 일가와 민씨 척족 세력에게 막대한 부를 안겨주었지만, 조선 백성들의 삶은 낭떠러지로 추락했다. 당오전 발행과 조-영 신조약 체결 실무를 담당한 묄렌도르프는 고종의 총애를 받아 승승장구했다.

흥미로운 사실은 고종이 김옥균에게 "일본으로 건너가 차관 도입 교섭을 재개"하도록 지시했을 때 이미 고종은 묄렌도르프를 청에 파견해 1883년 2월 27일 은화 20만 냥 차관 도입 협정을 체결했다는 점이다. 조청상민수륙무역장정이 체결되기 사흘 전인 1882년 10월 1일 청나라 초상국招商局과 개평광무국으로부터 50만 냥 차관 도입 협정이 무산된 후 새로 교섭한 것이다. 묄렌도르프는 1883년 4월 10일 청나라에서 빌린 은화 20만 냥을 가지고 서울에 도착했다.

김옥균은 일본과의 차관 협상 과정에서 전권 위임장이 없어 거부당했다. 때문에 3차 도일을 준비하면서 국왕의 전권 위임장을 얻기 위해 백방으로 노력했다. 외교 라인을 장악한 묄렌도르프는 김옥균을 "조선 독립이라는 어리석은 생각을 부추기는 위험한 모사꾼"이라면서 전권 위임장 발급을 강력 봉쇄했다(김종학, 『개화당의 기원과 비밀외교』, 2017, 268쪽). 고종이 김옥균에게 전권 위임장을 주지 않은 것은 개화당에 대한 신임을 거두었음을 상징한다.

1883년 4월 23일, 고종은 김옥균을 동남제도개척사 겸 포경사라는 신설 관직에 임명했다. 동남제도개척사는 울릉도와 제주도 등 여러 섬의 개척을 전담하는 부서였다. 이 부서가 신설되면서 왕조 창업 이래 추진해 왔던 공도 정책, 해금 정책이 공식 폐기되었다. 김옥균은 동남제도개척사 임무를 수행하기 위해 개화당 일원이었던 중인 역관 출신 백춘배를 종사관, 백담사 승려 출신 탁정식·이의고를 수행원, 일본인 가이 군지甲斐軍治를 통역으로 임명해 실무진을 구성했다. 나가사키 출신의 가이 군지는 김옥균이 1882년 3월 서광범과 함께 1차 일본 방문을 마치고 귀국할 때 조선에 건너왔다. 그는 김옥균의 주선으로 남산에 사진관을 개업해 운영했다.

김옥균 문전박대한 일본 정부

김옥균은 1883년 6월, 고종의 전권 위임장을 받지 못한 채 동남제도 개척사 겸 포경사 타이틀만 가지고 세 번째 일본으로 건너갔다. 김옥균은 제3차 도일에 앞서 서재필을 비롯한 조선 청년 17명을 선발해 군사 유학생단을 구성했다. 이들은 김옥균보다 먼저 서울을 출발해 1883년 5월 20일 도쿄에 도착, 후쿠자와 유키치福澤諭吉가 운영하는 게이오의숙慶應義塾에 입학해 6개월간 일본어를 학습했다. 그해 11월, 17명의 유학생 중 14명이 후쿠자와 유키치의 주선으로 육군도야마학교戶山學校에 입학해 신식 군사교육을 받았다.

김옥균은 도쿄에서 매주 일요일마다 유학생들을 만나 친동생처럼 대하면서 개화당으로 끌어들였다. 소정의 교육 과정을 마치고 귀국한 군사 유학생 전원은 갑신정변 쿠데타에 가담하게 된다.

민씨 척족 세력과 묄렌도르프는 김옥균의 일본 차관 도입을 방해하기 위해 총력전을 전개했다. 김옥균은 "민씨 일파들은 묄렌도르프와 부동符同해 갖은 방법으로 못할 짓 없이 이 일을 막으려 했다"라고 회고했다(김옥균·박영효·서재필, 조일문·신복룡 편역, 『갑신정변 회고록』, 2006, 45쪽). 묄렌도르프는 다케조에 신이치로竹添進一郎 주조선 일본 공사에게 "김옥균은 믿을 수 없는 인물"이라는 등 악질적인 메시지를 퍼뜨렸다.

게다가 김옥균이 국왕의 전권 위임장 없이 일본으로 갔으니 차관 도입 실패는 예고된 수순이었다. 도쿄에 도착한 김옥균은 이노우에 가오루 외상과 회담했으나 냉대를 당했다. 김옥균-이노우에 회담을 관련 기록을 통해 재구성해 본다.

김옥균 : 조선이 지금 독립국인지 속국인지 모르겠다.

이노우에 : 귀하는 왜 자기 나라 일을 모른다고 하는가?

김옥균 : 조선은 미국·일본과는 대등한 조약을 체결해 독립을 승인받았지만, 청은 여전히 서울에 군대를 주둔시키면서 조선을 속국 취급하기 때문이다.

이노우에 : 모든 일을 급격하게 하려 하지 말고 각국이 독립 원조를 주는 것을 이용해 순수무결한 독립을 도모해야 한다. 귀하는 묄렌도르프 씨와 잘 지내지 못한다는 소문이 있는데, 그는 귀하를 칭찬하고 있다. 귀하가 이번에 개척사에 임명된 것도 결코 축하할 수 없다. 어째서 중앙 정부에 들어가 나랏일에 전력하지 않는가? 의론이 조금 맞지 않는다고 해서 불평한다면 어떻게 어려움에 빠진 조선을 다스릴 수 있는가?

김옥균 : 그가 고관에 임용된 것은 전적으로 청의 비호 덕분이며, 내가 그의 속셈을 알고 있기에 그가 나를 종종 헐뜯는 것이다.

이노우에 : 그것은 전적으로 귀하의 의심이다. 최근 그가 공평한 도리로 조선을 위해 일한다는 것을 충분히 알 수 있다.

일본 차관 도입 위해 고군분투한 김옥균

이 대화를 보면 이노우에 외상은 조선과의 협상 파트너로 김옥균의 개화당이 아니라, 자국의 이권을 착실하게 챙겨주는 묄렌도르프를 낙점했음을 알 수 있다. 일본을 지극정성으로 돕는 묄렌도르프와 정적政敵 관계인 개화당 수뇌가 국왕의 전권 위임장도 없이 도쿄에 나타나 차관 교섭을 요구했으니 실패는 자명한 일이었다.

김옥균은 다케조에 주조선 공사가 이노우에 외상에게 자신을 중상모략하는 보고를 올려 차관 도입을 방해했다고 기록하고 있지만, 이것은 김옥균의 일방적인 주장으로 보인다. 다케조에 공사나 이노우에 외상 입장에서 볼 때 상환 능력이 없는 조선에 거액의 차관을 제공했다가 회수하지 못해 일본 정부가 손해를 볼 것인가, 아니면 묄렌도르프를 부추겨 당오전을 발행토록 함으로써 조선 백성들의 광범위한 경제적 희생을 초래할 것인가? 국익을 우선하는 외교관이라면 어떤 카드를 선택해야 할지는 삼척동자도 다 아는 사실이었다.

고종은 김옥균의 일본에서의 활동을 지원한다는 명목으로 그가 일본에 체류하고 있던 1883년 10월, 종2품 호조참판(현재의 기획재정부 차관급) 및 외아문협판(외교부 차관)으로 승진 발령했다. 하지만 일본과의 차관 교섭은 좌절의 연속이었다.

김옥균은 마지막으로 주일 미국 공사 빙엄(John A. Bingham)을 방문해 차관을 요청했다. 빙엄은 김옥균에게 요코하마橫濱에서 활동 중인 아메리칸 클락앤드브라스(American Clock and Brass)의 대리인 제임스 모스(James R. Morse)를 소개해 주었다. 그는 후에 경복궁에 조선 최초의 전기를 가설한 인물이다.

모스는 알렌의 주선으로 1895년 7월 15일 조선 조정으로부터 평안북도 운산 금광 광업권을 획득했다. 모스가 개발 자금 마련에 실패하자 알렌은 시애틀의 자본가 헌트(Leigh S. J. Hunt)를 모스에게 소개했다. 모스는 광업권을 3만 달러의 헐값에 헌트에게 넘겼다. 모스는 또 조선 조정으로부터 경인선 철도 부설권도 얻었으나 자금 부족으로 일본에 매각했다.

김옥균은 모스와 차관 도입 협상을 하는 과정에서 자신의 직함을 부풀렸고, 전권 위임장도 위조했다. 외교 루트를 통해 확인한 결과 직함과 전권 위임장이 위조된 사실이 탄로 나 미국으로부터 차관을 도입하는 데 실패했다. 김옥균은 울릉도 목재 벌채권과 동해의 고래잡이 권리를 담보로 차관 교섭을 벌였다. 김옥균의 제안에 관심을 보인 일본 상사나 금융기관은 한 곳도 없었다. 제안 내용이 황당해서가 아니라, 미개발 지역인 조선에 투자할 만한 재력을 보유한 회사가 일본에는 존재하지 않았다.

고토 쇼지로의 허풍

김옥균은 후쿠자와 유키치의 알선으로 다이이치국립은행장 시부사와 에이이치澁澤榮一에게 20만 엔의 차관을 요청했다. 일본 정부가 이 차관에 대한 승인을 해줘야 가능하다는 답을 들은 김옥균은 이노우에 외상을 찾아가 간곡하게 부탁했다. 이노우에는 "귀하는 대단히 허술한 사람이다. 조선을 위해 일하는 사람(묄렌도르프를 뜻함-저자)을 깊이 의심하고, 모처럼 정부 요직에 등용되면 바로 사직해 버린다. 귀 정부의 전권을 갖고 있는지 알 수 없으니 신용하기 어렵다"라면서 등을 돌렸다.

김옥균의 절박한 호소를 들은 후쿠자와는 고토 쇼지로後藤象二郎를 김옥균에게 소개했다. 도사번土佐藩 사무라이로서 메이지유신에 공을 세운 고토는 자유민권운동에 투신해 일본 최초의 정당인 자유당을 결성한 정객이었다. 김옥균은 고토 쇼지로에게 조선에서 쿠데타를 일으켜 권력을 쟁취하겠다는 뜻을 밝히고 무기와 자금, 그리고 소시壯士라 불리는 일본 자객을 요구했다. 고토는 이 요구를 수락했다.

고토가 개화당과 결탁해 조선에서 쿠데타를 일으키려 했던 이유는 후쿠자와로부터 "조선에 건너가 정권을 장악하고 개혁을 추진하라"라는 권유를 받았기 때문이다. 반反정부적 성향이 강했던 자유당 인사들은 조선에서 중대한 분규를 일으켜 일본 정부를 곤경에 빠뜨린 다음 정국의 주도권을 잡아 일본의 내정을 개혁한다는 구상을 했다.

고토는 김옥균에게 "100만 엔의 자금과 뜻을 같이하는 지사들을 이끌고 귀국으로 건너가 일거에 잡배를 일소해 팔도의 백성을 편안히 하고, 귀국을 태산과 같은 안정 위에 올려놓을 것"이라고 호언장담했다. 고토는 김옥균에게 자금 100만 엔 지원을 약속하고, 그 조건으로 "조선의 개혁을 나에게 위임한다는 조선 국왕의 친서"를 요구했다. 그는 김옥균에게 큰소리쳤지만, 그가 1883년 말까지 모은 자금은 3~4만 엔에 불과했다.

김옥균은 10개월 동안 일본 각지를 돌아다니며 온갖 노력을 했음에도 불구하고 아무 성과도 거두지 못하고 1884년 4월 빈손으로 쓸쓸히 귀국했다. 김옥균을 수행했던 탁정식은 1884년 2월 고베에서 폐렴으로 급사했고, 백춘배와 이의고는 일본에 남아 울릉도 개척 업무를 진행했다. 그로부터 8개월 후 김옥균이 갑신정변 쿠데타에 실패해 일본에 망명했을 때 두 사람은 김옥균을 보필했다.

1885년 고종이 김옥균 암살을 위해 장은규를 일본에 보냈다. 장은규는 김옥균 유인에 실패하자 백춘배에게 "조선에 가서 직접 정세를 파악해 보자"라면서 그를 데리고 귀국했다. 백춘배는 조선 도착 즉시 체포되어 1886년 처형되었다. 일본 정부가 김옥균을 오가사와라小笠原제도로 유배 보내자 이의고는 태평양 절해고도의 유배지까지 따라가 김옥균을 보호했다.

개화당 영수 김옥균은 과거에 급제한 지체 높은 양반 관료였지만 조선의 신분 제도를 초월한 사람이었다. 그는 인간을 양반-상놈으로 나누어 수탈을 합리화하는 신분 제도를 혐오하고, 능력에 따라 예우받는 세상을 지향했다. 김옥균 주변에는 자연스럽게 혁신 사상을 가진 보부상, 무관과 상인, 중인, 승려, 평민 등 다양한 인간 군상이 모여들었다.

일본 차관 도입 불발

김옥균이 세 차례 도일에도 불구하고 성과 없이 귀국하자 개화당에 대한 고종의 불신은 정점에 이르렀다. 김옥균이 일본에서 차관 교섭을 진행하는 동안 전환국 총판 묄렌도르프는 당오전을 맹렬하게 주조했다. 1884년 7월에는 50만 냥의 당오전이 시중에 유통되었다. 당오전이 시중에 범람하면서 상평통보는 자취를 감추었고, 물가가 폭등해 백성들이 신음하기 시작했다.

귀국한 김옥균은 당오전 주조 책임자 묄렌도르프를 격렬하게 공격했다. 묄렌도르프는 자신의 보호자인 민태호 부자를 동원해 반격했다. 김옥균과 박영효는 민씨 척족 세력이 개화당을 정가에서 퇴출시키기 위해 모종의 계획을 진행 중이라는 정보를 입수했다. 두 사람은 최후의 수단을 강구할 때가 왔다고 판단했다.

점점 옥죄어 오는 청의 내정 간섭과 일본의 상권 침탈이 가속화되면서 의지할 곳이 사라진 고종은 갈피를 잡지 못하고 방황했다. 이 와중에 미국이란 존재에 눈이 번쩍 뜨였다. 지금까지 조선과 수교한 나라 중에서 조약 내용을 존중하고 그에 따르는 의무를 이행하고자 노력하는 모습을 보인 나라는 미국뿐이었기 때문이다.

미국은 임오군란이 발생하자 군함 모노카시(Monocacy)호를 조선 해역에 급파했다. 영국과 일본의 방해 공작을 물리치고 1883년 1월 9일, 조선과 체결한 수호통상조약을 정식 비준했다. 체스터 아서(Chester A. Arthur) 미국 대통령(재임 1881~1885)은 조미수호통상조약을 비준한 후 주 콜롬비아 공사로 재직 중이던 루시어스 푸트(Lucius H. Foote)를, 베이징·도쿄 주재 공사와 동격인 특명전권공사로 승격시켜 조선에 파견했다.

1883년 5월 초대 주조선 미국 공사 푸트가 임지로 부임하기 위해 일본에 도착했다. 이때 이노우에 가오루 일본 외상은 푸트 공사에게 영어가 가능한 윤치호를 통역관으로 추천했다. 푸트는 윤치호를 자신의 통역관으로 임명해 1883년 5월 13일 제물포에 도착했다. 푸트와 함께 온 공식 일행은 그의 부인과 개인 비서 스커더(Charles S. Scudder), 스미스소니언 박물관원 주이(Pierre L. Jouy), 통역관 일본인 사이토 슈이치로齋藤修一郎와 윤치호였다(손정숙, 「한국 근대 주한미국공사 연구(1883-1905)」, 이화여자대학교 대학원 박사학위 논문, 2004, 38쪽).

여기서 잠시, 조선인으로서 영어를 공부한 제1호 지식인 윤치호의 영어 공부 과정을 추적해 보자. 1881년 조사시찰단의 일원으로 일본으로 건너간 윤치호는 아버지 윤웅렬의 소개로 주일 영국 공사관의 어니스트 사토(Ernest M. Satow) 서기관을 찾아갔다. 사토는 윤치호가 영어에 큰 관심을 가진 것을 발견하고 자기가 직접 영어를 가르쳐줄 터이니 영어를 배울 것을 권했다.

윤치호는 조사시찰단 숙소로 돌아와 홍영식에게 의논했으나 영어 학습은 국금國禁을 범하는 것이니 절대 안 된다고 반대했다. 반면에 어윤중은 윤치호를 조용히 불러 "걱정 말고 비밀리에 배우라"라고 격려해 주었다(신동준, 『개화파열전』, 푸른역사, 2009, 260~261쪽).

윤치호는 나카무라 마사나오中村正直가 설립한 도진샤同人社에서 일본어를 공부했다. 도진샤에 재학 중이던 1882년 봄, 윤치호는 도쿄대 철학 교수의 부인 리지 밀레트(Lizzie G. Millet)로부터 영어를 배웠다. 이해 5월 윤치호의 일시 귀국으로 영어 공부가 중단되었다. 7월에 도쿄대학 영어 강사인 간다 나이부神田乃武에게서 영어를 배우던 중 임오군란 소식을 듣고 다시 영어 공부가 중단되었다.

푸트 미국 공사 서울 부임

임오군란 후 조선 조정이 수신사 박영효와 김옥균·민영익을 파견했다. 이때 김옥균은 일본에서 공부하고 있던 윤치호에게 "영어를 배워야 일본을 경유하지 않고 서양 문명을 직수입할 수 있다"라면서 영어 공부를 권했다. 윤치호는 요코하마 주재 네덜란드 영사관의 레온 폴더르(Leon V. Polder) 서기관에게서 본격적으로 영어를 배웠다. 그리고 밤에는 별도로 프랑스 건축가 폴 사르다(Paul Sarda)에게서 영어를 배웠다(유영렬, 『개화기의 윤치호 연구』, 경인문화사, 2011, 20~23쪽).

윤치호는 이노우에 외상의 추천으로 푸트 공사의 통역관으로 임명되면서 일본 유학을 중도 포기하고 귀국하게 된다. 하지만 윤치호가 푸트 공사의 통역을 수행하기에는 영어 실력이 너무 부족했다. 그래서 3개월 동안 일본인 통역 사이토 슈이치로가 푸트를 도왔다. 즉 푸트 공사의 발언 내용을 사이토가 윤치호에게 일어로 통역하고 윤치호가 그것을 우리말로 옮기는 삼각통역 방식이었다(윤치호, 「風雨 20년-한말 정객의 회고담」, 「동아일보」, 1930년 1월 29일).

윤치호는 주조선 미국 공사관에서 푸트 공사 부처 및 공사관 서기관 등과 한 가족처럼 생활하면서 영어 공부에 몰두했다. 그 결과 귀국 6개월 뒤에는 상당한 정도의 통역을 할 수 있게 되었다.

푸트는 5월 19일 조선 조정에 신임장을 제정했고, 다음 날 고종을 알현했다. 푸트는 고종에게 국서를 제정하는 자리에서 "우리는 평등한 조약 규칙을 준수하고 국가 보전을 보장한다"라고 말했다. 당시 영국은 주청 영국 공사가 조선 주재 공사를 겸직케 했으며, 서울에는 대리총영사를 두고 베이징에 종속시켜 조선에 대한 청의 종주권을 인정하고 있었다.

조선에 정식 공사관을 개설하고 외교관 중에서 가장 상급의 특명전권공사를 조선에 상주시킨 미국의 조치는 영국과는 뚜렷하게 대비되는 행보였다. 영국·독일은 임오군란을 이용해 자국의 이익을 극대화하기 위해 조선을 등치는 새 조약을 체결했다. 반면에 미국이 전혀 다른 행보를 보인 이유는 무엇이었을까?

다른 열강이 아시아에 진출할 때 제국주의 후발국인 미국은 1869년 대륙횡단철도를 완공하고 서부 개척에 열을 올렸다. 미국의 서부 개척은 영국을 비롯한 서양 열강의 해외 식민지 획득과 같은 의미였다. 서재필이 갑신정변에 실패한 후 일본으로 망명했다가 태평양을 건너 미국에 도착한 해가 1885년이다. 이 무렵 미국의 군사력은 루마니아 수준에 불과했다. 20세기 초까지 미국은 경제력·군사력 등 모든 면에서 유럽 열강에 비해 열세였다. 미국이 국제사회에서 열강으로 등장한 것은 제1차 세계대전의 충격파로 유럽이 승전국, 패전국 가릴 것 없이 막대한 피해를 입은 이후의 일이다.

이처럼 허약했던 미국이 취할 수 있는 외교 전략은 중국을 비롯한 동아시아 국가들이 독립을 유지해 특정 열강국의 독점물이 되지 않도록 하는 것이었다. 이를 통해 미국이 아시아에서 유럽 열강과 동등한 무역 기회를 확보하고자 했다. 미국은 중국에 대한 '문호 개방론'을 주장했다. 특정한 나라가 중국을 식민지로 삼아 배타적 이익을 독점하지 말고, 모든 나라가 호혜평등의 원칙하에 중국과 통상할 수 있도록 문호를 개방하자는 뜻이었다.

미국은 자국의 아시아 진출에 방해가 되는 유럽 열강이 더 이상 아시아로 침투하는 것을 견제해야 했다. 이를 위해 아시아 각국이 독립을 유지할 수 있도록 도와주는 정책을 추진했다. 영국이 아시아를 분할하는 '아시아 약화' 정책을 추진한 반면, 미국은 아시아의 독립을 유지시키기 위한 '아시아 강화' 정책을 추진한 것이다(최문형, 『제국주의시대의 열강과 한국』, 민음사, 1990, 46쪽).

미국, 조선에 정치적 불간섭주의

미국의 아시아 강화 정책은 후에 큰 혼란에 빠지게 된다. 미국 입장에서 볼 때 아시아에서 서구 세력을 격퇴하고 독립을 실현할 수 있는 나라는 일본이 유일하다고 판단했다. 그 결과 일본의 대륙 진출과 조선에 대한 '불법 행위'를 묵인했다. 일본은 미국의 묵인하에 아시아 대륙을 '일본을 위한 아시아'로 만드는 결과를 초래했다(김원모, 『개화기 한미교섭관계사』, 단국대학교 출판부, 2003, 163~165쪽).

미국은 조선과 수교 직후 임오군란이 발생하자 영국으로부터 비준 거부 종용을 받았다. "불명예스런 폭력과 잔혹함을 드러내는 배고픈 늑대"로 비유되었던 주일 영국 공사 파크스(Harry Parkes)는 미국 정부가 조미수호통상조약의 비준을 추진하자 방해 공작을 펼쳤다(김현수, 『대영제국의 동아시아 외교 주역 해리 S. 파크스』, 단국대학교 출판부, 2011, 99쪽). 영국의 방해에도 불구하고 푸트 공사는 서울에 부임해 고종에게 신임장을 제출하고 정식 외교 관계를 작동시켰다.

근대 조선과 조약을 체결한 나라는 미국·영국·독일·러시아·프랑스·이탈리아·오스트리아·벨기에·덴마크·일본 등 10개국이었다. 이들 중 오스트리아와 덴마크는 서울에 외교관을 주재시키지 않아 서울에 외교관을 상주시킨 나라는 8개국이었다. 중국은 청일전쟁 이전에는 조선을 종속국으로 간주해 총영사급 외교대표부만 주재시켰다. 청일전쟁 이후 공식 외교 관계가 잠시 단절되었다가 1898년 10월부터 특명전권공사를 서울에 파견했다. 일본은 1877년 이래 변리공사급 외교관을 주둔시키다가 1893년 9월부터 특명전권공사를 파견했다(손정숙, 「한국 근대 주한미국공사 연구(1883-1905)」, 2004, 21쪽).

당시 조선은 청과 조청상민수륙무역장정을 체결해 청의 식민지나 다름없는 상황으로 전락했다. 청이 조선을 '종속국'으로 규정하는 무역장정을 체결한 후에도 미국은 조선 주재 공사의 지위를 베이징이나 도쿄와 동격으로 유지했다. 그것은 조선의 독립을 외교적으로 지지한다는 미국 정부의 의사 표시였다. 미국이 한국을 독립국으로 인정한 이유는 조선에 지대한 관심이 있어서가 아니라, 한반도에서 중국을 비롯한 다른 열강들과 상업상의 동등한 기회를 갖기 위해서였다.

미 국무부에 의한 명확한 동아시아 외교 지침이 부족했던 상황에서 현지 파견된 미국 외교관들은 본국으로부터 넓은 범위의 자유 재량권을 인정받았고, 그에 따라 외교 업무가 수행되었다. 특히 한반도 같이 본국 정부의 큰 주목을 받지 못했던 곳에서 미국 외교관의 개인적 능력은 더 발휘될 수 있었다(손정숙, 「한국 근대 주한미국공사 연구(1883-1905)」, 2004, 2쪽).

미국은 조선에 대해 시종일관 정치적 불간섭주의를 고수했다. 한국의 자주독립과 영토 보전을 지지했지만 이의 유지를 위한 실질적인 개입은 고려하지 않았고, 오직 상업과 선교 등의 문제에만 관심을 제한했다. 특히 미국 정부는 한반도를 둘러싼 국내외적인 문제에 주조선 미국공사들이 개입하거나 조선 왕실의 카운슬러가 되어 조언을 해줌으로써 미국 정부에 대한 기대감을 고취하는 행동을 사전에 차단했다. 미국 정부는 주한 외교관들에게 '절대적인 중립적 위치'를 지키도록 명함으로써 한반도를 둘러싼 문제에 깊이 개입하는 것을 저지했다.

반면에 외교적으로 궁지에 몰려있던 고종은 푸트 공사의 부임을 쌍수를 들어 환영했다. 그는 그 직전까지는 개화당과 연계된 일본의 힘을 활용해 청나라의 외압을 물리치려 했다. 큰 기대를 품었던 개화당이 일본으로부터 냉대를 당하는 허깨비라는 사실이 백일하에 드러나면서 고종은 실의에 잠겼다. 이 와중에 푸트 공사가 서울에 부임하자 고종은 춤을 출 정도로 기뻐했다. 푸트는 조선 왕실로부터 큰 환영을 받았다. 이때부터 미국의 우호적인 영향력을 활용해 내·외정에 대한 청의 간섭과 압력을 물리쳐 보겠다는 고종의 줄타기 외교가 시작되었다.

푸트 공사 제의로 보빙 사절단 미국 파견

미국과 체결한 조미수호통상조약에 의하면 조선 정부도 외교 사절을 미국의 수도 워싱턴에 상주시켜야 했다. 여러 가지 여건상 사절의 상주가 여의치 않자 푸트 공사는 고종에게 보빙사報聘使 파견을 제안했고, 고종은 이를 수락했다. 이것은 푸트 공사가 묄렌도르프의 견제와 방해를 뚫고 성사시킨 것이다. 묄렌도르프는 미국이 보빙 사절 파견을 요청한 데 대해 "새로 개국한 나라에 큰 영향력을 끼치려는 열강의 탐욕적인 이기주의"라고 비난했다. 조선의 보빙사 파견 소식을 보고받은 파크스 주일 영국 공사는 "조선 정부가 너무 급진적으로 움직이고 있다"라고 우려했다.

조선이 외국에 문호를 개방한 후 처음 서양에 파견하는 전권특파대신에 개화당의 일원이자 민씨 척족 세력의 대표 격인 외아문협판 민영익이 임명되었다. 민 왕후의 양오빠 민승호가 의문의 폭탄 테러 사건으로 사망하자 민 왕후는 민영익(민태호의 아들)을 민승호의 양자로 들여 친조카로 삼았다. 왕비는 민영익을 친동생처럼 귀여워했다. 민 왕후의 후광을 등에 업은 민영익은 18세 되던 1877년 과거에 급제했다. 다음 해인 19세의 나이에 전국 관료의 인사권을 장악한 이조참의(정3품), 승정원도승지(대통령 비서실장) 등 파격적인 승진을 거듭했다. 조선 역사상 20세도 안 된 애송이가 이조참의와 도승지에 오른 것은 민영익이 처음이자 마지막이다.

그는 하루아침에 민씨 척족의 수장이자 조정의 실력자로 등장했다. 황현은 "임금과 왕비가 민영익을 하도 사랑해서 그의 말이라면 따르지 않는 것이 없었다. 하루에 세 번씩 대궐에 출입했고, 물러나오면 내방객이 몰려들어 뒤늦게 온 자는 종일 기다려도 면회조차 못 했다"라고 기록할 정도였다.

민영익은 한동안 개화의 필요성을 절감하고 개화파의 후견자를 자임했다. 김옥균·박영효 등 개화당 핵심을 고종과 민 왕후에게 연결시킨 인물이 민영익이다. 묄렌도르프는 민영익에 대해 "존경할 만큼 성실한 사람"이라고 평했다. 묄렌도르프의 후임인 미국 외교관 데니(Owen N.

조선 보빙사 사절단

직책	성명	역할
전권대신	민영익	외아문협판
전권부대신	홍영식	외아문협판
종사관	서광범	행정 실무
수행원	유길준·변수	일본어 통역
	고영철·우리탕	중국어 통역
	현흥택·최경석	사절단 경호
참찬관	퍼시벌 로웰	미국인 고문

Denny)도 "조선의 신하들 가운데 가장 유능하고 진실한 인물"이라고 기록했다. 반면에 윤치호는 "재주와 지혜를 갖추지 못해 조선을 어려운 지경에 빠뜨린 인물"이라고 혹평했다.

1883년 7월 8일, 8명의 보빙사 사절단이 서울을 출발했다. 사절단은 거의 전원이 25세를 전후한 개화당 요원으로 구성된 것이 특징이다. 통역으로 합류한 중국인 우리탕吳禮堂은 미국 유학을 마치고 묄렌도르프에게 발탁되어 조선 해관 총세무사로 근무하던 인물이다.

미국 대통령에게 큰절 올린 조선 보빙사

7월 16일 미 해군 아시아함대 소속 군함 모노카시호를 타고 제물포를 출발한 사절단은 도쿄에서 약 한 달간 머물렀다. 이때 주일 미국 공사관 추천으로 미국인 퍼시벌 로웰(Percival Lowell)을 외무서기관으로 채용했다. 로웰은 보빙 사절단을 일본에서 미국까지 안내하는 역할을 맡았다. 로웰은 영어에 능통한 일본인 미야오카 쓰네지로宮岡恒次郎를 개인 비서로 채용했다. 사절단이 도쿄에 체재하는 동안 홍영식은 유길준과 함께 차관 도입을 위해 도쿄에 머물고 있던 김옥균을 은밀히 만나 갑신정변 거사 계획을 논의했다.

보빙 사절단은 요코하마에서 여객선 애러빅(Arabic)호를 타고 태평양을 횡단해 1883년 9월 2일 샌프란시스코에 도착했다. 샌프란시스코 시민들은 23년 전 방문했던 이와쿠라 사절단의 실용적이고 간편한 복장과 너무나 대조적인 조선 사절단의 화려한 복장에 큰 관심을 보였다. 샌프란시스코 신문은 "화려한 색채를 띤 정교한 무늬의 긴 도포는 극히 환상적이고 기이하게 보였다"라고 보도했다.

일행은 9월 7일 대륙횡단열차에 올라 5일 후인 9월 12일 시카고에 도착했다. 시카고에서 열리는 만국박람회를 관람한 일행은 9월 15일 워싱턴에 도착했다. 미국 정부는 이들을 국빈으로 예우했다. 국무부는 해군정보국 소속 메이슨(Theodorus B. M. Mason) 중위와 포크(George C. Foulk) 소위를 보빙사 안내역으로 임명했다.

포크 소위가 조선 외교관 안내역을 담당한 이유는 그가 해군성 도서관에 근무하며 중국어·일본어·조선어를 공부해 의사소통이 가능했기 때문이다. 이 도서관에는 유명한 해군 이론가 매헌(Alfred T. Mahan)도 근무하고 있었다. 미국 해군사관학교를 3등으로 졸업한 포크는 중국과 일본 해역에서 근무했는데, 이때 일본어를 배워 일본어를 유창하게 구사했다. 포크는 일본 근무 시절 나가사키 언덕의 찻집 딸 무라세와 연애를 했는데, 후에 그 일본 여성과 결혼했다. 조-미 조약 체결 한 달 후인 1882년 6월 두 명의 해군 동료와 함께 시베리아 탐사 여행 과정에서 부산과 원산에 잠시 정박한 경험도 있었다.

체스터 아서 대통령과 프릴링하이즌(Frederick T. Frelinghuysen) 국무장관은 뉴욕에 체제 중이어서 일행은 다시 뉴욕으로 이동했다. 보빙 사절단은 9월 18일 오전 11시, 뉴욕의 5번가호텔 1층 대접견실에서 아서 대통령에게 신임장을 제정했다. 사절단은 접견실 문 밖의 넓은 홀에 이르자 대통령을 향해 옆으로 늘어섰다. 아서 대통령이 미소를 띠면서 악수를 청하려 하자 일행은 민영익의 신호에 따라 무릎을 꿇고 이마가 마룻바닥에 닿을 때까지 천천히 몸을 굽혀 절을 했다.

간단한 소개가 끝난 다음 민영익은 아서 대통령 앞에서 부임사를 낭독한 뒤 청의 광서光緖 연호를 배제하고 조선의 개국연호만 표기한 국서를 미국 대통령에게 제정했다. 아서 대통령이 "귀국은 우리 나라의 이웃이나 다름없다. 동양의 다른 어느 나라보다 귀국과 우리가 교역을 해야 한다"라고 답사를 했다. 접견이 끝난 후 사절단은 바닥에 엎드려 큰 절을 했다.

세계 일주 기회 제공한 미국 대통령

신임장 제정을 마친 보빙 사절단은 9월 20일, 로웰의 고향인 보스턴으로 이동해 뉴잉글랜드 제조업협회 주최 박람회와 미국 산업박람회를 관람했다. 그 후 블루힐스의 월콧(J. W. Walcott) 시범농장을 방문해 최신 농업 기구와 기술, 농장 시설을 시찰했다. 이어 직물 공장과 제약 회사를 방문했다. 9월 24일 뉴욕으로 온 일행은 뉴욕 병원, 웨스턴유니언전신회사, 소방서와 우체국, 브루클린 해군기지, 웨스트포인트 육군사관학교 등 쉴 틈 없이 일정을 소화했다.

9월 29일 워싱턴으로 온 민영익은 묄렌도르프를 대체할 외교고문 및 군사교관 초빙 교섭에 나섰다. 그러나 고종의 관심사였던 미국인 외교고문과 군사교관 초빙은 미국 정부의 무성의로 뜻을 이루지 못했다. 일행은 국무부·육군부·해군부를 예방했고 재무부와 우정국, 내무부 교육국, 농무국을 방문해 근대식 우편 제도 창설, 농장 운영, 선교사 및 교사 내한 등의 목표를 이루는 데 만족해야 했다.

1883년 10월 13일 민영익은 백악관에서 아서 대통령에게 고별인사를 했다. 아서 대통령은 민영익에게 두 명의 수행원과 함께 지중해와 수에즈 운하를 거쳐 세계 일주를 한 후 귀국할 것을 제안했다. 여행 경비는 미국이 부담한다는 파격적인 조건이었다. 아서 대통령은 조지 클레이턴 포크 소위를 조선 주재 미국 공사관 무관으로 임명해 민영익 일행을 서울까지 안내한 후 서울에 근무하도록 했다.

당시 미국은 베이징이나 도쿄에도 무관을 파견하지 않았다. 이런 상황에서 해군이 없었던 조선에 해군 무관을 파견한 것은 실로 파격적인 조치였다. 미국 국무부와 해군부는 해군 무관 포크에게 "조선에서 미국 국민을 위해 유용하고 흥미로운 모든 정보를 수집하고 조선의 항구와 내륙을 탐사해서 보고서를 제출하며, 미국의 상업 이익과 관련된 모든 사항을 보고하라"라는 훈령을 내렸다.

보빙사는 팀을 양분해 정사正使 민영익은 서광범·변수와 함께 세계 일주를 하고, 부사副使 홍영식과 최경석·고영철·현흥택·로웰·우리탕·미야오카 등 7명은 대륙횡단열차로 샌프란시스코를 거쳐 귀국하기로 결정했다. 미국 정부는 버나두(John B. Bernadou) 해군 소위에게 홍영식 일행을 수행하도록 했다. 미국 스미스소니언협회는 버나두 소위를 '스미스소니언 수행원'으로 임명해 귀국하는 보빙사 일행과 함께 조선에 파견했다. 그의 임무는 조선의 동식물 표본을 채취해 보내고, 18년 전 발생한 제너럴셔먼호 사건을 보다 면밀히 조사하는 것이었다.

고요한 아침의 나라 조선

민영익과 홍영식은 뜻을 같이하는 개화파 동지였다. 하지만 미국 시찰 과정에서 두 사람은 의견이 갈렸다. 민영익은 미국의 근대화 현장을 시찰하고, 개화 노선은 의미가 없다면서 위정척사의 길로 회귀한다. 미국 방문 과정에서 두 사람은 계속 불화를 일으켰다. 이들이 서로 다른 루트로 귀국한 배경에는 이처럼 복잡한 갈등이 잠복해 있었다.

부사 홍영식 일행은 10월 16일 워싱턴을 출발해 10월 23일 샌프란시스코에 도착했다. 다음 날 미국 상선을 타고 태평양을 건너 요코하마에 도착했다. 홍영식 팀은 12월 20일 제물포에 도착했다. 보빙사 일행을 안내한 퍼시벌 로웰은 고종의 초청을 받아 서울에 도착한 뒤 1883년 12월부터 1884년 3월까지 조선을 여행했다.

로웰은 보스턴의 명문가 출신으로 하버드대 물리학과를 최우등으로 졸업한 천문학자이기도 했다. 그는 동양의 신비에 매혹되어 일본으로 건너와 10여 년 미국 정부의 주일대표부에서 활동했다. 로웰은 3개월간 서울에 머물면서 조선과 관련된 모든 내용을 백과사전 형식으로 자세히 기록해 1885년 『고요한 아침의 나라 조선(Choson, the Land of the Morning Calm)』이라는 제목으로 출간했다.

로웰의 관찰에 의하면 조선은 다른 세계 역시 자신들과 같은 환경에서 잠자고 있다고 믿었다. 때문에 그들(조선)은 안심하고 잠들었다. 조선에선 변화란 의미 없는 것이며, 시간은 정지해 있었다. 로웰의 책을 통해 조선은 서양에 '고요한 아침의 나라'로 알려지기 시작했다. 귀국 후 로웰은 천문학에 심취해 애리조나주의 플래그스태프(Flagstaff)에 자신의 이름을 따서 로웰 천문대를 만들었다. 이 천문대에서 화성과, 해왕성 바깥에 존재할 것으로 회자되던 '행성 X'의 관측에 매달렸다. 그가 죽은 지 14년 후 로웰 천문대의 후진들이 명왕성을 발견했다. 명왕성의 영문명 플루토(Pluto)의 앞 두 글자 'PL'은 퍼시벌 로웰의 영문 이름에서 따 온 것이다.

정사 민영익 일행은 1883년 12월 1일, 미국 해군 군함 트렌턴(Trenton)호를 타고 뉴욕 항을 출발했다. 일행은 포르투갈령 아소르스제도를 거쳐 1884년 1월 6일 지중해 연안의 마르세유에 도착했다. 수리와 연료 보급을 위해 3주간 체류하는 동안 민영익 일행은 파리와 런던을 견학했다. 트렌턴호는 마르세유를 출발해 로마와 카이로를 거쳐 수에즈 운하를 통과했다. 이어 예멘의 수도 아덴, 인도의 뭄바이, 스리랑카의 콜롬보, 싱가포르, 홍콩, 나가사키를 거쳐 1884년 5월 31일 인천에 도착했다.

포크 소위는 6개월간 여행안내를 하며 민영익 일행에 대한 관찰기를 남겼다. 그의 기록에 의하면 민영익과 서광범·변수는 서구 문물 시찰에 임하는 마음가짐이 정반대였다. 서광범과 변수는 포크 소위가 번역해 주는 세계의 정치사 및 문화사 정보들을 기록하고 공부하는 데 모든 정열을 쏟았다.

반면에 민영익은 유학儒學 서적을 읽으며 시간을 때웠다. 포크는 처음에는 민영익에 대해 호의적이었으나, 대서양에서 네 차례의 폭풍우를 맞자 "유럽 여행을 포기하고 빨리 조선에 돌아가고 싶다"라는 말을 하는 것을 듣고 크게 실망했다. 폭풍으로 겁에 질린 민영익은 트랜턴호가 마르세유에 정박하자 나머지 귀국 길은 군함에 비해 훨씬 큰 증기 우편선으로 옮겨 타고 가겠다고 떼를 썼다. 포크는 민영익에게 "조선 국왕의 대표로, 미국 대통령의 손님"으로서의 역할을 상기시키면서 "폭풍우가 아무리 무섭다 하더라도 자신의 위치에 준하는 체통을 지키라"라고 요구했다(함재봉, 『한국사람 만들기 III-친미기독교파 1』, 2020, 51쪽).

조선 개화에 앞장선 보빙사 사행단

함께 세계 일주 여행을 했던 서광범은 "민영익은 견문한 진보 사상을 버리고 보수 반동적 사대주의 사상으로 후퇴하게 될 것"이라고 예언했다. 서광범의 예언은 그대로 적중했다. 귀국하자마자 민영익은 수구 사대의 선봉장으로 돌변했다. 귀국 후 갑신정변이 일어나 서광범이 망명했을 때 포크는 어려움에 처한 서광범의 가족을 돌봐 줄 정도로 가깝게 지냈다.

서울에 부임한 포크는 정보 수집에 탁월한 재능을 발휘했다. 그는 1884년 9월과 12월, 두 차례 가마를 타고 조선의 주요 지방을 시찰했다. 이때 그는 수도권의 군사 요새와 지역 민심 등 한반도 정세를 상세하게 파악해 해군장관 및 해군 정보국에 보고했다.

갑신정변이 발발했을 때 포크는 조선에 체류 중이던 미국인들을 재빨리 제물포로 피신시켰으며, 갑신정변 발생의 배경과 원인을 심층 분석한 보고서를 본국 정부에 보냈다. 후에 창설된 미 중앙정보국(CIA)은 포크 공사를 '인적 네트워크를 통한 정보 수집(Humint)의 선구자'로 높이 평가했다. 포크 공사의 활동은 미군 당국이 해외 공관에 무관을 적극 파견하는 계기가 되었다. 1885년 1월 푸트 공사가 사임하자 중위로 승진한 포크는 임시 대리공사에 임명되었다. 외교관 훈련도 제대로 받지 못한 포크는 어려운 여건하에서도 유창한 한국어 실력과 정보망을 가동해 독자적인 외교 업무를 수행했다.

보빙사 일행은 귀국 후 민영익을 제외하고는 개화의 선봉장 역할을 하게 된다. 사절단 경호 업무를 담당했던 최경석은 귀국 후 농업 연구에 일생을 바쳤다(신용하, 『초기 개화사상과 갑신정변 연구』, 지식산업사, 2000, 152~153쪽 참조). 고종은 최경석에게 동대문 밖의 적전籍田(국가 공유지 위에 설정된 토지)을 하사해 이곳에 농무목축시험장을 설치했다. 최경석은 1884년 봄 미국으로부터 벼 베는 기계, 벼 터는 기계, 파종 기계 등 농업용 기계를 도입해 각종 농산물, 야채, 과수를 재배하는 등 근대적 농법을 연구했다.

그는 미국에서 도입한 신품종 농작물 종자를 시험 재배해 큰 성공을 거두었다. 또 미국으로부터 젖소·황소·말·돼지·양 등 가축을 도입해 가축 품종을 개량하고 버터·치즈를 생산하는 등 낙농업을 일으켰다. 농업 근대화의 꿈은 1886년 최경석이 사망하는 바람에 물거품이 되었다.

홍영식을 통해서는 미국으로부터 근대식 우편 제도를 도입해 서울 종로구 견지동에 우정국郵政局이 설립되었다. 우정국 개국을 축하하는 리셉션 행사를 이용해 개화파가 갑신정변 쿠데타를 일으키는 바람에 우정국은 문을 연 지 5일 만에 폐지되었다. 10년 후인 1895년 우체사가 설치될 때까지 조선 정부는 다시 중세 방식의 역참 제도로 회귀했다.

보빙 사절단으로 미국에 파견되었던 유길준은 민영익의 배려로 미국에 남아 공부할 기회를 얻었다. 그는 10대 소년 시절부터 개화파의 시조 박규수의 사랑방을 드나들면서 개화사상에 눈을 떴고, 박규수의 사후에는 유대치에게서 개화사상을 배웠다.

1881년 5월, 고종이 일본에 조사시찰단을 파견했을 때 유길준은 어윤중의 수행원으로 일본에 갔다. 그는 유정수와 함께 후쿠자와 유키치가 운영하는 게이오의숙에서 유학하며 후쿠자와의 지도를 받음으로써 조선인 최초의 일본 유학생 기록을 남겼다. 1882년 10월 13일, 고종은 임오군란 직후 일본 공사관이 불타고 일본인 13명이 살상당한 사건에 대한 사과를 위해 박영효를 정사로 하는 수신사를 일본에 파견했다. 이때 유길준은 박영효의 통역으로 다시 일본을 방문하게 된다.

민영익, 개화에서 수구로 변심

조선인 최초의 미국 유학생 1호가 된 유길준은 상투를 자르고 양복을 입고 매사추세츠주 세일럼 근처 바이필드에 위치한 하버드대학 예비학교인 더머 아카데미(Governor Dummer Academy)에서 유학했다. 이로써 유길준은 일어와 영어로 말하고 쓸 줄 아는 세계인이 되었다.

1884년 12월 갑신정변 쿠데타 발생 소식을 접한 유길준은 1년 2개월 만에 미국 유학 생활을 정리했다. 그는 유럽으로 건너가 1년 정도 유럽을 시찰한 후 귀국한다. 그는 갑신정변과는 아무런 관계가 없었으나, 개화당이라는 이유만으로 귀국 즉시 연금당했다. 처음에는 포도대장 한규설의 집에서 갇혀있다가 가회동 삼청공원 안에 있던 취운정翠雲亭으로 장소를 옮겨 7년여 연금 생활을 한다. 외부와의 연락이 봉쇄된 상황에서 유길준은 자신이 미국과 유럽을 돌며 체험했던 내용을 국한문 혼용으로 써냈는데, 이것이 『서유견문西遊見聞』이다.

보빙사 사행단이 조선의 개화에 결정적 영향을 미친 반면, 민영익은 귀국하자마자 개화에서 수구로 방향을 틀었다. 서재필은 "민영익은 물고기가 강이나 바다로 들어가듯, 새가 제 보금자리를 찾아가듯 같은 성姓

가진 자들이 들끓는 편에 붙고 말았다"(김옥균·박영효·서재필, 조일문·신복룡 편역, 『갑신정변 회고록』, 2006, 237쪽)라고 아쉬워했다.

개화당의 일원으로서 국왕 부부와 직통 라인이었던 민영익이 수구파로 이탈한 사건은 개화당에는 일대 타격이었다. 민영익은 국왕 친위 부대인 친군 우영사右營使에 임명되자 개화당 인사들을 위압하기 시작했다.

제5장

조선과 일본의 개화, 무엇이 달랐나

한국의 개신교 역사는 1832년 독일인 귀츨라프(Karl F. A. Gützlaff)와 1865~66년 영국 런던선교회 소속 선교사 토마스(Robert J. Thomas), 1870년대 스코틀랜드 연합장로교회의 존 로스(John Ross)와 매킨타이어(John Macintyre) 선교사 등으로부터 시작되었다.

귀츨라프는 동인도회사의 동아시아 진출을 위한 정탐 목적으로 중국 북부 항구와 조선을 잠시 방문할 때 동행했고, 토마스 선교사는 스코틀랜드 성서공회에서 발간한 한문 성서를 가지고 한국의 서해안에 상륙해 두 달 반을 머물다 돌아갔다. 얼마 후 토마스는 미국 상선 제너럴셔먼호에 조선어 통역으로 승선해 대동강을 거슬러 올라왔다. 셔먼호는 평양에서 조선 군민과 전투 끝에 침몰했고, 27세의 토마스 선교사는 순교했다. 그는 죽기 전 조선 병사들에게 성서를 나눠주었는데, 그에게서 성서를 받은 여러 명이 기독교 신자가 되었다.

존 로스는 만주에서 조선인 개종자들과 성서를 한글로 번역했으며, 조선 북부 지방을 몇 차례 방문했다(엘리자베스 언더우드, 변창욱 옮김, 『언더우드 후손이 쓴 한국의 선교역사 1884~1934』, 도서출판 케노시스, 2013, 64~65쪽 참조).

보빙사 사절단이 샌프란시스코에서 시카고로 향하는 대륙횡단열차 안에서 우연히 미국 감리교회 목사이자 볼티모어여자대학 학장인 가우처(John F. Goucher) 박사와 동행하게 되었다. 가우처 박사는 보빙사 일행을 자택으로 초청해 조선 상황을 자세히 들었다. 조선에 대해 강렬한 인상을 받은 가우처 박사는 미국 북감리교 선교본부에 조선 선교 사업을 제의하면서 2,000달러를 헌금했다.

미국 북감리교 선교부는 일본에서 활동하던 매클레이(Robert S. Maclay) 박사에게 "조선을 시찰한 후 선교 활동이 가능한지 여부를 보고해 달라"라는 전문을 보냈다. 매클레이는 김옥균이 1882년 3월 일본을 방문했을 때 알게 되었는데, 매클레이는 김옥균에게 일본에서 활동하던 루미스(Henry Loomis), 녹스(George W. Knox) 선교사를 소개해 주었다.

조선 최초의 개신교 선교사 알렌

1884년 6월 23일 조선에 도착한 매클레이는 푸트 공사의 안내로 개화당 영수 김옥균을 만났다. 그는 김옥균을 통해 고종에게 "미국 선교사들이 조선에서 의료와 교육을 통해 기독교 선교 사업을 할 수 있도록 허가해 달라"라는 서한을 보냈다. 며칠 후 고종은 김옥균을 통해 매클레이에게 조선에서의 선교 사업은 불가하며, 그 대신 의료 및 교육 기관 설립을 허가한다고 통보했다.

최초로 조선 선교 가능성을 타진한 것은 감리교였지만 선교사를 먼저 보낸 곳은 장로교였다. 1884년 봄, 중국 즈푸芝罘(옌타이)에서 활동하던 미국 장로교 선교사 길버트 리드(Gilbert Reid)가 미국 본부에 "조선에서 교사와 의사로 일할 수 있는 선교사를 파견해 달라"라는 편지를 보냈다. 장로교는 조선에 파견할 첫 선교사로 의사 존 헤런(John W. Heron)을 선발했다. 그의 출발이 지연되자 1884년 7월 22일 상하이 주재 의료 선교사 호러스 알렌을 먼저 조선으로 보냈다.

알렌은 나가사키와 부산을 거쳐 9월 20일 제물포에 상륙했다. 푸트 공사는 선교사 신분을 내세우는 것은 위험하다고 판단해 알렌을 '미국 공사관부 무급 의사'로 임명했다. 당시 서울에는 근대 의학을 전공한 의사가 한 명도 없어 서울에 도착한 알렌은 대단한 환영을 받았다.

매클레이로부터 조선에서 선교사들의 교육과 의료 활동이 가능하다는 연락을 받은 미국 북감리교 선교본부는 윌리엄 스크랜턴(William B. Scranton) 박사와 그의 어머니 메리 스크랜턴 여사(Mary F. B. Scranton, 이하 스크랜턴 대부인), 헨리 아펜젤러(Henry Gerhard Appenzeller)를 조선에 파송할 선교사로 임명했다.

조선에 파송될 선교사들은 1885년 2월 27일 요코하마에 도착했다. 이들은 조선 입국을 준비하는 과정에서 일본 주재 미국 선교사들을 통해, 갑신정변에 실패해 일본에 망명한 김옥균·박영효를 비롯한 개화당 망명객들을 만나고 그들로부터 조선 사정을 들었다. 아펜젤러는 박영효에게서 한국어를 배웠다.

스크랜턴 부부와 스크랜턴 대부인은 당분간 일본에 체류하며 한글을 배우기로 했고, 아펜젤러 부부는 1885년 2월 3일 나가사키로 가서 미국 북장로회 선교사로 임명받은 언더우드(Horace G. Underwood)를 만났다. 3월 31일 아펜젤러 부부와 언더우드는 나가사키에서 조선을 향해 출발했다.

기독교는 근대화 혁명의 불씨

일행은 1885년 4월 5일 부활절 아침 제물포에 도착했다. 언더우드는 자신이 목회자임을 보여주기 위해 단추를 끝까지 다 채운 검은색 정장에 흰색 넥타이를 매고 모자를 쓴 채 제물포에 상륙했다. 언더우드는 조선 도착 첫날 밤 제물포 여관에서 큰 목소리로 우렁차게 찬송가를 불렀다(류대영, 『초기 미국 선교사 연구』, 한국기독교역사연구소, 2013, 135쪽).

당시 사회 분위기는 4개월 전 발생한 갑신정변으로 민심이 극도로 흉흉했다. 주한 미국 공사관은 아펜젤러 부인의 신변 안전을 우려해 서울 입성을 만류했다. 아펜젤러 부부는 제물포에서 일주일을 머물다 일본으로 돌아갔고, 단신으로 온 언더우드만 서울로 부임했다.

1885년 5월 3일, 스크랜턴 박사가 혼자서 제물포에 도착했고, 6월 20일에는 아펜젤러 선교사가 아내 및 스크랜턴 가족(부인과 딸, 스크랜턴 대부인)과 함께 제물포에 도착했다. 이후 조선에서 개신교 선교 역사상 경이로운 일들이 벌어지기 시작했다.

조선에 도착한 서양 선교사들은 진보·문명·개화·과학·개방·자유·인권의 상징이 되었다. 조선에 파송된 미국 선교사들은 '복음주의 개신교'라는 미국적 기독교를 조선에 전파했다. 칼뱅주의와 복음주의가 혼합된 것이 미국의 복음주의 개신교다. 미국 특유의 개신교는 민주주의와 자유주의를 종교 안에 체화하고 있었다. 사실 미국인들에게 민주주의와 자유주의와 기독교는 동일한 개념이었다. 기독교의 정치적 표현이 자유개인주의·자유민주주의·자유시장주의였기 때문이다(함재봉, 『한국사람 만들기 III - 친미기독교파 1』, 2020, 844쪽).

조선에 파송된 기독교 선교사들은 추상적인 신학을 가르친 것이 아니라 조선의 일상을 개혁하는 데 뛰어들었다. 선교사들은 단순히 기독교만 전파한 것이 아니다. 그들이 가져온 기독교는 단순한 종교가 아니라 혁명의 불씨였다. 자본주의와 시장경제의 불씨, 민주주의와 인권과 개인의 자유라는 사상·이념의 불씨, 그리고 근대라는 문명의 불씨였다. 그들이 가져온 혁명의 불씨가 발화하면서 전근대 봉건의 질서가 깊이 뿌리박혀 있던 이 나라에 변혁의 기운이 태동하기 시작했다.

조선에서 기독교 선교가 시작된 1884년부터 1934년까지 한국에서 활동한 선교사는 1,060명. 이 중 미국 선교사 비율이 80퍼센트가 넘는다. 대부분의 선교사들은 대학교나 신학교를 졸업하고 곧바로 조선에 파송되었다. 임지인 조선에 도착할 당시 스크랜턴은 29세, 아펜젤러는 27세의 전도유망하고 야심만만하며, 당대 최고 수준의 뜨거운 신앙심과 지성을 겸비한 엘리트 청년들이었다.

근대 교육의 효시가 된 선교사들

고종은 미국 선교사들의 활동을 묵인하는 대가로 그들을 통해 서구 문물을 도입하고자 했다. 고종은 선교사들 중에서도 특히 의사와 교육자를 총애했다. 알렌, 애니 앨러스, 릴리어스 홀튼, 애비슨은 의사였고, 언더우드, 아펜젤러, 헐버트는 교육자였다. 이들에게는 정부 소속 기수旗手와 제복 입은 가마꾼들이 메는 관용 가마를 보내주었다(류대영, 『개화기 조선과 미국 선교사』, 한국기독교역사연구소, 2007, 332쪽).

고종과 민 왕후는 의사·교육자로 활동하는 미국 선교사들에게 고위 관직을 제수하고 수시로 궁궐로 초대해 많은 선물을 하사했으며, 왕실 전용 별장과 말들을 사용할 수 있도록 허락했다.

조선에 파송된 미국 선교사들은 절대다수가 백인 중산층 출신의 주류 교단 청년 지도자들로서, 철두철미한 칼뱅주의적 청교도 정신을 조선에 이식했다. 선교사들은 성서의 가르침에 따라 조선에서 노예 제도와 여성에 대한 억압은 물론 음주·흡연·도박·축첩 등의 악습 퇴출에 앞장섰다.

"술은 독약이며 모든 죄의 근원이기 때문에 입에 대는 것 자체가 죄"라고 가르쳤고, 중국에서 만연하던 아편을 막기 위해 금연을 적극 권장했다. 또 교인들이 세례를 받으려면 글을 읽고 쓸 줄 알아야 한다는 조건을 제시해 문맹에서 깨어나도록 유도했다. 무엇보다 첩을 두는 문화를 없애고 여성 교육에 앞장섬으로써 조선 인구의 절반을 차지했던 여성의 지위 향상에 결정적인 역할을 했다.

배재학당의 설립자 겸 초대 당장堂長(교장) 아펜젤러는 엘라 닷지(Ella Dodge)와 결혼한 지 한 달 만인 1884년 크리스마스 무렵, 미국 감리교 선교위원회로부터 조선 선교사로 임명되었다. 아펜젤러 부부는 일본을 거쳐 1885년 6월 20일 제물포에 도착했다. 서울에서 거처가 마련될 때까지 제물포 언덕 위 초가집을 세내어 머물다가 7월 19일 서울로 들어왔다. 아펜젤러는 자신이 기거했던 제물포 초가집 부근에 교회를 세웠는데, 이것이 인천 내리교회다. 내리교회 교인들 중 일부는 1902년 말 조지 존스(George H. Jones) 목사의 주선으로 하와이 사탕수수밭 노동자로 이민을 떠나 하와이 교민 사회 건설의 주역이 되었다.

아펜젤러는 서울 도착 직후 중구 정동의 집 한 채를 빌려 이겸라·고영필 두 학생을 가르치기 시작했다. 아펜젤러는 두 학생에게 영어를 가르쳤고, 그들로부터 한국어를 배웠다. 9월에는 이종운·오인학이 더 들어와 학생은 총 4명이 되었다.

1886년 6월 8일, 고종은 아펜젤러가 운영하는 학교에 '배재학당培材學堂'이란 교명과 당대의 명필 정학교丁學教가 쓴 현판을 내려주었다. 국왕의 현판을 수여받음으로써 배재학당은 정부의 정식 인가를 받은 것이나 다름없는 교육기관이 되었다. 국내 최초의 근대 교육기관 배재학당의 출범이다.

아펜젤러는 조선의 젊은이들에게 기독교를 알리고 서양의 민주주의 정치와 근대식 문화, 자유주의 사상을 전파하고자 했다. 후에 갑신정변 쿠데타 실패 후 미국에 망명해 미국의 고급 교육을 받은 서재필과 윤치호가 배재학당에 합류하면서 민주주의·민족주의·계몽주의 교육이 강화되었다(김낙환, 『아펜젤러 행전 1885~1902』, 청미디어, 2014, 219~220쪽).

배재학당에서는 교과 과목뿐만 아니라 자유·인권과 기독교 신앙 등을 함께 가르쳤다. 육영공원 교사로 내한했던 헐버트가 배재학당 교사로 부임해 철봉대를 설치하고 체조를 가르쳤다. 학생들은 1896년 11월 21일 독립문 정초식에 참석해 「조선가」(애국가)를 불렀다. 이 노래는 스코틀랜드 민요인 「올드 랭 사인(Auld Lang Syne)」 곡조에 윤치호가 가사를 붙인 것이었다(윤성렬, 『도포 입고 ABC, 갓 쓰고 맨손체조』, 학민사, 2004, 101쪽).

성서 한글 번역 앞장선 선교사들

청일전쟁이 발발한 1894년, 한 19세 청년이 나막신 신고 도포 자락 휘날리며 배재학당에 입학했다. 이승만이었다. 배재학당 입학 전까지 주자성리학이 골수에 박혔던 '수구 꼴통' 선비였던 이승만은 배재학당에서 민주주의와 인권, 개인의 천부적 자유, 공화제, 기독교 등을 접하면서 혁명가의 길을 걷게 된다.

1883년 보빙 사절로 미국을 방문하고 귀국한 민영익은 고종에게 서양 문명을 받아들이기 위해 근대식 학교 설립을 건의했다. 그 결과 영어 통역사 양성을 위해 1883년 8월 독일인 묄렌도르프가 동문학同文學을 설립했다. 서울 재동에 문을 연 동문학의 교장은 김만식이었고, 교사로 초빙된 사람은 미국에서 교육받은 중국인 우중셴吳仲賢과 영국인 핼리팩스(Thomas E. Hallifax)였다.

동문학 재학생은 15세 이상 양반 자제 40여 명이었으며, 오전·오후 2개 반을 운영했다. 정부가 식비 등 학비 일체를 지급했다. 초대 미국 공사 푸트가 입국하자 고종은 푸트에게 영어 교육을 담당할 미국인 교사 초빙을 요청했다. 이 소식을 전해 들은 미국 북장로교 해외선교부는 국무장관 프릴링하이즌에게 "기독교 선교사들이 조선에 교사로 갈 수 있도록 해달라"라고 요청했다.

미 국무부는 기독교 지도자 양성 기관인 뉴욕의 유니온신학교 출신 헐버트와 조지 길모어(George W. Gilmore), 벙커 등 세 청년을 조선에 파견할 교사 요원으로 선발했다. 이들이 조선에 도착하자 고종은 1886년 9월 23일 동문학을 육영공원育英公院으로 개편했다.

조선 최초의 근대식 관립 학교인 육영공원은 현직 관료 중에서 선발된 좌원左院, 15~20세의 양반 자제 중에서 선발된 우원右院 등 2개 반(각 반 정원은 35명)을 운영했다. 이완용·김승규·윤명식 등이 첫 입학생이었는데, 8년간 112명의 졸업생을 배출했다. 정부는 1894년 재정난으로 육영공원을 폐지하고 1895년 12월부터 관비생 50명을 선발해 배재학당에 위탁 교육을 시켰다.

아펜젤러는 독립협회 조직과 활동에도 깊이 관여했다. 독립협회 창설 때는 기독교 지도자들과 배재학당 교수들은 물론, 배재학당 학생들이 회원으로 참여했다. 아펜젤러는 인천의 내리교회에 이어 1887년 10월 9일 정동제일교회를 창립했다. 이 교회는 같은 해 9월 27일 언더우드가 설립한 새문안교회와 더불어 한국 개신교의 '어머니 교회'라 불린다.

1887년 2월 7일 서울에서 조선어성서번역위원회가 조직되었다. 위원장에 언더우드, 회원은 아펜젤러·알렌·스크랜턴·헤런 등 5명이었다. 이들은 조선인 신자들의 도움을 받아 정열적으로 성서 한글 번역에 나섰다. 1902년 6월 11일 아펜젤러는 성서 번역을 위해 제물포에서 여객선을 타고 목포로 향했다. 밤 11시경 어청도 근해 짙은 안개 속에서 아펜젤러가 승선했던 여객선이 마주 오던 배와 충돌해 순식간에 침몰했다.

같은 배에 탔다가 생환한 미국인 탄광 기술자 볼비는 아펜젤러 선교사가 동행했던 비서와 여학생을 구하려다 빠져나오지 못하고 여객선과 함께 바다 아래로 가라앉았다고 전했다. 당시 아펜젤러의 나이 44세. 시신을 수습하지 못해 서울 양화진 선교사 묘역에 그의 가묘假墓가 만들어졌다. 아펜젤러의 사후死後 배재학당은 남감리회 출신의 하운셜(C. G. Hounshell)과 육영공원 교사 출신 벙커가 운영을 맡았다. 한성 감옥에 수감되어 있던 이승만은 스승 아펜젤러의 순교 소식을 접하자 식음을 전폐하고 온종일 통곡했다.

고종의 미국 짝사랑

강화도조약을 전후한 시기는 개국과 쇄국의 상반된 논리가 마주 보고 달리는 기관차처럼 폭주하는 상황이었다. 일부 개화 관료들은 개국의 필요성을 주장한 반면, 대다수의 주자성리학자들은 사대와 교린, 쇄국과 척화가 국가 자존을 지켜준다고 믿었다. 비스마르크는 "웅변의 힘만으로는 결코 국경선을 넘어오는 정복군을 저지하지 못한다"라고 말했다. 국가 이익과 민족 자존은 군사력·외교력·경제력이 어우러진 국력의 바탕 없이는 결코 지켜낼 수 없다는 평범한 사실을 그 시대 국가 지도부는 깨닫지 못했다.

고종이 민영익 일행을 미국에 보빙사로 파견한 목적은 "대양 건너에 있는 나라의 문물에 대해 지식을 얻고, '청나라로부터의 독립 문제'를 재확인하고, 미국 관리들의 지원을 받아 조선의 독립을 전 세계에 알리기 위해서"였다. 또 하나의 목적이 숨어있었다. 고종은 미국에서 군사교관 및 외교·재정고문을 초빙해 묄렌도르프를 대체하려 했다. 미국의 힘을 이용해 임오군란 이후 점점 목을 조여오는 청의 간섭과 압력을 물리치기 위한 시도였다.

그러나 고종의 대미對美 의존 외교는 몇 가지 점에서 심각한 문제를 안고 있었다(최문형, 『제국주의시대의 열강과 한국』, 1990, 55~57쪽 참조).

우선 조선을 둘러싼 청일 양국의 대립 상황에서 일본은 자신들이 조선에 진출하기 위해서는 청의 종주권을 부정하고 조선의 독립을 주장해야 했다. 이것은 미국이 주장하는 '아시아 강화' 정책과 일맥상통했다. "조선은 독립국"이라고 정의한 미국의 대(對)조선 정책은 결과적으로 일본의 입장을 강화시켜 주는 쪽으로 작용하게 된다.

두 번째 문제는 조미수호조약에 명기된 '거중조정(good office)'에 대한 해석상의 차이였다. 고종은 이 조항을 조선이 위급 상황에 처할 경우 "미국이 개입해 조선을 도와준다"라는 뜻으로 해석했다. 미국은 조선과의 관계에서 통상과 난파선 구조 정도를 바랐을 뿐, 청·일·영·러가 얽히고설킨 외교 문제에 개입할 마음은 전혀 없었다.

미국을 향한 고종의 기대는 일방적인 짝사랑이었다. 따라서 그것은 기대가 실망으로 바뀔 수밖에 없는 비극적 서사 구조였다. 미국이 조선에 관심을 두지 않은 이유는 조선에서 어떤 이권도 기대할 수 없는, 그야말로 '착취할 것조차 없는' 가난한 나라였기 때문이다.

푸트 공사의 눈에 비친 조선의 실상은 임오군란의 후폭풍으로 청·일 양국 군대가 수도 서울을 점령하고 있고, 조선의 외교권과 재정권은 리훙장이 파견한 독일인 묄렌도르프가 장악하고 있었다. 해관도 설치되지 않아 무관세 통상을 허용하는 등 국제 무역 거래에서는 상상도 못할 일들이 벌어지고 있었다. 청나라의 주선에 의해 1883년 6월 16일 인천에 해관이 설치되면서 무관세 문제는 강화도조약 체결 후 7년 만에 겨우 해소되었다.

그 시절 미국도 제국주의의 일원이었다. 그럼에도 불구하고 조선 지도부가 미국을 우호적이고 정의로운 나라로 인식한 이유는 조선에 와서 헌신하고 있는 미국 선교사들 덕분이었다. 미국의 의료 선교사들은 왕실 일가뿐만 아니라 일반 백성들까지 차별 없이 치료해 주었다. 예방 주사 접종을 해서 전염병이 창궐할 때 조선인들을 살려냈고, 지방을 순회하며 수많은 환자들을 무료로 치료해 주었다.

또 학교를 설립하고 한글 보급을 통해 민주주의·자유·평등 개념을 전해 주었고, 읽거나 쓸 줄 모르는 민중을 교육시켰다. 한국 근대화의 기저에는 '교육'이 자리 잡고 있는데, 배재학당·이화학당 등 근대 교육의 출발은 기독교 선교사들로부터 시동이 걸렸다.

문명개화 모범국 일본, 문명퇴화 본보기 조선

고종은 미국에 의존해 청나라의 간섭을 배제하고 왕조의 자존을 지키려 했다. 미국을 새로운 상국으로 섬기려 한 것이다. 이를 위해 주한 미국 선교사와 외교관들을 지극정성으로 예우했다. 반면에 미국은 조선에 대한 무관심 전략에 이어, 관심 퇴거 전략으로 전환했다. 미국마저 기대할 수 없는 상황이 되자 고종은 묄렌도르프의 계략에 넘어가 러시아와 손을 잡는다.

리훙장의 『조선책략』 외교는 러시아의 남진을 봉쇄하기 위한 영국의 세계 전략에 뿌리를 둔 이이제이 전법이었다. 고종이 러시아와 수교해 러시아를 한반도에 끌어들이는 바람에 '한반도에 대한 현상 유지'를 통해 동아시아에서 러시아의 남진을 봉쇄한다는 영국의 글로벌 외교 전략에 큰 구멍이 뚫렸다.

영국 입장에서 볼 때 고종이 자신들에 도전하는 러시아를 한반도로 끌어들인 덕분에 러시아 봉쇄망의 한 축에 구멍을 내버렸다. 그 결과 조선은 구제 불능의 문제아로 낙인찍혔고, 이후 혹독한 대가를 치러야 했다.

일본도 근대화 과정에서 서양 선교사들의 역할이 지대했다. 일본에 기독교가 전파된 것은 1858년 미일수호통상조약 체결 이후부터였다. 1859년 11월, 미국의 네덜란드개혁교회 선교사 귀도 페르베크(Guido F. Verbeck), 브라운(Samuel R. Brown), 시몬스(Duane B. Simmons) 등 6명이 개신교 선교사로서는 최초로 일본에 파송되었다. 이후 1882년까지 209명의 선교사가 일본에 입국해 대부분 교육 사업에 종사했다(김학은, 『이승만과 마사리크』, 북앤피플, 2013, 188쪽 참조).

선교사들은 개항장을 중심으로 사무라이들과 접촉했다. 페르베크는 막부를 무너뜨리고 메이지유신을 성공시킨 이토 히로부미伊藤博文, 사이고 다카모리西鄕隆盛, 가쓰 가이슈勝海舟, 오쿠보 도시미치大久保利通, 소에지마 다네오미副島種臣, 오쿠마 시게노부大隈重信 이와쿠라 도모미巖倉具視, 도고 헤이하치로東鄕平八郎 등을 제자로 길러냈다.

일본 근대화의 분수령이었던 메이지유신을 성공시킨 인물들은 외국 선교사의 제자들이었다. 일본은 메이지유신을 통해 국력을 축적해 조선을 침탈했으니, 미국 선교사들이 동양에서 수행한 역할을 국가별로 볼 때 참으로 야릇한 운명을 가져온 것 같다.

19세기 세계 최강 패권국은 영국이었다. 영국은 인류 문명사에서 가장 중요한 제도로 손꼽히는 자유시장경제와 의회민주주의가 기원한 나라다. 또 자유주의와 시민사회, 과학적이며 합리적인 사고, 산업화, 교통·통신의 발달 등에서 가장 진보적인 근대화의 모범국이었다. 영국이 쥐고 있던 패권은 20세기 들어 두 차례의 세계대전을 치른 후 미국으로 넘어가게 된다.

영국은 일본을 '문명의 떠오르는 별'이라고 평가한 반면, 옆 나라 조선은 '문명 퇴화의 본보기'라고 경멸했다. 명나라의 정신적 법통을 이어받아 중화가 되었다는 '자칭 문명국' 조선이 어쩌다 이 지경으로 퇴락한 것일까?

19세기 말까지 미국, 서유럽 국가를 제외하고 산업혁명과 헌정(헌법+의회)을 함께 이룬 나라는 일본이 유일했다. 일본은 서양이 발명한 헌법과 의회·선거·국민국가·자본주의 등 거의 모든 문명을 받아들여 근대화 변혁에 성공했다. 세계인들은 그것을 메이지유신이라고 명명했다.

근대 문명 거부한 주자성리학자들

일본의 메이지유신은 지방의 하급무사와 지식인이 중심이 되어 일으킨 '위로부터의 혁명'이었다. 이것은 서구 국가 중에서도 가장 먼저 산업혁명이 일어난 영국을 비롯해 프랑스 대혁명을 경험한 프랑스, 미국 등과는 정반대의 방법론이었다.

영국·프랑스·미국 등에서 추진된 '아래로부터의 개혁(혁명)'은 사회 저변에서 성장해 온 시민 계급의 자생적인 힘에 의해 근대 개혁이 추진되었다. 반면에 시민 계급이 성장하지 못한 일본·독일·러시아 등에서는 국가와 기득권 계층 주도하에 근대화가 추진되었다. 이런 방식이 '위로부터의 개혁(혁명)'이다.

'위로부터의 혁명'이 추진된 나라들은 시민 계급이 성장하지 못했기 때문에 근대 시민사회의 핵심 가치인 자유·평등·인권 개념이 확립되지 못했다. 그 결과 이 나라들은 공통적으로 국가 중심의 통제 사회를 경험하게 된다. 또 선발 자본주의 국가들과 경쟁하기 위해 전체주의·군국주의로 나아가는 공통점도 발견된다.

조슈번·사쓰마번의 하급 무사들은 처음에는 서양 세력을 물리치기 위해 양이洋夷 운동에 뛰어들었다. 이 과정에서 압도적인 무력을 보유한 서양과 충돌해 참혹한 패배를 경험했다. 서양 문명의 우수성과 선진 과학기술의 압도적 힘을 체험한 사무라이들은 개국론으로 방향을 전환한다. 하급 무사와 지식인들만 각성한 것이 아니라 천황을 교토 황궁에 가둬두고 260여 년 일본을 지배한 막부도 혁신을 거듭했다.

일본의 하급 무사와 비슷한 존재를 조선에서 찾는다면 선비, 즉 유생儒生을 꼽을 수 있다. 불행하게도 당대의 대표적 유림儒林으로 꼽히던 이항로·최익현 같은 주자성리학자들은 근대화나 혁신은커녕, 위정척사에서 단 한 걸음도 벗어나지 못한 채 왕권 중심의 보수적 근대화를 추구했다.

유인석은 근대 인류가 발전시켜 온 자유·평등, 입헌제, 기독교, 신학문, 국제법, 서양 법률, 민주주의 등을 깡그리 거부했다. 자유와 평등은 기존 질서를 와해시켜 어지러운 싸움을 일으키는 칼자루이기 때문에 개화파들의 무분별한 평등·자유관은 "세계의 최악설最惡說"(유인석, 서준교 외 역, 『의암 유인석의 사상: 우주문답』, 종로서적, 1984, 135쪽)이라고 통탄한다.

유인석은 의회 제도, 공화제와 입헌제가 기본이 된 민주주의도 강력 반대했고, 기독교에 마음을 빼앗기면 유교 사회를 지탱하는 삼강오륜이 붕괴해 망국으로 치닫게 된다면서 기독교도 거부했다. 서학을 전파하고 가르치는 신학교·여학교·무관학교도 거부했다. 여성들이 학교에서 평등·자유 같은 허무맹랑한 악설惡說을 배우면 서양처럼 남편을 학대하고 시부모를 천대하며 자녀도 망치게 되므로 여학교는 이 세상에 존재해서는 안 된다는 것이다. 그들은 뒤늦게 의병 운동을 일으켜 왕조와 주자성리학을 지키기 위해 고군분투했지만, 식민지로 향하는 격류를 되돌리기에는 역부족이었다.

일본은 메이지유신을 단행하면서 서양 따라 배우기에 국가적 역량을 총동원했다. 메이지 정부는 수많은 엘리트들을 서양으로 유학 보냈다. 1866년 11월부터 여권 발급 업무가 시작된 이래 막부는 1866년 70건, 1867년 130건의 여행 허가를 처리했다. 1871~73년 사이 정부 지원으로 해외에 나가 공부하는 국비 유학생이 350명이었다. 이들의 유학에 소요된 총비용은 1872~73년 교육 예산의 약 10퍼센트에 달했다(W. G. 비즐리, 장인석 역, 『일본근현대정치사』, 을유문화사, 2010, 153쪽).

1870년대 요코하마 항을 출발하는 선박마다 서양으로 떠나는 사람들이 가득했다. 일본 정부 통계에 의하면 1868~1902년 사이에 1만 1,208개의 여권이 해외 유학을 위해 발급되었다(박지향, 『일그러진 근대-100년 전 영국이 평가한 한국과 일본의 근대성』, 푸른역사, 2003, 133쪽).

일본을 유럽 국가로 바꾸자

한편에선 서양 서적 번역 출판에 전력투구했다. 메이지 시대에 가장 인기가 높았던 서양 서적은 새뮤얼 스마일스(Samuel Smiles)의 『자조론』이었다. 이 책은 1859년 영국에서 발간됐는데, 1871년 일본어로 번역되어 일본 사회에 근면, 절약, 끈기, 자기 개선의 가치관을 전파했다.

메이지 정부는 서양 각국의 전문가, 그중에서도 기술 분야 엔지니어들을 초빙했다. 메이지 정부가 고용한 외국인들은 대부분 당대 최대의 산업국이었던 영국인이었다. 특히 기술 분야에서 그 경향이 두드러졌다. 1874년 현재 영국인 기술자는 450명으로, 총 외국인 고용 기술자의 80퍼센트를 점했다(박지향, 『일그러진 근대-100년 전 영국이 평가한 한국과 일본의 근대성』, 2003, 225쪽). 1868~1900년 메이지 정부가 고용한 외국인은 영국인이 1,034명으로 가장 많았고, 프랑스인 401명, 미국인 351명, 독일인 279명이었다.

1887년 외무상 이노우에 가오루는 "우리 나라를 유럽 스타일의 제국으로 변모시키자. 우리 국민을 유럽 스타일의 국민으로 변화시키자. 동양의 바다 위에 유럽 스타일의 제국을 건설하자"라고 주장했다. 그는 1887년 로쿠메이칸鹿鳴館에서 무도회를 개최한다. 초대 문부대신과 초대 미국 공사를 지낸 모리 아리노리森有禮는 이토 히로부미와 함께 "일본어를 영어로 대체할 것, 천황에게 기독교로 개종하도록 설득할 것"을 심각하게 고민했다(박지향, 『일그러진 근대-100년 전 영국이 평가한 한국과 일본의 근대성』, 2003, 227~228쪽).

일본의 개화파 선각자들은 일본 곳곳에 사설 학교를 설립해 후진 양성에 나섰다. 중국이 서구의 침략을 받아 아편전쟁이 일어난 사실이 일본에 알려지자 에도 시대의 사상가 사쿠마 쇼잔佐久間象山은 사숙私塾을 열어 요시다 쇼인吉田松陰을 비롯해 하시모토 사나이橋本左内, 가쓰 가이슈, 사카모토 료마坂本龍馬, 야마가타 아리토모山縣有朋 등 막부 말기의 지사 90여 명을 제자로 길러냈다.

위정척사의 흐름이 콘크리트처럼 강력했던 조선에서도 문명개화 움직임이 일어났다. 고종은 1884년 1월 17일, 동양 무역에 종사하던 에버렛 프레이저(Everett Frazer)를 뉴욕 주재 조선 명예총영사에 임명해 주미 조선 공사관이 개설될 때까지 조선 공사 업무를 대행토록 했다. 프레이저는 민영익을 대표로 한 보빙사 일행이 미국에 체류했을 때 이들을 물심양면으로 도왔던 무역상이다.

프레이저는 1884년 4월 16일 푸트 공사에게 에디슨이 발명한 전등을 조선에 설치하기 위한 교섭을 요청했다. 그 결과 경복궁에 가설될 전등 설비가 프레이저를 통해 에디슨 회사에 발주됐다. 고종은 1888년 7월 4일, 미국인 데이비스를 필라델피아 주재 명예총영사로 임명했다.

1886년 제중원濟衆院에서 서양 의사 양성을 위한 생도 교육이 실시되었다. 1887년 9월에는 영국인 농업 기술자 재프리(R. Jaffray)를 고빙해 2년제 농무학당農務學堂 설립을 추진했다. 영국인 전기 기술자도 초빙해 전등電燈 전문가 양성에 돌입했다.

청, 관세권 인정하고 더 큰 이권 뜯어가

당시 조선이 처한 현실은 임오군란 폭동의 여파로 중앙군京軍이 와해되어 치안을 청군에 의지하는 형편이었다. 게다가 조청상민수륙무역장정 체결로 화상들이 대거 조선에 진출해 상권을 점령해 가고 있었다.

청나라는 조선과 무역장정 체결 과정에서 수출입 상품에 8퍼센트의 관세를 부과하기로 했다. 청과 상호 관세 부과 협약 체결로 자신감을 얻은 조선 정부는 일본과도 무관세 문제 해결을 위한 조약 개정에 나섰다. 1883년 11월 3일 조-일 양국은 수출입 상품에 8퍼센트의 관세율을 적용하기로 합의했다. 이로써 조선은 일본과 수교 7년 만에 관세 자주권을 회복했다.

청나라가 일본보다 선량해서 관세 조항을 수용한 것이 아니다. 그들은 관세 조항을 수용하는 조건으로 개항장 밖 행상권을 조선으로부터 뜯어냈다. 그 결과 화상들은 조선 팔도 방방곡곡을 누비며 상업 활동을 할 수 있는 자유를 획득했다. 이때부터 화교들이 대거 조선에 진출해 조선 상권을 조직적으로 잠식하기 시작했다.

이 조항은 최혜국 조항에 의해 즉각 다른 조약국에게도 허용되었다. 그 결과 조선에 진출한 각국 상인들은 정부로부터 통행증을 발급받아 조선 팔도 곳곳을 누비며 수입 물건을 팔았다. 게다가 외국 상인들이 조선 농산물을 직접 구입해 수출할 수 있는 길도 활짝 열렸다. 조선 경제는 농산물의 무한 유출, 공산품의 무한 유입으로 기반이 붕괴하기 시작했다.

조선의 근대화를 위해 활동하는 그룹에 '개화당'이라는 이름을 붙여준 것은 일본이다. 이 용어는 1880년 말에서 1881년 초 이동인이 일본에 밀항해 활동하면서부터 사용되었다. 김옥균 일파는 자신들을 '독립당'이라 칭했는데, '개화'라는 용어를 사용한 것은 1884년 5월 일본에

1882~1884년의 정치 세력과 당파의 분화

정치 세력 당파	중요 인물	정치적 특징
급진 개화파 (개화당)	유홍기(유대치), 김옥균, 홍영식, 박영교, 박영효, 서광범, 유상오, 서재필, 윤웅렬, 윤치호, 변수, 박제형 등	– 변법적 개화 및 국정 전반에 걸친 대경장 개혁 추구 – 청의 적극 간섭 정책과 속방화 정책에 적극 저항 – 정변의 방법도 불사 – 주로 선각적인 청년 지식인층으로 구성 – 조정의 중간 관직에 다수 진출
온건 개화파 (중간파)	김기수, 김홍집, 김윤식, 어윤중, 박정양, 김만식, 김인식, 강문형, 이헌영, 신기선, 이원회, 조병호 등	– 동도서기론적 개화 추구 – 점진적 개화 추구 – 정변의 방법에 불찬성 – 주로 장년층이 중심이 되어 구성 – 조정의 고위 관직에 다수 진출
민 왕후 수구파 (집권파)	민 왕후, 민태호, 민겸호, 민응식, 민영익, 민병석, 민영목, 민종묵, 조영하, 한규직, 이조연, 윤태준 등	– 원칙적으로 수구를 추구했으나 불가피할 경우 개화를 승인 – 임오군란 후에는 친청 사대 정책 추구 – 민씨 척족 중심으로 구성 – 주로 노년·장년층이 중심 – 조정의 최고 권력과 관직 점유한 집권파
대원군 수구파	흥선대원군(이하응), 이재원, 이재완, 이재면, 이재선, 홍순형, 정현덕, 신응조, 이경하, 한성근, 이재순 등	– 수구를 원칙으로 추구 – 왕권 강화, 종사의 구습 보존 추구 – 청에 대해서는 의례적 사대 외교만 하고 실질적으로는 자주를 추구 – 대원군 중심의 종친과 그 주변 세력으로 구성 – 임오군란 때 1개월간 집권했으나 그 이후 실권
위정척사파 (재야 유림 수구파)	김평묵, 최익현, 유인석, 이만손, 백낙관, 양헌수, 신섭, 홍재학, 기우만, 한홍렬, 고정주, 김진순 등	– 철저한 수구와 위정척사를 이론적·실천적으로 고수 – 명과 중국에는 사대적이며 청에는 중립적 외교 지지 – 일본과 서양은 극단적으로 배척 – 서원과 향교를 근거지로 한 유림 세력으로 구성 – 평상시에는 관직에 진출하지 않고 재야 세력으로 존재

출처 : 신용하, 『초기 개화 사상과 갑신정변 연구』, 지식산업사, 2000, 77쪽.

서 차관 도입에 실패하고 귀국한 이후부터다.

임오군란 이후 노골화한 청의 간섭에 대한 대응책을 둘러싸고 개화당 내부에서 이견이 노출되기 시작했다. 김옥균을 필두로 한 박영효·홍영식·서광범 등 소장파는 청과 체결한 무역장정에 "조선은 청의 속방"이라는 문구가 명기된 것에 분개했고, 대원군을 톈진天津으로 잡아가 유폐한 것은 국가적 수치라고 성토했다. 청의 집요한 내정 간섭으로 자주독립은 허울뿐인 상황이 되자 김옥균 일파는 조선의 자주독립을 선명하게 외치면서 '독립당'이라는 이름이 널리 알려지기 시작했다.

반면에 김윤식金允植과 어윤중 등 국가의 주요 관직을 맡아 정책을 집행해 온 중견 관료 집단은 조선의 현실 여건상 청의 영향력에서 벗어날 수 없으며, 점진적 개화로 나아가야 한다는 입장이었다.

양 집단은 개화의 필요성에 대해서는 공감했지만 개화의 범위와 속도, 가치관과 철학에서 견해차를 노출했다. 급진 개화파는 조선의 정치·경제·사회·문화 전 분야에서 메이지유신처럼 조속하고 과감하며 혁명적인 개화를 추구했다. 서양의 선진 과학기술은 물론이요 사상·제도·문화까지 수용해 부국강병을 실현해야 한다는 야망에 차있었다. 그들은 자신들을 개화당 혹은 독립당, 개진당改進黨, 혁명당, 개혁당으로 칭했다.

김윤식·어윤중 등 온건 개화파는 서양의 과학기술 수용은 적극적이었으나, 사회 제도 개혁에는 소극적 입장이었다. 서양의 과학기술은 받아들이되 철학과 가치관, 이념이나 사상은 주자성리학이 더 우월하므로 본받을 필요 없다는 동도서기론東道西器論적 개화 방법론이었다. 그것은 유교적 가치관과 질서를 유지하는 바탕 위에서 서양의 기술과 기계를 수용해 자강自强을 이룬다는 중국의 중체서용中體西用과 비슷한 길이었다. 이로써 조선의 개화당은 급진 개화와 온건 개화 노선으로 분화되기 시작했다.

급진 개화파의 사상적 뿌리

김옥균 중심의 급진 개화당은 몇 가지 특징적인 개화사상을 공유하고 있었다(김옥균·박영효·서재필, 조일문·신복룡 편역, 『갑신정변 회고록』, 2006, 25~29쪽 참조).

첫째, 실학사상의 전승이다. 연암 박지원의 손자 박규수는 자기 문하에 드나드는 청년 재사들에게 실학을 전승했다. 이러한 실학사상은 후일 민중을 위한 이용후생利用厚生정책으로 표출된다.

둘째, 청나라 개명 사조의 영향이다. 그들은 역관 오경석을 통해 청의 진보적 도서를 섭렵하면서 양무론洋務論과 변법론變法論의 영향을 받았다.

셋째, 일본의 개화가 미친 영향이다. 그들은 이동인을 통해 일본에 관한 정보를 얻었고, 일본을 방문해 견문을 넓혔다. 이 과정에서 후쿠자와 유키치 등 일본 선각자의 가르침을 받아 개화사상 형성의 기틀을 삼았다.

넷째, 서구 문물 수용이다. 그들은 미국과 수교 후 서양의 물질문명을 체험하면서 화이관華夷觀이 시대착오적인 것임을 절감하고 서구 문물을 수용해 자강의 발판으로 삼으려 했다.

다섯째, 불교적 요소다. 이동인, 유홍기(유대치), 탁정식 등의 영향으로 받아들인 불교적 요소는 계급 타파와 민권 사상에 영향을 주었다.

개화당의 노력으로 유학생 해외 파견이 이루어졌고, 복식 제도 개혁과 간소화도 개화당의 빼놓을 수 없는 업적이다. 그들은 부국강병의 기초는 상공업 발전에 있다고 생각했다. 김옥균은 1차 산업부터 3차 산업에 이르기까지 모든 분야를 회사 조직을 통해 발전시키려고 계획했다(신용하, 『초기 개화사상과 갑신정변 연구』, 2000, 95쪽).

일본·미국 유학파인 유길준은 1882년에 쓴 「회사 규칙」에서 회사를 조직·운영하는 25개조의 원리를 상세하게 설명했다. 본사의 경영 조직과 인사 관리, 회계(재무) 관리, 그리고 지사의 조직과 관리에 이르기까지 오늘날 시각으로 봐도 손색없는 모형을 제시했다. 이들의 노력으로 1880년부터 1884년 갑신정변 직전까지 설립된 근대적 회사가 26개에 달했다. 그들은 또 증기선을 도입해 해운을 발전시키고 철도를 부설하자고 주장했다.

초기 개화파들은 '위로부터의 개혁'을 통한 근대 산업 체제 건설을 구상한 것으로 보인다. 이런 구상은 정치 개혁으로 연결되었다. 즉 의회 제도를 도입해 입헌군주제를 수립하고 공의당公議堂(의회), 내각, 사법제도의 삼권 분립을 구상하는 등 시민민주주의를 지향했다(신용하, 『초기 개화사상과 갑신정변 연구』, 2000, 104쪽). 갑신정변을 일으킨 개화당이 경제 관련 부서를 호조戶曹에 집중시키고 김옥균이 호조참판을 맡은 이유는 그들이 '산업혁명론적 근대 산업 체제 건설'의 꿈을 가지고 있었기 때문이다.

임오군란 이후 조선의 정치 상황은 서양 열강 및 일본의 위협에 맞서 왕조 체제와 주자성리학을 수호하자는 세력이 위정척사파의 뼈대를 형성했다. 그 대척점에는 조선을 개국해 새로운 활로를 모색하려는 개화당이 존재했다.

조선의 개화 세력은 온건론이든 급진론이든 양자 공히 심각한 문제점을 안고 있었다. 그들은 조선이 '소국小國'이기 때문에 독자적인 노력으로 생존이 불가능하다고 보았다. 따라서 조선을 보호해 줄 능력을 가진 우호국에 의지해 자주독립을 추구했다. 개화당도 외세 의존 패러다임에서 벗어나지 못한 것이다.

온건 개화 대 급진 개화

아이러니한 것은 개화당의 거의 모든 활동이 고종의 밀명이나 묵인하에 이루어졌다는 사실이다. 임오군란 직후 집권층 내에서 온건 개화

소신을 갖고 있던 친청파 관료들은 청의 지원과 원조를 얻어 국가 재정과 군사를 재건하고 왕권을 제약하려 했다. 고종은 자신의 왕권을 제약하려는 친청파 대신들을, 급진 개화파를 동원해 견제했다. 박영효를 수신사로 발탁해 일본에 파견한 것이 그 대표적인 사례다.

1870년대 중반부터 국왕을 비롯한 집권 세력도 개화·개방·근대화의 필요성을 절감했다. 다만 이들의 문호 개방은 국제 정세에 순응해 자신들의 권력을 유지하려는 동기에서 비롯된 것이었다. 반면에 급진 개화당의 개혁·개방은 외세를 끌어들여 자신들이 정권을 장악하고 사회를 혁신하려는 목적이었다.

온건 개화파는 자신들이 본받아야 할 이상적인 나라는 청나라라고 해석한 반면, 급진 개화당의 모범국은 일본이었다. 조선 진출을 노리고 있던 일본 정부 입장에서 보면 그들은 제 발로 찾아와 일본 정책에 협조를 아끼지 않은 자발적 부역자였다. 하지만 일본은 급진 개화파를 신뢰하지 않았고, 상황에 따라 기회주의적으로 처신했다.

일본 지도부는 무슨 수를 써서라도 개국한 다음 서양을 배워 '일본 스스로의 힘으로' 생존을 모색했다. 개국해 서양 열강의 선진 기술을 습득하기만 하면 그들을 쉽게 따라잡을 수 있다고 자신감에 넘쳐있었다. 그들에게 개국이란 서양 열강의 위협을 일시적으로 회피하면서, 문명 부강에 필요한 서양 기술과 문명, 가치관과 방법론을 익히기 위한 방편이었다. 일본의 지도부 인사들 머릿속에는 조선처럼 서양 열강의 힘을 국내 정치에까지 끌어들여 개화·개국의 한 방편으로 활용한다는 사고는 존재하지 않았다. 때문에 틈만 나면 외세에 의존하려는 조선을 경멸의 시선으로 바라보았다.

1883년 1월 조선에 부임한 일본 공사 다케조에 신이치로는 전임자인 하나부사 요시모토花房義質와는 달리 강경파였다. 그는 조선 사람들에게 일본을 두려워하는 마음을 품게 만들면 아무 사건도 일어나지 않을 것으로 확신했다. 그는 "조선인은 대세에 무지하며 오로지 중국을 누구와도 견줄 수 없는 대국이라 신봉한다. 중국인들이 '조그만 일본이 어찌 감히 중국에 저항할 것이며, 무례를 저지른다면 마구잡이로 때려 부숴야 한다'라고 허풍을 떨면 곧이곧대로 믿고 있으니 실로 무기력하고 염치없는 패거리"라고 조선 사람을 비하했다(기무라 간, 김세덕 역, 『대한제국의 패망과 그림자』, 제이앤씨, 2017, 194쪽).

하루는 김홍집과 김윤식이 다케조에 공사를 예방했다. 다케조에는 최근의 천하 대세와 청-프랑스 관계를 설명한 후 김홍집에게 "청국의 노예 노릇을 하는 자"라고 비난했다. 김윤식에게는 "당신은 한학에 능하고 청국에 깊이 붙을 뜻을 가지면서 어찌 청국에 들어가서 벼슬하지 않소?"라고 모욕적인 언사를 퍼부었다(김옥균·박영효·서재필, 조일문·신복룡 편역, 『갑신정변 회고록』, 2006, 54~55쪽).

다케조에 공사는 청의 바오딩부保定府에 유폐되어 있던 대원군의 귀국 소문이 퍼지자 고종과 조선 지도부가 보인 모습에 대해 "국왕을 비롯한 한통속들이 극히 당황하고 있다. 중국당은 재한在韓 중국 무관에게 기녀를 헌상하고 거의 노예와 비슷한 추태를 보이고 있으며, 안으로는 중국의 위세를 업고 그 권력을 휘두르고 있다"(기무라 간, 김세덕 역, 『대한제국의 패망과 그림자』, 2017, 194쪽)라고 본국 정부에 보고했다. 이것이 일본 외교관이 관찰한 조선 지도부의 민낯이었다.

제6장

개화당, 비밀리에 군대 양성

조선은 1876년 일본과, 1882년 미·영·독 등 서양 열강과 수교해 쇄국의 빗장을 활짝 열었다. 하지만 그것은 자의적 판단에 의한 결정이 아니었다. 일본과의 수교는 운요호 사건으로 인한 포함외교의 파생상품이었다. 서양과의 수교는 청나라의 북양대신 리훙장이 협상을 대신해주고 수교 조약문까지 대신 써서 만들어준 결과물이었다. 그런데 일본과 청나라의 배후에서 조선의 수교를 배후 조종한 것은 영국이었다.

극동 일대에서 러시아의 활동상을 예의주시한 영국은 조선을 개국시키기 위해 일본·청나라를 동원한다. 수교 순서도 미국을 선두에 세우고, 자신들은 미국의 뒤를 밟는 모양새를 갖추었다. 러시아를 쓸데없이 자극하지 않기 위한 외교적 수완이었다.

영국은 조선과 수교 직후 임오군란이 발생하자 이미 체결한 조약을 무효화하고 신조약 체결을 요구하며 조선을 압박했다. 1882년 체결한 제1차 조-영 조약(윌리스조약)은 통상 목적이 아닌, 동아시아 세력 균형을 목표로 한 리훙장의 정략적 의도로 이뤄졌기 때문이다. 영국 경제단체들은 "윌리스조약에는 영국 상인 보호와 관련된 조항이 들어있지 않다. 이 조약은 비준되어서는 안 된다"라고 목소리를 높였다.

그 결과 어리숙한 조선을 어르고 뺨쳐 '완벽한 불평등 수교 조약'의 전범典範인 조-영 신조약(파크스조약) 체결에 성공했다. 그랜빌 루슨가워(Granville G. Leveson-Gower) 영국 외상은 지극히 만족스러운 조-영 신조약을 이끌어 낸 파크스 공사에게 "여왕께서 당신이 맺은 조약에 관해 대단히 만족하시며 공식 비준서를 보내기로 했다"라는 전문을 보냈다(김현수, 『대영제국의 동아시아 외교 주역 해리 S. 파크스』, 2011, 208쪽).

조선은 서양 열강과 근대적 조약을 체결해 국제법 체제에 편입됨으로써 자신들의 의지만으로 국가 운영을 결정하는 단계를 넘어섰다. 조선이 국제법 체제에 편입되자 청은 '중국식 제국주의 방식'인 속방 정책을 내세워 조선을 자국의 영향력 아래 옭아맸다.

개화당 앞세워 친청 세력 견제

고종과 민 왕후는 미국을 끌어들여 청나라의 압제를 견제하고 청국 군대를 철수시키기 위해 인미거청引美拒淸 의지를 보였다. 하지만 고종의 우유부단한 성격이 문제였다. 윤치호는 "임금이 비록 그 좋은 것을 알고 또 행하려고도 하나, 주저하고 의심이 많아 잠시의 편안함을 얻으려 하며, 간사한 자들에게 현혹되어 결단이 부족해 일의 성과는 얻기 어렵고 꾀하는 것은 많으나 결실은 없다"라고 고종을 비판했다(『윤치호일기』 1884년 1월 18일). 윤치호는 고종을 암군暗君이라면서 "이같이 어두운 꿈결 속의 군주로부터 무엇을 바라겠는가"라고 비판했다.

개화당은 청의 간섭과 압력을 물리치고 조선의 자주독립을 이루기 위해서는 일본의 군사력과 영향력에 의지할 수밖에 없다고 판단했다. 개화당 소속의 김옥균·박영효·서광범 등은 민영익의 도움으로 국왕이 거처하는 내전 출입이 가능한 별입시別入侍로 임명되었다. 고종의 신임을 얻은 개화당은 조심스럽게 개화 정책을 추진할 수 있는 기회를 잡았다.

이것은 임오군란 후 서울에 진주한 청군의 위세를 업고 사사건건 왕권을 견제하는 친청파 관료들에 대항하기 위한 고종의 정치적 배려 덕분이다.

박영효는 수신사 임무를 마치고 귀국한 직후인 1883년 2월 한성판윤(서울시장)에 임명되었다. 그는 일본에서 배운 경험을 토대로 치안 유지를 위해 경순국警巡局을 설치했다. 또 서울 시내 도로 정비와 확장 업무를 위해 치도국治道局을 만들었고, 박문국博文局을 신설해 국내 최초의 신문인 「한성순보」 발간을 준비했다.

개화당은 임오군란 직후 200여 명의 전도유망한 조선 청년을 일본에 보내 3년 정도 군사 유학을 시켜 쿠데타의 주력군으로 키우기 위한 계획을 수립했다. 그러나 김옥균이 일본으로부터 차관 도입에 실패하면서 이 계획은 크게 틀어졌다. 육군도야마학교 유학생은 14명으로 줄었고, 이들의 유학 경비는 김옥균이 포경사에 임명된 후 부산의 일본인에게 이권을 저당 잡히고 2만 5,000엔을 빌려서 겨우 마련했다(김도태, 『서재필 박사 자서전』, 을유문화사, 1974, 95쪽).

일본 유학을 통한 쿠데타군 양성에 실패한 개화당은 박영효·윤웅렬을 중심으로 국내에서 극비리에 병력을 양성하기로 계획을 변경했다. 그런데 박영효가 한성판윤 부임 두 달 만인 4월 23일 광주유수廣州留守로 좌천되었다. 우연인지 필연인지 박영효의 좌천과 거의 비슷한 시기에 윤웅렬도 남도병마절도사(함경도 북청의 남병영에 주재하는 종2품 무관)에 임명되었다.

개화당, 비밀리에 쿠데타군 양성

박영효가 맡게 된 광주유수는 수도 외곽의 방어 책임자로, 5군영의 하나인 수어청 지휘관인 수어사守禦使를 겸직하도록 되어있어 단숨에 병

수신사 박영효가 초빙해 온 일본인

이름	특기	비고	조선에서의 활동
우시바 다쿠조 이노우에 가쿠고로 다카하시 마사노부	영어 교육	후쿠자와 유키치 문하	박문국 산하에서 「한성순보」 발간 업무
마에다 마쓰쿠라(眞田謙藏) 미노와 고조(三輪廣藏)	인쇄 전문가		
혼다 세이타로(本多淸太郎)	목공 전문가		
마쓰오 미요타로	군사 전문가	전직 육군 대위	박영효 휘하에서 비밀 군대 조련

력 동원권을 보유하게 되었다. 이때부터 박영효는 극비리에 개화당 쿠데타에 대비한 군사 양성을 시작했다.

박영효는 수신사 업무를 마치고 귀국할 때 7명의 일본인을 초빙해 왔다. 이중 6명은 영어 교육, 인쇄, 목공 등으로 박문국에서 「한성순보」 발간을 위해 초빙했고, 나머지 1명은 전직 육군 대위 마쓰오 미요타로 松尾三代太郎였다. 박영효는 일본 육군도야마학교 출신인 신복모와 나팔수 이은돌, 마쓰오 미요타로를 교관으로 임명해 남한산성에서 수어청 병사들을 일본식으로 훈련시켰다.

이때부터 갑신정변이 일어날 때까지 13개월 동안 친위 부대 병사들을 맹훈련시켰다. 1883년 12월 9일 신복모가 지도하는 수어청 군대 훈련을 참관한 주한 미국 공사 푸트는 이 부대를 크게 칭찬했다(이기동, 『비극의 군인들-근대 한일관계사의 비록』, 일조각, 2020, 42쪽).

박영효는 남한산성에서 1,000명의 병사를 양성했다고 주장했는데, 윤치호의 기록이나 「한성순보」 기사에 의하면 100명 정도가 맞는 것 같다. 군사 양성에 필요한 자금은 김옥균이 일본에서 차관을 모집해 그

중 일부를 보내주기로 약속했다. 일본에서의 차관 도입 실패로 인해 군자금은 조달되지 못했다. 이 때문에 1,000명 양성을 목표로 했던 병력이 100명으로 줄어든 것으로 보인다.

이 와중에 박영효의 군대 양성 정보가 민씨 일파의 귀에 들어갔다. 민왕후의 말 한마디에 박영효는 1883년 11월 6일 광주유수에서 면직되었다. 그가 조련시킨 병력은 신설된 친군영親軍營으로 넘어가 전영사 한규직과 후영사 윤태준 휘하로 편입되었다(김옥균·박영효·서재필, 조일문·신복룡 편역, 『갑신정변 회고록』, 2006, 203쪽).

윤치호의 부친 윤웅렬은 무관 출신이다. 윤웅렬은 1880년 수신사 김홍집의 수행원으로 일본을 다녀왔고, 1881년 교련병대(속칭 별기군)가 창설되었을 때 운영 책임자였다. 1882년 7월 임오군란이 발생했을 때 윤웅렬은 하나부사 공사에게 급보를 전해 위급 상황을 모면하게 했다. 그는 원산으로 피신했다가 일본 영사의 도움으로 일본으로 탈출했다.

북청에서도 개화당 군대 비밀 양성

개화당 일원이었던 윤웅렬은 일본 체류 시절 수신사로 일본을 방문한 박영효·김옥균과 만나 개화당 군대 비밀 양성 계획을 논의했다. 박영효와 함께 1883년 1월 귀국한 윤웅렬은 남도병마절도사에 임명되자 함경도 북청에서 비밀리에 군대를 조련했다. 그는 아들 윤치호를 통해 개화당 영수 김옥균과 수시로 비밀 연락을 주고받았다(안승일, 『김홍집과 그 시대』, 연암서가, 2016, 127~128쪽).

1884년 5월 3일 김옥균이 차관 도입 교섭에 실패해 빈손으로 귀국했고, 7월 29일에는 일본 육군도야마학교에 유학했던 서재필 이하 14명의 생도가 귀국했다. 유학 생도들이 귀국하자 급진 개화당 인사들이 오랜만에 한자리에 모여 정세를 분석했다.

개화당의 비밀 군대 양성 관련 주요 일지 (1883.4~1884.12)

일시	주요 사건
1883 4.22	– 김옥균, 동남제도개척사 겸 포경사 임명
4.23	– 박영효, 광주유수 겸 수어사 임명 – 윤웅렬, 남도병마절도사 임명
5.23	– 윤웅렬, 북청으로 출발
6월	– 김옥균, 제3차 도일(渡日). 서재필을 비롯한 조선 청년 17명 일본에 보내 군사 유학 준비
6.19	– 박영효, 남병영 시찰
6.28	– 윤웅렬, 250명의 장정 모집해 서양식 군사 훈련 실시
10.31	– 박영효가 남한산성에서 양병한 군대 서울로 징발
11.6	– 박영효, 광주유수에서 해임
11.	– 조선 청년 14명 일본 육군도야마학교 입교
11.22	– 박영효가 양병한 군대를 기초로 친군 전영 창설 – 어영대장 한규직, 친군 전영사 겸직
1884. 5.3	– 김옥균, 제3차 도일에서 차관 도입 실패하고 귀국
7.29	– 서재필 등 14명의 육군도야마학교 수료생 귀국
8.9	– 윤치호가 고종에게, 윤웅렬이 북청에서 양병한 군대 중 일부를 입경시켜 국왕 사열 후 돌려보내거나 다른 군영에 배속시킬 것, 사관학교를 설립해 일본에서 귀국한 사관생도 수용할 것 상주
9.16	– 윤웅렬, 총융중군(總戎中軍)에 임명 – 윤웅렬이 북청에서 양병한 남병영 군대 상경을 명함
10.13	– 윤웅렬, 친군 전영 우정령관 임명
10.14	– 기존 친군영의 전·후영을 전·후·좌·우 4영으로 확대 개편 – 친군영 지휘관 명칭을 감독에서 영사(營使)로 개칭 – 전영사 한규직, 후영사 윤태준, 좌영사 이조연, 우영사 민영익이 임명되어 민씨 척족이 군권 장악
10.17	– 용호영·금위영·어영청·총융청 해체하고 휘하 병력을 친군 4영에 배속 – 전통적 경군(京軍) 제도인 오군영 체제 종식
10.23	– 윤웅렬, 470명의 남병영 군대 이끌고 입경 – 고종, 남병영 군대 사열 후 친군 전영에 배속
10.29	– 환관 유재현, 윤웅렬과 윤치호에 대해 참간 – 한규직, 윤웅렬을 음해
11.2	– 고종, 남병영 군대 470명 가운데 절반만 서울에 잔류시키고 절반을 북청으로 돌려보내라고 전교
11.4	– 윤웅렬, 고종의 전교와 달리 470명 가운데 400여 명을 북청에 돌려보내고 서울에 70명만 남김
11.27	– 윤웅렬, 전영사 정령관 직에서 물러남
12.4~6	– 갑신정변 발발

출처 : 김종학, 『개화당의 기원과 비밀외교』, 일조각, 2017, 249~250쪽을 토대로 작성.

개화당이 조직적으로 움직이자 위기감을 느낀 민씨 척족 세력이 은밀하게 사태 파악과 정보 수집에 나섰다. 이 와중에 윤웅렬의 군대 양성에 이상한 낌새를 채고 문제를 제기했다. 일본 유학을 마치고 귀국한 생도들은 한규직의 친군 전영에 배속되었다. 얼마 후 청나라에서 군사 교관이 초빙되어 오면서 이들은 군에서 쫓겨나 홍영식이 책임을 맡고 있던 우정국에 배치되었다.

고종과 민씨 정권도 급진 개화당처럼 근대적 개혁의 필요성은 인정했다. 특히 김옥균 일파가 주장하는 개화 독립은 청의 내정 간섭을 물리치고 왕권을 수호하는 것이 급선무였던 고종과 민 왕후에게도 절실한 과제였다. 고종은 친청 세력의 독주를 막기 위해 김옥균 일파와 연대를 형성하려 했다.

하지만 개화당은 일본 차관 도입에 실패해 신뢰를 상실했다. 개화 방식도 국왕 및 민씨 척족 세력 주도가 아니라 개화당 주도하에 추진하는 급진 노선을 주장했다. 그들 뜻대로 되면 권력이 국왕 및 민씨 척족이 아니라 일본을 등에 업은 개화당에게 넘어갈 가능성도 배제할 수 없게 된다. 이것은 고종 일파가 원하는 그림이 아니었다.

시간이 흐를수록 민영익 일파의 개화당에 대한 견제는 강도가 심해졌다. 박영효의 광주유수 해임을 계기로 개화당은 가만히 앉아있다가 당하느냐, 먼저 일어나 저들을 제압하느냐를 선택해야 하는 기로에 서게 되었다.

개화당이 때가 오기를 기다리고 있을 무렵 베트남 종주권을 둘러싸고 청과 프랑스 간 갈등이 격화되었다. 한 무제가 베트남 중북부 지역을 번속으로 만든 뒤부터 베트남은 안남安南이라 불렸으며, 광남廣南 왕조가 있었던 중부 베트남 이남 지역은 코친차이나(Cochin China)로 호칭되었다.

안남은 기원전 3세기 이래 중국과 책봉-조공 관계를 맺고 평화를 유지해 왔다. 중국으로부터 한자와 유교 문명을 받아들였고, 과거제를 통해 관리를 선발하는 등 사대 질서의 일원으로 기능했다. 프랑스는 1684년 안남의 주요 도시인 통킹(하노이)에 동인도회사 상관을 설치했다. 18세기 들어 인도에서 밀려난 프랑스는 안남을 중심으로 인도차이나 반도와 중국 남부 지역으로 진출을 시도했다.

서양 제국주의, 아프리카·아시아로!

1858년 나폴레옹 3세는 영국과 함께 제2차 아편전쟁에 참여해 사이공 일대를 점령했다. 1862년 베트남은 프랑스의 압력으로 제1차 사이공조약을 체결해 프랑스에게 비엔호아·자딘·딘뜨엉 등 3성을 할양하고 배상금을 지급하며 메콩강 항행 권리를 제공했다. 1863년 캄보디아도 프랑스의 보호하에 놓이게 되었다(왕소방, 한인희 옮김, 『중국외교사』, 도서출판 지영사, 1997, 231쪽).

프랑스는 할양받은 코친차이나를 직접 지배했다. 이 지역에 대한 프랑스의 식민지 통치는 1948년까지 계속되었다. 월남(남베트남)은 1954년 코친차이나와 안남 남부를 통합해 수립된 공화국이다.

1870년 7월 프랑스는 프로이센(독일)과의 전쟁에서 참패를 거듭했다. 프로이센군은 전광석화와 같은 기동력으로 공세를 펼쳐 4주 만에 프랑스군을 메스(Metz) 요새에 가두어놓았고, 주력 부대를 스당(Sedan)에서 포위했다. 1871년 1월 프랑스는 항복했다.

유럽 국가들은 1871년 프로이센-프랑스 전쟁 이후 비스마르크 외교체제하에서 역내 질서가 안정되었다. 한숨 돌린 서양 열강은 유럽 외의 지역, 즉 아프리카·아시아로 진출해 슈펭글러(Oswald Spengler)가 정의한 '파우스트 정신'의 구현, 즉 다른 문명권에 대한 팽창과 섬멸 행위를 마음껏 자행하기 시작했다(김용구, 『거문도와 블라디보스토크』, 서강대학교 출판부, 2009, 17쪽).

1869년 11월 수에즈 운하가 개통되면서 유럽과 동아시아 간 항해 거리가 크게 단축되었다. 영국에서 인도의 뭄바이까지 아프리카 희망봉을 돌아서 항해할 경우 1만 9,000킬로미터인 데 비해, 지중해를 거쳐 수에즈 운하를 통과하면 1만 1,000킬로미터로 줄어든다. 1871년 6월에는 상하이-런던, 상하이-뉴욕 간 전보통신이 개시되었고, 증기기관과 철제 함선의 접목으로 선박의 고속화·대형화 바람이 불었다.

프랑스, 하노이 침략

교통혁명, 통신혁명에 더해 과학기술의 진보로 원양 항해의 위험성이 사라지면서 서양 열강 세력이 손쉽게 동아시아 지역으로 몰려오기 시작했다. 아프리카 및 서아시아 지역의 식민지 쟁탈전이 마무리되었으니 지구상의 마지막 지역인 동아시아 이권을 차지하기 위한 행보였다.

프로이센-프랑스 전쟁에서 승리한 프로이센의 비스마르크는 "독일이 식민지를 가지는 것은 마치 폴란드의 가난뱅이 귀족들이 내의 한 벌 없는 주제에 가죽 외투를 입는 것과 같다"라면서 식민지 획득을 꺼렸다. 섣불리 식민지 문제로 영국의 비위를 거스르는 것은 손해이며, 강력한 해군의 뒷받침 없이 식민지를 탐내는 것은 위험하다고 보았다(최종고, 「한독수교 100주년의 군사적 의의-한말의 초기교섭사를 중심으로」, 『군사』 제7호, 국방부 군사편찬연구소, 1983.12, 19쪽).

반면에 비스마르크는 프랑스가 해외 확장에 눈을 돌리도록 부추겼다. 프로이센-프랑스 전쟁에서 패배한 프랑스의 관심을 해외로 돌려 프로이센에 대한 복수심을 약화시키기 위한 외교 전략이었다. 프랑스는 1757년 인도의 플라시에서 영국에게 패해 인도에서 쫓겨난 데 이어, 중국마저 영국에게 선점당했다. 프랑스는 코친차이나를 거점으로 인도차이나반도와 중국 남부 윈난雲南을 자신들의 공략지로 선정했다.

1873년 11월, 프랑스는 북부 베트남을 통해 중국으로 진출하기 위해 하노이 일대를 침공했다. 베트남은 중국인 류융푸劉永福가 이끄는 흑기군黑旗軍의 도움을 받아 프랑스 침략군과 맞섰다. 흑기군은 태평천국의 난에 참가했던 비밀결사 천지회天地會의 잔당으로, 베트남과 윈난성 국경지대를 장악하고 있었다.

류융푸는 1873년 12월, 하노이 교외 전투에서 프랑스군 지휘관 프란시스 가르니에(Francis Garnier) 대위를 비롯해 수백 명을 살상하는 등 대승을 거두었다. 패배한 프랑스군은 1874년 3월, 제2차 사이공조약을 체결하고 북베트남에서 철수했다. 8년 후인 1881년 말, 프랑스가 또다시 북베트남을 공격해 하노이를 점령하자 베트남의 응우옌 왕조는 청에 원병을 요청했다. 흑기군도 프랑스군에 대항해 참전했다.

응우옌 왕조가 파병을 요청하자 현실주의자 리훙장은 프랑스와의 전쟁은 승산이 없다면서 파병을 거부했다. 이때 청류당淸流黨이라 불린 장즈둥張之洞·장페이룬張佩綸 등 젊은 강경파 관료들은 청의 실력을 과신하면서 주전론을 주장하며 리훙장의 유화론을 공격했다. 이들은 학문적으로는 뛰어났지만 외교나 군사 문제에 있어서는 아무런 경험도 없는 이상주의자들이었다. 청류당의 공세에 밀린 청 조정은 '제국으로서의 위엄'을 유지하기 위해 베트남에 군대를 파병해 프랑스와의 전쟁에 휘말렸다.

청 조정은 주전론자인 장즈둥을 량광兩廣 총독에 임명하고, 장페이룬에게 푸젠성福建省 해안 방어 책임을 맡겼다. 1883년 5월 하노이 서부 전투에서 흑기군 지휘자 류융푸는 프랑스군 지휘관 앙리 리비에르(Henry Riviere)를 전사시키는 등 또다시 대승을 거두었다. 응우옌 왕조는 통킹과 안남 등 베트남 남부 지역을 프랑스 보호령으로 인정했다.

이 과정에서 베트남의 종주권을 주장하는 청과 인도차이나반도를 식민지화하려는 프랑스가 대립했다. 치열한 외교 공방 끝에 모든 협상이 결렬되자 1884년 5월 양국 간에 본격적인 전쟁이 벌어졌다.

이 무렵 청은 조선에서 발생한 임오군란 진압을 위해 6개 대대 3,000명 병력을 파병해 놓고 있었다. 프랑스 함대의 내습으로 본토 방어가 시급한 과제로 떠오르자 리훙장은 1884년 5월, 우창칭吳長慶 휘하의 조선 주둔군을 절반으로 분리했다. 3개 대대 1,500명은 우 제독 인솔하에 만주 펑톈성奉天省 진저우金州로 이동시켰다.

청–프랑스 전쟁의 후폭풍

나머지 3개 대대 1,500명 병력은 통령기명제독 우자오유吳兆有 지휘 아래 서울에 계속 주둔시키고 영무처營務處(참모장에 해당하는 문관)로 위안스카이袁世凱를 임명했다. 우자오유는 우유부단해 지휘관으로서는 부적합한 인물이었다. 그 결과 조선 주둔군의 실제 지휘권은 자연스럽게 영무처인 위안스카이가 장악하게 되었다.

프랑스 극동함대 사령관 쿠르베(Anatole-Amédée Courbet) 제독은 휘하의 1개 전대를 타이완에 파견해 지룽基隆 포대를 포격했다. 1884년 8월 23일 프랑스의 전함 8척과 어뢰정 2척이 푸저우福州 앞바다에 나타났다. 프랑스 함대는 70문의 첨단 포와 기관총으로 무장하고 있었다. 장페이룬의 푸젠 함대도 양무운동의 결과 마웨이선정창馬尾船政廠에서 건조한 11척의 근대식 전함으로 맞섰다. 문제는 11척의 전함 중 2척만이 철제 선체였고, 나머지는 목조 전함이었다는 점이다. 푸젠 함대는 45문의 신식 포로 무장했으나 대부분이 소구경 포였다.

오후 2시경, 프랑스 함대가 푸젠 함대를 향해 포문을 열었다. 마장馬江

해전은 역사상 처음으로 어뢰정이 투입된 전투였다. 청 해군의 기함 양우揚武는 개전 1분 만에 프랑스 어뢰에 격침된다. 그리고 전투 개시 7분 만에 나머지 청 전함들도 피격당한다. 프랑스 함대는 1시간 만에 11척의 청 전함들을 격침시키고, 프랑스인 지켈(Prosper M. Giquel)의 도움으로 건설한 당시 중국 최초의 근대식 조선소였던 푸저우의 마웨이선정창을 포격해 완전히 파괴한다. 프랑스군은 5명이 전사한 반면 청군은 521명이 전사하고 51명이 실종됐으며(신승하, 『근대중국: 개혁과 혁명-중화제국 마지막 왕조의 몰락 (上)』, 대명출판사, 2004, 335~337쪽), 1시간 만에 푸젠 함대가 전멸하고 양무운동의 상징이었던 마웨이선정창이 파괴되면서 청의 근대화 정책은 브레이크가 걸렸다.

산꼭대기에서 푸젠 함대가 전멸당하고 마웨이선정창이 파괴되는 모습을 지켜본 장페이룬은 그길로 도주했다. 후에 그는 화려한 언변으로 프랑스와의 해전에서 승리했다고 허위 보고했다가 진상이 밝혀져 귀양을 갔다.

중국 본토가 공격받자 청나라는 프랑스에 선전포고를 했다. 프랑스군은 1884년 10월 타이완을 점령했고, 1885년 2월에는 닝보寧波와 펑후도澎湖島를 점령했다. 1885년 6월 청은 프랑스와 톈진조약(이른바 베트남조약)을 체결해 프랑스가 베트남을 보호령으로 삼는 것을 인정했다. 영국은 프랑스의 사례를 모방해 청이 자신들의 속방으로 간주하던 버마(미얀마)를 영국의 보호국으로 선언하고 식민지로 만들었다.

청-프랑스 전쟁은 20년에 걸친 청나라의 자강 운동이 실패로 돌아갔음을 여실히 보여주었다. 군사와 기술에 국한된 제한적인 개혁과 근대화, 즉 중체서용론中體西用論으로는 외세를 격퇴할 힘을 기를 수 없음이 확실해졌다(함재봉, 『한국사람 만들기 III-친미기독교파 1』, 2020, 490쪽). 중국인들이 중체서용론에 매력을 느낀 이유는 서양의 과학기술 문명을 받아들이면서도 중국 문명이 우월하다는 심리적 위안을 제공해 주었기 때문이다. 아무리 서양을 따라 해도 중국이 '본체'이고 서양은 '실용'에 불과하기 때문에 중국은 여전히 서양보다 앞서있었고, 따라서 중국의 문명 자체를 바꿀 필요가 없다고 자위하다 허무하게 무너진 것이다.

청-프랑스 전쟁에서 청이 무력하게 패전한 소식은 조선에는 알려지지 않았다. 일본을 통해 들려오는 소식을 통해 어렴풋하게 정황을 알 수 있었을 뿐이다. 그 결과 청나라의 무력을 바탕으로 유지되고 있던 친청파 정권의 위세가 흔들리는 등 정치적 파장이 일었다.

조선을 점령하고 있던 청군 병력 절반이 철수하자 개화당은 때가 왔다고 판단했다. 최초 계획에 의하면 개화당 거사는 육군도야마학교 유학생이 귀국해 개화당 군대를 양성하는 시간을 감안해 1888년으로 예정되어 있었다. 하지만 김옥균이 차관 도입에 실패해 계획이 틀어진 데다가 수구파의 반격이 거세지자 그들은 일정을 앞당겨 승부수를 띄웠다.

쿠데타 기회 무르익어

우선 미국 공사관 통역관으로 재직 중인 윤치호를 통해 윤웅렬이 비밀리에 양병한 북청 남병영 병력을 서울로 보내도록 공작했다. 김옥균의 지령을 받은 윤치호는 고종을 알현해 자기 아버지 윤웅렬이 북청에서 양병한 군대를 입경시켜 국왕 사열 후 돌려보내거나, 다른 군영에 배속시킬 것을 상주했다. 고종은 윤치호의 상주를 윤허해 1884년 10월 윤웅렬이 남병영 병력 470명을 이끌고 서울로 들어왔다.

개화당이 양성한 군대가 서울에 입성하자 위기를 느낀 수구파들의 반격이 개시됐다. 그들은 개화당의 일원으로 고종의 두터운 신임을 받고 있던 환관 유재현을 자기편으로 끌어들이는 데 성공했다. 유재현이 변절해 민씨 척족 세력에게 넘어가면서 개화당은 큰 위기를 맞게 되었다.

민씨 척족의 지령을 받은 유재현은 고종에게 "남병영 군대가 서울에 있는 것은 문제가 많으니 북청으로 돌려보내야 한다"라고 설득했다. 귀가 얇은 고종은 11월 2일 윤웅렬에게 남병영 병력의 절반을 원대 복귀시키라고 명했다.

상황이 복잡하게 꼬여가자 윤웅렬은 고민에 빠진다. 470명 병력도 모자라는 판에 그중 절반을 원대 복귀시키면 무슨 수로 정변이 가능하겠는가. 생각이 여기에 미치자 윤웅렬은 쿠데타에서 발을 빼기로 결심한다. 그는 남병영 병력의 절반이 아니라 400명을 원대 복귀시키고 서울에는 70명만 잔류시켰다. 정변 발생 1주일 전, 윤웅렬은 친군 전영 정령관正領官에서 스스로 물러났다. 개화당은 환관 유재현과 윤웅렬의 배신으로 숱한 고생을 해가며 양병한 470명 병력 중 겨우 70명만을 거사군으로 확보하는 데 그쳤다.

박영효는 광주유수 시절 양병한 병사들 중 충성파 43명을 포섭해 비밀결사인 충의계忠義契를 조직했다. 충의계 지휘관은 박영효의 부하 신복모였다. 충의계에는 친군 전영 장교 13명도 비밀리에 가입해 있었다. 충의계는 철저한 비밀결사여서 민씨 척족 세력은 이들의 존재를 전혀 알지 못했다. 이들이 갑신정변 행동대로 활동하게 된다.

청-프랑스 전쟁이 전면전으로 확대되면서 서울에 남아있던 청군 1,500명도 언제 전선으로 이동할지 모르는 상황이 되었다. 국제정세가 급변하자 김옥균은 1884년 10월 무렵 쿠데타를 결심한다. 쿠데타 모의에는 김옥균을 비롯해 박영효·홍영식·서광범·유대치, 그리고 후쿠자와 유키치의 제자로서 박문국에서 「한성순보」를 발행하던 이노우에 가쿠고로井上角五郎가 참여했다.

흥미로운 점은 개화당에 적대적 시각을 가지고 있던 다케조에 공사의 행보다. 그는 부임 이후 현안이었던 부산-나가사키 간 해저 전선 부설, 조일통상장정 체결, 부산·원산·인천 세 개항장의 유보 지역 확장 문제를 일본 정부에 유리하게 처리했다. 그는 친청파 대신들과는 우호 관계를 유지했지만, 일본과 연계해 개화와 독립을 이루려는 개화당 인사들은 의도적으로 무시하고 모멸적으로 대했다.

박영효는 후쿠자와 유키치의 권고에 따라 조선에서 영어와 일본어 등 양학洋學 보급을 통해 개화 세력을 양성하기 위해 고군분투했다. 다케조에 공사는 개화당의 문화 공작에 아무런 도움도 주지 않았다. 후쿠자와의 추천을 받아 큰 꿈을 품고 조선에 건너왔던 우시바 다쿠조牛場卓造와 다카하시 마사노부高橋正信 등은 조선의 실정에 절망해 서울에 도착한 지 석 달 후인 1883년 4월 일본으로 돌아갔다. 오직 한 사람, 이노우에 가쿠고로만 박문국 주사로 임명되어 조선 최초의 근대식 신문인 「한성순보」 편집 및 발행을 담당했다. 이노우에는 조선 조정에 초빙된 유일한 일본인이었다.

고종, 대원군 귀국 소식 듣자 일관파천 요청

후쿠자와의 조언 중에서 그나마 성과를 낸 것은 유학생 파견이었다. 김옥균은 1883년 초 40여 명을 선발해 일본에 유학을 보냈다. 개화당이 선발한 유학생은 대부분 벼슬에 오르지 못하고 대대로 향촌에 살던 향반鄕班·중인·상민이었다. 이들 중 일부는 육군도야마학교에 입교해 근대식 군사훈련을 받았고, 나머지는 후쿠자와의 뜻에 따라 실업학교에 들어가 산업 육성의 주역이 되었다.

김옥균의 도움으로 일본에 유학했던 생도들은 1884년 귀국해 갑신정변 쿠데타에 가담했다. 대부분은 쿠데타 와중에 희생되었고, 일부는 일본으로 망명했다. 살아남은 사람들은 훗날 조선에서 일본 정권의 대변자나 일본 문화의 선전자로 활동하게 된다(다보하시 기요시, 김종학 역,

『근대 일선관계의 연구 (상)』, 일조각, 2013, 814쪽).

청-프랑스 전쟁의 여파로 조선 주둔 청군의 절반이 철수하자 청을 배척하려는 흐름이 감지되기 시작했다. 윤치호 일기에 의하면 고종과 민왕후는 1883년 11월 초부터 청의 내정 간섭에 반발해 반청 감정을 노골적으로 드러내기 시작했다. 1883년 12월, 개화당을 경멸했던 다케조에 공사가 신병 치료를 이유로 장기간 휴가를 얻어 본국으로 돌아가고, 시마무라 히사시島村久가 대리공사를 맡았다. 이때부터 고종은 일본을 호의적으로 대하기 시작했다.

1884년 2월 중순 대원군 귀국 소문이 시중에 나돌았다. 충격을 받은 고종은 시마무라 대리공사에게 "대원군이 귀국하면 변란이 일어날 것이니 부산·인천·원산 등지에 일본 군대를 보내달라"라고 긴급 요청했다(다보하시 기요시, 김종학 역, 『근대 일선관계의 연구 (상)』, 2013, 783~791쪽).

이것으로도 안심이 안 되었는지, 고종은 평소에 친하게 지냈던 일본 공사관 무관 이소바야시 신조磯林眞三 대위에게 내관을 보내 "대원군이 귀국해서 왕비의 생명이 위태롭게 되는 일이 발생하면 무관 관사에 피난시켜 달라"라고 비밀리에 의뢰했다(다보하시 기요시, 김종학 역, 『근대 일선관계의 연구 (상)』, 2013, 815쪽). 여차하면 일본 공사관으로 피난할 것이니 이를 허락해 달라는 일관파천日館播遷 요청을 한 것이다. 이소바야시는 조선 국왕이 심각한 제안을 해 오자 관련 사실을 공식 루트를 통해 본국 정부에 보고했다.

고종의 일관파천 요청은 이때가 처음은 아니다. 1882년 임오군란이 벌어졌을 때 무장한 난병들이 고종이 집무하고 있던 창덕궁에 난입해 국왕 면전에서 탐관오리로 지목된 민겸호와 경기 관찰사 김보현을 무참하게 살해했다. 끔찍한 사건을 경험한 고종은 반란이 진압된 후 하나부사 요시모토 일본 공사에게 "조선 난병들이 또다시 난동을 부릴 경우 일본 공사관으로 피신하겠다"라고 일관파천을 요청했다. 일본 공사는 이 제안에 흔쾌히 동조했다. 그 후 임오군란처럼 난병들이 궁궐에 난입하는 사건은 발생하지 않아 일관파천은 실행되지 않았다.

이소바야시 대위는 고종과 왕비의 총애를 받아 조선 내지를 여러 차례 여행했고, 이 과정에서 조선의 지방 관리들과도 친하게 지냈던 인물이다. 그런데 알고 보니 이소바야시는 일본 참모본부가 조선 지도 제작을 위해 파견한 간첩대間諜隊의 일원이었다(남영우 외, 「조선말 일제 참모본부 장교의 한반도 정찰과 지도제작」, 『대한지리학회지』 44권 6호, 통권 135호, 2009, 761~778쪽).

조선에 대한 군사지도 제작

일본은 1876년 강화도조약 체결 다음 해인 1877년부터 극비리에 조선에 대한 군사지도 제작 작업을 진행했다. 이를 위해 일본 참모본부 간첩대 소속의 가이즈 미쓰오海津三雄, 이소바야시 신조, 와타나베, 오카岡泰鄉, 미우라三浦自孝, 쓰카다柄田鑑次郎 등 여섯 명의 장교를 조선에 파견했다.

이들 전원이 일본 육사 출신의 엘리트 장교로서, 특수 훈련을 받고 조선에 부임했다. 그들은 한복으로 갈아입고 조선인 행세를 하며 조선 각지의 측량뿐만 아니라 군사 시설과 행정 기관 위치 파악 등 첩보 활동을 전개했다. 이들의 활동에 의해 조선 각 지역에 대한 109점의 상세한 비밀 지도가 작성되었고, 지역 지도를 합쳐 1894년에 「조선전도」가 완성되었다. 「조선전도」는 청일전쟁과 동학 농민 봉기 진압 작전에 유효적절하게 활용되었다.

조선 지도 제작에 큰 공을 세운 인물은 가이즈 미쓰오와 이소바야시 신조다. 가이즈 미쓰오는 1904년 러일전쟁이 발발하자 평양 병참사령관으로 활약했고, 이후 통감부 촉탁으로 조선에서 철도 부설 업무를 담당했다. 이소바야시는 평양을 비롯해 제물포와 마포 등 서울 근교 측량 및 정탐을 담당했다. 이런 간첩을 국왕 부부가 누구보다 총애하고 열심히 싸고돌았으니 왕실과 국가의 최고 기밀 사항 등 거의 모든 정보가 일본으로 줄줄이 유출되었을 가능성을 배제할 수 없다.

1884년 4월 28일, 고종은 왕세자 이척과 함께 창덕궁 후원에서 시마무라 대리공사를 접견했다. 이날 고종은 일본의 개혁을 높이 평가하고 "양국의 국교가 날로 두터워지는 것을 기쁘게 생각한다. 앞으로 양국에서 어떤 어려운 일이 발생하더라도 서로 도와서 해결하리라는 것을 과인은 깊이 믿고 있으며, 또한 의뢰하는 일도 있을 것"이라는 전교를 내렸다.

고종은 "나의 뜻을 일본 황제에게 알려달라"라고 했다. 일본의 역사학자 다보하시 기요시田保橋潔는 고종의 이날 발언을 "청과 조선 간에 중대한 분규가 발생했을 때 일본의 원조를 간청한다는 의미"라고 해석했다(다보하시 기요시, 김종학 역, 『근대 일선관계의 연구 (상)』, 2013, , 816쪽). 조선 국왕의 태도 변화는 시마무라 대리공사와 이노우에 가쿠고로를 통해 일본 외무성에 상세히 보고되었다.

청-프랑스 전쟁에서 청군이 일방적으로 수세에 몰리자 1884년 8월 일본 외상 이노우에 가오루는 조선에 대한 그동안의 관망 자세에서 벗어나 적극 정책으로 전환했다. 고종이 일본 공사관과 접촉하고 반청 분위기가 고조되는 등 분위기가 심상치 않게 돌아가자 위안스카이는 휘하 부대에 "어떤 상황이든 즉각 대처할 수 있도록 군율을 엄정히 하라"라는 밀명을 내렸다. 자신이 장악하고 있는 조선의 친군 지휘관들에게도 휘하 부대를 확실히 장악하라고 엄명했다.

청-프랑스 전쟁이 일어나 동아시아 정세가 요동치자 일본 자유민권 운동의 주인공 자유당이 발 빠르게 움직였다. 자유당 계열의 언론인

「지유신문」은 일본과 프랑스의 연합을 제창했다(「自由新聞」 1883년 6월 13일자). 이 신문은 프랑스와 동남아 제국의 관계는 프랑스가 청의 종주권을 타파하려 노력한다는 점에서 일본과 조선의 관계와 비슷하다고 분석했다. 청-프랑스 대립에서 청군이 승리하면 조선 문제에 악영향을 끼칠 것으로 보았다. 반면에 프랑스가 승리하면 일본에 조선 분할의 기회를 줄 것이니, 일본과 프랑스가 연합해 청을 협공하는 것이 최선의 방책이라고 주장했다(후지무라 미치오, 허남린 옮김, 『청일전쟁』, 도서출판 소화, 1997, 24~25쪽).

자유당 지도부는 1884년 4월, 일본이 청나라와 전쟁을 일으켜 조선을 일본에 편입해야 한다고 주장했다. 자유당원인 나카에 조민中江兆民, 스기타 데이이치杉田定一 등은 이를 실행에 옮기기 위해 대동합방론을 주창한 다루이 도키치樽井藤吉, 이즈미 구니히코和泉邦彦 등과 협력해 상하이에 동양학관을 설립했다.

일본 정부, 고종의 일관파천 요청 환영

다루이 도키치와 이즈미 구니히코는 일본 참모본부의 파견 장교 오자와 가쓰로小澤豁郎와 함께 푸젠성의 중심 도시 푸저우에서 폭동을 계획했다. 이 계획은 참모본부의 명령으로 중지되었으나, 푸저우 폭동과 병행해 준비했던 조선에서의 쿠데타 계획은 계속 진행되었다(후지무라 미치오, 허남린 옮김, 『청일전쟁』, 1997, 25~26쪽). 그들이 추진했던 조선에서의 쿠데타 계획은 1884년 12월 갑신정변으로 폭발하게 된다.

일본 자유민권운동의 주역인 자유당 총재 이타가키 다이스케板垣退助와 고토 쇼지로는 1884년 9월 9일 주일 프랑스 공사 상코비치와 회담해 "프랑스가 조선 개화당의 쿠데타를 실행하기 위한 자금 100만 달러를 제공해 달라"라고 요청했다(후지무라 미치오, 허남린 옮김, 『청일전쟁』, 1997,

26쪽). 두 사람의 구상은 프랑스의 자금 지원을 받아 조선에서 개화당 쿠데타를 일으켜 청-프랑스 전쟁을 수행 중인 청을 교란한다는 책략이었다.

자유당이 기민하게 움직이자 이노우에 외상은 궁내경 이토 히로부미, 외무대보 요시다 기요나리, 다케조에 공사와 숙의해 대對조선 외교의 방향을 정했다. 이토는 「한성순보」 주필로 서울에 체류 중인 이노우에 가쿠고로를 통해 개화당의 쿠데타 정보를 시시각각으로 보고받았다.

재정 파탄 상태였던 조선은 임오군란 배상금 50만 엔 중 10만 엔은 박영효가 요코하마쇼킨은행橫濱正金銀行에서 차관을 빌려 상환했고, 잔액 40만 엔이 남아있었다. 이노우에 외상은 이 40만 엔을 탕감해 줌으로써 조선 조정에 친일 분위기를 확산시키자고 제안했다. 조약 규정에 따라 일본 정부는 10만 엔을 조선 정부로부터 받았으니 나머지 40만 엔을 포기해도 손해될 것은 없었다.

다케조에 공사는 거의 1년 만에 임지인 조선으로 부임하라는 명을 받고 1884년 10월 20일 도쿄를 출발, 10월 30일 서울에 도착했다. 그는 부임 즉시 김홍집·김윤식과 회동해 청-프랑스 전쟁의 발발로 인한 동아시아의 국제 정세 변화를 자세히 설명했다. 이날 다케조에는 조선 대신들이 시국의 급박한 흐름을 알지 못하고 청을 종주국으로 우러러보는 태도를 통렬하게 비판했다. 그의 발언이 너무나 직설적이고 거침이 없어 듣는 사람들이 큰 충격을 받았다.

11월 1일, 다케조에 공사는 고종을 알현해 제물포조약의 배상금 잔액 40만 엔 탕감 소식을 전하고 기선 한 척과 산포山砲 2문을 증여했다. 다케조에는 "손해 배상금 40만 엔 탕감은 우리 천황께서 귀국의 양병비養兵費로 정해 독립 기금으로 활용토록 한 것이니, 다른 비용에 쓰지 마시라"라고 충언했다(김옥균·박영효·서재필, 조일문·신복룡 편역, 『갑신정변 회고록』,

2006, 61쪽).

다케조에는 또 대원군의 귀국과 관련해 고종과 민 왕후가 이소바야시 신조 대위를 통해 제안한 일본 공사관으로의 피난(이른바 일관파천)에 대해 다음과 같이 회답했다.

"만에 하나 사변이 발생했을 때 공식적으로 의뢰를 하신다면 본 사신은 힘닿는 데까지 보호해 드릴 것입니다. 만약 우리 공사관이 위태롭게 됐을 경우 제가 본국 정부에 보고하고 잠시 일본으로 피해 계셔도 문제될 것은 없다고 생각합니다. 공사의 직분은 주재국 군주의 곁을 떠나지 않으면서 진퇴를 함께하는 것이 일반적인 관례이니 이 사실을 알고 계시기 바랍니다." (다보하시 기요시, 김종학 역, 『근대 일선관계의 연구 (상)』, 2013, 819쪽)

다케조에 공사의 감언이설에 감동한 고종은 "귀 정부와 귀 공사가 우리나라에 대해 이렇게까지 깊이 친절을 베푸는 것에 대해 감사의 마음을 금할 수 없다. 영원히 명심해서 잊지 않을 것"이라고 답했다. 한 달 후 갑신정변 쿠데타가 발생하자 다케조에는 자신이 고종에게 했던 약속을 하나도 이행하지 않았다.

후쿠자와 유키치, 갑신정변 적극 후원

다케조에 공사는 고종을 알현하고 나온 직후 개화당 영수 김옥균과 회동했다. 다케조에는 그동안 개화당을 홀대해 왔던 자세를 180도 선회해 친근하고 부드러운 태도로 김옥균을 대했다. 그는 김옥균에게 "독립당이 일본의 원조를 받아 거사를 실행할 결심이 섰는가?" 하고 직설적으로 물었다.

김옥균이 결연한 의지를 밝히자 상당액의 거사 자금과 150명의 일본 공사관 호위 병력을 지원하겠다고 약속했다. 그는 또 거사 후 조선 개혁에 필요한 300만 엔의 차관 제공을 약속했다(김윤희·이욱·홍준화, 『조선의 최후』, 다른세상, 2004, 80쪽).

11월 3일은 메이지 천황의 탄생일인 천장절天長節이었다. 이날 일본 공사관은 서울 교동에 새 건물을 짓고 성대한 낙성 파티를 열었다. 최초의 일본 공사관은 서대문 밖 청수장清水莊에 터를 잡았으나 임오군란 당시 대원군의 명을 받은 군졸들에 의해 불타 없어졌다. 1882년 8월 16일부터 1884년 4월 16일까지 왜성대의 이종승 집에 설치했던 일본 공사관은 1884년 4월 17일, 현재의 서울 경운동 천도교 수운회관 부근에 위치한 박영효 저택으로 임시 이전했다. 이곳에 신축 건물이 완공되어 이날 낙성식을 거행한 것이다.

낙성식 행사에는 조선의 요인들을 비롯해 청나라 외교관(총판조선상무) 천수탕陳樹棠, 푸트 미국 공사를 비롯해 서울 주재 각국 외교관들이 초청되었다. 이날 만찬 석상에서 희한한 사건이 벌어졌다. 일본 공사관의 삼등서기관 아사야마 겐조淺山顯藏가 조선말로 축사를 한 후 중국인의 무능과 비굴을 매도하더니, 천수탕을 지목해 "뼈 없는 해삼無骨海蔘 같다"라고 비판했다. 일본 공사가 주최한 만찬에서 일본의 하급 외교관이 빈객으로 초청한 외국 고관을 매도한 것은 외교가에서는 상상하기 힘든 결례였다.

조선 개화당 쿠데타의 열렬한 지원자 겸 후원자는 후쿠자와 유키치였다. 그는 조선의 박문국 주사로 활동 중인 제자 이노우에 가쿠고로를 통해 김옥균과 비밀 메시지를 주고받았다. 3자 간에는 전신 암호까지 만들어 사용했다. 후쿠자와는 김옥균이 요청한 일본도와 권총, 폭약, 거사 자금, 그리고 칼잡이(낭인)를 이노우에를 통해 제공했다.

개화당의 갑신정변 쿠데타에 참여한 일본 낭인 중 신원이 밝혀진 사람은 5명이다. 소시마 와사쿠總島和作는 쿠데타 2주 전에 조선에 입국했으며, 거사 당일 우정국 앞 길가에 매복하고 있다가 민영익을 공격해 중태에 빠뜨린 인물이다. 정변 당시 김옥균을 수행하던 도중 살해당했다. 고사카 가메지로小坂龜次郎는 도쿄의 인력거꾼이었다. 이토 긴키치伊藤金吉는 긴자 상점의 점원으로, 김옥균이 도쿄 방문 시 알게 된 사이다. 가나이로 료닌金色郎忍은 1882년 김옥균이 제1차 일본 방문 시 통역 담당이었다. 오에 다네키치大江種吉는 쿠데타 한 달 전 김옥균이 일본식 건물 짓기 위한 명목으로 고용했다(김종학, 『개화당의 기원과 비밀외교』, 2017, 294~295쪽).

갑신정변에는 다이너마이트도 사용되었는데, 이것은 박영효가 수신사로 귀국할 때 군사 교관으로 초빙해 온 마쓰오 미요타로의 부하인 후쿠시마 하루하데가 일본에서 반입한 것이다.

쿠데타 관련, 훈령 요청한 다케조에 공사

낭인들은 그럴듯한 명분을 걸고 조선에 입국했는데, 이들은 고토 쇼지로가 일본에서 파견한 자객이었다. 후쿠자와와 김옥균은 쿠데타가 성공해 권력을 장악하면 고토 쇼지로를 국사國師로 초빙해 조선의 국정을 개혁한다는 구상을 했다.

1884년 11월 7일, 김옥균은 서울 장안의 바둑 고수 두 사람과 함께 신축된 일본 공사관을 방문했다. "바둑을 두기 위한 방문"으로 위장했지만, 사실은 거사를 위한 비밀 회동이었다. 이날 자 『갑신일록』은 "거사 대계의 결정은 이날 모임에서 이루어졌다"라고 기록하고 있다(김옥균·박영효·서재필, 조일문·신복룡 편역, 『갑신정변 회고록』, 2006, 66쪽). 이날 김옥균은 개화당이 쿠데타를 일으켜 친청파 정권을 무너뜨려도 청나라는 청-프랑스 전쟁의 혼란 때문에 행동에 나서지 못할 것으로 낙관했다.

다케조에 공사는 다양한 루트를 통해 조선의 정치 상황 정보를 분석한 결과 조만간 개화당과 민씨 척족 세력 간의 충돌을 피하기는 어려울 것으로 판단했다. 외교관이 주재국의 정변에 직접 개입하는 것은 심각한 외교 분쟁을 야기할 중대 사안이었다. 11월 12일 다케조에 공사는 '개화당 정변 계획'과 관련해 갑안甲案(현상 타개책)과 을안乙案(현상 유지책)의 두 안을 작성해 궁내경 이토 히로부미와 외상 이노우에 가오루에게 보냈다.

갑안은 개화당을 선동해 조선에서 내란을 일으킨다는 것이 핵심 내용이었고, 을안은 청과 정면 대결을 피하면서 개화당이 화를 입지 않도록 보호한다는 것이었다. 그는 "두 개의 대책(갑·을안) 중 어느 쪽으로 행동할 것인지를 결정해 달라"라고 훈령을 요청했지만, 스스로는 갑안 쪽으로 기울어있었다.

이 청훈請訓을 발송한 날 새벽, 남산 기슭의 훈련원 일대에서 요란한 총성이 울려 서울 도성 사람들이 크게 놀랐다. 일본 공사관 경비대가 야간 비상 훈련을 하면서 발사한 총성이었다. 일본군이 심상치 않은 군사훈련을 진행하자 위안스카이는 바짝 긴장했다. 그는 비밀 명령을 내려 청군 병사들이 밤에도 군복과 군화를 착용하도록 했고, 전시처럼 병사를 단속했다(김옥균·박영효·서재필, 조일문·신복룡 편역, 『갑신정변 회고록』, 2006, 67쪽).

당시의 교통 사정상 서울서 도쿄까지 우편물이 운송되는 데 통상 2주 정도가 걸렸다. 다케조에 공사의 청훈에 대한 회답은 12월 초에나 받아 볼 수 있었다. 이런 정황 근거로 볼 때 다케조에는 적어도 12월 초까지는 개화당이 행동을 개시하지 않을 것으로 판단했던 것 같다.

미·영 외교관 쿠데타 만류

11월 14일, 푸트 미국 공사 부부가 김옥균을 방문해 청-프랑스 전쟁과 관련한 대화를 나누었다. 푸트 부인은 먼저 귀가하고 푸트 공사와 김옥균이 밀담을 나누었다. 이날 김옥균은 쿠데타 의지를 밝혔다. 그가 외국 공사에게 극비 사항인 쿠데타 문제를 논의한 이유는 푸트의 통역관 윤치호를 통해 두 사람 간에 깊은 신뢰가 쌓였기 때문이다.

푸트 공사는 윤치호를 매개로 해서 개화당 인사들과 자주 접촉했고, 수시로 고종의 자문에 응하면서 조선의 자주독립과 문명개화에 적극 협력했다. 윤치호 일기에 의하면 윤치호는 1883년 10월 18일부터 갑신정변이 일어난 1884년 12월 4일까지 400일간 170회, 즉 2~3일에 한 번꼴로 대궐에 출입했다. 이 중 15회는 단독으로 대궐에 들어가 고종을 알현했다(유영렬, 『개화기의 윤치호 연구』, 2011, 38쪽).

윤치호가 같은 기간 개화당 인사들과 접촉한 횟수는 김옥균 71회, 유대치 41회, 홍영식 32회, 박영효 23회, 서광범 13회, 유혁로 13회, 오세창 8회, 변수 5회다. 김옥균은 3일에 한 번꼴, 유대치는 10일에 한 번꼴, 홍영식은 12.5일에 한 번꼴로 만난 셈이다(유영렬, 『개화기의 윤치호 연구』, 2011, 31~33쪽 참조).

반면에 같은 기간 윤치호가 수구당 인사들과 접촉한 횟수는 민영익 18회, 민영목 14회, 한규직 13회, 이조연 11회, 김홍집 7회, 윤태준 5회, 김윤식 4회, 어윤중 2회 등이다. 이처럼 개화당 친화적인 행보로 인해 푸트 공사와 윤치호는 친청 수구당 및 재경 청국 관리들에게 눈엣가시 같은 존재가 되었다.

심각한 표정으로 김옥균의 설명을 들은 푸트 공사는 "개화당 인사들이 나라를 위해 목숨을 거는 것에 대해서는 경의를 표한다. 하지만 아직 때가 무르익지 않았다. 적절한 시기가 올 때까지 자중하길 바란다"라면서 신중론을 내놓았다(김옥균·박영효·서재필, 조일문·신복룡 편역, 『갑신정변 회고록』, 2006, 72~73쪽).

당시 주조선 미국 공사관 무관이었던 포크에 의하면 개화당은 1883년 말, 즉 정변 1년 전부터 자신을 포섭하기 위해 접근했다고 한다. 1884년 10월 25일엔 보빙사절로서 포크의 안내를 받아 세계일주 여행을 했던 서광범이 포크를 찾아와 개화당 정변 계획을 알리고 도움을 요청했다. 이날 서광범은 "중국 식민지가 되는 것을 막기 위해 보수적인 고위 관료 10명이 제거되어야 한다"라고 말했다(손정숙, 「한국 근대 주한미국공사 연구(1883-1905)」, 2004, 57~58쪽).

포크는 정변 계획에 반대했고, 이 사건에 연루되는 것을 피하기 위해 11월 1일 한반도 남부 지역과 동해안 일대의 탐사를 구실로 여행을 떠났다. 포크가 떠나기 전날인 10월 31일까지 김옥균과 서광범은 홍영식을 보내서 포크를 포섭하려 했으나 뜻을 이루지 못했다.

푸트와 회동한 지 열흘 후인 11월 24일, 김옥균은 조선 주재 영국 총영사 윌리엄 애스턴(William G. Aston)을 방문했다. 이날 김옥균은 "조선 내정이 날로 위급해지고 있어 내가 청국과 프랑스의 전쟁을 이용해 내정 개혁을 도모하려 한다"라고 운을 뗐다. 그리고 애스턴은 "공들이 나라를 위해 결정한 뜻을 나도 알고 있어 이미 파크스 공사에게 보고했다. 공사가 내년 봄에 서울을 방문할 예정인데, 그때 상의하는 것이 좋겠다"(김옥균·박영효·서재필, 조일문·신복룡 편역, 『갑신정변 회고록』, 2006, 83~84쪽)라면서 신중한 판단을 권했다.

비현실적이었던 쿠데타 계획

김옥균이 또다시 푸트 공사를 찾아가자 푸트는 "잠시 상하이나 나가사키, 평양 등지로 여행을 갔다가 돌아와서 일을 추진하는 것도 나쁘지 않다. 나가사키에 있는 우리 군함을 인천으로 불렀으니, 그 배가 도착하면 나와 함께 잠시 평양이라도 다녀오자"라고 권했다(김옥균·박영효·서재필, 조일문·신복룡 편역, 『갑신정변 회고록』, 2006, 85~86쪽). 영국 총영사와 미국 공사가 김옥균에게 신중론을 권했음에도 불구하고 거대한 운명의 수레바퀴를 멈춰 세울 수는 없었다.

11월 25일, 김옥균은 다케조에 공사와 독대해 애스턴·푸트와의 대화, 민씨 척족 세력과 간신 제거 계획, 국왕을 강화도로 옮기는 문제, 거사 자금 조달 등을 논의했다. 고종을 강화도로 옮기자는 김옥균의 제안에 다케조에는 "비현실적인 계획"이라며 반대했다. 김옥균이 거사 자금을 영국과 상의해 마련하겠다고 하자 "자금은 우리가 마련해 제공할 것이니 염려 말라"라고 큰소리쳤다. 이어 일본군 출동은 조선 국왕의 친서로 요청하기로 했고, 관련 업무는 박영효가 담당키로 합의했다.

당시 서울 일대에는 청군 병력 1,500여 명이 주둔하고 있는 반면, 일본군은 150여 명에 불과했다. 다케조에는 "중국 군사가 1,000명이라 해도, 우리 1개 중대의 군사가 북악을 점거하면 2주를 지탱할 수 있고, 남산을 점거하면 2개월 동안 수비할 수 있으니 걱정 말라"라고 안심시켰다.

영국 총영사와 미국 공사는 현 상황에서의 거사는 시기상조라면서 신중론을 내놓았다. 김옥균과 회의가 끝난 후 다케조에는 거사 자금과 병력까지 제공하겠다며 김옥균의 등을 떠밀었다. 본국 정부의 훈령이 도착하지 않은 상황에서 작심하고 개화당의 거사를 부추긴 것을 어떤 논리로 이해할 수 있을까?

일본은 청이 프랑스와의 전쟁에 휘말려 조선에 힘을 쓰기 어려운 상황이 되자 이 기회를 적극 활용해 한반도에서 영향력을 확대하려 했다. 하지만 김옥균은 개화당을 무시하고 비판했던 다케조에 공사를 신뢰하지 않았다.

제7장

"그대는 하늘(天)을 아는가?"

개화당이 갑신정변 거사일을 우정국 낙성식 행사가 열리는 12월 4일로 결정한 날은 11월 30일이다. 개화당은 정보 유출을 막기 위해 다케조에 공사에게는 '12월 7일'이라고 거짓 정보를 흘렸다가 거사 하루 전에야 실제 거사일이 12월 4일이라고 통보했다.

김옥균은 그동안 겪어본 다케조에 공사의 스타일로 볼 때 본국 정부의 훈령이 없는 상태에서는 절대 움직이지 않을 성격으로 판단했다. 나가사키-인천 간을 왕래하는 정기선 지토세마루千歲丸의 제물포 항 도착일은 12월 7일이었다. 이 정기선을 통해 일본 정부로부터 "일본 공사관이 갑신정변 거사를 도와서는 안 된다"라는 훈령이 오면 지금까지 공들여 준비해 온 모든 거사 계획은 수포로 돌아간다. 따라서 일본 정부의 훈령이 도착하기 전에 거사를 결행할 필요가 있었다.

다케조에 공사가 11월 12일 자로 보고한 '개화당 정변 계획' 훈령 상신 문서는 11월 26일 일본 외무성에 접수되었다. 내용을 검토한 일본 외무성은 11월 28일 궁내경 이토 히로부미 명의로 "우리 정부는 조선 정당 가운데 한편을 원조하거나 간섭하는 것을 원치 않는다. 현재 일본당이라고 칭하는 자들(개화당)로 하여금 온화한 수단으로 그 나라의 개명에 진력하도록 하라"라는 훈령을 작성했다.

일본 정부는 다케조에가 제안한 갑·을안 중 을안, 즉 현상 유지책을 훈령한 것이다. 이 훈령이 서울에 도착한 시점은 이미 갑신정변이 발생해 왕궁 한복판에서 일본 공사관 수비대와 청군 간에 교전이 벌어진 후였다.

김옥균, 고종에게 거사 계획 암시

거사를 앞둔 11월 29일. 김옥균은 고종을 알현해 청-프랑스 전쟁의 진행 상황, 러시아의 남하 등 긴박한 국제 정세를 보고했다. 대화 도중 김옥균은 고종에게 "조만간 모종의 거사가 있을 예정"임을 암시했다. 김옥균의 설명을 들은 고종은 "경이 품고 있는 마음을 내가 알겠다. 무릇 국가의 대계에 관계되는 일은 위급할 때 경의 대책에 일임할 터이니 경은 다시 의심하지 말라"라면서 옥새가 찍힌 신임장을 김옥균에게 내렸다.

『갑신일록』의 기록을 액면 그대로 받아들이면 김옥균으로부터 거사 계획을 보고받은 고종이 김옥균에게 옥새가 찍힌 신임장을 주었다. 김옥균은 이것을 근거로 고종이 거사를 승인한 것으로 판단하고 거사를 실행했다는 의미가 된다.

하지만 학자들의 연구를 통해 『갑신일록』의 조작 가능성이 제기되었다. 즉 거사에 실패한 김옥균이 일본에 망명해 자신들의 행위를 합리화 내지 정당화하기 위해 내용을 상당 부분 꾸며 썼을 가능성이 농후하다는 것이다. 이런 주장을 내놓은 대표적인 학자가 김종학이며, 그런 관점에서 쓴 책이 『개화당의 기원과 비밀 외교』다.

김종학의 연구에 의하면 고종이 김옥균에게 옥새가 찍힌 신임장을 주었다고 기술한 『갑신일록』은 후에 자신들의 행위를 정당화하기 위해 꾸며 쓴 내용일 가능성도 배제할 수 없다.

12월 1일, 쿠데타 작전 계획을 최종 점검하기 위해 개화당 동지들이 박영효의 자택에 모였다. 개화당 지도부가 가장 신뢰한 세력은 자신들이 직접 일본에 유학시킨 14명의 육군도야마학교 출신 사관생도였다. 서재필이 이들의 대표였다. 그다음은 박영효·김옥균·서광범 등 양반 집안의 청지기와 가노家奴들이었다. 이들은 대부분 변란의 와중에 사살당하거나 체포되어 처형된다. 그 밖에 김옥균의 심복인 이인종이 끌어 모은 시중 무뢰배들이 있었다.

이런저런 인연을 통해 행동대 200여 명을 모았다. 여기에 일본 공사관에서 150명의 군인을 동원하기로 했으니 갑신정변에 참여한 개화당 무력은 300~400명 선으로 추정된다(박은숙, 『김옥균-역사의 혁명가 시대의 이단아』, 너머북스, 2011, 92쪽).

쿠데타 세력의 병력 부족 문제는 이미 유대치가 제기했던 사안이다. 유대치는 노령인 데다 병을 앓고 있어 갑신정변에 직접 간여하지는 않았다. 11월 16일, 김옥균이 유대치의 자택으로 문병을 가 거사 계획을 보고하자 유대치는 "일본 군사는 겨우 100명뿐인데, 군기가 청국 군대보다 강하다고 하나 인원수가 적어 근심스럽다"라고 우려했다(김옥균·박영효·서재필, 조일문·신복룡 편역, 『갑신정변 회고록』, 2006, 76쪽). 그의 우려가 실제 쿠데타 과정에서 현실로 나타나게 된다.

개화당 쿠데타에 중인·하층민 참여

쿠데타는 성공하면 권력 쟁취요, 실패하면 반역이다. 조선의 형법에 의하면 반역죄는 사형 중에서도 가장 끔찍하고 고통스러운 능지처사형에, 연좌제가 적용되어 3대가 몰살당하게 된다. 개화당 사나이들은 가족 3대의 목숨을 건 대도박에 서슴없이 뛰어들었다. 결집력이 강했던 그들은 거사 전에 참여를 거부한 윤웅렬과 환관 유재현을 제외하고는 단 한 명의 배신자도 없었다. 행동대로 참여했던 이인종·김봉균·윤경순·이응호·신복모 등은 기꺼이 자신의 목숨을 바쳤다.

김옥균의 핵심 참모 이인종은 종5품 관직을 역임한 인물로 행동대원 포섭, 정변 계획 수립 및 반대파 제거를 담당한 선봉장이었다. 박영효 집안 하인인 김봉균은 박영효가 수신사로 도일할 때 그를 수행해 일본에 가서 근대 문물을 접했다. 정변 당일 김옥균을 따라 창덕궁에 들어가 인정전 아래 화약을 설치해 폭파시켰고, 환관 유재현과 좌영사 이조연을 처단했다.

갑신정변에 참여한 행동대원 중에 하층 양반도 일부 있었지만, 대부분은 상민·하인·노비 등 하층민이었다. 그들은 지도부의 명령에 따라 피동적으로 움직인 단순 하수인이 아니라, 카스트 제도나 다름없는 반상班常의 신분제를 무너뜨리고 자기들 같은 천출들도 능력에 따라 예우받는 사회를 만들고자 목숨 걸고 일어선 것이다.

김옥균이 저술한 『갑신일록』을 통해 본 갑신정변 쿠데타 작전 계획은 다음과 같다.

첫째, 별궁(종로구 안국동 풍문여고 자리)에 방화한다. 별궁은 1882년 왕세자 이척(후에 순종)과 세자빈 민씨의 혼례를 위해 지은 결혼식장이었다. 서광범의 자택과 담을 사이에 두고 있고 궁의 후문이 서광범의 집 뜰 앞이어서 드나들기 편해 이곳을 방화하기로 결정했다. 방화 팀은 이인종의 지휘하에 이규완·임은명(도야마학교 출신 사관생도)·윤경순·최은동 4인이었다. 잘게 쪼갠 나뭇조각을 넣은 수십 개의 자루를 거사일 전날 야음을 틈타 별궁 정전 안에 쌓아두며 불이 잘 붙도록 석유를 준비했다가 자루에 뿌려 방화하기로 했다.

둘째, 우정국 연회 때 거사를 단행한다. 별궁에 방화하면 우정국에 모인 사람들이 화재 진압을 위해 몰려갈 때 현장에서 처단자 1명당 행동대 2인씩 배치해 살해한다. 행동대는 단검 1자루, 단총 1자루씩 휴대한다. 간담이 약해질 우려가 있으므로 일본 자객 4명을 행동대에 배치하되, 조선인 복장으로 위장한다.

셋째, 친군 사령관들을 처단한다. 우영사右營使 민영익은 윤경순·이인종이, 후영사後營使 윤태준은 박삼룡·황용택이, 좌영사左營使 이조연은 최은동·신중모가, 전영사前營使 한규직은 이규완·임은명이 담당한다.

민심 장악은 가능했을까

넷째, 불이 나고 사람이 도착해 자객들의 준비가 완료되면 이인종과 이희정이 총 발사를 신호로 일시에 행동에 돌입한다.

다섯째, 연락·정탐·통신은 유혁로와 고영석이 담당한다.

여섯째, 금호문(창덕궁 4문) 밖에서 신복모가 동료들과 근처에 매복한다. 별궁에 불이 나면 즉시 금호문으로 달려가 문을 지킨다. 민태호·민영목·조영하 3인의 입궐을 기다렸다가 처치한다.

일곱째, 전영 소대장 윤경완은 거사 당일 밤 궁내 합문閤門(국왕 침실 앞 문의 수비)을 담당한다. 전영 병정 50명을 거느리고 기다리다 밖에서 불이 나면 병력을 단속하고, 만약 포위망을 탈출해 궐내로 들어오는 자가 있으면 형세에 따라 처치한다.

여덟째, 궁녀 모씨는 화약을 대통에 넣어 가지고 있다가 별궁 방화를 신호로 통명전通明殿(나라에 상례가 있을 때 사용하는 전각)에 방화한다.

아홉째, 김봉균·이석이도 화약을 미리 궁내 인정전 행랑에 숨겨두었다가 개화당이 입궐할 때 함께 들어가 폭파시킨다.

열째, 방화 현장에서 놓친 자가 있으면 일본인 자객이 어둠 속에 매복하고 있다가 형세를 보아 처치한다.

열한째, 별궁에 불이 일어난 후 일본 공사관에서 병사 30명을 출동시켜 금호문과 경우문 사이를 왕래하며 만약의 사태를 대비한다.

열두째, 혼란 중에 아군 간에 공격할 우려가 있고 일본인과 충돌할 위험도 있으므로 모든 자객에게 암호를 주되, '천天' 자로 응하게 한다. 일본어로는 '요로시이'(よろしい, '됐다'라는 뜻)로 한다.

갑신정변 쿠데타에는 친군 전영 부대가 동원되었다. 이 부대가 쿠데타에 가담한 이유는 친군 전영·후영 장교 13명을 비롯해 병사 30여 명이 개화당 비밀결사인 '충의계'에 가입해 있었기 때문이다. 친군 전영·후영 지휘관은 수구파였지만, 사실상 개화당의 뜻에 따라 움직이는 개화당 군대나 다름없었다(신용하, 『초기 개화사상과 갑신정변 연구』, 2000, 211쪽). 충의계는 죽음을 각오한 비밀결사여서 비밀이 철저하게 지켜졌고, 쿠데타 과정에서 핵심 역할을 하게 된다.

개화당이 보기에 쿠데타 계획이 신중하고 치밀하게 세워졌다고 자평했는지 모르겠다. 하지만 거사 사실을 설명 들은 미국 공사와 영국 총영사는 신중론을 제기하며 거듭 만류했다. 개화당을 지지하는 세력이 지극히 미미했고, 일반 백성 중에서 개화의 필요성을 절감하는 세력은 존재하지 않았기 때문이다. 영·미 외교관들은 요행수로 정변이 성공해도 개화당이 권력과 민심을 장악하기는 힘들다고 냉정하게 파악했다.

개화당은 외세를 끌어들여 개화 정책 추진을 시도했다가 실패한 전력이 있었다. 오경석·이동인·박영효·김옥균 등이 영국에게 도움을 요청했으나, 영국은 조-영 신조약을 강요하고 '청의 종주권 강화'라는 덤터기를 뒤집어씌웠다. 값비싼 체험에도 불구하고 개화당은 일본이라는 외세에 의지해 정변을 기획하고 실행했다. 개화당의 이상·철학·가치관이 아무리 고결했어도 그 방법 이외에는 대안이 없었을까. 외세란 자국의 국익을 위해서만 움직이는 존재라는 사실을 알지 못한 것이 치명적이었다.

우정국 낙성식장

운명의 12월 4일, 저녁 7시.

조선에서 근대식 우편 업무를 담당하게 될 우정국 청사(서울시 종로구 견지동) 낙성식과 함께 개국 축하연이 열렸다. 우정국은 홍영식이 보빙사의 부사로 미국을 방문해 미국 우편 제도를 시찰하고 돌아와 1884년 3월 27일 설치했다. 우정국 총판에는 홍영식이 임명되었다. 10월 1일 최초로 근대식 우편 업무가 개시되었고, 이날 저녁 국내외 귀빈을 모시고 우정국 건물 낙성식 축하연을 개최한 것이다.

우정국 책임자 홍영식은 민영익을 위시한 민씨 정권의 핵심 요인과 외국 사절들을 초청했다. 개화당의 거사 계획은 별궁의 방화를 신호로 우정국에 모인 사대 수구당 인사들을 일거에 처단한다는 것이었다. 그 직후 개화당 핵심 세력이 창덕궁으로 입궐해 고종 일가를 소수 병력으로 방어하기 좋은 경우궁景祐宮으로 옮기기로 했다. 현재의 계동 현대 사옥 자리에 있던 경우궁은 정조의 후궁이자 제23대 국왕 순조의 생모 수빈 박씨가 사망한 다음 해인 1824년 옛 용호영 자리에 사당을 짓고 궁호를 경우궁으로 정했다.

보름달이 훤하게 떠오른 추운 겨울밤이었다. 축하연에는 푸트 미국 공사, 스쿠더(Charles L. Scudder) 서기관과 통역 윤치호, 애스턴 영국 총영사, 천수탕 총판조선상무와 탄경야오譚賡堯 서기관, 외무협판 겸 해관 총판 묄렌도르프가 참석했다. 일본 공사관에서는 시마무라 히사시 서기관과 통역 가와카미 류이치로川上立一郎가 참석했다.

조선 측에서는 주최자인 우정국 총판 홍영식을 비롯해 외무독판 김홍집과 전영사 한규직, 우영사 민영익, 좌영사 이조연, 승지 민병석 등이 초청되었다. 정변의 주역을 맡게 될 박영효(금릉위)·서광범·김옥균 등도 참석했다. 쿠데타 세력의 목표는 정변의 봉화가 오르면 우정국 바

곁에서 병력 동원권을 쥐고 있는 민영익·한규직·이조연 등 친군 지휘관을 한꺼번에 제거하는 것이었다.

푸트 공사를 수행해 온 윤치호는 이날 정변이 계획되어 있다는 사실을 전혀 알지 못했다. 그의 아버지 윤웅렬과 푸트 공사가 '시기상조론'을 거듭 주장하자 개화당은 비밀 유지를 위해 윤치호에게 관련 정보를 제공하지 않았기 때문이다.

연회에 앞서 주인 홍영식이 인사말을 했고, 외교 사절을 대표해 푸트 공사가 축사를 했다. 이날 준비된 만찬은 서양식이었다. 고용된 일본인 요리사가 요리한 음식이 제공되기 시작하자 김옥균은 옆자리의 시마무라 서기관에게 일본어로 "그대는 '하늘天'을 아는가?" 하고 물었다. 거사 임박을 알리는 암호였다. 사전 밀약대로 시마무라가 "요로시이"라고 답했다.

작전 계획에 의해 이규완을 비롯한 행동대 4명이 별궁에 방화하기 위해 경우궁에 침투했다. 그런데 석유를 붓고 불을 붙였지만 건물 규모가 워낙 커서 쉽게 불이 붙지 않았다. 화약까지 사용했으나 좀처럼 건물에 불이 옮겨 붙지 않았다. 예정된 시간이 지나도 소식이 없자 김옥균은 얼굴이 창백해졌다. 술이 몇 순배 돌았을 때 밖에서 급히 김옥균을 찾았다.

김옥균이 연회장 밖으로 나가보니 대원 한 사람이 숨을 헐떡이며 "별궁 방화는 순찰이 너무 심해 손쓸 방법이 없습니다"라고 보고했다. 김옥균은 "별궁이 아니어도 좋다. 우정국 가까운 곳 어디라도 좋으니 불을 놓기 좋은 초가를 골라 일을 꾸며라"라고 지시하고 연회장으로 돌아왔다.

본요리가 제공될 때까지도 감감무소식이자 초조해진 김옥균이 밖으로 나가 사방을 둘러보았다. 이때 유혁로가 달려와 "다른 곳의 방화도 여의치 않습니다. 여러 장사들이 연회장으로 몰려와 거사를 벌이자는 의견인데 어떨지 모르겠습니다" 하고 말했다. 만약 연회장에서 민영익·한규직·이조연을 살해하다 서양 외교관이 부상이라도 당하면 외교 분쟁으로 비화할 위험이 있었다. 김옥균은 "그건 안 된다. 다시 불을 놓을 곳을 찾아라"라고 지시한 다음 연회장으로 돌아왔다.

민영익, 일본 자객의 공격 받아 중상

김옥균이 불안한 기색으로 여러 차례 들락거리자 눈치 빠른 민영익이 의심의 눈초리로 김옥균을 예의주시했다. 만찬의 마지막 코스로 디저트가 제공될 때 갑자기 바깥에서 "불이야! 불이야!" 하는 고함이 들려왔다. 김옥균이 벌떡 일어나 북쪽 창문을 열자 우정국 가까운 곳에서 불길이 솟구치고 있었다.

연회장이 술렁거렸다. 한규직을 비롯한 친군 지휘관들이 "불을 꺼야 한다" 하면서 문밖으로 나가려는 순간, 김옥균의 거동을 의심하고 있던 민영익이 앞장섰다. 우정국 밖 노상에 매복하고 있던 행동대는 민영익이 나오는 것을 보았다. 민영익을 담당한 윤경순과 이인종이 선뜻 나서지 못하자 일본 자객 소지마 와사쿠가 뛰쳐나가 일본도로 일격을 가했다. 용기를 얻은 윤경순이 뒤따라 공격했다.

어둠 속에서 기습을 당한 민영익은 왼쪽 머리 뒷부분과 팔, 허벅지를 공격당해 피투성이가 된 채 필사적으로 도주해 우정국 연회장 안에서 쓰러졌다. 순간 연회장이 아수라장이 되면서 모두 혼비백산해 도망가는 사이, 개화당 행동대는 살해 목표였던 한규직·이조연을 놓쳐버렸다.

푸트 공사와 묄렌도르프가 중상을 입은 민영익을 행사장에서 가까운 묄렌도르프의 집으로 옮겼다. 김옥균·박영효·홍영식·서광범 등은 연회장을 빠져나와 창덕궁으로 달려갔다. 김옥균 일행은 고종 내외의 침전으로 직행해 우정국 변란 소식을 보고했다. 김옥균은 숨을 헐떡이며,

중대 사태가 발생했으니 진정될 때까지 잠시 거처를 경우궁으로 옮기고 일본 공사관 수비대를 동원해 국왕의 호위를 담당토록 할 것을 요청했다.

순간, 눈치 빠른 민 왕후가 "이 변고가 청국 측 소행이오, 아니면 일본 측 소행이오?" 하고 따져 물었다. 김옥균이 답변을 망설이는 순간, 밖에서 거대한 폭음이 울렸다. 개화당과 내통한 궁녀가 인정전 아래에 묻어 둔 화약을 폭파시킨 것이다. 혼비백산한 고종과 민 왕후는 김옥균의 안내로 경우궁으로 이동했다.

위기의 순간 화약을 폭파시킨 궁녀는 10여 년 전부터 개화당에 포섭되어 궁중 기밀을 넘겨준 고대수顧大嫂라는 여성이었다. 당시 나이는 42세. 신체가 건장해 남자 대여섯 명을 감당할 만한 힘이 있었다고 한다. 경우궁으로 이동하는 노상에서 김옥균이 "일본군을 요청해 폐하를 호위토록 하면 만전을 기할 수 있겠습니다"라고 고종을 설득했다. 민 왕후가 또다시 가로막으면서 "일본군을 청해서 호위하면 청군은 어찌하려 하시오?" 하고 이의를 제기했다. 김옥균은 "청군도 불러들여 함께 호위하도록 하는 것이 좋겠습니다" 하고 둘러댔다.

김옥균은 "친필 칙서가 없으면 일본군이 오지 않을 듯합니다" 하고 아뢰자 고종이 "어떻게 하면 좋겠는가?" 하고 망설였다. 김옥균이 필기구와 백지를 내놓았다. 김옥균의 『갑신일록』에는 경우궁으로 이동하는 노상에서 고종이 친필로 '일본공사래호짐日本公使來護朕'(일본 공사는 와서 짐을 호위하라)이라고 일곱 글자의 교지를 써주었다고 기록되어 있다.

박영효가 이 교지를 받아 들고 일본 공사관으로 달려가 다케조에 공사에게 일본군 출동을 요청했다. 고종이 교지를 내림으로써 일본군은 고종과 그 일가를 합법적으로 호위할 수 있는 국제법적 권리를 확보했다.

위조된 고종의 교지

경우궁 후문은 굳게 잠겨있었다. 사관생도 윤경완이 담을 넘어가 자물쇠를 부쉈는데, 이런 식으로 자물쇠를 부수고 문을 연 것이 여섯 차례였다. 고종 일가가 경우궁에 들어가자 서재필이 지휘하는 도야마학교 출신 사관생도와 친군 전·후영 군사들이 출입문을 봉쇄하고 경비를 시작했다.

지금까지 쿠데타 진행 상황은 김옥균의 『갑신일록』을 근거로 작성한 것이다. 하지만 승정원이 기록한 「갑신변란 사실」은 정황이 많이 다르다. 일부 내용을 소개한다.

> 김옥균·박영효·서광범은 궐내로 곧장 달려가서 바로 침전으로 들어갔다. 그리고 헐떡거리면서 아뢰길 "청국군이 난리를 일으켜서 불길이 도성에 가득합니다. 도성 안의 사람들이 도륙당하고 창검이 난무하니 부디 급히 이어移御해 피하소서"라고 했다. 아울러 일본 공사를 불러서 호위를 청하시라고 했지만, 우리 대군주께서는 윤허하지 않으셨다.
>
> 그러자 옥균 등은 혹은 통곡하고 혹은 흐느끼면서 주상의 마음을 두렵게 해서 궁을 옮기시도록 핍박했다. 각 전궁殿宮들도 모두 걸어서 뒤따랐으니 너무 창황해서 의례를 따질 겨를이 없었다. 영숙문에 이르러 갑자기 국출신청局出身廳(영숙문을 중심으로 궁궐 숙위를 담당하는 훈련도감 소속 하급 부대)에서 포성이 들렸다. 역당이 급히 외치길 "외병外兵이 크게 몰려왔으니 서두르지 않을 수 없습니다"라고 했다. (다보하시 기요시, 김종학 역, 『갑신정변 회고록』, 2006, 843~844쪽에서 인용)

다케조에 공사는 시마무라 서기관, 공사관 경비대장인 보병대위 무라카미 마사오미村上正臣와 함께 공사관 문을 나서려는 순간, 내관이 국왕 친서를 가지고 와서 입궐을 요청했다. 친서에는 『갑신일록』에 기록되어 있듯이 '일본공사래호짐' 일곱 글자가 아니라 서양 종이에 초서로 '일사래위日使來衛'라는 네 글자가 연필로 쓰여있었다. 친서에는 어명御名도 없고 어보御寶도 날인되어 있지 않았다.

고종이 경우궁으로 거처를 옮겼다는 소식을 듣고 후영사 윤태준, 경기관찰사 심상훈沈相薰이 가장 먼저 달려왔다. 우정국에서 탈출한 전영사 한규직은 병졸의 옷을 아무렇게나 걸쳐 입고 창덕궁을 거쳐 경우궁으로 왔다. 김옥균이 병졸의 옷을 걸치고 나타난 한규직에게 "군사를 통솔하는 장수의 소임을 띤 네가 이런 변란을 당해 군사를 거느리고 호위할 생각은 하지 않고, 어찌 단신으로 불경스런 복장을 하고 와서 주상의 마음을 어지럽히는가? 지금 이 변이 어디서 일어났는지 너는 알고 있을 것이다" 하고 호통을 쳤다.

때마침 박영효와 다케조에가 일본군과 함께 경우궁으로 들어오자 고종은 그제야 안도의 한숨을 쉬었다. 다케조에 공사는 시마무라 서기관과 삼등서기관 아사야마 겐조를 통역으로 데리고 와서 "일본 공사 다케조에 신이치로 문안 올립니다" 하고 인사했다. 일본 외무성이 작성한 「조선경성사변 시말서朝鮮京城事變始末書」는 다케조에가 일본군을 인솔하고 경우궁으로 출동하자 "고종은 희색만면해 마치 목 빠지게 기다렸다는 듯한 표정으로 궁 밖의 정원으로 나와 공사를 맞이하고 그의 손을 잡고 속히 와서 호위를 맡아준 것에 대해 정중하게 감사를 표했다"(기무라 간, 김세덕 역, 『대한제국의 패망과 그림자』, 2017, 200쪽)라고 기록하고 있다.

이날 밤 경우궁은 개화당 병사들을 비롯해 일본군, 궁녀와 내관 등이 창덕궁에서 국왕을 따라오는 바람에 입추의 여지가 없었다. 다케조에 공사는 시마무라 서기관, 통역 아사야마 겐조와 함께 궁전 밖에서 잡역과 천인들이 난입하는 것을 막았다. 한때 궁전 안의 불이 모두 꺼져 암흑이 되었는데, 다케조에 공사가 제등을 내관에게 내줘 간신히 한 점의 등불을 밝혔다(다보하시 기요시, 김종학 역, 『근대 일선관계의 연구 (상)』, 2013, 845쪽).

경우궁에서 주요 인사 살해

다케조에 공사는 김옥균과 협의해 무라카미 대위에게 경우궁의 병력 배치를 명했다. 청군의 공격에 대비해 궁 외곽에 일본군이 포진했고, 네 곳의 문에는 충의계 소속 장교들을 배치했다. 경우궁 안쪽에는 윤경완이 인솔하는 전영 군졸 50명을 배치하고, 국왕의 거처인 정당正堂에는 서재필이 이끄는 사관생도 13명이 경비를 섰다(다보하시 기요시, 김종학 역, 『근대 일선관계의 연구 (상)』, 2013, 845쪽).

갑신정변 주역들이 계획했던 1차 제거 목표는 친군과 친위 민병대 지휘관이었는데, 우정국에서 혼란의 와중에 그들을 놓쳐버렸다. 개화당은 척신들 참살을 경우궁에서 실행하기로 했다. 김옥균은 왕명을 위조해 친군 3영 지휘관營使과 민씨 척족, 사대 수구당 인사들을 경우궁으로 입궐하라고 명했다.

밤늦게 경우궁에 입궐한 좌영사 이조연, 전영사 한규직, 후영사 윤태준은 곧바로 개화당 군사들에게 체포되었다. 그들은 "위급할 때 장수로서 그 임무를 다하지 못한 죄"를 꾸짖은 후 이인종과 이규완이 궁 밖으로 끌고 나가 참살했다. 위안스카이가 조직한 친군영의 최고 지휘관 3명은 이날 밤 한꺼번에 목이 잘렸다.

이어 해방총관海防總管 민영목이 경우궁에 들어오자 파수병들이 문을 닫아걸었다. 민영목이 경비병이 도열한 한복판을 지나 제2문에 들어섰을 때 자객이 달려들어 단칼에 쓰러뜨렸다. 병사들은 곧바로 핏자국을 닦아 아무 일도 없었던 것처럼 하고 다음 사람을 기다렸다(후쿠자와 유키치, 「메이지 17년 조선경성변란의 시말明治十七年朝鮮京城變亂の始末」, 김종학, 『개화당의 기원과 비밀외교』, 2017, 419쪽에서 재인용).

민영목이 처단된 후 입궐한 사람은 풍양 조씨의 최고 실력자인 지중추부사 조영하와 민태호였다. 이들 모두 민영목과 같은 방식으로 살해당했다. 민태호는 재정권을 장악하고 있었을 뿐 아니라 친위 민병대나 다름없는 보부상을 관리하는 혜상공국 책임자였다. 이들 시체는 문 옆의 작은 방에 쌓아놓았다.

다음 처단 대상은 환관 유재현이었다. 개화당이었다가 배신해 윤웅렬의 북청 군대를 원대 복귀시킴으로써 정변에 결정적인 위기를 초래한 인물이었으니 용서할 수 없었을 것이다. 김옥균은 체포된 유재현에게 "너처럼 쥐새끼나 벌레 같은 무리가 대세를 알지 못하고 인심을 어지럽혔으니 죽여 없앨 것이다"라고 일갈했다. 이인종이 환관 유재현을 발로 차서 당하로 떨어뜨린 다음 참살했다.

『고종실록』은 이날 밤 경우궁에서 주요 인사를 처형한 장면에 대해 "김옥균이 생도 및 장사들을 시켜 좌영사 이조연, 내시 유재현 등을 앞 대청에서 살해하라고 했다. 임금께서 연거푸 '죽이지 말라! 죽이지 말라!'라고 했으나, 명을 듣지 않았다"(『고종실록』 21년 10월 17일)라고 담담하게 기록하고 있다.

후쿠자와 유키치의 「메이지 17년 조선경성변란의 시말」에는 "유재현을 포박해서 옥좌 가까이로 끌고 와 죄상을 열거한 후 베어버렸다. 이때 피가 튀어 고종의 어의御衣를 더럽힐 것 같은 모습에 그 자리에 있던 모든 이들의 낯빛이 창백해져 아무 소리도 못했다"라고 기록하고 있다(김종학, 『개화당의 기원과 비밀외교』, 2017, 420쪽에서 인용).

계동궁으로 고종 거처 옮겨

제거 대상 가운데 유일한 생존자는 우영사 민영익이었다. 자객의 공격을 받아 중상을 입은 민영익은 묄렌도르프의 자택으로 옮겨졌다. 푸트는 알렌에게 왕진을 요청했다. 알렌이 묄렌도르프의 집에 도착했을 때 민영익은 계속 피를 흘려 빈사瀕死 상태였다. 조선 한의韓醫들은 어찌할 바를 모르고 허둥대기만 했다. 알렌은 그들을 물리치고 소독과 지혈로 응급처치를 한 다음 출혈이 심한 머리 뒷부분과 목, 팔꿈치와 팔뚝을 봉합했다. 서울에 정착한 지 3개월 만에 조선 최고의 실력자를 자기 손으로 치료하게 된 것이다.

경우궁 외곽을 포위한 일본군은 외부와의 소통을 차단했다. 국왕 알현을 요청하는 대신이나 재상들의 명함을 받아 김옥균에게 보인 다음, 그의 명령에 따라 허락 여부를 결정했다. 국왕의 경우궁 이전 소식을 듣고 대신들이 달려갔지만 입시가 허락되지 않았다. 경희궁 내부에는 개화당을 제외하면 외부 인사는 병조판서 이재원, 경기관찰사 심상훈 두 명 뿐이었다.

우정국 낙성식 축하연이 아수라장으로 변하자 연회에 참석했던 천수탕은 청국 공관으로 달려가 위안스카이에게 급보를 알렸다. 위안스카이는 즉각 직속 상관인 우자오유 제독에게 정변 사실을 보고했다. 우자오유는 위안스카이에게 선발대를 이끌고 우정국과 창덕궁으로 출동해 상황을 파악하도록 지시했다. 우정국에는 사람 그림자도 보이지 않았고, 창덕궁의 문들도 폐쇄되어 있었다. 우자오유 제독이 고종의 경우궁 이어와 일본군 출동 소식을 들은 것은 12월 5일 새벽이었다.

혼란의 와중에 12월 5일, 날이 밝았다. 이날 새벽 김옥균은 거사 동지인 변수와 왕명을 전하는 내시를 각국 공사관에 보내 정변 사실을 알렸다. 푸트 미국 공사는 해군 사관 버나두(John B. Bernadou)와 통역 윤치호를 경우궁으로 보냈다. 김옥균은 버나두에게 거사 관련 내용을 설명하고 뒷마무리가 잘될 수 있도록 미국 측의 협조를 당부했다.

오전 8시. 미국 공사, 영국 총영사, 독일 영사(Hermann Budler)가 경우궁으로 와서 고종과 접견했다. 외교관들은 "이번 정변을 관망할 것이며, 다만 외국인을 보호해 달라"라고 요청하고 물러갔다.

당시 서울 주둔 청군 병력은 1,500명인 데 비해 개화당이 동원한 병력은 일본군까지 합쳐 300~400명에 불과했다. 청군이 공격해 올 경우 국왕의 거처인 창덕궁은 방어 전면이 넓어 소수 병력으로 방어가 어려운 문제점이 제기되었다. 그 결과 개화당은 고종의 친필 교지를 위조하는 등 무리수를 두어가며 국왕과 왕비를 경우궁으로 옮겼다.

그런데 일본군 지휘관 무라카미 대위의 의견으로는 경우궁도 구내가 넓고 나무가 무성해 조망이 불리한 데다가, 문과 문 사이의 거리가 멀어 방어가 어렵다는 진단이 나왔다. 게다가 창졸간에 경우궁으로 이어하는 바람에 음식과 방한 도구를 준비할 여유가 없었다. 밤새 추위에 떨던 고종은 날이 밝자 이재원(흥선대원군의 조카)의 건의에 따라 경우궁 남쪽에 있는 그의 저택인 계동궁桂洞宮(서울 종로구 계동 현대 사옥 앞)으로 이어하기로 결심했다. 개화당도 이에 별 이견이 없어 일행은 오전 10시경 경우궁에서 계동궁으로 옮겼다.

계동궁으로 거처를 옮긴 쿠데타 세력은 신정부 인선에 착수했다. 개화당은 의醫·역譯 중인들의 급진적이고 혁신적인 신분 제도 개혁 철학을 기반으로 삼았고, 국왕은 상징적 존재로서 그 위상을 높이고 권력 행사는 자신들이 담당하는 입헌군주제를 구상했다. 때문에 고종의 뜻에 따라 인선을 하고 정령을 발표하는 것이 아니라, 자신들이 일방적으로 인사를 한 다음 고종의 추인을 받는 형식을 취했다. 주요 관직 인선 과정에서 고종은 철저히 소외당했다.

고종 무시하고 신정부 요직 인선

새로 구성된 혁명 정부는 김옥균을 중심으로 한 급진 개화당과 개화당 동조 세력, 대원군 일파가 참여한 연합 정권이었다. 김옥균은 "민씨 일파에게 쭈그리고 지냈던 자를 천거해 벼슬을 시켰다"라고 『갑신일록』에 기록했다.

쿠데타 세력 가운데서는 홍영식이 의정부 우의정에 올랐다. 금릉위 박영효가 전·후영사 겸 좌포장, 서광범이 좌·우영사 겸 대리외무독판, 우포장으로 병권을 장악했고, 김옥균은 호조참판, 서재필은 병조참판 겸 정령관, 박영효의 큰형 박영교는 도승지가 됐다. 개화파와 가까운 신기선申箕善은 이조판서 겸 홍문제학이 됐고, 쿠데타 세력에서 이탈한 윤치호의 아버지 윤웅렬도 형조판서로 이름을 올렸다.

왕실 주변 인사로는 고종의 종형從兄 이재원이 의정부 좌의정, 대원군의 아들 이재면이 좌찬성 겸 좌우참찬, 이재원의 동생 이재완이 병조판서에 임명됐다. 그 밖에 종친 이재순은 평안감사, 대원군의 손자(이재면의 아들) 이준용은 세마, 대원군의 외손 조한국은 설서說書가 됐다. 외척으로는 왕대비의 조카 홍순형이 공조판서, 대왕대비의 조카 조영하와 종손 조동면이 각기 판의금과 동부승지, 순화궁(헌종의 후궁 경빈 김씨)의 아우 김문현이 병조참의로 임명됐다.

기타 인사로는 김윤식이 예조판서, 김홍집이 한성판윤, 이건창이 예문제학, 민긍식이 동의금, 이희선이 수원유수가 됐다.

개화당은 신분제를 폐지해 인민평등권을 추구하고 문벌을 타파하려 했다. 또 고종의 만류에도 불구하고 국가 요직을 독차지하고 전횡을 일삼아 왔던 민씨 척족 세력을 처단하고, 그들의 권력 기반이었던 혜상공국 혁파를 선언했다. 개화당은 혜상공국이 정부의 비호를 받는 봉건적 기구이자 상공업의 자유로운 발전을 저해하는 악질적인 기구라고 판단했다. 실제로 혜상공국은 개화당과는 정치적 성향이 정반대인 민씨 척족 수구 세력의 정치 자금과 물리력, 행동대 역할을 하는 핵심 몸통이었다.

보부상은 민씨 척족 세력의 하수인 역할을 하면서 백성을 억압하는 또 하나의 민폐 세력으로 전락했다. 국가 권력의 비호와 협조 아래 조직적으로 움직인 보부상의 폐단은 이루 말할 수 없을 정도였다. 정변 주도 세력이 쿠데타 첫날 밤에 경우궁에서 살해한 민태호와 한규직·윤태준·이조연을 비롯해 중상을 입은 민영익 모두 혜상공국의 당상 및 총판이었다.

고종의 현란한 줄타기

개화당도 보부상의 탄탄한 네트워크와 파괴력을 알고 있었기에, 그들을 거사에 끌어들이기 위해 노력했다. 갑신정변 행동대원으로 부상負商의 통령統領 이창규를 비롯해 100여 명의 부상이 참여한 것이 그 대표적인 사례다(조재곤, 『한국근대사회와 보부상』, 2001, 127~128쪽 참조). 하지만 개화당 수뇌부의 기대와는 달리 이창규는 부상들을 조직적으로 쿠데타에 끌어들이지 못했다. 오히려 포도청과 혜상공국의 지시에 의해 정변 참여자를 체포·취조하는 데 앞장섰다.

보부상은 민씨 척족 세력 편에 서서 친군 좌·우영 병사들과 함께 구미 각국 공사관을 호위했고, 집권 세력을 조직적으로 원조했다. 덕분에 갑신정변 진압 후 보부상들에게 후한 상이 내려졌다. 일부는 지방 관리로 임명된 사례도 있었다.

쿠데타 직전에 발을 뺀 윤웅렬은 자신의 의사와 관계없이 형조판서에, 그의 아들 윤치호는 외아문참의에 임명되었다. 이날 윤웅렬은 "김옥균 등이 이치를 모르고 무지해 시세에 어둡다"라면서 개화당의 조급한 행동을 비판했고, 아들 윤치호에게 "정변이 반드시 실패할 것"이라고 예언했다.

고종이 한 시절 김옥균의 개화당과 손잡았던 이유는 '왕권 강화'였다. 쿠데타가 발생해 경우궁으로 옮긴 순간부터 고종은 좌불안석이었다. 급기야 혁명 정부 인사에서 자신이 완전히 소외되자 개화당에 기울었던 마음이 크게 흔들렸다. 알고 보니 이자들은 '왕권 강화'에는 아무 생각이 없는, 아니 왕을 능멸하고 제멋대로 나라를 다스리려는 역도들 아닌가. 생각이 여기에 이르자 고종은 현란한 줄타기 곡예에 나섰다.

계동궁은 경우궁에 비해 규모가 작아 방어에 유리했다. 개화당은 며칠간 고종과 왕비가 이 저택에 머무르다가, 혁명 정부 권력이 안정된 후 창덕궁으로 귀환한다는 계획을 세웠다. 그런데 신정왕후 조 대비와 민 왕후가 계동궁이 너무 좁고 불편하다, 방한 용구도 준비되어 있지 않다면서 계속 불평했다. 고종도 이 의견에 합세해 창덕궁으로 환궁할 것을 주장했다.

박영효와 김옥균은 고종과 민 왕후의 불평불만을 무시했는데, 다케조에 공사가 문제였다. 김옥균은 다케조에에 대해 "천성이 나약한 일개 서생書生"(김옥균·박영효·서재필, 조일문·신복룡 편역, 『갑신정변 회고록』, 2006, 71쪽)이라고 인물평을 했다. 고종의 주장에 다케조에가 크게 흔들리자 김옥균은 "주상의 분부가 계시더라도 이틀만 더 기다리면 우리 당의 자립이 가능하다. 그때 대궐로 돌아가도 무방하다"라는 점을 신신당부했다.

김옥균과 박영효가 자기 의견을 깔아뭉개자 고종은 개화당 지도부가 잠시 밖에 나간 사이에 다케조에를 호출했다. 고종은 "조 대비의 뜻"을 앞세워 창덕궁으로의 환궁을 강력하게 주장했다. 결정적인 순간에 다케조에 공사는 백면서생 기질을 유감없이 드러냈다. 그는 "즉시 창덕궁 상황을 탐지한 후 회답하겠다"라고 하며 물러났다.

그는 무라카미 대위에게 창덕궁 정찰을 명했다. 그 결과 창덕궁 중앙에 위치한 관물헌觀物軒(왕세자가 머물던 동궁)이 방어에 가장 적합한 것으로 판명되었다. 소식을 듣고 달려온 김옥균과 개화당 동지들이 창덕궁으로의 이전을 강력 반대했다. 다케조에 공사는 "일본군 전력이 강하니 걱정 마시오. 내가 이미 주상께 아뢰었으니 여러 말 마시오" 하고 큰소리쳤다.

12월 5일 오후 5시, 국왕과 왕비 이하 모든 수행원이 창덕궁으로 환궁해 관물헌으로 옮겼다. 창덕궁 내부에 개화당 행동대를 배치했고, 일본군은 돈화문과 금호문, 진선문進善門과 숙장문을 지나 연양문延陽門, 예현문禮賢門, 봉래문蓬萊門 일대 경비를 담당했다. 외곽 지역인 창경궁 홍화문弘化門과 선인문宣仁門에는 개화당에 가담한 전·후영 병사를 배치했다.

입헌군주제 구상한 갑신정변 세력

고종 주도로 이루어진 창덕궁 환궁은 청군의 계략이었다. 당시 청군 지휘부는 종주국 대표로서 당연히 군대를 이끌고 입궐해 국왕을 보호해야 할 책임이 있다고 느꼈다. 하지만 조선 국왕의 요청이 없는 상태에서 섣불리 움직였다간 일본군과 충돌할 우려가 있어 주저하고 있었다.

국왕이 창덕궁으로 환궁한 후에도 쿠데타군이 궁궐을 봉쇄하는 바람에 궁궐 내부와의 소식이 끊겼다. 시중에는 홍영식이 반란 주모자이며, 그가 일본 공사 지지하에 국왕을 폐위하고 고종의 다섯째 아들 의화군義和君 이강李堈을 새 국왕으로 옹립한다는 유언비어가 퍼져 언제 민심이 폭발할지 모르는 상황이었다.

김윤식 등이 청국 병영에 가서 국왕 구출을 간청했지만, 청군 사령관 우자오유는 우유부단한 인물이었다. 그는 일본군과의 충돌이 벌어질 경우 책임을 추궁당할 것을 우려해 "리훙장의 지시를 기다린다"라는 핑계를 대며 병력 출동을 주저했다. 반면에 위안스카이는 "한시라도 빨리 출병해 쿠데타군을 진압해야 한다"라고 주장했다.

위안스카이는 12월 5일 아침, 궁내에서 고종을 모시고 있던 경기감사 심상훈을 통해 경우궁에 갇혀있던 민 왕후와의 연락선을 확보했다. 쿠데타군이 심상훈의 움직임을 철저하게 감시하지 않은 것이 패착이었다. 심상훈은 민 왕후의 밥사발 아래에 비밀 편지를 붙여 청군과 민 왕후 간의 연락책을 맡았다. 청군은 심상훈을 통해 고종과 민 왕후에게, 일본군과 개화당을 공격하기 용이한 창덕궁으로 환궁하도록 요청했다.

위안스카이는 또 심순택을 설득해 조선 정부 대표 자격으로 청군 출동을 요청하도록 권고했다. 심순택은 12월 6일 새벽, 비밀리에 우자오유 앞으로 청군 출동을 요청하는 조회를 보냈다.

창덕궁으로 환궁한 쿠데타 세력은 진선문 내방內房에 승정원을 설치하고 새로 임명된 대신들이 밤을 새워가며 국가 혁신을 위한 방안을 논의했다. 12월 6일, 날이 밝자 대신들은 밤새 논의한 사항을 고종에게 보고했다. 정령은 김옥균과 개화당 동지들의 뜻을 모아 박영효의 형 박영교가 작성했다. 이 과정에서도 고종과 사전 협의가 없었다. 홍영식이 고종에게 서류를 올려 재가를 받는 형식을 취했을 뿐이다.

이날 개화당은 청나라에 대한 사대 외교 폐지, 문벌 폐지 및 인민 평등권 제정, 능력에 따른 인재 등용, 조세법 개혁, 탐관오리 처벌 등이 담긴 '신정부 혁신 정령'을 발표했다. 조선을 근대 국가로 개혁하기 위한 정령은 원래 80여 개 조항이었으나 다음과 같은 14개 조항만 전한다.

① 대원군을 모셔올 것. 조공과 허례는 폐지한다.

② 문벌을 폐지해 인민이 평등한 권리를 갖는 제도를 마련한다.

③ 토지세地租法를 개혁해 관리의 부정을 막고 백성의 어려움을 제거하는 동시에, 국가의 비용을 풍족하게 한다.

④ 내시부內侍府를 혁파하되, 그 가운데 우수한 인재가 있으면 모두 등용한다.

⑤ 간악하고 탐욕스러워 나라를 병들게 한 자는 죄를 물어 처벌한다.

⑥ 백성들에게 봄에 빌려주고 가을에 갚도록 하는 환상還上(환곡 제도)은 영구히 없앤다.

⑦ 규장각을 없앤다.

⑧ 순사를 두어 절도를 막는다.

⑨ 혜상공국을 폐지한다.

⑩ 유배되었거나 금고된 사람은 형량을 감안해 방면한다.

⑪ 4영을 1영으로 통합하고 1영 중에서 장정을 뽑아 근위대를 설치한다.

⑫ 국내 재정 사무는 모두 호조가 관할하고, 그 밖의 재무 담당 관서는 모두 혁파한다.

⑬ 대신과 참찬參贊(의정부에 속한 정2품)은 매일 합문 안 의정소에서 회의해 결정한 다음 정령을 반포 시행한다.

⑭ 정부 6조 이외의 중요하지 않은 관직은 다 없앤다.

본국 정부 명령 없이 쿠데타 강경 진압한 위안스카이

제13조는 입헌군주제하의 내각제 정부 형태를 구상한 것으로 보인다. 김옥균을 위시한 갑신정변 주역들은 메이지유신 이후의 일본처럼 정치 제도를 개혁하고 부국강병과 식산흥업을 꿈꾸었다. 조선에는 이를 견인할 집단이 존재하지 않으니 무력을 동원한 궁정 쿠데타 방식으로 개혁을 시도한 것이다. 하지만 서울 한복판에 주둔하고 있는 청군의 존재가 심각한 걸림돌이었다.

쿠데타에 참여한 개화당 요원을 비롯해 일본군, 개화당 병사들 모두 12월 4일부터 사흘간 단 한순간도 휴식하지 못했다. 전날 저녁 동원된 전·후영 병사들의 무장을 점검한 결과 총신에 녹이 슬어있어 탄환을 장전할 수 없는 형편이었다. 급히 소총을 모두 분해 소제하도록 조치를 취했다.

이때 다케조에 공사가 또다시 문제를 일으켰다. 청군의 공격 징후가 보이지 않자 다케조에 공사는 "일본군은 공사관으로 복귀해 본연의 임무를 수행하겠다"라고 폭탄선언을 했다. 이 와중에 병력 철수라니! 경악한 김옥균은 "신정권 성립이 완전치 않은 상황이어서 일본군의 원조 없이는 자립할 가망이 없다. 사흘간만 일본군 철수를 늦춰달라"라고 요청했다. 고종도 우의정 홍영식에게 "왕비와 왕세자 등이 각 전에 환거할 수 있을 때까지 머물러주기 바란다"라는 뜻을 전했다. 마음이 약해진 다케조에는 결정을 못 내리고 오후가 될 때까지 주저하고 있었다.

정치적 판단력이 뛰어난 위안스카이는 갑신정변 쿠데타 소식을 접한 순간, 청-프랑스 전쟁 여파로 인해 본국으로부터 어떤 도움도 기대할 수 없음을 간파했다. 그는 조선 주둔군 자유재량으로 사태를 수습해야 하며, 조선을 청의 속국으로 계속 붙잡아 두려면 강력한 무력행사가 불가피하다고 주장했다.

반면에 사령관 우자오유는 신중론을 계속 주장했다. 이 와중에 조선 조정으로부터 청군 출병 요청이 오자 우자오유는 그제야 병력을 움직였다. 12월 6일 오후, 우자오유는 휘하의 막료 저우더우周得武를 창덕궁에 보내 우자오유 사령관 이름으로 국왕 알현을 요구했다. 김옥균은 우자오유 제독의 문안서를 보고 "제독이 직접 입궐하면 모를까 일개 막료의 알현은 허락할 수 없다"라면서 거절했다.

이번에는 청군 장교가 파견되어 "위안스카이가 군사 600명을 거느리고 입궐해 고종 알현을 원한다"라는 뜻을 전했다. 우자오유 제독은 다케조에 공사에게도 공문을 보내 "국왕을 보호하기 위해 군대를 이끌고 왕궁 내에 진입하는 것이며, 일본군에게 다른 의도가 있는 것은 아니다"라고 설명했다. 문제의 공문이 조선 내관과 시마무라 서기관을 거쳐 다케조에 공사에게 전달된 것은 청군과 일본군 간에 전투가 시작된 후였다.

국왕 거처에서 청-일 양국군 전투

조선 국왕과 다케조에 공사로부터 회답이 없자 우자오유 제독은 일본군과의 일전을 각오하고 입궐을 결정했다. 병력을 2대로 나누어 위안스카이는 창덕궁 정문, 우자오유는 선인문을 통해 창경궁으로 진입하기로 진로를 정했다.

오후 2시 30분, 위안스카이가 이끄는 청군 800명과 우자오유가 지휘하는 500명이 두 방향에서 창덕궁을 포위했다. 오후 3시, 대포를 끌어와 창덕궁 정문 앞에 포진시킨 청군이 포성과 함께 일제사격을 개시했다. 이때 위안스카이가 훈련시켜 '청별기'라 불리던 조선 친군 좌·우영 병력이 청군과 연합전선을 형성했다.

위안스카이는 갑신정변이 발생하자 자기가 훈련시킨 조선 친군 병사들의 충성을 유도하기 위해 600냥을 포상금으로 지급했다. 이렇게 공을 들인 덕분에 친군 좌·우영이 청군과 한편이 되어 일본군을 공격한 것이다.

돈화문에서 청군과 일본군 간에 격렬한 전투가 벌어져 포성과 총성이 진동했다. 전투가 가열되어 관물헌까지 총탄이 빗발치자 고종은 황망히 후원 숲으로 피난했다. 조선 친군 중에서 개화당 편에 섰던 전·후영 병사와 윤경완이 지휘한 군졸들이 총을 내팽개치고 도주하는 바람에 관물헌 부근에는 수비하는 병사가 한 명도 없었다.

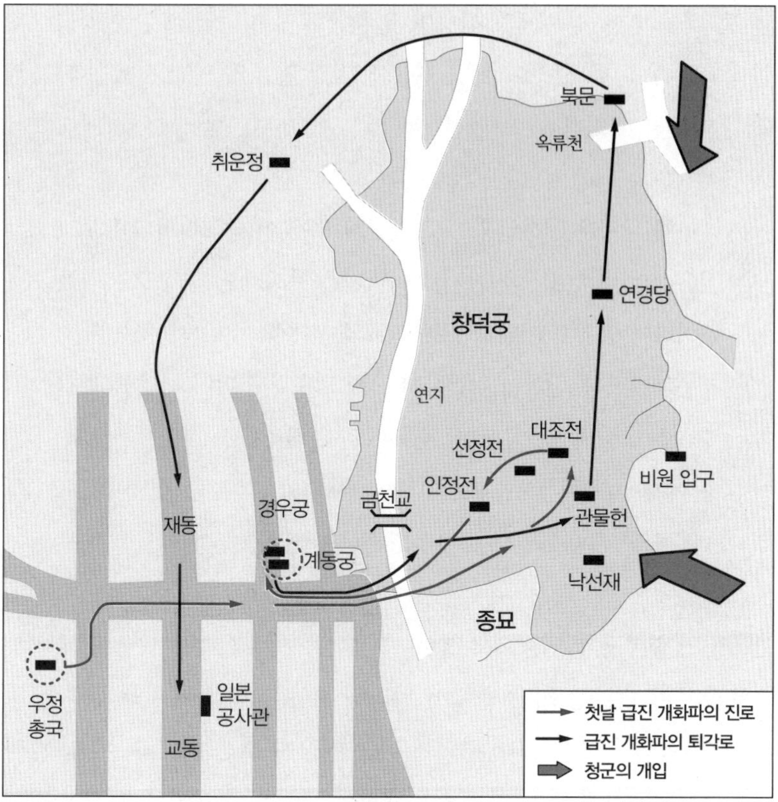

갑신정변 상황도

혼란을 틈타 민 왕후는 고종을 버려둔 채 세자와 세자빈, 왕대비, 대왕대비와 함께 후원으로 빠져나갔고, 후원 북문을 통해 궁궐 밖으로 탈출했다. 이들은 혜화문을 거쳐 각심사(노원구 월계동 근처)로 피신했다.

관물헌 내부에서 안절부절못하던 고종은 박영효와 김옥균이 후원의 연경당으로 피난했다는 소식을 듣고 그쪽으로 급히 움직였다. 고종은 무감武監(국왕을 호위하는 시위 무사)에게 업혀 후원의 옥류천 태극정을 통해 북장문으로 이동했다. 신하 몇 명과 함께 창덕궁 뒷산으로 빠져나가던 중 뒤쫓아 온 김옥균과 서광범, 일본군에게 창덕궁 후원 연경당으로 안내되었다. 이때 고종이 보인 행동에 대해 일본의 외교 사료는 다음과 같이 기록하고 있다.

> 이때 국왕은 일본인을 보고 말하길 모든 이들이 어머니를 보고 싶은 것처럼 짐도 마찬가지로 어머니를 한시라도 빨리 보고 싶을 뿐이라며 양손으로 업고 있는 신하의 어깨를 치며 재촉하는 사이 조용해지셨다. 신하는 절실하게 이를 멈추라고 다시 간언했다. 그렇다면 잠시 동안 어머니를 뵙고 오라고 하였다. (이치가와 마사아키 編, 『일한외교사료』 제3권, 原書房, 1988, 156~157쪽, 기무라 간, 김세덕 역, 『대한제국의 패망과 그림자』, 2017, 202쪽에서 재인용)

개화당과 일본군, 창덕궁에서 철수

무라카미 대위는 여러 문에서 퇴각해 오는 소대를 지휘해 전투를 계속했다. 병력 수에서 절대 우위에 있는 청군이 조선 친군 좌·우영 병사들과 함께 공격해 오자 일본군과 개화당 병력은 수세에 몰리기 시작했다. 박영효와 신복모가 거느린 병사들은 일본군과 합세해 옥류천 위로 밀고 들어오는 청군 병사와 몇 차례 백병전을 벌였다.

국왕이 청군 손에 넘어가면 개화당 정권은 파멸한다. 박영효·김옥균·서재필은 최악의 상황을 피하기 위해 고종을 모시고 인천으로 탈출하기로 하고, 다케조에에게 결단을 촉구했다. 김옥균으로부터 "군주를 모시고 인천으로 가서 다음 계획을 논의하자"라는 말을 들은 고종은 "나는 결코 인천으로 가지 않겠다. 대왕대비가 가신 곳으로 가서 죽더라도 그곳에서 죽겠다"라고 버텼다.

김옥균은 고종을 강제로라도 모시고 인천으로 가야 한다고 여러 차례 다그쳤으나 다케조에는 결단을 내리지 못하고 우왕좌왕했다. 다케조에 공사가 일본군을 창덕궁에서 철수시키려 하자 무라카미 대위가 "일본군은 정예병이므로 충분히 맞설 수 있다"라고 외쳤다. 다케조에는 고개를 저으며 "일단 물러나 후일을 도모하는 것 외에는 방법이 없다"라고 응수했다.

이때 별초군別抄軍(어가를 호위하는 군사) 100여 명이 창덕궁 뒤 북산에서 맹렬한 사격을 퍼부었다. 이미 날은 어두워져 주위 분간이 어려운 상황이었다. 청군은 대궐 전각들을 차례로 점거하면서 일본군이 포진하고 있는 곳으로 몰려왔다. 이때 다케조에 공사가 "잠시 군사를 철수했다가 선후책을 도모하겠다"라고 선언했다. 김옥균이 강력 항의했으나 다케조에는 고개를 저으며 "지금 총을 쏜 것은 청국 군사뿐만 아니라 조선 사람도 있다. 군주에게까지 총을 쏜 것은 일본 군사가 호위하고 있기 때문이다. 불행한 일이 생기면 대사를 그르칠 수 있기 때문에 잠시 물러갔다가 후일을 도모해야 한다"라고 단호하게 말했다.

김옥균·박영효·서재필이 "그럼 우린 어떻게 해야 하는가?" 하고 묻자 다케조에가 "공들은 나의 뒤를 따르는 것이 좋겠소"라고 답했다. 김옥균·박영효·서광범·서재필·변수·유혁로·이규완·정난교·신응희 등 9명은 일본군과 행동을 함께하기로 했다. 홍영식과 박영교, 사관생도 박응학 등 7명은 국왕을 호위하기로 결정했다.

김옥균 일행이 떠나려 하자 고종은 "이 위태롭고 혼란한 시기에 경들은 나를 버리고 어디로 가려는가?" 하고 외쳤다. 김옥균이 눈물을 머금고 "신들이 국가의 은혜를 입었사온데 어찌 감히 전하를 버리겠습니까? 오늘 전하를 따라가서 죽지 않는 것은 다른 날 국가와 전하를 위해 청천백일을 바라볼 때가 있도록 하기 위해 잠시 고별하는 것입니다"라고 하직 인사를 올렸다.

청군 군영으로 들어간 고종

일본군이 창덕궁을 빠져나가 일본 공사관으로 철수한 직후 홍영식과 박영교는 사관생도 7명과 함께 고종을 호위해 후문으로 나왔다. 그들은 북악으로 이동해 잠시 북관왕묘北關王廟에 피신해 있다가 우자오유가 인솔한 청군 병사에게 포위당했다. 우자오유가 고종에게 청군 병영으로 갈 것을 요구하자 홍영식 등이 강력 반대했다. 고종은 이를 물리치고 우자오유 군영으로 이동했다.

홍영식과 박영교를 비롯한 사관생도 전원은 그 자리에서 체포되어 홍영식·박영교는 조선 조정에 넘겨졌고, 생도들은 현장에서 청군에게 참살되었다. 고종은 청군 통령 우자오유 군영에서 위안스카이 진영으로 이동해 그곳에서 사흘간 체류했다.

사흘천하로 막을 내린 개화당의 쿠데타, 창덕궁에서 벌어진 청군과 일본군의 치열한 전투, 서울 백성들의 일본 공사관 공격 과정에서 일본군 여러 명을 비롯해 청군 100명, 조선인 100명이 희생되었다(알렌, 김원모 완역, 『알렌의 일기』, 단국대학교 출판부, 1991, 34쪽).

갑신정변의 최일선에 섰던 일본 육군도야마학교 출신 생도들의 운명은 극명하게 갈렸다. 서재필·이규완·신응희·정난교는 인천으로 피신해 일본으로 망명한다. 최초의 도야마학교 수료자 신복모는 쿠데타 선두에서 행동대를 지휘하던 중 행방불명되었고, 정종진은 러시아 국경을 넘어가 가까스로 목숨을 건졌다. 홍영식의 지휘 아래 고종을 호위해 북관왕묘로 갔던 박응학·정행징·윤영관·하응선·이병호·이건영·백낙운 등 7명은 청군에게 참살되었으며, 신중모는 체포되어 의금부에서 국문을 당한 뒤 군기시 앞에서 능지처참의 극형에 처해졌다(이기동, 『비극의 군인들-근대 한일관계사의 비록』, 2020, 44쪽).

제8장

갑신정변 쿠데타의 후폭풍

쿠데타 사흘째인 12월 6일 들어 시중에 일본과 손잡은 역적들에 의해 국왕이 폐위되었으며, 반란의 와중에 신정왕후 조 대비가 사망했다는 유언비어가 확산되면서 민심이 일본에 적대적으로 돌아섰다.

1884년 12월 6일 저녁 7시 30분경. 창덕궁에서 탈출한 일본군과 개화당 지도부가 일본 공사관으로 퇴각하는 모습을 본 군중들이 "왜놈들 죽여라! 역적 놈들 잡아라!" 하고 아우성치면서 돌을 던졌다. 일부 군중은 김옥균의 집으로 몰려가 불을 질렀다. 군중들의 파상 공격을 물리치며 철수하는 와중에 일본군 조장 이지마 세키타로飯島碩太郎와 병사 1명이 전사하고, 중위 오모다카 슌이치面高俊一를 비롯한 병사 7명이 부상당했다.

공사관으로 대피한 일본군 150여 명과 공사관 직원, 상인 등을 합쳐 300여 명이 뜬눈으로 밤을 지샜다. 진고개를 비롯해 남산 일대에 살고 있던 일본 거류민들은 대부분 쓰시마인들이었다. 미처 공사관으로 피신하지 못한 일본인 29명이 이날 밤 폭도로 변한 조선 사람들의 공격을 받아 살해당했다.

다케조에 공사는 공사관 기밀문서를 소각한 다음, 김홍집에게 조회를 보내 공사관과 부속 청사의 보호를 부탁했다. 그러나 일본 공사관에 대한 보호 조치는 취해지지 않았다. 박문국 주사로 근무하며 개화당 쿠데타에 깊이 개입했던 이노우에 가쿠고로는 "공사관 옥상에 일본 국기가 휘날리는 상황에서 서울에서 철수해서는 안 된다"라면서 공사관 사수를 주장했다.

12월 7일. 날이 밝자 교동의 일본 공사관 주변으로 성난 군중이 모여들면서 긴장감이 감돌았다. 정오 무렵 군중 사이에 조선 군인이 합세해 공사관에 투석을 하기 시작했다. 군중이 파도처럼 몰려와 공사관을 공격하자 더 이상 버티기 어렵다고 판단한 다케조에 공사는 공사관을 탈출해 인천으로 대피할 것을 명했다.

일본 공사관원, 인천으로 탈출

일본군이 선두에서 포위망을 돌파하기로 하고, 무라카미 대위의 지휘하에 소위 안도 이즈미安藤嚴水를 전위로, 중위 고타니 다네미쓰와 오모다카 슌이치를 후위로 삼았다. 공사 이하 비전투원들은 중앙에 배치하고, 부상자와 탄약은 직공과 인부들이 운반하기로 했다(다보하시 기요시, 김종학 역, 『근대 일선관계의 연구 (상)』, 2013, 867쪽).

일본 공사관의 조선인 수위는 공사 일행의 탈출을 돕기 위해 공사관 내의 문서와 책자를 대청에 쌓고 석유 1통을 부어 불을 붙였다. 화재가 발생해 주위가 산만해진 틈을 타서 공사 이하 일본군 경비대와 일본 상인들이 포위망을 뚫고 공사관을 탈출하는 데 성공했다(다보하시 기요시, 김종학 역, 『근대 일선관계의 연구 (상)』, 2013, 867쪽).

서울 각 성문은 12월 6일 청일 양국군의 무력 충돌 이후 성내 치안과 범인 도주를 막기 위해 폐쇄되었다. 남대문 방어가 가장 엄중하다는 정보가 전해지자 공사 일행은 서대문을 돌파하기로 했다. 교동 공사관을 탈출한 일행은 종로로 나와 군중의 공격을 격퇴하면서 서대문을 정면

돌파해 양화진으로 철수했다.

서대문에서 한강변에 이르는 동안에도 조선 군중의 파상적인 공격이 이어졌다. 이 과정에서 김옥균과 서재필을 비롯해 일본군 몇 명이 가벼운 부상을 당했다. 선발대가 한강에서 배 8척을 구해 일행이 한강을 건넌 것은 오후 5시 30분경. 이노우에 가쿠고로는 긴박했던 철수 정황에 대해 "해는 떨어지고 눈은 내리고, 하늘은 차츰 어두워졌다. 고개를 돌려 성안을 바라보니 일본 공사관은 화염에 싸여 하늘을 태우고 있었다. 이를 보고 누가 분개하지 않았겠는가. 우리는 밤새 눈을 밟으며 8일 오전 겨우 인천에 닿았다"라고 기록했다(이노우에 가쿠고로, 신영길 역, 『조선조 망국전야기』, 지선당, 2008, 48쪽).

일본 공사관과 일본군이 철수할 때 미처 대피하지 못하고 장안에 남아있던 일본인들은 조선 군중의 습격을 받아 대부분 살해되었다. 그 중 한 사람이 고종과 민 왕후가 총애했던 일본 참모본부 간첩대 소속의 이소바야시 신조 대위였다. 그는 며칠 전 충청도 일대를 비밀 탐사하기 위해 참모본부 어학연수생 아카바네 헤이타로赤羽平太郎, 시종 이쿠도 다이헤이幾度太平와 함께 여행을 가장한 출장을 나갔다가 서울로 복귀하던 길이었다.

12월 7일, 수원부에서 변란 발생 급보를 받은 이소바야시는 서울로 발길을 재촉하던 중 과천현 잠실리(일부 자료는 남문 밖 청파동) 부근에서 난민의 공격을 받았다. 세 명의 일본인은 난민들에게 참살당했는데, 수행원 1명의 시신은 한강 남쪽 동작진 부근에서 발견됐다(다보하시 기요시, 김종학 역, 『근대 일선관계의 연구 (상)』, 2013, 867~868쪽). 갑신정변으로 인한 일본 측 사망자는 군인 4명, 참모본부 어학생 2명, 민간인 34명 등 40여 명이었다.

부상자 치료한 알렌

수도 서울 한복판에서 일본군과 청군이 대포까지 동원해 격전을 벌이자 푸트 미국 공사를 비롯한 서울 주재 외국인들은 제물포로 피난을 갔다. 그들은 자국 함정에 승선해 대기하고 있다가 사태가 악화하면 일본으로 철수할 준비를 했다. 오직 한 사람, 의료 선교사 알렌은 서울에 남아 미국 공사관에 성조기를 게양하고 청군과 일본군 부상병을 치료했다.

알렌의 일기에 의하면 창덕궁 전투 과정에서 일본군과 청군 여러 명이 사망하고 부상을 당했다. 다케조에 공사와 일본군이 제물포로 탈출한 후 알렌은 청군 군영으로부터 부상자 치료 요청을 받았다. 알렌은 청군 군영으로 가서 부상자를 치료해 주었다(알렌, 김원모 완역, 『알렌의 일기』, 1991, 34쪽).

다케조에 공사 일행은 밤새 걷다 뛰다를 반복해 12월 8일 오전 7시경 제물포의 일본 영사관에 도착했다. 인천 항에는 일본 우편선 지토세마루와 군함 닛신日進호가 정박해 있었다. 인천 주재 이등영사 고바야시 하시이치小林端一는 닛신호 함장 오가타 고레요시尾形惟善에게 육전대(해병대) 상륙을 요청해 영사관과 일본인 거류지를 경비하고 공사관원과 피난민 수용 준비를 했다.

이때 공사를 따라온 조선 개화당 인사 9명의 처리 문제가 쟁점으로 부상했다. 김옥균·박영효·서광범·홍영식·서재필은 조선에서 촉망받는 청년 관리로서 '5걸五傑'이라 불렸다. 이들이 쿠데타를 일으켰다가 사흘천하로 실패하면서 5걸은 순식간에 '5적賊'으로 바뀌었다. 살해된 홍영식을 제외한 4명에게는 대역죄 혐의로 체포령이 내려졌다.

다케조에 공사는 김옥균 일행이 조일 관계에 짐이 될 것을 우려해 이들을 인천 일본 영사관에 수용하지 않았다. 목숨이 위태롭게 된 김옥균 일행은 친분이 있는 일본 다이이치은행 인천출장소 지배인 기노시타 세이베에木下淸兵衛의 도움으로 몸을 숨겼다.

조선 조정은 김옥균과 개화당 수괴들이 다케조에 공사를 따라 인천으로 탈출해 일본인 거류지에 숨어있다는 사실을 파악했다. 대역죄인을 체포하기 위해 12월 8일 독판교섭통상사무 조병호와 묄렌도르프가 인천에 파견되어 다케조에 공사 및 고바야시 영사와 회견했다. 조병호는 김옥균을 비롯한 '대역죄인'들을 내놓으라고 항의했다. 묄렌도르프는 군졸을 동원해 일본인 거류지를 포위하고 "역적들을 체포하라"라고 다그쳤다.

개화당 지도부 버린 다케조에 공사

12월 10일, 일본군과 공사관 직원들이 지토세마루에 승선했다. 이노우에 가쿠고로는 지토세마루의 선장 쓰지 가쿠사부로辻覺三郞에게 간청해 개화당 인사 9명을 승선시켰다. 묄렌도르프는 다케조에 공사에게 "역적들을 인도하지 않으면 중대한 국제 문제가 발생할 것"이라고 협박했다. 마음이 크게 흔들린 다케조에 공사는 김옥균 일행에게 하선을 명령했다. 다케조에 공사는 김옥균 일당을 조선 정부에 넘겨 사형에 처하도록 함으로써 자기와 일본 정부의 쿠데타 가담 사실을 은폐하려 한 것이다.

다케조에의 하선 명령은 공사의 자의적 판단이 아니라 일본 정부 입장이었던 것으로 보인다. 일본 정부는 공사관 경비 병력을 출동시켜 개화당을 지원해 친청 정권을 전복하려다 실패했다. 수세에 몰린 일본 정부는 어떻게 하든 청나라와 외교적 대립을 피하고 싶었다. 이런 상황에서 개화파 수뇌들의 일본 망명을 돕는 것은 일본에게는 백해무익한 일일 뿐만 아니라 너무나 큰 부담이었다(이정식, 『구한말의 개혁·독립투사 서재필』, 서울대학교 출판부, 2003, 50~51쪽 참조).

다케조에에게 등을 떠밀린 김옥균은 동지들에게 "붙잡혀 욕을 당하기보다는 차라리 모두 자결하는 것이 낫겠다"라면서 자결 준비를 했다. 개화당 지도부의 운명이 죽음의 나락으로 추락하려는 순간, 지토세마루의 선장 쓰지 가쿠사부로가 구원자로 등장했다. 그는 다케조에 공사에게 "이 배에 조선의 개화독립당 요원을 태운 것은 공사의 체면을 살려주고 싶었기 때문이다. 그럼에도 불구하고 죽음을 당할 것이 명약관화한 상황에서 이분들에게 하선하라고 하는 것은 어디서 배워먹은 수작이냐? 이분들이 이 배에 오른 이상 모든 것은 선장인 내 책임이다. 비록 공사의 요구이지만 이분들을 하선시킬 수 없다"라고 주장했다.

선장 직권으로 망명객을 태운 지토세마루는 인천 항을 출항한 다음 날 나가사키에 입항했다. 기약 없는 망명객 신세가 되어 나가사키에 도착했을 때 김옥균의 나이는 34세, 서광범 26세, 박영효 24세였다. 다케조에 공사는 공사관 직원을 외무성에 보내 조선에서 발생한 갑신정변의 경과를 상세히 보고했다.

개화당 지도부는 자신들을, 도쿠가와 막부를 쓰러뜨리고 메이지유신을 성공시킨 세력과 비교했을지 모른다. 그러나 조선 개화당은 사쓰마·조슈 같은 지방 무장 세력을 확보하지 못했고, 쿠데타 준비도 엉성했다. 중세 봉건적 질서가 판을 치는 조선에서 개화당 지지 세력은 극소수에 불과했다. 조정 관리들이나 일반 백성은 개화가 무슨 뜻인지 이해하지 못했고, 개화당에 호의를 가졌던 사람들도 그들의 거사를 지지하지 않았다. 150여 명에 불과한 일본군과 소수의 개화당 군대로 1,500명의 청군을 상대하기에는 역부족이었다.

다케조에 공사는 본국 정부의 훈령도 없는 상황에서 개인적 판단으로 일본군을 출동시켰다가 형세가 불리하자 군대를 철수해 버렸다. 속수무책의 상황에서 개화당 쿠데타는 사흘천하로 막을 내렸다.

12월 6일 저녁, 조선 국왕이 청군 수중에 넘어오자 조선 조정은 이날 밤부터 활동을 재개했다. 독판교섭통상사무 김홍집은 이날 밤 조선 주재 외교 사절들에게 일본 공사가 개화당 반도叛徒들과 공모해 국왕을 구금하고 대신들을 살해한 사실을 알렸다.

모든 사안 쿠데타 이전으로 원위치

위안스카이 군영에서 사흘간 체류하며 안정을 되찾은 고종은 수습책을 마련하기 위해 긴급 대책 회의를 열었다. 조선 조정은 일본군의 무례한 행동에 대한 항의 서한을 작성해 일본 정부에 보내기로 했다. 조정은 지난 사흘간 쿠데타 세력이 국왕의 재가를 받아 내린 전교傳教 및 정강과 조치에 대해 무효를 선언했다. 쿠데타 세력에게 관직을 박탈당했거나 강등된 대신들의 관직은 모두 원상 복구되었다.

이유 여하를 막론하고 사흘간 개화당과 한패가 되어 움직였던 고종이기에 난국 돌파를 위한 적당한 핑곗거리가 필요했다. 고민 끝에 고종은 "지난 사흘간 공표된 일체의 왕명은 김옥균·박영효 등 대역죄인들이 다케조에 공사와 공모해 시행한 것이며, 나는 협박을 당해 어쩔 수 없이 승인했을 뿐"이라고 선언했다.

12월 10일 고종이 창덕궁으로 환궁했고, 다음 날 왕비와 왕세자빈이 환궁했다. 수도 서울의 치안은 청군에 의해 평온을 되찾았다. 위안스카이는 왕궁에 들어가 고종의 옆방에 머물며 고종을 감시했고, 대신들은 모든 사안에 대해 자신의 지시를 받도록 했다(허우이제, 장지용 옮김, 『위안스카이』, 지호출판사, 2003, 48쪽).

위안스카이는 북양대신 리훙장에게 "고종은 우유부단한 데다 변덕스러워 남의 부추김에 잘 넘어가니, 높은 관리를 한성(서울)에 파견해 단속하지 않는다면 청을 배반하고 일본과 러시아를 좇아 독립을 시도할 것"이라고 보고했다(허우이제, 장지용 옮김, 『위안스카이』, 2003, 49~50쪽).

쿠데타에 가담했던 개화당 세력에겐 피의 복수가 기다리고 있었다. 12월 9일부터 조정은 갑신정변 관련자 일망타진에 나섰다. 정변 주동 세력인 홍영식과 박영교(박영효의 형)는 모반대역부도죄를 적용해 능지처사陵遲處死에 처해졌다. 이 형벌은 죄수를 기둥이나 형틀에 묶은 다음 온몸의 살을 몸통에서 가장 먼 쪽인 손가락과 발가락부터 시작해 3센티미터 단위로 얇게 저며 잔인하고 고통스럽게 죽이는 형벌이다. 이후에는 팔다리를 몸통에서 잘라내고, 목숨이 끊어지면 머리를 잘라 효수했다.

개화당 인사 삼족을 멸하다

이어 죄인의 소유 재산을 몰수하는 적몰가산籍沒家産과, 죄인의 집을 파괴한 다음 그 터에 연못을 만드는 파가저택破家瀦宅이 집행되었다. 홍영식의 집은 민씨 척족 세력의 영수인 민영익을 치료해 살려준 미국 의사 알렌에게 제공되어 제중원으로 바뀌었다.

쿠데타 행동대원으로 활동했던 12명에 대한 재판은 1884년 12월 27일 종결되었다. 그들은 모반부도죄로 능지처사 혹은 참형을 당했다. 6명은 미국 공사관 가까운 곳에서, 5명은 도성의 대로에서 28일과 29일 처형되었다. 포크 공사는 정변에 참여했던 행동대원의 처형 장면에 대해 "그들은 길바닥에 엎드렸고 둔기로 6차례 내지 10차례 내리쳐 목을 잘랐다. 시체는 모두 사지를 절단하고 길가에 며칠 동안 내버려 두었다"라고 기록했다.

김옥균의 저택은 정변 도중 군중의 공격을 받아 불탔고 박제경은 청계천 수표교에서, 사관생도 윤영관은 배오개(종로구 종로4가동·예지동·인의동에 걸쳐 있던 마을)에서 참살되었다. 이인종도 시체로 발견되었다. 행동대원으로서 정적政敵 살해를 담당했던 김봉균과 사관생도 신중모는 경기도의 한 사찰에 삭발하고 숨어 지내던 중 체포되었다. 윤경순은 전라도 곡성과 경기도 부평 등지에서 은신 생활을 하다 체포되었다.

정변 관련자 가족에게도 연좌법이 적용되었다. 주동자 김옥균의 부인은 외동딸과 함께 충청도 옥천으로 도망가서 숨어 지냈다. 김옥균의 생부生父 김병태는 삭탈관직당하고 천안 감옥에 수감되었다. 김병태는 김옥균이 상하이에서 암살된 지 두 달 후인 1894년 4월 교수형에 처해졌다. 김옥균의 생모生母는 남편이 체포되자 딸과 함께 극약을 먹고 자살을 시도했으나 생모는 죽고 누이는 살아나 종적을 감추었다. 동생 김각균은 경상도 칠곡으로 도망쳤다가 붙잡혀 대구 감옥에서 옥사했다. 김옥균의 양부養父 김병기는 천안 감옥에서 6~7년 옥고를 치르다 죽었다.

일본으로 탈출 망명한 서광범의 아버지 서상익(전 이조참판)은 8년간 수감 생활을 하던 중 굶어 죽었고, 서재필의 부인과 맏형 서재춘은 독약을 먹고 자결하고 둘째 형은 관군에게 살해당했다. 군대에 있던 그의 동생 서재창과 서재우는 처형당했다. 박영효의 아버지 박원양은 손자를 죽이고 자결을 시도했으나 체포되어 감옥에서 굶어 죽었다. 박영효의 어머니는 처형당했다. 홍영식의 아버지인 전 영의정 홍순목은 홍영식의 어린 아들을 죽이고 자신도 독약을 마시고 자결했으며 홍영식의 부인도 자결했다.

그 시절 죄수들을 사형할 때 목을 자르는 참수형을 시행했는데, 대역죄인은 목을 비롯해 손발 등 사지를 절단했다. 토막 난 머리와 다리, 몸통은 사람들이 다니는 거리에 내다 걸어 공포 분위기를 조성했다.

개화당 인사들의 시신, 개들이 뜯어먹어

갑신정변에 가담했다가 처형된 대역죄인들의 시신도 서울 거리에 효수되었다. 알렌의 일기에 의하면 민영익을 치료하기 위해 그의 집으로 가는 길에 머리와 손발이 절단된 시체 4구가 널려있는 모습을 보고 기겁을 했다고 한다. 시내 여러 곳에서 이런 시체 더미를 볼 수 있었는데, 알렌은 "개들이 시체 더미 위로 올라가 살점을 뜯어먹었다"(1895년 1월 30일)라고 기록했다(알렌, 김원모 완역, 『알렌의 일기』, 1991, 1991, 53쪽).

고종은 1887년, 갑신정변 때 피난했던 북관왕묘를 기념하는 비석을 세웠다. 북관왕묘는 임오군란 때 민 왕후가 피난지 장호원에서 데리고 온 무당 진령군眞靈君이 살았던 사당이다. 그 사당으로 피신해 목숨을 건졌다 해서 이를 기리는 비석을 세운 것이다. 비석에는 "왕의 꿈에 관운장이 나타났다. 임오년 병란에 관운장이 목숨을 구해 주었다. 관운장을 위해 사당을 짓고 북묘라 이름했다. 북묘로 가서 난을 피하니, 흉도들 목을 베고 적을 물리쳤다"라는 내용이 새겨졌다. 글씨는 민영환이 썼다.

근대의 물결이 도도히 밀려오는 격동의 시대에 국왕이 관우의 꿈을 꾸고 그를 기리는 사당으로 몸을 숨겨 목숨을 구했다는 내용을 새긴 비석을 세워 기념하는 나라. 그것이 조선이었다.

쿠데타 모의 과정에 개입했다가 발을 뺀 윤웅렬·윤치호 부자父子는 난감한 상황이 되었다. 변란의 와중에 쿠데타 세력이 윤웅렬을 형조판서에, 윤치호는 외아문참의에 임명했기 때문이다. 12월 7일, 윤치호가 푸트 공사와 함께 위안스카이 진영에 머물고 있는 고종을 알현했을 때 고종은 윤치호에게 "나는 너희 부자에게 죄가 없다는 사실을 알고 있으니 걱정하지 말라"라고 위로했다. 얼마 후 윤웅렬은 체포되어 전라도 화순으로 귀양 갔다가 1895년 갑오개혁 이후 유배에서 풀려났다.

개화 자강과 자주독립이라는 공동의 이상을 가졌으면서도 김옥균·박영효는 정변을 추진했고, 윤치호는 반대했다. 윤치호는 자신의 이상을 실현함에 있어 집권 수구당과 정면충돌을 피하고 설득과 타협을 통한 조화의 방법을 모색했다. 김옥균·박영효가 자신의 뜻을 실현하기 위해 혁명적인 방법을 택한 이상주의자였다면, 윤치호는 개량적인 방법을 택한 현실주의자였다.

일본당으로 몰려 곤욕을 치르던 윤치호는 갑신정변 직후 미국 정부가 조선 공사의 직책을 특명전권공사에서 변리공사로 격하시킨 것에 항의해 사임한 푸트를 따라 1885년 1월 일본으로 건너갔다. 이때 윤치호의 나이 21세였다. 푸트는 윤치호가 상하이에서 유학을 할 수 있도록 소개장을 써주었다.

국제 관계의 작동 원리 꿰뚫어 본 윤치호

상하이로 건너간 윤치호는 미국 감리교 선교사 영 알렌(Young J. Allen)이 세운 중시서원中西書院에 입학해 근대식 교육을 받았다. 중시서원에서 3년 6개월간 공부하며 윤치호는 한·중·일 세 나라를 비교 분석할 수 있는 안목을 가지게 되었다. 그는 일본은 동양의 한 도원桃園, 청은 오염된 물로 가득 채워진 연못, 조선은 청나라보다 더 못한 뒷간 같다고 개탄했다. 또 청은 주인이 게을러 벽은 무너지고 기와는 도둑맞았으며 지붕은 강풍의 일격에 쓰러질 것 같은 고가古家라고 표현했다.

윤치호는 일본이 아시아에서 가장 훌륭한 문명국이요, 청은 네댓 살 먹은 어린아이만큼도 걸을 수 없는 거구의 노인이라고 비유했다. 그는 불결하고 완고하며 낙후해 수모받는 청을 대국으로 섬기고 그들에게 의지해 지휘를 받고 있는 조선을 수치스럽고 비참한 나라라고 생각했다. 그 결과 조선은 "눈멀고 귀먹은 어리석은 노인의 고함 소리에 놀라는 소년"에 비유했다(『윤치호일기』 1885년 6월 26일).

그는 러시아의 조선 보호설, 조-청 간 전선의 청국 관할설 등을 접하고서 "이런 국세國勢라면 일국의 생사의 명을 천하에 둘도 없는 만이蠻夷

(청국)의 손에 맡기느니 차라리 전토를 다른 문명국에게 맡겨 중세重稅와 악정하에 있는 인민을 구해야 한다"라고 외쳤다(『윤치호일기』 1886년 9월 9일).

윤치호는 1888년 알렌 학장 및 보넬(W. B. Bonnel) 교수의 추천과 감리교회의 후원을 받아 미국 테네시주 내슈빌의 밴더빌트(Vanderbilt)대학에 입학했다. 이 학교는 미국의 철도왕으로 추앙받는 밴더빌트가 막대한 돈을 기부해 설립했는데, 듀크대학·에모리대학과 함께 미국 남부를 대표하는 명문 대학이다. 특히 피바디 교육대학원은 미국 내에서 명실상부한 최고 수준의 교육대학으로 명성이 자자하다.

3년간 신학과 영어를 공부한 윤치호는 조지아주 애틀랜타의 에모리대학에서 역사·헌법사·정치경제학 등을 공부했다. 5년의 미국 유학을 마치고 중국으로 돌아가 모교인 상하이 중시서원에서 학생들을 가르쳤다. 청일전쟁에서 일본이 승리해 개화파가 정권을 잡자 윤치호는 1895년 2월 귀국해 김홍집 내각에서 외부협판, 박영효 내각에서 학부협판(오늘날의 교육부차관)을 지냈다. 1896년 민영환의 수행원으로 러시아 황제 니콜라이 2세의 대관식에 참석했다.

윤치호는 젊은 시절 일본·중국·미국에서 10년 넘게 고급 교육을 받아 뛰어난 지적 능력과 일본어·중국어·영어를 구사하는 어학 능력을 소유했다. 당대 지식인 어느 누구보다 심오한 차원에서 국제 관계의 작동 원리를 꿰뚫어 본 인물이었다.

그는 국가가 사라지고 지배층이 변해도 국민 개개인이 예전보다 더 큰 안정과 행복을 얻게 되면, 그 편이 더 낫다고 생각했다. 국가의 목적은 국민의 안녕과 행복을 유지해 주는 것인데, 정부가 포악해 국민을 압제하고 수탈하면 그런 정부하의 독립이란 무의미하다.

"개화·독립 관련 혀 놀리는 자 사라져"

또 동족에 의한 가혹한 통치보다 이민족에 의한 관대한 지배가 낫다고 생각했던 현실주의자였다(박지향, 『윤치호의 협력일기』, 이숲, 2010, 101~102쪽). 윤치호는 1889년에 쓴 자신의 일기에서 "나는 조선 독립 문제에 관심이 없다"라면서 다음과 같이 토로했다.

> "현재와 같은 정부를 두고는, 설령 독립을 해도 민족에게 아무런 희망을 주지 못할 것입니다. 반대로, 애족적이고 인민의 복지에 호의적 관심을 가진 더 나은 정부를 가지면 다른 나라에 종속되었다 해도 실제로는 재앙은 아닙니다. 게다가 건강하고 번성하는 민족은 어느 때고 독립을 회복할 것이지만, 가난하고 무식하며 포학할 정도로 이기적인 정부는 인민을 계속 가난하고 무식하며 허약하게 만듭니다. 독립된다 해서 이러한 인민에게 무슨 좋은 일이 있겠습니까?" (『윤치호일기』 1889년 12월 29일)

윤치호는 유색 인종에 대한 차별이 일상화되었던 미국 남부 지역에서 5년간 유학하며 백인들의 유색 인종에 대한 차별로 인해 갖가지 모멸감을 경험해야 했다. 그 결과 윤치호는 자신의 일기(1890년 2월 15일)에서 미국인들이 주장하는 '양도할 수 없는 권리'나 '인간의 자유'는 언어의 유희라고 단언했다. 미국인들은 인간의 평등·자유·박애에 대해 이야기하지만, 이 '자유의 땅'에서 양도할 수 없는 권리를 누리려면 백인이 되어야 한다는 것이다.

미국에서 체험한 인종 차별 덕분에 그는 같은 동양인으로서 서양의 침략에 맞서는 일본에서 문명사의 새로운 가능성을 발견했다. 그 결과 윤치호는 "만약 내가 마음대로 '내 나라'를 정할 수 있었다면 일본을 선택했을 것이다. 나는 지긋지긋한 냄새가 나는 중국이나, 인종에 대한 편견 및 차별이 무서운 힘을 가지고 있는 미국, 또는 지긋지긋한 정권이 존재하는 조선에서도 살고 싶지 않다. 오, 축복받은 일본이여! 동양의 낙원이여! 세계의 동산이여!"(『윤치호일기』 1893년 11월 1일)라고 자신의 일기에 썼다.

그는 이 세계를 현실적으로 지배하는 원리는 '정의'가 아니라 '힘'이라고 단정했다. "힘이 곧 정의"라는 명제는 사회진화론적 시대관인데, 그것은 강대국의 약소국 지배를 긍정하고, 후에 러일전쟁의 승자인 일본의 한국에 대한 식민 통치를 불가피한 귀결로 받아들이는 요인으로 작동하게 된다.

갑신정변 실패의 후폭풍은 참혹하고 끔찍했다. 윤치호는 정변의 결과 "개화·독립에 대해 혀 놀리는 자가 없다"라면서 "급진 개화당의 패거悖擧가 이처럼 심하게 나라를 그르쳤다"라고 비판했다. 그는 "목씨(묄렌도르프)가 할애비가 되고 김씨(김홍집)는 손자가 되고, 청국은 머리가 되고 간소奸小들은 수족이 되어 우리나라는 이미 망했으니 무슨 소망이 있겠는가" 하고 통탄했다(『윤치호일기』 1884년 12월 14일).

윤치호는 수구 세력이 아무런 견제 장치 없이 정권을 독단하고, 청국의 조선 내에서의 입지가 더욱 강화되었으며, 개화 세력은 일망타진되고, 국왕은 청국에 의존하게 되었으며, 민중은 개화 인물을 적대시하게 되어 "결국 갑신정변은 그 의도와는 달리 모처럼 시작된 개화와 독립 분위기를 완전 단절시켰다"라고 혹평했다(유영렬, 『개화기의 윤치호 연구』, 2011, 57쪽).

서재필은 갑신정변의 실패 원인을 "까닭도 모르고 반대하는 일반 민중의 무지몰각 때문"이라고 회고했다. 그렇다면 조선의 민중들은 왜 그렇게 무지몰각했을까? 일본에서는 후쿠자와 유키치의 『서양 사정』이

100만 부, 『학문의 권장』은 총 340만 부가 팔려나가 전 국민이 개화·개국의 필요성을 절감했다.

일본 정부의 고민

비슷한 시기, 조선은 일반 대중이 개화·개국·근대화의 필요성을 이해할 수 있는 통로가 철저하게 막혀있었다. 시중에 서점은 한 곳도 없었고, 한글로 발간된 책이라고는 삼강오륜을 강조하는 유교 교리서만 존재했을 뿐이다. 모든 책은 한문으로 되어있어 한문을 모르는 사람은 지식에 접근 자체가 불가능했다. 서세동점의 회오리 속에서 국왕은 미신에 의지해 통치하고, 주자성리학에 절어있는 양반 사대부들은 공자와 맹자를 되새기며 쇄국은 선善, 개화는 악惡으로 자리매김했다.

김옥균을 비롯한 급진 개화당은 일본의 힘을 이용해 권력을 장악한 후 서구의 근대 문명을 받아들여 청나라로부터 독립하고자 했다. 개화당이 일본에 의지해 거사를 일으키자, 또 다른 외세인 청이 개입해 조선에서 개화 세력은 도륙을 당했다.

당시 시중에는 개항 이후 일본 상인들의 상권 장악으로 인해 쌓였던 반일 감정이 폭발 직전 상황이었다. 이 와중에 개화당이 일본을 끌어들여 쿠데타를 일으키는 바람에 민심을 잃은 것이다. 보다 중요한 실패 요인은 개화 세력의 설익은 입헌군주제 시도였다. 쿠데타 세력이 국왕의 존재를 무시한 채 인사를 전횡하고 정책을 제멋대로 발표하면서 고종으로 하여금 쿠데타 세력에 등을 돌리도록 만들었다.

다케조에 공사 일행이 나가사키에 무사히 도착하자 일본 정부는 12월 14일 내각 회의를 소집해 조선 문제에 대한 대책을 논의했다. 다케조에 공사의 갑신정변 개입 과정을 조사하는 과정에서 공사가 박영효·김옥균 등 독립당과 밀접한 관계를 갖고 그들의 반란 계획에 참여한 사실, 공사관 경비대를 동원해 경우궁 문을 점령하고 반도叛徒의 불법 암살에 도움을 준 사실, 공사가 사흘간 왕궁에 체재하면서 반도를 지지한 사실, 김옥균 일행의 일본 망명을 원조한 사실이 드러났다.

일본 정부 일각에서는 본국 정부의 훈령도 없이 개화당 쿠데타에 개입한 다케조에 공사의 독단과 월권을 비난하는 목소리가 높았다. 이것을 정식으로 문제 삼을 경우 일본 정부는 진퇴양난의 상황에 처하게 된다. 때문에 중대한 잘못을 저지른 다케조에를 처벌하거나 비난할 수 없었다.

바로 이날 주청 영국 공사로 주조선 공사를 겸직하고 있던 파크스는 갑신정변으로 청일 군대가 충돌하자 러시아가 개입할 가능성이 있다고 판단하고, 이를 차단하기 위해 영국 외무부에 거문도巨文島 순찰을 건의하는 전문을 보냈다. 그 결과 12월 19일 멀린(Merlin)호가 상하이를 출발해 거문도로 향했다.

멀린호는 5일간 거문도를 순찰한 후 12월 26일 상하이로 귀환했다. 멀린호 함장 브렌튼(Reginald Carey-Brenton) 중위는 거문도에는 방어를 위한 요새화 시설이 없으며, 조선군도 주둔하고 있지 않다는 사실을 확인했다. 또 주민의 경제 활동, 기후, 식수, 지방 관헌의 통치 현황, 마을 및 가옥 구조, 의복, 교육 수준, 여성과의 접촉 제한, 전염병, 위생 등 거문도 주민의 전반에 관한 내용을 해군부에 보고했다(한승훈, 「영국의 거문도 점령과정에 대한 재검토-갑신정변 직후 영국의 간섭정책을 중심으로」, 『영국 연구』 제36호, 2016.12, 80~81쪽).

일본 언론들은 정변의 와중에 희생된 일본인을 자극적으로 부각시키면서 연일 "이번 기회에 오만무례한 청과 조선을 응징해야 한다"라는 강경론을 쏟아냈다. 자유당 계열의 「지유신문」은 "신속하게 충분한 병력을 보내 서울을 점령하라"라고 주장했다(「自由新聞」, 1884년 12월 19일).

평화적 수습책 마련

개진당改進黨도 청나라와의 전쟁을 부추기는 데 앞장섰다. 오자키 유키오尾崎行雄, 이누카이 쓰요시犬養毅 같은 사람들은 "조선의 내정에 간섭하고 조선을 병략하는 데 힘써야 한다"라면서 "이렇게 하면 청과 전쟁이 야기될 것이지만, 이것이야말로 우리가 국가를 위해 가장 바라는 바"라고 선동했다(후지무라 미치오, 허남린 옮김, 『청일전쟁』, 1997, 27쪽).

메이지 일본 지도자들은 초기에는 조선의 개화에 대해 상당한 관심과 지지를 표명했지만, 재정적으로나 군사적으로 아무런 도움을 주지 못했다. 갑신정변 당시만 해도 조선의 개화파를 군사적으로 지원할 수 있는 육군도, 해군도 없었다. 걷잡을 수 없는 인플레이션, 급등하는 이자율, 급증하는 수입輸入, 늘어만 가는 외화 유출로 인해 경제가 엉망이 되자 마쓰카타 마사요시松方正義는 만성적인 인플레이션을 잡기 위해 온갖 반대를 무릅쓰고 강력한 긴축 재정을 실시했다. 이러한 재정 긴축 정책으로 조선의 개화파들을 재정적으로 지원할 수도 없었다(함재봉, 『한국사람 만들기 III-친미기독교파 1』, 2020, 845쪽).

메이지유신 이후 새롭게 조직된 일본군은 청나라와 전쟁을 할 준비가 미흡한 상태였다. 1882년 여름 임오군란 당시 청나라는 곧바로 3,000명의 원정군을 파병해 조선의 상황을 일거에 장악했다. 육군 4만 명, 수송선 한 척도 없는 해군 등 제한된 군사력밖에 보유하지 못한 일본은 수동적으로 대응할 수밖에 없었다.

특히 북양함대 위용에 눌려있던 해군이 문제였다. 해군은 사쓰마 군벌 주도하에 1888년 해군사관학교를 창설하고 1891년 독자적인 참모부를 설립한다. 일본 해군의 모델은 처음부터 영국이었다. 장교들은 영국에 유학 보내 10년씩 영국 선박을 타면서 기술을 익히게 했다. 일본 해군 전함들은 대부분 영국 조선소에서 건조되었다. 강력한 재정 긴축 정책을 추진 중이던 마쓰카타도 국가 안보를 위해서라면 어떻게 하든 육·해군 증강을 위한 재정을 확보해야 한다는 데 동의했다. 갑신정변과 관련하여 일본 정부는 여러 가지 현실적 여건을 검토한 후 자존심은 상하지만 평화적으로 뒷수습을 하기로 방향을 정했다.

갑신정변 과정에서 청군은 일본 상인들이 난민의 공격을 받아 살해당하는 것을 방관하거나 방조했다. 이에 대한 감정이 악화되어 일본 국내에서 청을 응징해야 한다면서 화전和戰 양론이 분분했다. 일본은 양국 병력의 충돌에 대한 책임자 처벌을 요구했고, 청은 이에 동의했다. 청은 조선 주둔 청군을 지휘해 갑신정변을 진압한 위안스카이를 본국으로 소환해 일본과의 충돌 위기를 수습했다.

12월 19일, 일본 각의는 다케조에 공사로는 도저히 문제를 수습할 수 없다고 판단해, 노련한 외교력과 두둑한 배짱을 가진 인물을 조선에 파견하기로 결정했다. 적임자는 외무대신 이노우에 가오루였다. 한 나라의 외무대신을 전권대사로 보내는 것은 전례가 없는 일이었지만, 일본 정부는 그렇게 하지 않으면 안 될 정도로 사안이 중대하다고 판단했다.

이노우에 대사가 가장 고심한 부분은 다케조에 공사가 일본을 대표한 외교관 신분임에도 불구하고 주재국에서 벌어진 반란에 가담한 일이었다. 이노우에는 갑신정변의 진상을 정확하게 파악하기 위해 다케조에를 소환해 다음 날 동이 틀 때까지 사건 내용을 설명 들었다. 그 결과 이노우에는 "다케조에 공사는 조선 정치 사정에 어두워 개화당 및 그들과 공모한 일부 일본인, 공사의 하급 관료들에게 이용당했다. 일국의 대표자로서 행동이 신중하지 못해 난당亂黨과 통모했다는 혐의를 입고 말았지만, 실제 공사로서 월권행위가 있었다고 볼 수는 없다"(다보하시 기요시, 김종학 역, 『근대 일선관계의 연구 (상)』, 2013, 914쪽)라고 판단했다.

고종 교지 위조 전말

일본 정부는 문제의 본질을 피해 가는 외교적 수습책을 마련했다. 첫째, 일본 정부의 대표자인 일본 공사가 쿠데타에 직접 개입한 부분에 대해서는 철저히 함구한다. 둘째, 조선 군중의 불법적인 공격을 받아 공사관이 소실되고 거류민이 참살되었으니 그 책임을 물어 조선 정부의 사죄 및 공사관 소실에 따른 재건비와, 살해당한 거류민의 유족과 부상자에 대한 배상금을 요구하기로 방침을 정했다.

그에 앞서 일본 정부는 다케조에 공사에게 서울로 귀임해 조선 정부와 외교 교섭을 개시하라고 훈령했다. 다케조에는 즉시 서울로 와서 조선 측과 접촉을 시작했다. 조선은 좌의정 겸 외아문독판 김홍집을 전권공사로, 조병호와 묄렌도르프를 수행관으로 임명했다.

교섭 과정에서, 쿠데타 첫날인 12월 4일 밤 일본군의 출동을 요구한 고종의 교지가 쟁점으로 부상했다. 고종의 교지가 진본일 경우, 일본군이 갑신정변 과정에서 수행한 모든 활동은 조선 국왕의 요청에 의한 적법한 행위가 되므로 면책 사유에 해당한다. 그 반대일 경우 복잡한 외교적 책임이 따르는 중대사였다.

다케조에 공사는 고종이 자신에게 보낸, 연필로 쓴 초본을 보여주었다. 이 교지를 본 조병호는 "국왕 친필이 아니라 흉당凶黨이 위조한 것"이라고 이의를 제기했다. 난감해진 다케조에는 쿠데타 당일 박영효를 통해 자신이 받았다고 주장하는 정서본 교지의 실물을 공개했다. 이 교지에는 '일사래위日使來衛'라고 쓰인 글씨 옆에 고종의 옥새가 선명하게 찍혀있었다.

정서본 교지를 본 조병호는 "이 옥새는 국왕의 옥새가 맞다. 그런데 흉당의 협박에 의해 만들어진 것"이라고 변명했다. 다케조에 공사가 제시한 정서본 교지에 날인된 국왕의 옥새는 진품이었으나, 형식은 일반적인 교지와는 많이 달랐다. 우선 교지에 고종의 어명御名이 적혀있었고, 교지를 하사받는 신하의 이름은 기재되어 있지 않았다. 조선에서는 국왕이 신하에게 교지를 내릴 경우 국왕의 이름을 적지 않는 것이 관례였다. 문제의 정서본 교지에는 '대조선국 대군주 이경'이라는 국왕의 이름이 적혀있었다(김종학, 『개화당의 기원과 비밀외교』, 2017, 321~322쪽).

게다가 김옥균의 『갑신일록』에는 '일본공사래호짐日本公使來護朕'이라고 일곱 글자로 교지를 써주었다고 기록되어 있는데, 초본이나 정서본 모두 '일사래위' 네 글자로 되어있었다. 그 이유는 무엇일까? 다보하시 기요시는 다음과 같은 과정을 통해 김옥균이 국왕의 교지를 위조했을 것으로 추론했다(다보하시 기요시, 김종학 역, 『근대 일선관계의 연구 (상)』, 2013, 908쪽).

김옥균의 심복 중 백춘배라는 인물이 있었다. 김옥균이 동남제도개척사에 임명되자 그를 이 부서의 하급 관리로 임명한다. 백춘배의 임무는 울릉도 목재를 벌목해 일본에 수출하는 일이었다. 갑신정변 실패 후 김옥균이 일본으로 망명했을 때 백춘배는 고베에서 김옥균을 만나 그와 함께 행동했다. 백춘배는 1885년 12월 본국 정세를 탐지하기 위해 조선으로 잠입했다가 곧바로 체포되었다.

체포 후 신문 과정에서 나온 백춘배의 진술에 의하면 김옥균이 고종으로부터 300만 엔 차관 도입 명을 받고 도일할 때 고종으로부터 백지 위임장 몇 통을 하사받았다. 김옥균은 차관 도입에 실패하고 귀국했는데, 이때 고종에게서 받은 백지 위임장을 반납하지 않고 소지하고 있다가 필요할 때마다 사용했다고 한다.

막후교섭

사실관계를 감안하면 다음과 같은 추론이 가능해진다. 김옥균은

12월 4일 밤, 고종에게 청해 연필로 쓴 교지를 일본 공사에게 보내 일본군을 갑신정변 쿠데타에 가담시켰다. 후에 교지의 형식이 불완전하다는 사실을 알고(혹은 다케조에 공사가 보완을 요구했을 수도 있다) 어보(국새)를 날인한 친서를 보낼 필요성을 느꼈을 가능성이 있다. 이때 김옥균은 전술한 백지 위임장에 자신이 '일사래위' 네 글자를 쓴 다음 국왕의 교지라고 속여 다케조에 공사에게 전달한 것으로 보인다.

12월 30일, 초본과 정서본 교지를 감정한 조병호는 다케조에 공사에게 "전날 회견에서 제시한 두 통의 교지 모두 신빙할 수 없다"라고 통보했다. 연필 초본은 마구 갈겨쓴 초서로서 흥당이 일을 벌일 때 쓴 것이니 진본으로 인정할 수 없고, 정서본은 형식이 칙유의 형태를 갖추고 있지 않다는 것이 그 이유였다. 조병호는 "교지에 찍힌 국보의 인적印跡은 분명해서 추호도 의심할 여지가 없다. 이것으로 판단하면 개화당이 국보를 훔쳐 날인한 것이 분명하다"라고 밝혔다.

이날 이노우에 가오루 특파전권대사가 군함 7척과 2개 대대 병력을 이끌고 제물포에 도착했다. 이노우에는 다케조에 공사에게 조선 정부와의 교섭을 중단하라고 명했다. 1885년 1월 3일, 이노우에는 육군 중장 다카시마 도모노스케高島鞆之助, 해군 소장 가바야마 스케노리樺山資紀와 함께 일본군 1개 대대 병력을 지휘해 서울로 들어갔다.

1월 7일 첫 회담이 열렸으나 양측 의견이 팽팽하게 맞서는 바람에 아무 성과도 없이 결렬됐다. 이노우에는 조선 정부가 일본 측 요구를 거절할 경우 무력 대응에 나설 것이라고 경고했다. 그는 조선 대표 김홍집에게 "천황이 이소바야시 대위의 조난 소식을 듣고 매우 당혹했을 만큼 그는 유명한 무관이었다. 우리 군신은 모두 그의 사망 사실에 비참함을 느꼈으며 시신의 참상을 보고 더욱 분노감이 격해졌다"라고 엄포를 놓았다. 한편에선 조선의 관리들과 폭넓은 인맥을 형성하고 있는 이노우에 가쿠고로를 앞세워 공작을 전개했다.

이노우에 대사는 조선 정부의 재정 상황을 꿰뚫어 보고 있었다. 그는 배상금을 카드로 조선 정부를 겁주고 달래면 손쉽게 외교적 성과를 얻을 수 있다고 판단했다. 그는 이노우에 가쿠고로에게 "일본 정부는 이번 사건 마무리 과정에서 많은 배상금을 바라지 않는다. 다만 이번 변란의 잘못이 일본에 있다는 말만 없으면 된다"라는 입장을 비밀리에 전했다. 또 조선 정부의 체면을 살려주기 위해 조선 정부가 눈엣가시처럼 여기고 있는 다케조에 공사, 시마무라 서기관, 아사야마 삼등서기관 등 갑신정변에 직접 가담했던 일본 외교관을 소환하고 다른 사람으로 대체할 수도 있다는 암시를 주었다.

1월 7일 밤, 이노우에 가쿠고로는 평소 친분이 있던 김홍집과 김윤식을 만나 일본 정부의 뜻을 은밀하게 전했다. 조선 정부 입장에서도 일본을 대표하는 정치가인 외무대신이 직접 내한한 이상 그의 제의는 일본 정부의 최종 결심이라고 이해했다. 만약 그의 의견에 동의하지 않으면 양국 관계에 중대한 결과가 초래되리라는 사실을 알고 있었다(다보하시 기요시, 김종학 역, 『근대 일선관계의 연구 (상)』, 2013, 919쪽).

이노우에 가쿠고로는 김홍집·김윤식에게 "조만간 청과 일본 간에 전쟁이 발발할지도 모르는데, 조선은 어느 한쪽을 적으로 삼아선 안 된다"라면서 "가짜 교지 문제를 언급하지 않으면 조선이 지불해야 할 배상금 액수를 줄일 수 있으니 신속하게 회담을 마무리하는 게 유리하다"라고 설득했다. 군함 7척과 2개 대대의 군사력을 앞세워 거칠게 몰아붙이는 일본 정부의 위세에 눌린 조선 대표는 일본 측 의견을 수용할 수밖에 없었다. 이노우에 가쿠고로의 중재를 통해 회담의 향배는 1월 7일 밤에 손쉽게 결정되었다.

일본과 한성조약 체결

1월 8일 회담에서 양국은 이노우에 특파대사가 제시한 초안을 토대로 합의에 도달했다. 1월 9일, 600명의 완전무장한 일본군이 도열한 가운데 조선과 일본은 한성조약을 체결했다. 주요 내용은 다섯 가지였다.

> ① 조선 정부는 일본에 외교 사절을 파견해 공식 사과한다.
> ② 갑신정변 과정에서 살해당한 일본 거류민의 유족과 부상자에 대한 보상금과 일본 상인의 재물이 훼손·약탈된 것에 대한 변상금으로 11만 엔을 지불한다.
> ③ 이소바야시 신조 대위를 살해한 범인을 조사·체포해 중형에 처한다.
> ④ 일본 공사관을 새로운 장소에 옮겨 신축하는 공사비 2만 엔을 조선 정부가 부담한다.
> ⑤ 일본 호위병의 영사營舍는 공사관 부지로 정하되 제물포조약 제5조에 비추어 시행한다.

마지막에 언급된 제물포조약 제5조는 "일본 공사관에 병사 약간 명을 두어 경비하게 하며, 병영의 설치·수선은 조선국이 책임지고, 만약 일본 공사가 경비를 필요로 하지 않는다고 인정할 때에는 철병을 해도 무방하다"라고 규정하고 있다.

갑신정변은 일본의 사주와 지원으로 발생한 변란이 명확했음에도 불구하고 한성조약에는 일본 측 책임에 대해서는 어떤 언급도 없었다. 이것이 한성조약의 가장 큰 특징이다.

이노우에 특파대사는 한성조약 제5조에 의거해 일본 공사관 호위 명목으로 일본군 1개 대대를 서울에 잔류시키고 귀국했다. 이때부터 일본군 1개 대대가 서울에 주둔하게 되면서 청-일 양군 사이에 긴장감이 돌기 시작했다. 그는 또 갑신정변에 직접 가담했던 다케조에 공사를 귀국 조치하고 곤도 외무서기관을 임시 대리공사로 임명했으며, 시마무라 히사시는 고토 신스케로 교체했다. 외무 삼등서기관 아사야마 겐조와 오바 나가나리도 본국 소환 형식으로 교체했다.

1월 20일, 조선 정부는 이소바야시 대위 살해범 김태홍·원한갑을 체포해 처형했다. 2월 4일에는 예조참판 서상우와 병조참판 묄렌도르프를 일본에 파견했다. 두 사람은 일본 정부에 정변 과정에서 일본 거류민이 사망한 사건에 대해 공식 사과한 후 일본으로 망명한 개화당 9명의 본국 송환을 요구했다. 그들의 방일 목적은 일본 정부와 교섭을 벌여 대역죄인 김옥균·박영효 등을 강제로 끌고 가기 위해서였다. 일본은 조선 정부의 요청을 거부했다.

알렌의 극진한 치료 덕분에 기사회생한 민영익은 1월 27일 알렌에게 현금 10만 냥을 보내 그동안의 노고를 치하했다. 민영익은 자기보다 두 살 연상인 알렌을 친형으로 모실 것을 약속했고, 비용을 제공할 테니 세계 일주를 다녀오라고 몇 차례 권유했다.

고종도 알렌에게 상금 1만 냥을 하사했다. 하루아침에 조선 최고 권력자의 총애를 받게 된 알렌은 민영익을 통해 조선에 서양식 병원 설립 계획서를 제출했다. 알렌은 고종의 후원으로 1885년 조선 최초의 근대식 병원인 광혜원廣惠院을 설립했다. 광혜원은 갑신정변에 가담했다가 참살당한 대역죄인 홍영식의 집을 몰수해 문을 열었다. 2대 원장 존 헤런(John W. Heron)은 병원 이름을 제중원濟衆院으로 바꾸었다.

정부가 운영하던 전통 한의학 의료 기관이었던 활인서活人署는 1743년에, 혜민서惠民署는 1882년 문을 닫아 병에 걸린 사람은 버려져야 했던 나라에 근대적인 왕립 병원이 문을 열었다. 이곳에 존 헤런, 로버트 하디(Robert A. Hardie), 찰스 빈튼(Charles C. Vinton), 올리버 애비슨(Oliver R. Avison) 같은 의사 겸 선교사들이 부임해 광혜원은 조선 최고의 근대식 의료 기관으로 급부상했다.

일본이 두려워한 나라는 러시아

광혜원에서 이름을 바꾼 제중원은 1886년 3월 29일 부속 국립의학교를 개교해 서양식 의학 교육을 시작했다. 제중원은 1885년 2월 25일 개원 이래 1년 동안 265명의 환자를 입원시켰고, 그 중 150명을 수술했으며, 통원 치료를 받은 환자 수는 1만 460명이었다(전택부, 『양화진 선교사 열전』, 홍성사, 2013, 41~42쪽).

이후 제중원은 조선으로 파송되어 온 서양 선교사들의 선교 거점이 되었다. 언더우드는 제중원에서 화학을 가르치며 선교 활동을 했고, 아펜젤러도 이곳에서 교육 사업과 선교 사역을 시작했다. 이밖에 존 헤런, 감리교 의료 선교사 스크랜턴 대부인, 의료선교사 애니 엘러스(Annie J. Ellers) 등도 제중원을 중심으로 선교 활동을 벌였다.

고종은 1886년 6월 14일 알렌을 당상관인 통정대부(정3품)에, 10월 25일에는 가선대부(종2품) 품계를 내리고 자신의 어의御醫로 임명했다. 알렌을 통해 서양 의사의 유용함을 체험한 조정은 "의사와 영어 교사의 파견을 환영한다"라는 뜻을 여러 경로를 통해 미국에 전했다.

알렌은 갑신정변에서 일본군이 청군에게 패해 한반도에서 쫓겨난 사건이 일본이 세계에서 가장 막강한 군국주의 국가로 부상하게 된 요인이라고 지적한다. 즉 갑신정변 실패 후 일본은 군비를 대대적으로 강화했다. 그 결과 1894년 청일전쟁을 일으켜 승리했고, 이로써 조선에 대한 청의 종주권을 끝장냈으며, 이어 러일전쟁에서 승리했다는 것이다. 알렌은 「위안스카이론」에서 위안스카이의 거만한 대한對韓 정책이 청일

전쟁과 러일전쟁 발발의 직접적인 계기라고 분석했다(김원모, 『개화기 한미교섭관계사』, 2003, 506쪽에서 재인용).

일본이 두려워했던 적국은 러시아였다. 일본 입장에서 볼 때 조선은 스스로의 힘으로 자국을 방어할 능력을 상실한 나라였기 때문에 그냥 놔두면 부동항을 찾고자 혈안이 되어있는 러시아에 잡아먹힐 것이 분명하다고 판단했다. 조선이 러시아의 영향권에 들어가면 일본열도는 러시아의 직접적인 위협에 놓이게 된다.

일본 안보에 위협이 제기되지 않도록 하기 위해서는 수단 방법 가리지 말고 조선을 일본에 우호적인 근대 국가로 개혁해야 한다. 문제는 조선의 개혁을 가로막고 있는 청나라다. 일본은 청과 전쟁을 해서라도 조선을 청의 속방에서 해방시켜 일본의 보호 아래 두어 러시아의 침투를 막는다. 이것이 당시 일본 지도부가 공유하고 있던 한반도 정책의 핵심 이슈였다.

김옥균의 『갑신일록』은 개화당이 무슨 이유로 거사를 일으키려 했는지 그 생각과 의지를 엿볼 수 있는 사료다. 그런데 개화를 향한 그들의 사상과 의지가 훌륭했다고 해서 '실패한 쿠데타'를 훌륭한 거사였다고 평가할 수 있을까? 개화당은 갑신정변 이전에도 영국을 끌어들여 청으로부터 독립을 추구하려다 영국에게 되치기를 당해 '조-영 신조약'이라는 외교상의 참변을 야기했다. 미국으로부터 군사 교관과 재정 고문을 초빙하려던 노력도 실패했다. 외세를 끌어들여 개화와 혁신을 이루려던 노력이 거듭 실패한 상황에서 또다시 '일본'을 등에 업고 거사를 일으킨 것은 단순한 어리석음으로만 치부할 수 없는 중대한 실수였다.

갑신정변 쿠데타는 개화당의 의도나 목표와는 달리 조선 정계에서 개화당 세력의 전멸과 친청 수구파의 득세라는 치명적 결과를 야기했다. 그 결과 조선에서 청의 종주권은 강화된 반면, 일본의 위신은 추락했다. 그 결과 조선에 대한 청의 내정 간섭과 외교 압력이 더욱 거세져 조선은 이제 청의 속국이 아니라 식민지로 전락하게 되었다.

일본을 세계무대에 데뷔시킨 갑신정변

이러한 식민 상태에서 벗어나기 위해 고종은 영국·청·일본이 그토록 경고했던 러시아와 손잡는 수순으로 떠밀려 가게 된다. 조선은 방호 장구도 갖추지 않은 벌거숭이 상태로 러시아와 수교하고, 두 차례나 밀약을 체결해 조-러 연합군 구성까지 논의한다. 그것은 스스로 화약을 짊어지고 불구덩이로 뛰어드는 행위였다. 전 지구적 차원에서 전개되고 있는 영국-러시아의 '그레이트게임(Great Game)'의 소용돌이로 뛰어들어 나라를 위기에 빠뜨리는 막장 정치를 연출한 것이다.

조선에서 발생한 갑신정변에 대응하는 과정에서 일본은 메이지 정부의 시스템과 대조선 정책이 얼마나 혼란스러웠는지를 처절하게 반성한다. 특히 태정대신·좌대신·우대신·참의로 구성된 태정관太政官 제도의 한계가 여실히 드러났다. 보다 강력한 추진력과 집행력을 가진 정부를 구성하기 위한 정치 체제 개혁의 필요성을 절감한 일본은 태정관을 대체하기 위해 화족 제도를 도입한다. 이를 통해 메이지유신 주도 세력인 하급 사무라이들도 귀족에 임명되면서 전통 봉건 체제 최상류 계층과 대등한 신분을 획득했다.

1885년 12월 22일 일본은 태정관을 폐지하고 프러시아의 내각제 모델을 모방한 내각제를 출범시킨다. 내각제 출범과 동시에 새로운 관료 제도도 만들어졌다. 정부 관료는 법학·경제학·정치학으로 구성된 시험을 통해 선발했다. 이로써 일본은 신분제에서 완전히 벗어나는 데 성공했다. 미천한 집안 출신이라도 열심히 공부해 시험에 합격하면 정부 고위 관리에 오를 수 있는 길이 열린 것이다.

이어 경제 개혁에 착수한다. 일본은 유럽에 유학생을 파견해 유럽의 비단 산업과 양잠업을 배워 비단 생산에 박차를 가했다. 그 결과 1868년에서 1883년 사이 일본의 비단 생산은 60퍼센트 늘고 수출은 100퍼센트 증가했다. 수출의 절반 이상이 미국이었다. 기계공업·시멘트·유리·조선업을 진흥시켰고, 국가 소유의 기업을 민간에 매각했다 (함재봉, 『한국사람 만들기 III-친미기독교파 1』, 2020, 513 이하 참조).

갑신정변은 결과적으로 '중국의 천하 질서'라는 전통적 동아시아 국제 질서의 해체를 촉진하고 '일본'이라는 신데렐라를 무대에 등장시키는 역사적 사건이 되었다.

제9장

조선의 '잃어버린 10년'

갑신정변 쿠데타에서 주목해야 할 부분은 후쿠자와 유키치 역할론이다. 일본의 대표적인 개화 지식인으로 현재 사용되는 1만 엔권 화폐에 그 얼굴이 새겨질 정도로 일본인들의 존경을 받는 인물이 후쿠자와다. 그가 어느 정도나 깊이 갑신정변에 개입했는지는 그의 제자 이노우에 가쿠고로의 다음과 같이 증언을 통해 이해할 수 있다.

> 선생은 단지 제삼자의 위치에 계셨던 것처럼 보이지만, 김옥균·박영효 등 일파의 거사는 처음부터 선생께서 간여하셨다. 선생께서는 항상 "나는 작가로서 대본을 쓸 뿐이다. 그 대본이 무대에서 연출되는 것을 볼 때는 유쾌해서 참을 수 없지만, 그 배우 같은 것은 누구든 상관없으며, 또 그것으로 나의 명리名利를 바라는 마음은 추호도 없다"라고 하셨다.
>
> 김옥균·박영효의 거사에서만큼은 선생께서 그 대본의 작가였을 뿐만 아니라, 배우를 고르고 배우를 가르치고 또 도구와 그 밖의 모든 것을 지시하신 것이 사실이었다. 필경 동양의 평화 문명을 위해 조선의 독립을 원조해 지나(중국)의 포만暴慢을 제압해서 우리

국권의 확장을 도모하고자 열중하신 데서 나온 것이리라. (김종학, 『개화당의 기원과 비밀외교』, 2017, 301쪽)

이노우에 가쿠고로는 조선에서 발생한 갑신정변 쿠데타의 작가 겸 연출가는 자기 스승 후쿠자와 유키치였다고 주장하고 있다. 여기서 분명히 짚어야 할 것은 후쿠자와가 조선을 문명개화시키기 위한 목적에서 개화당 쿠데타를 도운 것은 아니라는 사실이다. 국수주의적 일본 지사였던 그의 조선관은 "조선이 개화하지 못하고 청의 속박에서 헤매다가 러시아의 손아귀에 넘어갈 경우 일본 안보가 지극히 위험해진다. 따라서 개화당을 도와 미몽에서 헤매고 있는 조선 왕조를 일거에 무너뜨린다. 쿠데타가 성공해 개화당이 정권을 잡으면 고토 쇼지로 백작을 조선에 보내 한반도를 일본의 세력권에 편입시킨다"라는 것이었다.

갑신정변 실패 3개월 후 「탈아론」 발표

이것이 개화당 쿠데타를 후원한 그의 본심이었다. 기대와는 달리 개화당 쿠데타가 사흘천하로 막을 내리자 절망 낙담한 후쿠자와는 그로부터 3개월 후인 1885년 3월 16일, 자신이 운영하는 「지지신보時事新報」에 유명한 「탈아론脫亞論」을 발표한다.

후쿠자와가 「탈아론」에서 "오늘날의 (국제 관계를) 도모함에 있어 일본은 이웃 나라의 개명을 기다려 더불어 아시아를 흥하게 할 여유가 없다. 오히려 그 대열에서 탈피해 서양 문명국들과 진퇴를 같이하며, 지나와 조선을 대하는 법도 이웃 나라라고 해서 특별히 사이좋게 대우해 줄 것도 없고 서양인이 저들을 대하듯이 처분하면 될 뿐이다. 나쁜 친구를 사귀는 자는 더불어 오명을 피할 길이 없다. 우리는 마음속으로 아시아 동방의 나쁜 친구들을 사절해야 한다. 또 중국과 조선을 접수해야 한다.

조선 인민을 위해서 그 나라의 멸망을 축하한다"라며 조선을 향해 절제되지 않은 악담을 퍼부은 이유는 김옥균을 이용한 '조선의 문명화'라는 자신의 구상이 좌절된 데 대한 분노의 표출이었다. "서양인이 저들을 대하듯이 처분하면 된다"라는 구절의 의미는 "이제는 전쟁을 일으켜 청을 공격한 다음 조선 진출을 달성하는 수밖에 없다"라는 뜻이었다.

후쿠자와가 「탈아론」으로 아시아에서 벗어나 서양화를 주장한 반면, 다루이 도키치樽井藤吉는 『대동합방론大東合邦論』이란 저서를 통해 흥아론興亞論을 제기했다. 일본 민족과 조선 민족은 문명과 조상을 같이하는 운명공동체同文同祖이기 때문에 합방을 하고, 다른 민족인 중국 한족과는 연대해 아시아에서 서양 세력을 몰아내자는 주장이다. 무력이 아니라 대화와 설득으로 일본이 아시아 맹주권을 장악해 아시아를 계도한다는 전략을 제기한 것이다.

후쿠자와와 다루이의 주장은 아시아의 패권 장악이란 목적은 동일하며, 방식만 약간 차이가 난다. 훗날 일본은 '아시아의 단결과 부흥'이라는 슬로건을 내걸고 만주를 비롯해 중국 대륙을 침략하고 태평양전쟁으로 치닫게 된다.

김옥균의 『갑신일록』 조작

천신만고 끝에 일본으로 탈출, 망명한 9명의 개화당 인사들은 오갈 데가 없어 잠시 후쿠자와 유키치의 집에 숨어 지냈다. 이때 김옥균과 이노우에 가쿠고로는 후쿠자와가 갑신정변 쿠데타에 직간접으로 개입한 정황 증거를 인멸하기 위한 작업에 돌입했다. 두 사람은 갑신정변과 관련해 "국왕에 대한 충성심에서 나왔으며, 왕실 보전을 위해 일으킨 사건이다. 정변 과정에서 많은 이들이 희생됐지만 그것은 개인적인 원한 때문은 아니었다. 정권 장악 후에는 민씨 척족을 포함한 거국

일치 내각을 구성해 청으로부터 독립하려 했다. 이노우에와 다케조에가 선동해서 거사를 결심했지만 중간에 이들이 변심하는 바람에 정변이 실패했다. 은사 후쿠자와 유키치에게 만에 하나라도 누를 끼칠 만한 사실은 절대로 발설하지 않는다"(김종학, 『개화당의 기원과 비밀외교』, 2017, 334쪽)라고 합의했다.

이 합의에 입각해 김옥균은 후쿠자와가 쓴 「메이지 17년 조선경성변란의 시말」을 토대로 갑신정변 관련 기록인 『갑신일록』을 집필하기 시작했다. 이런 저간의 정황 때문에 두 문헌은 전체 구성과 세부 내용이 거의 비슷하다.

일본 학자 야마베 겐타로山邊健太郎는 1960년 『갑신일록』이 위작이라고 문제를 제기해 파문을 일으켰다. 『개화당의 기원과 비밀외교』의 저자 김종학은 『갑신일록』이 후쿠자와의 「메이지 17년 조선경성변란의 시말」을 기본 텍스트로 하고 일부 내용을 덧붙이거나 수정해서 작성되었다고 주장했다. 심지어 『갑신일록』의 일부 구절에 이노우에 가쿠고로가 가필한 것으로 보이는 흔적마저 발견됐다고 한다.

김옥균·박영효·서광범·서재필 등은 지체 높은 양반 가문 출신으로, 과거에 급제하거나 왕실과 혼맥婚脈으로 얽힌 전도유망한 양반 청년 인재들이었다. 이들은 굳이 쿠데타라는 모험을 하지 않았어도 출세가 보장된 조선의 '금수저'였으나 기득권을 내던지고 모험을 택했다가 하루아침에 난신역적亂臣逆賊이 되어 망명객 신세로 전락했다. 대체 그들은 무엇을 위해 자신과 가족들의 목숨과 인생을 걸었던 것일까?

개화당 인맥의 근원을 거슬러 올라가면 의·역 중인 오경석과 유대치가 나타난다. 역관으로 해외 문물을 일찍부터 접한 개화당 원조들은 조선에서 그 누구보다 국제 정세 동향에 밝았다. 문제는 그들이 '중인 계급'이라는 신분상의 한계를 안고 있었다는 점이다. 인도의 카스트 제도나 다름없는 반상班常 계급 구조가 엄존하는 조선에서 '중인 네트워크'라는 한정된 계층의 힘만으로는 조선의 신분 계급 제도를 무너뜨리는 혁명은 불가능했다.

이토 히로부미와 리훙장이 대결한 톈진조약

갑신정변 쿠데타 주동 세력은 양반이었지만, 그들을 도운 인물군은 승려, 하급 군인, 서자庶孽, 상인, 역관, 의사 등 신분 상승이 엄격히 제한된 사람들이었다. 그들은 개화당을 도와 신분제를 타파하고, 소수 지배 세력의 기득권을 깨뜨려 능력에 따라 인정받고 노력에 따라 출세하는 사회를 만들고자 했다. 이것이 개화당 원조 오경석·유대치·이동인 등의·역 중인들이 목숨 걸고 이루고자 했던 가치관이었다. 그들이 외국의 힘을 이용한다는 사고는 외국인 혐오 의식이 존재하지 않았기에 가능한 일이었다.

청 조정은 조선의 쿠데타 발생 소식을 접하자 프랑스와 전쟁 중인 상황을 감안해 일본과는 더 이상의 확전을 피하면서 실리를 추구하기로 방침을 정했다. 총리아문은 12월 11일, 우다청吳大澂과 수창續昌에게 "육·해군을 이끌고 조선으로 가서 변란을 조사하라"라고 명했다. 12월 29일 우다청은 수행원 40명, 호위병 250명을 지휘해 일본 군함이 포진하고 있는 인천을 피해 남양만에 상륙했다. 그 즉시 서울로 행군해 남별궁에 주둔하면서 한성조약 체결을 위한 조선의 외교 교섭을 감시했다.

청·일 양국이 조선 해역에 군함을 파견해 대치했고, 서울에는 청군 1,500여 명이 주둔하고 있었다. 이 와중에 일본군 1개 대대가 상륙해 언제 또다시 전투가 벌어질지 모르는 일촉즉발의 상황이 전개되었다. 고종은 청-일 간에 전투가 벌어지면 영국에게 중재를 요청하기 위해 노심초사했다.

갑신정변 과정에서 가장 심각한 문제는 본국 정부의 훈령이 없는 상태에서 일본 공사관 수비대가 쿠데타에 가담했고, 청군과 전투까지 벌인 부분이다. 하지만 이러한 내용은 일본 국내에는 전혀 알려지지 않았다. 다만 청군이 일본 공사와 일본군을 공격했고, 조선 군민과 합세해 일본 거류민을 적대한 사실만 알려지면서 청에 대한 감정이 폭발했다. 급기야 도쿄 시내의 공사립 학교 학생들이 1885년 1월 18일 청의 만행을 성토하는 가두시위를 벌였다.

하지만 청·일 양국 모두 조선에서 군사적 충돌을 확대하기에는 부담이 컸다. 두 나라는 주청 영국 공사 파크스의 중재하에 조선에서 군대 철수를 위한 협상에 합의했다. 협상 장소는 톈진으로 정해졌다. 이 와중인 1885년 3월 21일 파크스는 베이징에서 사망했다. 하지만 갑신정변을 둘러싼 그의 외교적 중재는 톈진조약으로 결실을 맺게 된다(한승훈, 「영국의 거문도 점령과정에 대한 재검토-갑신정변 직후 영국의 간섭정책을 중심으로」, 2016, 77쪽).

톈진에 파견될 일본의 특파전권대사는 일본 정계의 거물인 궁내경 이토 히로부미였다. 일본 정부로부터 "조선에서의 청·일 양국군 공동 철병과, 일본 공사 및 일본군, 일본 민간인 공격을 명령한 조선 주재 청군 지휘관 징계"라는 훈령을 받은 이토는 1885년 2월 27일 주일 청국 흠차대신(공사) 쉬청자오徐承祖를 방문했다. 이날 이토는 쉬청자오에게 회담에 임하는 자신의 속내를 다음과 같이 설명했다.

"작년 서울에서 일청 양국군의 충돌은 중대한 사건은 아니다. 그러나 양국이 계속 군대를 주둔시킬 경우 조선의 내정 분란을 둘러싸고 일·청 양국이 교전하는 불행한 상황이 될지도 모른다. 극동에서 두 강대국이 싸우는 것은 서양 국가, 특히 러시아가 어부지리를 얻게 할 뿐이니 나의 이번 사명은 그것을 방지하는 데 있다."

이토는 출발에 앞서 톈진 회담의 주제는 "조선에서 청·일 양국 군대의 공동 철병"이 될 것임을 청국 측에 미리 알린 것이다. 그는 쉬청자오와 회담한 다음 날 도쿄를 출발해 톈진으로 향했다.

일본에 '조선 출병권' 인정한 리훙장

이토의 중국 측 협상 파트너는 산전수전 다 겪은 노회한 관료 리훙장이었다. 리훙장은 청-프랑스 전쟁을 위해 조선 주둔 청군 철수를 하루라도 빨리 서둘러야 할 상황이었다. 이 무렵 리훙장은 청-프랑스 전쟁 대처와 관련해 외교적 실책을 자주 범해 조정의 신임을 잃었다. 청-일 간에 벌어진 톈진 회담마저 결렬되면 그에 대한 책임 추궁을 피할 길이 없었다.

이런 분위기 때문에 리훙장은 이토와의 회담에서 다케조에가 갑신정변의 공모자라는 사실을 알면서도 그에 대한 처벌을 관철하지 못했다. 조선 주둔 일본군과 청군의 공동 철병은 손쉽게 타협점을 찾았다. 잘 진행되던 협상은 향후 조선에 군대를 주둔시킬 수 있는 권리를 둘러싸고 암초를 만났다.

리훙장은 조선이 청의 속국이기 때문에 청은 종주국 고유의 권리로 언제든 출병할 수 있으며, 이 사실을 조약에 명기해야 한다고 주장했다. 일본은 조선과 체결한 강화도조약에서 조선을 자주독립국으로 인정했다. 이토가 리훙장의 주장에 동의할 경우 "조선은 자주독립국"이라는 일본의 대對조선 외교 정책의 근간이 무너지게 된다. 이토는 회담 결렬을 각오하고 청의 조선 출병 문제를 강력 반대했다.

이토가 단호한 태도로 맞서자 리훙장은 회담 결렬을 피하기 위해 협상안을 내놓았다. 일본 측 주장을 일부 인정해 조선 속방론을 철회하고, 형식상 청·일 양국이 평등하게 조선에 출병할 권리를 보유하되 출병할 경우 문서로 통지한다는 조건을 붙였다(다보하시 기요시, 김종학 역, 『근대일선관계의 연구 (하)』, 일조각, 2016, 311쪽).

리훙장과 이토는 어려운 고비를 무사히 넘기고 1885년 4월 18일, 청·일 양군이 조선에서 동시 철병하기 위한 톈진조약을 체결했다. 조선에서 청·일 양국 간의 세력 균형을 위해 체결된 톈진조약의 주요 내용은 다음과 같다.

> 제1조, 청과 일본은 4개월 이내에 조선에서 동시에 군대를 철수한다.
>
> 제2조, 조선 국왕에게 권고해 병사를 훈련시켜 치안을 스스로 유지하도록 하고, 청이나 일본 이외의 국가 소속 교관 1명에게 훈련을 담당하도록 한다.
>
> 제3조, 장래 조선에 변란이나 중요한 사건이 일어나 청이나 일본 어느 한쪽이 파병할 경우 그 사실을 상대방에게 알리고行文知照, 사변이 진정되면 즉시 철병한다.

톈진조약에서 예의주시해야 할 부분은 제2조와 3조다. 톈진조약 이전에 일본이 훈련시킨 별기군이 임오군란으로 해체되었고, 그 이후에는 청군이 친위군을 훈련시켰다. 톈진조약 이후 일본·청 모두 조선군 훈련에서 손을 뗌으로써 조선군은 동학 농민들의 반란조차 진압하지 못하는 오합지졸 신세로 전락했다. 뿐만 아니라 조선은 자주적 근대화를 포기한다.

협상 막바지에 영국군 거문도 점령

제3조의 경우 톈진조약 체결 전까지 조선에 대한 파병권은 종주국인

청나라만 가지고 있는 권리였다. 리훙장은 이 권리를 양보해 일본에 청과 동등한 지위와 권리를 인정했다. 리훙장은 제3조가 종주국의 군대 주둔권에 조금도 저촉되지 않는다고 안심했다. 즉 이 조항의 존재 여부와 관계없이 청은 조선의 종주국이므로 자신들이 필요하다고 인정할 때에는 언제라도 조선에 출병할 수 있으며, 이 경우 단지 일본 외무성에 문서로 통지만 하면 된다고 해석했다. 한 가지 실수라면 리훙장이 톈진조약 문서에, 일본 공사관·영사관의 경비 목적으로 약간의 병력을 주둔케 한다는 제물포조약의 제5조의 무효화를 명기하지 않은 점이다. 이 사소한 실수가 9년 후 일본군의 조선 주둔을 합법화하는 근거가 되어 청일전쟁의 방아쇠 역할을 하게 된다.

일본 정부도 제3조에 부담을 느끼지 않았다. 일본이 조선에 출병할 수 있는 권리는 제물포조약 제5조를 통해 이미 확보해 놓았다. 때문에 톈진조약 제3조로 인해 일본의 기득권은 조금도 침해받지 않았다. 청과 마찬가지로 조선에 출병할 경우 문서로 통지하는 의무를 지는 것에 불과했기에 일본도 거절할 이유가 없었다(다보하시 기요시, 김종학 역, 『근대 일선관계의 연구 (하)』, 2013, 311쪽).

청나라는 갑신정변에서 일본군에게 일방적인 승리를 거두었음에도 불구하고 톈진조약을 서둘렀다. 또 어떤 전제 조건도 없이 조선에서 양국군 철수에 동의했다. 이유는 청-프랑스 전쟁이었다. 전쟁의 와중에 조선에서 일본과 충돌하면 양쪽에서 가해질 군사적 압력을 감당하기 어려웠다.

그보다 더 다급한 일이 벌어졌다. 톈진에서 리훙장과 이토의 협상 막바지에 조선과 러시아의 밀약설이 폭로되었고, 그에 대한 대응으로 1885년 4월 15일 영국 함대가 거문도를 점령했다. 영국 함대의 거문도 점령 사흘 후인 4월 18일 리훙장과 이토는 톈진조약을 체결했다.

텐진조약으로 인해 한반도에 대한 청일 양국의 권리가 대등하게 조정되었다. 때문에 텐진조약은 일본의 외교적 승리로 보인다. 그런데 이토는 리훙장과의 회담에서 조선에 대한 청의 종주권을 철폐하려 했으나, 리훙장이 완강하게 반대하는 바람에 의제로 거론조차 하지 못했다. 반면에 리훙장은 파크스의 사망으로 후임이 된 주청 영국 공사 오코너(Nicholas R. O'Conor)의 조언을 받아 "청·일 양군의 동시 철병"을 이토에게 요청했다.

당시 조선에서는 갑신정변 실패로 인해 친일 개화당이 도륙을 당했다. 청은 종주권 행사를 위해 굳이 많은 비용과 외국으로부터 외교적 압력을 받아가며 조선에 병력을 계속 주둔시킬 필요가 없었다. 게다가 '청·일 양군 동시 철수' 카드는 조선에서 일본 세력을 몰아낼 절호의 기회였다. 이런 관점에서 보면 텐진조약의 진정한 승자는 일본이 아니라 청나라였다. 실제로 조약 체결 이후 조선에서 청의 종주권은 크게 강화되었다.

청·일 양군 조선 철병

텐진조약 체결 후 리훙장은 고종에게 공문을 보내 조약 체결 경위를 설명하고 청군 철수에 따른 대책으로 "조총 부대 수천 명을 훈련시키되, 서양인을 초빙해 교습하거나 조선 군인들을 텐진으로 파견해 학습시키는 두 가지 방안 중 하나를 택하라"라고 권고했다(배항섭, 『19세기 조선의 군사제도 연구』, 국학자료원, 2002, 221쪽). 이것은 텐진조약 체결 직전 사망한 주청 영국 공사 파크스의 조언에 따른 것이다. 리훙장은 조선이 가장 신뢰할 만한 서양 세력은 미국이라고 조언했다. 리훙장의 권고에 대해 고종은 "주한 미국 공사에게 군사교관 초빙을 이미 요청했다"라고 회답했다.

톈진조약에 의거해 청일 양군은 1885년 7월 조선에서 철병했다. 이로써 조선의 모든 권력은 32세의 고종, 33세의 민 왕후, 32세의 민영준(나중에 민영휘로 개명), 24세의 민영익에게 쏠렸다. 톈진조약 체결부터 청일전쟁 개전까지의 9년은 청나라의 조선 속방화 정책 제2기에 해당한다(김정기, 「청의 조선 '속방화' 정책과 동학농민전쟁」, 동학농민혁명기념사업회 편, 『동학농민혁명의 동아시아사적 의미』, 서경문화사, 2002, 35~36쪽). 이 기간 동안 일본은 전력을 기울여 청나라와의 전쟁을 준비해야 했기에 조선에 신경 쓸 여유가 없었다.

리훙장은 조선에서 청군 1,500명을 철수해 생긴 군사적 공백을 인천에 북양함대 해군 기지를 신설해 메웠다. 인천에 북양함대 군함 3척을 순환 배치해 인천을 북양함대 전진 기지로 만든 것이다. 북양해군 기지를 인천에 설치한 국제법적 근거는 조청상민수륙무역장정 제7조 청국 군함에 의한 조선 해방권海防權이었다.

해군의 전략상 한계로 인해 불안감을 느낀 리훙장은 그 보완책으로 1885년 말 리훙장 직계 부대인 북양 육군 4,500명을 조선과 청나라 국경 지역인 펑황청鳳凰城 볜먼邊門에 전진 배치했다. 조선에서 긴급 사태가 발생할 경우 즉각 압록강을 건너가 종주국으로서의 위상을 보여주기 위한 군사력 배치였다. 또 긴급 통신을 위해 인천-서울-평양-의주-볜먼으로 이어지는 서로전선西路電線을 가설했다.

일본은 갑신정변에서 개화당 쿠데타에 가담해 청군과 전투를 치르는 바람에 열강의 경계심을 고조시켰다. 곤욕을 치른 일본 외상 이노우에 가오루는 임시 조선 주재 공사로 임명된 곤도 마스키에게 비슷한 사태가 발생할 경우 다음과 같이 행동하라는 훈령을 내렸다.

첫째, 국왕이 구원을 요청하면 국왕을 일본 공사관으로 대피시킬 것.

둘째, 국왕이 왕궁에 병사를 파병해 달라고 요구할 경우 각국 공사와 협의한 뒤 함께 행동할 것.

셋째, 이들 방법에 기대지 않고 왕궁에 병사를 입궐시킨 경우 각국 공사가 궁에서 물러나는 동시에 병사를 철수시킬 것.

"조선 국왕이 구원 요청하면 일본 공사관으로 대피"

여기서 첫째 항목을 주의 깊게 바라볼 필요가 있다. 고종은 1882년 임오군란 직후에, 그리고 1883년 12월 청에 유폐되어 있던 대원군의 귀국 소문이 나돌자 일본 공사관에 파천(즉 도피)을 요청한 바 있다. 일본 정부는 "조선 국왕이 일관파천을 요청하면 수용한다"라는 입장을 확정한 것이다.

박영효는 자신의 회고록에서 갑신정변 실패 후 10년 세월에 대해 "청국의 완전한 지배 아래에서 소강小康을 유지해 조정은 민씨 천하로 더럽고 어지러움이 심해 만민의 불평이 날로 늘어났으며, 이것이 마침내 동학당의 봉기와 일청전쟁의 원인이 되었다"(김옥균·박영효·서재필, 조일문·신복룡 편역, 『갑신정변 회고록』, 2006, 214쪽)라고 분석했다.

갑신정변 쿠데타로 체면이 여지없이 구겨진 사람은 국왕 고종이었다. 고종은 1882년 구식 군인들이 궁궐을 침범했을 때 사태 수습을 위해 권력을 대원군에 넘겨준 바 있다. 2년 후인 1884년에는 개화당 쿠데타 세력에게 왕권을 능멸당했다. 변란이 발생할 때마다 청국 군대가 파병되어 정변을 진압하고 왕권을 되찾아 주었다.

이로써 조선의 독립 자주는 완전 허구임이 적나라하게 표출되었다. 임오군란·갑신정변 두 사건의 발생 원인은 누가 뭐라 해도 고종의 리더십 부재로 인한 실정失政, 왕비와 그 집안 인사들의 전횡과 부패였다.

고종은 묘당과 상의 없이 자신이 직접 인사권을 발동해 민씨 척족과 그들이 천거한 저질 탐관오리들을 조정의 핵심 요직이나 지방관에 임명했다. 또 무모할 정도로 독선적인 판단력으로 국가 대사를 결정했다가 낭패를 본 적이 한두 번이 아니다. 임오군란·갑신정변이라는 연이은 반란 사건은 고종의 정치 미숙이 불러온 참극이었다.

박영효와 김옥균 개화당을 등용해 개화를 추진한 주인공이 고종이었기에, 국왕도 쿠데타에 대한 책임론에서 자유로울 수 없었다. 친청 수구세력들은 "전하께서 나쁜 사람을 신용하고, 좋은 사람과 나쁜 사람을 분별하지 못해 정변이 일어났다"라면서 "전하께서는 마땅히 두려워하고 뉘우쳐야 한다"라는 상소를 연이어 올렸다. 거듭된 상소에 기가 꺾인 고종은 "내가 부덕하고 어리석은 소치"라며 여러 차례 반성하고 자책했다(박은숙, 『김옥균-역사의 혁명가 시대의 이단아』, 2011, 141쪽).

친청 수구당의 파상 공격에 견디다 못한 고종은 쿠데타 두 달여 후인 1885년 1월 15일, 성명을 발표했다. 이것은 국왕 자신이 책임을 통감해 스스로 자책한 것이 아니라, 병조판서 김윤식이 작성한 다음 고종이 특별히 내리는 유지別諭 형식으로 발표한 것이다.

갑신정변 면피 위해 "김옥균 암살" 어명

김윤식은 조선 관리들 중 학식이 뛰어났고, 공명정대한 성품으로 존경받고 있었다. 그는 성명 작성 과정에서 국왕의 성격 결함 및 폐해와 관련해 "여러 소인들이 이를 빌미로 잡다하게 나와서 나의 총명함을 현혹했으니, 난亂의 형체가 날마다 드러나는데도 스스로 깨닫지 못해서"라든가, "나는 감히 스스로 총명하다고 여기지 않을 것이며, 아랫사람들의 서무에 간여하지 않을 것이다. 세인細人(관직이 낮은 소인배)을 가까이하지 않고 사재를 축적하지 않을 것이며, 오직 공론만을 따르겠다"라는 문구를 통해 고종을 통렬하게 비판했다.

불행하게도 고종은 자아비판 성명을 발표하고도 정신을 차리지 못했다. 다보하시 기요시는 "오히려 갑신정변 이전보다 더 소인배들을 가까이하고, 세세한 일들을 친히 하고, 사재를 축적해 난亂의 형체가 더욱 드러났다"라고 비판했다(다보하시 기요시, 김종학 역, 『근대 일선관계의 연구(하)』, 2013, 32~33쪽).

고종은 자신에게 쏠리는 비난의 분위기를 반전시키기 위해 엉뚱한 카드를 꺼내 들었다. 일본으로 탈출한 '대역죄인 김옥균과 박영효'를 암살하도록 명령한 것이다. 조정은 어명을 받들어 김옥균을 암살하기 위해 일본에 자객을 여러 차례 파견했다.

1885년 톈진조약으로 청·일 양국군이 조선에서 철병하면서 조선은 외세의 간섭 없이 내실을 다지고 미래를 준비할 수 있는 절호의 기회를 맞았다. 동학 농민 봉기로 청·일 양국 군대가 다시 조선에 상륙한 1894년까지의 10여 년은 고종 이하 조선 수뇌부가 마음만 제대로 먹었다면 자립적 근대화를 추구할 수 있는 절호의 기회였다.

하지만 갑신정변을 체험한 고종은 개화의 필요성은 인정하면서도 '개화'라는 말만 나오면 치를 떠는 심리적 공황 상태에 빠졌다. 온건 개화론자였던 김윤식조차 "개화당 쿠데타로 인해 점진적인 개화조차 힘들게 되었다"라고 한탄했다. 개화당의 일원이었던 윤치호도 갑신정변을 "김옥균배의 망발"이라고 비난하면서 "개화의 모든 일을 완전히 탕패蕩敗시켰다"라고 안타까워했다(김윤희·이욱·홍준화, 『조선의 최후』, 2004, 84쪽).

조선 주둔 청군의 철수로 무력에 의한 직접적인 압력은 피했지만 조청상민수륙무역장정을 동원한 내정 간섭은 시간이 갈수록 강도가 강해졌고, 집요했다. 그 결과 조선 조정은 황금 같았던 10년을 허송세월함으로써 '잃어버린 10년'이 되고 말았다. 이 기간 동안 조선은 무능한 국정 운영으로 정부 조직은 무너지고 경제는 끝없이 추락했다. 국제 정세에 대한 무지와 조변석개식 외교로 외세가 개입할 수 있는 여지를 끊임없이 제공하는 동시에 열강들 간의 갈등과 충돌의 빌미를 제공함으로써 조선이 동북아의 화약고로 떠오른 10년이었다(함재봉, 『한국사람 만들기 III-친미기독교파 1』, 2020, 640쪽).

일본, 전쟁 위해 군비 확장 돌입

임오군란·갑신정변에서 연이어 패퇴한 일본은 자신들의 군비 태세로 볼 때 청과의 전쟁은 시기상조라고 판단했다. 이에 따라 일본은 청과의 전쟁에 대비해 10년에 걸쳐 대대적인 육·해군 군비 확장에 돌입했다. 도쿠가와 막부 말기부터 일본군 근대화를 도왔던 프랑스의 영향력 덕분에 메이지 정부 지도부는 프랑스의 군사 이론과 제도를 숭상했다. 1870년 메이지 신정부는 육군은 프랑스, 해군은 영국 모델을 따라 군사력 정비에 나섰다.

1873년 1월 최초로 징병제를 실시해 서양식 국민군을 창설한 일본은 프랑스 육군 제도를 모방해 20세의 모든 남성을 징집 대상으로 삼았고, 3년간의 현역 복무를 마친 후 4년간 예비역으로 복무하도록 했다. 프랑스 군사고문단이 일본 육군사관학교를 창설해 교육을 시켰다. 그런데 프랑스 고문단은 일본군에 기본적인 전술과 편제는 전수했지만 전략과 참모부에 대해서는 가르치지 않았다.

1877년 서남전쟁西南戰爭은 프랑스 모델을 따라 창설된 일본 육군의 한계를 노출시켰다. 정부군은 사쓰마의 사무라이들이 일으킨 난을 간신히 평정했다. 이 과정에서 지휘 체계, 병참 체계, 전략과 전술의 부족을 절감했다(함재봉, 『한국사람 만들기 III-친미기독교파 1』, 2020, 593쪽). 프로이센-프랑스 전쟁에서 프랑스 육군이 프로이센군에 힘 한번 제대로 못 쓰고 패하자 일본은 유럽 최강 프로이센군을 따라 배우기 시작했다.

1878년 12월 프로이센 육군을 따라 육군성 참모국을 폐지하고 참모본부를 설립했고, 1883년에는 상급 장교들의 교육을 위한 참모대학도 설립했다. 그 결과 군정(군의 전력 유지·배양)은 육군성, 군령(전략 기획, 작전 계획 수립 및 작전 부대 지휘 및 운용)은 참모본부가 담당하게 되었다. 참모본부는 육군성 관할에서 벗어나 천황 직속 기관으로 바뀌어 정부의 간섭을 배제할 수 있게 되었다.

일본 군부는 청군에 대한 전략 분석 과정에서 전근대적 군대인 팔기병八旗兵과 녹기병綠旗兵까지 포함해 병력 규모를 108만 1,000명으로 파악했다. 야마가타는 천황에게 "청나라의 대병력과 대항하기 위해서는 군비 확장이 급선무"라고 보고해 군비 확충론을 부추겼다(후지와라 아키라, 서영식 역, 『일본군사사日本軍事史 (상)』, 제이앤씨, 2013, 84~85쪽).

일본은 1885년 3월 독일의 육군참모총장 몰트케(Helmuth von Moltke)의 수제자 메켈(Klemens W. J. Meckel) 소령을 육군대학 교수 겸 일본 참모본부 고문으로 초빙했다. 일본 육군대학은 독일 육군대학을 모방해 만든 군사학교로서, 조슈번 출신이 장악한 육군 엘리트 양성소였다.

메켈 소령은 육군대학에서 일본 장교들에게 도상 연습, 전술 교육과 참모 교육을 통해 일본 육군의 기틀을 만들었다. 메켈은 일본군을 사단과 연대 단위로 재편해 기동력을 높이고 군부대를 철도로 연결해 병참과 운송력을 강화했다. 이것은 국내 작전용 군대에서 대외 전쟁용(대륙 작전형) 군대로 체제를 전환했음을 의미한다.

또 포병과 공병을 독자적인 지휘부를 가진 연대로 재편하고 군의관학교, 공병학교, 포병학교 등을 잇따라 창설했다. 메켈은 3년 동안 강의하면서 일본군에 클라우제비츠의 군사 이론을 전수했고, 프러시아군의 전쟁 게임을 도입해 전략과 전술의 기획력을 획기적으로 높였다.

대외 전쟁용 군대로 탈바꿈

메켈은 일본 육군 최고의 장교 60명을 전략·전술·조직에 관해 훈련시킴으로써 일본 육군을 독일화하는 데 성공한다(함재봉, 『한국사람 만들기 III-친미기독교파 1』, 2020, 594~595쪽). 그는 특히 "한반도는 일본의 복부를 노린 예리한 흉기"라고 한반도의 지정학적 의미를 설파해 한반도가 일본 안보에 결정적인 영향을 준다는 사실을 각인시켰다.

한편에선 전열대戰列隊와 보충대로 구성된 상비군 외에, 후방을 지키기 위해 후비군後備軍을 조직했다. 이 조치로 인해 동원 가능 병력은 일거에 두 배 반으로 늘었다(후지무라 미치오, 허남린 옮김, 『청일전쟁』, 1997, 29쪽). 군사비 지출도 국가 예산의 16퍼센트에서 26퍼센트로 급격히 상승했다.

대외 전쟁을 위해서는 해당 국가·지역의 작전용 지도 작성이 중요한 과제로 떠올랐다. 참모본부는 다수의 첩보 장교를 조선·중국에 밀파해 군용 지도 제작에 돌입했다. 참모본부장 야마가타 아리토모는 1879년과 1880년 가쓰라 다로桂太郎와 오가와 마타지小川又次, 후쿠시마 야스마사福島安正 등 10명의 장교를 주재 무관 혹은 어학 연수생으로 청나라에 파견했다. 이들은 청의 군비 태세를 상세히 연구해 그 결과를 『인방병비략隣邦兵備略』이란 제목으로 발간했다.

18세기 말 미국의 독립전쟁과 19세기 초 프랑스 혁명전쟁은 그동안의 전통적인 전쟁 전술과 전략을 완전히 뒤집었다. 절대군주제 시대에 전쟁이 발발하면 각국은 정예 용병을 동원해 용병 대 용병 간의 전쟁을 치렀다.

미국 독립전쟁과 프랑스 혁명은 절대군주제가 붕괴하고 민주정의 출범을 알리는 세계사적인 사건이었다. 프랑스 혁명으로 공화정이 수립

19세기 초 전쟁 양상의 변화

	프랑스 혁명전쟁 이전	프랑스 혁명전쟁 이후
군대	소수 정예 용병	국민개병의 국민군
전투 방법	횡대 전술	종대 전술 및 산병 전술
전술	회전(會戰) 기피	주력 부대 결전장에 집중
전략	병력 온존	회전 강요
작전 목표	토지 쟁탈	적 병력의 섬멸

되자 유럽 각국은 혁명의 전파를 막기 위해 프랑스를 침략했다. 프랑스는 침략을 막기 위해 떨쳐 일어난 시민들이 군대를 조직하면서 국민군이 탄생한다. 이들은 국가권력에 의해 강제로 전쟁터에 끌려 나간 피동적 존재가 아니라, 국가와 자신의 운명을 동일시하는 '국민'으로서 스스로의 의지로 참전했다.

국민군 조직으로 인해 전쟁의 전술 전략도 새판이 짜였다. 용병 군대의 전투 방식은 횡대 전술을 기본으로 채택했다. 또 용병 부대는 병력은 곧 자본이므로 병력을 온존하는 방식의 전투를 선호하고, 기동에 의한 회전會戰을 기피했으며, 작전 목표는 토지 쟁탈이 주류를 이루었다. 반면에 국민군이 동원된 전쟁에서는 병사 개개인의 국가에 대한 충성심을 바탕으로 종대 전술과 산병 전술이 채택되었다. 전략에서는 주력 부대를 결전장에 집중해 회전을 강요하며, 작전 목표는 적 병력의 섬멸로 바뀌었다.

1873년 징병제를 실시해 근대식 국민군 건설에 나선 메이지 정부는 큰 벽에 부딪혔다. 국민군이란 부르주아 민주혁명을 쟁취한 국가에서 철저한 국민개병 의무를 기초로 국민 총무장이 가능할 때 조직되는 군대였다. 국민군의 새로운 전술 전략은 조국과 자유를 옹호하는 병사의 자주적 열정을 기초로 성립되는 것이다.

'해방된 국민' 없이 국민군 조직한 일본

국민군의 기초는 혁명에 의해 해방된 '자유로운 농민'에 의해서만 가능했다. 메이지유신을 겪은 일본에서는 이러한 혁명과 해방이 일어나지 않았다. 다만 하급 무사들에 의한 막부 체제 타도라는 '위로부터의 혁명'이 일어났을 뿐이다(후지와라 아키라, 서영식 역, 『일본군사사日本軍事史 (상)』, 2013, 86~89쪽 참조).

일본군은 '해방된 국민'의 부재 상태에서 국민군을 조직하다 보니 '병사의 자주적 열정'이 결여되어 있었다. 이를 보충하기 위해 강제성이 동원되었다. 일본군은 프로이센 군대의 내무생활 제도를 받아들여 병영 내 일상의 사소한 부분까지를 규제해 징집한 병사들을 '군대'라는 거대한 기계의 부품으로 만들고자 했다. 이를 위해 헌병을 강화하고 군기 확립에 총력을 기울였다. 1882년 제정된 「군인칙유軍人勅諭」는 이러한 노력의 일환이다. 결국 일본군은 병사의 자주성 및 개성이 말살되고 오로지 명령에 복종하는 기계로 만드는 엄격한 내무생활과 구타·체벌이 강제되었다.

메이지유신 과정에서 벌어진 무진전쟁戊辰戰爭(1868~69) 당시 병사들은 미국의 엔필드(Enfield) 소총과 스펜서(Spencer) 소총, 영국의 스나이더(Snider) 소총, 벨기에의 알피니(Alpini) 소총, 프랑스의 샤스포(Chassepot) 소총 등 각국 제품을 사용해 여러 면에서 많은 결함을 노출한 바 있다. 이를 통일하기 위해 보병은 18년식 무라타村田 소총으로 개비했다(후지와라 아키라, 서영식 역, 『일본군사사日本軍事史 (상)』, 2013, 109쪽). 해군은 세계 최강의 영국 해군을 벤치마킹해 건설했다. 영국 해군 군사고문단이 일본 해군을 훈련시키기 위해 일본에 파견되었고, 일본의 엘리트 해군 장교들이 영국으로 유학해 포술과 항해술을 익혔다.

반면에 조선은 각국 업자들에게 속아 미국·독일·일본·러시아의 병기들을 사들였다. 조선에 살았던 프랑스인 에밀 마르텔(Emil Martel)은 조선군에 대해 "군대를 만드는 데에도 각국의 사관士官이 들어와 여러 가지 방법을 썼고, 총기에 있어서도 미국의 철포, 일본의 무라타, 러시아의 베르단(Berdan), 프랑스의 루구라 등 각종 것이 모두 조선의 연대 중에 섞여있었다. 이는 마치 에티오피아 군대가 여러 가지 총포를 갖고 있을 뿐만 아니라 탄환도 다 각기 다른 것과 같다"(경성전기주식회사 간, 「금석今昔 삼십년 좌담회 속기록」, 1939년 11월 1일, 138면)라고 토로할 정도였다.

러시아가 조선과 수교를 검토하기 시작한 것은 1880년이었다. 조선이 서양 열강들과 수호 조약 체결 움직임을 보이자 주일 러시아 공사 스트루베(Karl von Struve)는 1880년 5월 30일 기르스(Mikhail N. von Giers) 러시아 외상에게 "서양 열강이 우리의 가장 가까운 이웃(조선)을 지배하려고 움직이는 상황에서 우리도 행동해야 한다"라고 보고했다. 그는 1881년 4월 19일에도 조선과의 수교 조약 체결을 주장했다.

1882년 5월부터 조선이 미국·영국·독일과 차례로 수교하자 러시아는 한반도에서 영국과의 충돌을 피하기 위해 유지해 왔던 관망 정책을 더 이상 고집할 수 없는 상황에 직면했다. 러시아 외무성은 주청 러시아 공사 뷰초프에게 조선과 수교 조약 체결을 위해 청나라에 알선을 요청하라고 훈령했다. 뷰초프의 제안을 받은 청은 조선에 러시아의 입장을 전달했다.

조선 조정은 6월 30일 이에 반대하지 않는다는 의견을 보냈고, 청은 7월 18일 조선 측 의견을 뷰초프 공사에게 전달했다. 러시아 외무성은 톈진 주재 영사 베베르(Karl I. Waeber)에게 조선에 대한 상황 파악을 명했다. 베베르는 조-러 국경 지역 현황 파악을 위해 1882년 7월 18일 블라디보스토크에 도착해 12일 동안 현지 실정을 파악하고 자료를 수집했다.

묄렌도르프의 기이한 행보

당시 남南우수리 지역은 조선으로부터 식량과 소를 수입했다. 만약 조선이 식량과 소의 수출을 중단하면 연해주는 식량 공급이 끊겨 기아가 발생할 우려가 있었다. 베베르는 1882년 8월 26일 뷰초프 공사에게 연해주 일대의 식량과 육류 확보를 위해 불법 수입을 합법화하는 육로통상장정을 조선과 체결해야 한다고 보고했다.

1882년 8월, 러시아 외무성은 베베르에게 조선과 수교 조약 체결을 위한 전권을 부여했다. 이때 조선에서 임오군란이 폭발해 청군이 개입했다. 영국과 독일은 1882년 6월에 조선과 체결한 조약을 비준하지 않고 새 조약 체결 움직임을 보였고, 1882년 10월 조선과 청나라 사이에 무역장정이 체결되었다.

1883년 10월 23일, 기르스 외상은 러시아 황제에게 조선에서 다시 '관망 정책'으로 회귀하도록 요청했다. 황제도 이 의견에 동의해 조선과의 수교는 계속 늦어졌다. 1883년 11월 26일 조선이 영국·독일과 새 조약을 체결하자 그제서야 러시아도 조선과의 조약 체결에 나섰다. 1884년 4월 4일, 주청 러시아 공사 포포프(S. I. Popov)는 베베르에게 조-영 및 조-독 조약과 동일한 내용의 조약을 체결하라는 훈령을 전달했다. 러시아는 청의 중재를 통하지 않고 조선과 직접 교섭키로 했는데, 이것은 조선의 개화당 인사들 덕분이다.

임오군란 사후 처리를 위해 일본에 파견된 수신사 박영효 일행은 도쿄 주재 영국 공사관과 긴밀히 연락했고, 러시아 공사관과도 접촉하면서 청의 중재 없이 조선과 수호 조약 체결을 여러 차례 요청했다(김용구, 『러시아의 만주·한반도 정책사, 17~19세기』, 푸른역사, 2018, 124쪽). 김옥균은 도쿄에서 주일 러시아 공사 로젠(Roman R. Rozen)과 회견했다. 1882년 6월 23일자 로젠의 본국 정부 보고에는 김옥균이 러시아에게 미국·영국처럼 조선과 직접 우호 조약을 체결하자는 요청을 했다고 기록되어 있다.

같은 해 11월 13일 로젠은 조선 수신사 박영효·민영익·김옥균과의 회견 내용을 본국 정부에 보고했다. 로젠은 조선 수신사 사절단이 청의 내정 간섭에 격분하고 있으며, 조선의 독립과 자주를 보장하기 위해 청의 간섭이나 중재를 거치지 않고 직접 교섭에 의해 하루속히 조-러 조약 체결을 원하고 있다고 밝혔다. 김옥균은 3차 도일 때 로젠의 후임인 다비도프(Aleksandre P. Davydov) 공사를 예방해 다비도프에게 조선과 러시아의 신속한 조약 체결을 여러 차례 요구했다.

러시아가 조선과 수교하기 위해 긴박하게 움직이고 있을 무렵, 조선에서는 흥미로운 사건이 연이어 벌어졌다. 우선 조선에 등장한 이후 일본의 이익을 위해 파격적인 조약·협정을 맺는 데 앞장서는 등 기이한 행보를 거듭한 묄렌도르프의 정체였다. 묄렌도르프는 리훙장이 심사숙고 끝에 '가장 믿을 수 있는 외국인'으로 선정해 조선에 보낸 '청나라 사람'이었다.

푸트 미국 공사는 고종에게 "묄렌도르프는 리훙장이 파견한 사람이니 절대 신뢰해서는 안 된다"라면서 그의 해임을 요구했다. 묄렌도르프는 고종과 민 왕후 및 민씨 척족 세력의 이익을 위해 맹렬히 활동하고 있었다. 고종은 자신의 심복이나 다름없는 묄렌도르프를 보호하기 위해 푸트 공사의 조언을 무시했다.

조선의 외교협판직에 제수된 묄렌도르프는 미국·영국과의 수교를 환영했으나 두 나라는 조선의 독립에 어떤 도움도 제공하지 않았다. 영국은 조-영 신조약(파크스조약)으로 조선을 탈탈 털어먹는 악당 역할을 자임했다. 조선은 미국·영국과의 수교를 통해 청나라의 속박에서 벗어나려 했으나 영국에게 철저히 이용만 당했다.

리훙장을 배신한 묄렌도르프

뼈아픈 상황을 체험하면서 묄렌도르프는 청나라가 조선을 보호할 능력이 없다는 사실을 파악했다. 그는 러시아라는 존재에 눈을 뜬다. 러시아가 청과는 정상적인 관계를 유지하고 일본과 적대하는 가운데, 조선이 러시아와 일본 사이에 '완충국'으로 존재하는 것이 조선의 독립에 가장 유리하다고 진단했다. 그는 일본을 견제하면서 조선을 열강 간의 완충국으로 만들 능력을 가진 나라는 러시아가 유일하다고 판단했다(김학준, 『서양인들이 관찰한 후기 조선』, 서강대학교 출판부, 2010, 194쪽). 그 결과 '조선을 보호하기 위한' 특단의 조치로 러시아와 수교 조약을 체결하기로 했다.

묄렌도르프는 러시아의 조선 침투를 막기 위해 고군분투하던 리훙장의 『조선책략』 외교 방향과는 정반대로 극비리에 러시아와 조선의 수교를 위해 발 벗고 나섰다. 자기를 조선으로 보내 고위직에 임명토록 힘을 써준 리훙장의 뒤통수를 몽둥이로 후려갈긴 것이다.

묄렌도르프는 러시아와 손잡고 조선의 독립 자주를 유지한다는 자신의 구상을, 고종을 비롯해 외교의 주도권을 행사하던 민 왕후에게 주입시켰다. 일본에 당하고 청나라에 치이고 영국에 간과 쓸개를 뜯어먹혀 세상에 믿을 나라 없다고 한탄하던 고종과 민 왕후에게 "러시아가 바로 당신들의 왕권을 보호해 줄 수호천사"라고 속삭인 인물이 묄렌도르프다. 그 결과 고종과 민 왕후는 묄렌도르프의 감언이설에 빠져 "조선은 러시아에 의존해 자주독립을 유지한다"라는 확고한 믿음을 갖게 되었다. 고종의 자주독립은 곧 자신의 왕권 보호였다.

고종과 민 왕후의 러시아 추종 외교는 리훙장이 '친중국親中國, 결일본結日本, 연미국聯美國'을 통해 러시아의 위협에 대처한다는 『조선책략』 외교 정책을 정면에서 뒤엎는 행위였다. 조선의 외교권을 좌우하던 민 왕후의 지시로 묄렌도르프는 극비리에 러시아와 접촉했다. 그 결과 1884년 6월 24일 톈진 주재 러시아 영사 베베르가 서울에 도착했다.

그로부터 불과 2주일 후인 7월 7일, 조선 측 전권대표 김병시와 베베르는 조-영 신조약을 근거로 해서 조러우호통상조약을 전격 체결했다. 이것이 민 왕후의 주도로 이루어진 최초의 작품이다(최문형, 『명성황후 시해의 진실을 밝힌다』, 지식산업사, 2001, 86쪽). 러시아 황제는 조러통상조약 체결에 결정적으로 기여한 묄렌도르프의 공로를 치하하기 위해 성聖안나 3등 훈장을 수여했다.

영국은 일본 지도부를 통해 조선 수신사 김기수·김홍집에게 러시아의 위험성을 두 차례나 환기시켰고, 리훙장을 통해 김홍집에게 『조선책략』이라는 책까지 써줘 가며 러시아 공포증을 심어주었다. 영국의 노력에도 불구하고 묄렌도르프의 감언이설과 그의 유혹에 넘어간 고종과 민 왕후에 의해 조선은 러시아와 수교했다. 그렇다면 묄렌도르프의 전략 구상이 조선을 위한 최선의 선택지였을까?

조-러 조약 체결 후 베베르는 본국 외무성에 「조선에 관한 각서」를 제출했다. 이 각서에서 베베르는 조선이 헤이룽강黑龍江, 중국, 일본 등 세 지역의 중앙에 위치해 지정학적으로 극동에서 중요한 역할을 할 것으로 전망했다. 또 러시아의 해양은 조선 연안에 접해 있고 국경을 맞대고 있으며, 악의적인 중국 노동자와는 달리 조선은 유용한 노동력을 제공하기 때문에 러시아는 조선에 많은 관심을 기울여야 한다고 지적했다.

반면에 주청 러시아 공사 포포프는 러시아의 조선 진출에 반대했다. 러시아의 조선 진출은 영국과 일본의 지원을 받는 청과 적대하게 될 것이며, 독일은 극동에서 영국과 러시아의 대립을 이용할 우려가 있다는 이유였다. 러시아의 주요 적대국은 독일과 오스트리아이며, 영국과 대치해서는 안 된다는 것이 포포프의 입장이었다.

베베르 러시아 공사의 이중성

베베르는 조약 체결 후 조선 주재 러시아 대리공사 겸 총영사로 임명되어 부임했다. 그는 대원군과 같은 날인 1885년 10월 3일 제물포에 도착해 10월 6일 서울에 들어갔다. 위안스카이는 조선 국왕의 권위를 송두리째 무시하고 마치 자신이 상왕上王인 것처럼 행세했다. 그의 휘하 조선 해관에서 권력을 휘둘렀던 탕사오이唐紹儀도 조선의 설날 고종을 알현하러 오면서 가마를 타고 입궁했다. 고종은 화를 내며 탕사오이의 가마를 철수시키라고 명했으나 그는 불쾌감을 표시하며 "청국 대표는 항상 가마를 타고 궁궐 안으로 들어갈 수 있다"라면서 거부했다.

위안스카이나 전임자인 천수탕의 방약무인한 언행과 횡포가 극에 달했을 때 러시아 공사 베베르가 서울로 부임해 왔다. 이때 러시아 정부는 "외부의 침략으로부터 조선을 적절하게 보호해 줄 수 있는 조건을 조선 정부와 함께 찾으라"라는 훈령과 함께 육군 소장 겸 프리아무르 총독 코르프의 보고서를 베베르에게 각인시켰다. 코르프 보고서의 핵심은 다음과 같이 요약된다.

> 청-일 간의 대립에서 중국이 이길 경우 중국은 만주를 통해 태평양으로 향하는 항구를 획득해 번영하게 될 것이며, 러시아의 우수리 지역을 압살할 것이다. 반면 일본이 승리하면 일본은 가공할

만큼 강력해져서 우리에게 가장 위험한 이웃 국가가 될 것이다. 특히 유럽의 한 국가(영국)와 연합하게 되면 성장하고 있는 조선에서의 우리 영향력을 말살해 버릴 것이다.

조선 정부에 파견될 우리 대표는 가장 먼저 중국과 일본의 군대가 서울에 파병되는 것에 항의해야 하며, 만약 이 항의가 받아들여지지 않을 경우 러시아 분견대의 조선 점령에 동의해야 한다. 이때 우리 함대는 한국의 항만, 특히 라자레프(원산) 항을 점령해야 한다. 이 방법은 극단적이며 결코 원하지 않는 것이지만, 조선을 중국이나 일본이 점령하는 것보다는 이와 같은 방법들이 덜 위험하다. 우리가 서울에 위치하고 있으면 적게는 하나의 적을 갖게 되지만, 크게는 하나의 주둔지를 획득하게 된다. (홍웅호, 「개항기 주한 러시아공사관의 설립과 활동」, 하원호 외 지음, 『개항기의 재한 외국공관 연구』, 동북아역사재단, 2009, 259쪽).

프리아무르 총독 코르프는 청일전쟁이 일어나기 10년 전에 청-일 간의 격돌을 예상했으며, 1902년에 현실화된 영-일 동맹을 예견하고 그에 대비해 원산 항 점령을 제안한 사실을 눈여겨볼 필요가 있다.

외교관의 예절과 매너가 몸에 배어있던 베베르 부부의 기품 있는 행동과 친절은 조선 국왕과 왕후의 환심을 사기에 충분했다. 베베르는 위안스카이와는 정반대로 궁궐 출입 규정을 충실하게 지켰다. 언더우드 부인은 베베르를 '진짜 신사'라고 표현했으며(L. H. 언더우드, 신복룡 역, 『상투의 나라』, 집문당, 1999, 213쪽), 헐버트는 아관파천 시기 고종이 베베르의 무한한 신뢰 덕분에 평화롭게 지낼 수 있었다고 기록했다(호머 헐버트, 신복룡 역, 『대한제국멸망사』, 집문당, 1999, 246쪽). 영국인 비숍은 "베베르는 러시아의 유능하고 충실한 심복"이라고 평가했다(이사벨라 비숍, 이

인화 역, 『한국과 그 이웃나라들』, 살림, 1996, 423~424쪽).

본국 정부 비밀 훈령에 의해 '친절하게 활동'한 베베르

하지만 이러한 기품 있는 매너는 그의 개인적 퍼스낼리티에서 나온 것이라기보다는 본국 정부의 비밀 훈령 때문이었다. 러시아 정부는 조-러 수교 후 조선 상주 외교관을 파견하면서 조선 정부로부터 완전한 신뢰를 획득하고, 주요 현안 및 정책 결정을 위한 논의를 조선 정부가 자신들과 하도록 만드는 것을 목표로 설정했다. 그 결과 베베르는 부임 초부터 조선의 국왕과 대신들에게 조선의 운명은 국왕과 그 신하들에 의해 결정될 것이라는 확신을 심어주고, 만약 조선의 자주와 독립에 심대한 위협이 발생할 상황이 되면 러시아는 언제나 모든 측면에서 실질적인 협력을 제공할 준비가 되어있다는 믿음을 심어주라는 명령을 받았다(홍웅호, 「개항기 주한 러시아공사관의 설립과 활동」, 2009, 260쪽).

임지에 부임한 베베르는 조선의 백성들에게 러시아의 이미지를 제고하기 위해 문밖출입을 자제하고 점잖은 몸가짐으로 많은 시간을 공사관에서 보내면서 비밀 훈령을 수행할 방법을 모색했다(이선근, 『한국사-최근세편』, 을유문화사, 1978, 798쪽). 베베르가 조선에서 러시아의 영향력을 제고하고 자국의 이익을 지키기 위해 가장 중요하게 생각한 것은 조선 정부의 신뢰 획득이었다. 조선 정부의 신뢰를 얻는다면 이후 발생할 문제들은 자연스럽게 해결될 수 있으리라고 믿었다.

이를 위해 그는 첫째로 국왕 및 대신들과 긴밀한 관계를 형성하고, 둘째로 조선에서 가장 큰 영향력을 행사하고 있는 리훙장 등 중국 세력을 제어 견제하며, 셋째로 묄렌도르프를 견제하는 것을 자신의 과제로 설정했다(홍웅호, 「개항기 주한 러시아공사관의 설립과 활동」, 2009, 271쪽). 물론 묄렌도르프에 대한 견제도 비밀 훈령에 의한 조치였다.

베베르는 조선의 국왕 및 대신들과 친분을 맺고, 조선에 대한 중국의 영향력을 약화시키기 위해 해외 열강의 외교관들에게 친절하게 대하는 등 신사로서의 몸가짐과 언행을 유지하고자 했다. 국왕 고문인 미국인 데니가 요구하면 귀찮은 일이라도 마다하지 않고 도와주었으며(O. N. 데니, 신복룡·최수근 역주, 『청한론淸韓論』, 집문당, 1999, 118쪽), 비숍 여사의 저술에도 많은 도움을 주었다.

또한 조선 정계에서 가장 강한 영향력을 행사하는 왕비 민씨와 친밀한 관계를 유지하기 위해 베베르는 자신의 부인을 동원해 민 왕후에게 접근했다. 그의 부인 역시 베베르 못지않게 천부적인 재질과 애정으로 외교관의 역할 그 이상을 훌륭하게 수행해 미국 공사의 부인과 함께 왕비 민씨와 매우 절친한 관계를 형성했다(F. A. 매켄지, 신복룡 역, 『한국의 독립운동』, 집문당, 1999, 57쪽).

이러한 베베르의 본심을 꿰뚫어 본 인물은 조선에서 활동했던 영국 일간지 「데일리 메일」의 기자 매켄지(Frederick A. McKenzie)였다. 그는 베베르를 친절하고 단순하고 솔직한 인물이며, 주한 외교관들은 사심 없이 공정한 베베르의 태도에 놀랄 때가 많았다고 평했다. 하지만 매켄지 기자는 베베르의 신중한 외교 정책은 러시아에 대한 신뢰와 영향력을 북돋아 주었고, 그 결과 한국 정부는 광산권과 벌목권을 러시아인에게 주고 한국 군대의 훈련과 재편을 러시아에게 맡겼다고 주장했다(F. A. 매켄지, 신복룡 역, 『한국의 독립운동』, 1999, 86·95쪽).

주한 프랑스 공사 콜랭드플랑시는 서울 주재 일본 공사 가토 마스오加藤增雄와 나눈 대화에서 베베르에 대해 "외면은 항시 '무위 평화'를 가장하지만 이면에는 매우 '음험한 수단'이 숨어있는 인물"이라고 비난했다.

당시 베베르를 만났던 사람들의 평가를 종합하면, 베베르는 교양이 매우 높은 사람이고 한국 문화와 한국인을 깊이 이해했다. 그래서 고종 및 주한 구미 외교관들이 베베르를 신임했다. 베베르는 여러 번 한국을 떠날 기회가 있었음에도 불구하고 고종의 적극적인 유임 요청으로 한국에 오랫동안 남아있었다. 베베르는 한국의 각종 개혁을 위한 서구 정보를 고종에게 충실히 전달했다. 그 과정에서 고종과 베베르의 개인적인 관계는 남달랐다(김영수, 「서울주재 러시아공사 베베르의 외교활동과 한국정책」, 『서울과 역사』 제94호, 서울역사편찬원, 2016, 9~10쪽).

베베르를 따라 조선에 온 사람이 구한말 서울에서 손탁호텔(서울 중구 정동에 위치한 최초의 서구식 호텔)을 경영한 존타크(Antoinette Sontag)다. 존타크는 초대 주한 러시아 공사 베베르의 처형으로 알려졌는데, 윤치호에 의하면 처형이 아니라 처남의 처제였다고 한다. 원래는 알자스로렌 출신의 프랑스인이었으나 프로이센-프랑스 전쟁으로 이 지역이 독일령이 되면서 독일 국적을 갖게 되었다. 온화한 풍모와 단아한 외모, 영·독·불·러 등 4개 언어에 능통한 존타크는 조선에 오자마자 한국어도 익혀 총 5개 언어를 구사했다.

러시아에 대한 공포감 깨끗이 잊은 고종

존타크는 베베르 공사의 추천으로 1886년 조선 궁내부의 외국인 접대계 촉탁(양식 조리사)으로 근무하면서 민 왕후와 친밀한 관계를 맺게 된다. 그녀는 조선 정부의 내·외국인을 위한 각종 연회를 주관했다. 궁궐 안의 외국인 접대용 응접실을 서양식으로 꾸몄고, 국왕의 침실에 침대를 비롯한 서양식 가구를 들여놓았다. 외국 귀빈을 위한 만찬에는 언제나 존타크의 요리가 올랐고, 궁중에서 커피를 애용한 것도 그녀의 영향이다.

1902년 고종으로부터 덕수궁으로 알려진 경운궁 근처의 황실 소유 부지를 하사받아 그곳에 손탁호텔을 짓고 지배인이 되었다. 이 호텔은

구한말 외국인들의 사교 중심지로서 '정동구락부'라는 단체의 활동 무대이기도 했다.

국왕 부부를 러시아로 기울게 만든 또 한 사람은 친위 부대인 친군 전영前營 사령관 한규직이다. 조-러 밀약이 폭로된 후 천수탕이 리훙장에게 제출한 보고에 의하면 한규직은 고종과 민 왕후에게 "청은 일본이 조선을 침략할 경우 가만있지 않을 것이다. 그러나 조선을 보호할 힘이 없고, 일본은 조선을 멸시하고 있으나 청과 러시아가 두려워 감히 합병을 못하고 있다. 그러므로 국경이 인접해 있고 세계 최강국인 러시아에게 보호를 요청해야 한다"(임계순, 「한로밀약과 청의 대응」, 『청일전쟁을 전후한 한국과 열강』, 한국정신문화연구원, 1984, 82쪽)라면서 조-러 수교를 설득했다고 한다.

묄렌도르프, 베베르, 한규직의 달콤한 속삭임에 설득당한 고종과 민 왕후는 청이나 일본을 통해 들어왔던 '러시아에 대한 공포감'을 깨끗하게 잊었다. 그 직후부터 국왕 부부는 러시아를 조선에 끌어들이는 친러 외교를, 15년에 걸쳐 집요하고도 일관되게 추진했다. 다보하시 기요시는 고종이 러시아와 수교한 일에 대해 "일본과 청을 비롯한 열강 세력이 깊이 침투해서 취약한 조선의 정치·경제·사회 조직을 뿌리부터 뒤흔들었다"라면서 "국왕·왕비·척신戚臣·상신相臣(정승)들은 모두 이 위태로운 국면에 처해 나라를 통치할 자신을 완전히 상실했다. 그들은 일본과 청, 혹은 다른 강국의 보호를 받지 않으면 자립할 수 없었다"(다보하시 기요시, 김종학 역, 『근대 일선관계의 연구 (하)』, 2013, 43쪽)라고 냉정하게 평가했다.

러시아는 청나라가 영국-프랑스 연합군과 제2차 아편전쟁을 벌이는 사이 1858년 아이훈조약, 1860년 러-청 베이징조약으로 청으로부터 연해주 일대의 광대한 영토를 강탈했다. 러시아는 극동 지역에 영향력을 행사할 수 있는 결정적인 교두보를 확보하는 데 성공했지만, 이 지역의 보호·유지가 쉽지 않다는 사실에 직면했다.

우선 유럽 쪽 러시아와 극동 연해주 사이에는 겨울이면 눈으로 뒤덮이고 여름에는 진창으로 변하는 동토의 시베리아가 가로막고 있었다. 또 연해주 일대 해안에는 제대로 된 항구가 없었다. 그나마 존재하는 소규모 항구는 겨울이면 몇 달 동안 결빙되어 항구 기능을 상실했다.

조-러 조약은 러시아와 육로 무역을 제외한 해상 무역만 열어놓았다. 극동 러시아 쪽 항구가 형편 무인지경이어서 양국 간 해상 무역량은 조약 체결 1년 후인 1885년 1,671달러, 1886~88년에도 5만 7,459달러에 불과했다. 이런 이유 때문에 조러통상조약은 러시아 재무성, 동시베리아 총독 아누친(D. G. Anuchin) 등에게서 비판을 받았다. 러시아는 조선과 육로통상조약 체결을 위해 활발하게 움직인 끝에 1888년 8월 20일 육로무역협정을 체결하게 된다.

조-러 수교는 흑해와 발칸반도, 중동과 아프가니스탄, 인도, 티베트, 중국, 조선, 동해에 이르기까지 전 지구적 차원에서 러시아와 '그레이트 게임'을 벌이고 있던 영국을 극도로 긴장시켰다. 조선이 러시아와 수교함으로써 영국이 구상했던 『조선책략』 외교 노선은 파탄이 났다. 고종과 민 왕후는 러시아와의 수교가 어떤 평지풍파를 몰고 올 것인지, 그 심각한 의미를 이해하고 있었을까?

러시아는 접근, 미국은 관심 퇴거

고종은 날이 갈수록 가중되는 청나라의 내정 간섭을 물리치기 위해 미국을 새로운 '형님 나라'로 모시고자 했다. 이를 위해 고종은 미국 선교사 알렌에게 병원(제중원)을 하사하고, 육영공원에 헐버트·길모어·벙커 등 미국인 교사를 초빙했으며, 미국으로부터 전등과 식기, 농업 기술을 도입했다. 반면에 미국은 푸트 공사의 부임 이후 조선에 대한 관심이 급격히 식었다.

국제 외교 관례에 의하면 외국에 파견하는 공사는 일등은 특명전권공사(Extraordinary Envoy and Minister Plenipotentiary, EE/MP), 이등은 변리공사(Minister resident and Consul general, MR/CG), 삼등은 대리공사(Chargé d'affaires) 등 세 등급으로 구분되어 있었다. 특명전권공사와 변리공사는 자국 국왕(군주)의 친서를 가지고 가서 주재국 국왕(군주)에게 알현을 청해 친서를 직접 전달한다. 반면에 대리공사는 자국 외무상(장관)이 주재할 나라의 외무상에게 보내는 서한을 가지고 가서 외무상에게 서한을 전달한다. 주재국 국왕에게는 공식으로 알현을 청하지 않는 것이 외교 관례다.

미국 정부는 조선이 러시아와 수교 조약을 체결한 1884년 7월 7일, '외교 및 영사법'에 의거해 조선 주재 미국 공사의 지위를 특명전권공사에서 변리공사 및 총영사로 격하시켰다. 조-러 수교로 러시아가 조선에 적극 진출을 시도할 무렵, 미국은 조선으로부터 관심을 거두는 '퇴거 전략'으로 이행한 것이다. '외교 및 영사법'은 미국 정부가 각국에 주재하는 외교관 지위를 정할 때 "상인들의 도매 물량에 따라 외교관의 위계를 결정한다"라고 규정하고 있었다.

그렇다면 조선에 대한 미국의 관심이 급격히 식은 이유는 무엇이었을까? 청일전쟁이 발발한 1894년 통계에 의하면 미국의 대외 수출 총액은 9억 2,100만 달러였다. 이 가운데 조선에 대한 수출액은 11만 3,803달러로 0.013퍼센트에 불과했다. 당시 미국은 총생산량의 90퍼센트를 국내 수요에 충당하고, 10퍼센트를 해외에 수출하고 있었다. 그들의 총생산량을 기준으로 계산하면 미국 경제에서 조선의 교역량이 차지하는 비중은 0.0013퍼센트, 그야말로 무시할 수밖에 없는 미미한 수준이었다(최문형, 『한국을 둘러싼 제국주의 열강의 각축』, 지식산업사, 2006, 114~115쪽).

이 수치는 1894년 통계다. 그보다 10년 전 양국 무역 거래량은 이보다 훨씬 적었을 것이다. 한마디로 조선은 미국의 국익에 하등 도움이 되지 않는 나라였다. 미국 정부가 조-미 양국의 교역량에 실망한 나머지 주재 외교관 지위를 강등시키자 푸트 공사는 이에 항의해 사표를 내고 조선을 떠났다.

미국 국무부는 조선 주재 공사 자리에 외교관 경험이 전무한 29세의 해군 중위 포크를, 주한 임시 대리공사로 임명했다. 보빙사 민영익의 세계 일주 여행을 안내한 후 서울의 미국 공사관 해군 무관으로 근무하던 애송이를 무려 18개월이나 임시 대리공사로 활동하게 했다. 그 결과 조선 주재 미국 외교관 등급은 졸지에 1등급에서 3등급으로 급전직하했다.

'철저한 무관심'으로 대응한 미국

푸트 공사 이임 이후 포크 임시 대리공사 재임 첫해인 1885년 조선 외교계는 20대 후반의 두 젊은 외교관이 대결하고 있었다. 29세의 포크와 26세의 위안스카이였다. 당시 조선에 대한 국제사회의 무관심 속에서 위안스카이의 독주에 오로지 포크만이 제동을 걸고 있었다. 위안스카이는 "포크를 자세히 살펴보니 부끄러움이라고는 모르는 미국인이며, 1884년부터 민영익·홍영식·김옥균·박영효·서광범 등과 깊은 연관을 맺고 있었던 사람"이라고 혹평했다(이민식, 「19세기말 한미관계 연구」, 한국교원대학교 박사학위 논문, 53쪽).

1883년 초대 주한 미국 공사 푸트가 부임한 이래 1905년까지 22년간 주한 미국 공사관의 책임자 자리는 13번 교체되었고 실제 책임을 맡았던 공사는 총 11명이다. 이들 중에서 미국 국무부로부터 정식 신임장을 받아 부임한 공사는 푸트, 파커, 딘스모어, 허드, 실, 알렌, 모던 등 7명이었다. 나머지는 정식 공사들이 임기를 채우지 못하고 떠나 공사

주한 미국 공사 명단과 재임 기간 (1883~1905)

공사명	재임 기간	직위	비고
푸트(福特) Licius. H. Foote	①1883.5.20~1885.1.12	특명전권공사	변리공사로 강등 (1884.7.7)
포크(福久) George C. Foulk	②1885.1.12~1886.6.9 ④1886.9.1~1886.12.11	대리공사	임시
파커(巴巨) William H. Parker	③1886.6.9~1886.9.1	변리공사	
락힐(柔克義) W. W. Rockhill	⑤1886.12.11~1887.4.1	대리공사	임시
딘스모어(丹時謨) Hugh A. Dinsmore	⑥1887.4.1~1890.5.26	변리공사	
허드(何德) Augustine Heard	⑦1890.5.26~1893.6.30	변리공사	
헤롯(惠魯德) Joseph R. Herod	⑧1893.6.30~1893.8.31	대리공사	임시
알렌(安連) Horace N. Allen	⑨1893.8.31~1894.4.30	대리공사	임시
	⑪1897.9.13~1905.6.8	변리공사	특명전권공사로 승격 (1901.6.27)
실(施逸) John M. Sill	⑩1894.4.30~1897.9.13	변리공사	
패덕(巴德) Gordon Paddock	⑫1905.6.8~1905.6.26	대리공사	임시
모건(毛艮) Edwin V. Morgan	⑬1905.6.26~1905.11.28	특명전권공사	

출처 : 손정숙, 「한국 근대 주한미국공사 연구」, 이화여자대학교 대학원 박사학위 논문, 2004, 10쪽.

자리가 공석이 되자 후임자가 부임할 때까지 책임을 맡았던 임시 대리공사였다(손정숙, 「한국 근대 주한미국공사 연구(1883-1905)」, 2004, 9~10쪽).

정식 신임장을 받아 부임한 공사 7명의 평균 재임 기간은 2년 7개월이다. 해군 무관 포크는 두 차례에 걸쳐 무려 20개월이나 임시 대리공사로 복무했다.

미국 정부는 1893년까지 대사급 외교관을 파견하지 않았기 때문에 그 이전의 미국 외교 사절은 모두 공사급이었다. 미국은 일본에 1906년, 중국에 1935년, 한국에는 1949년에 대사급 외교관을 처음 상주시켰다. 임시 대리공사를 제외한 7명의 미국 공사 중 조선에 부임하기 전 외교관 경험을 가지고 있었던 인물은 푸트·알렌·모건 등 3명에 불과했다. 나머지 4명은 외교관 훈련을 받지 못한 신참들이었다. 조선 주재 미국 공사관은 미국 외교관 초년생들이 외교관으로서 훈련을 받거나 퇴직 전 거쳐 가는 곳이었다(손정숙, 「한국 근대 주한미국공사 연구(1883-1905)」, 2004, 33~34쪽). 허드 공사의 경우 청나라와 무역을 하다가 은퇴한 인물이었다.

조선 주재 미국 공사직은 노골적으로 무시되고 방치되었다. 이후 미국은 이른바 '관심 퇴거 전략'을 통해 조선에 철저한 무관심으로 일관했다. 포크 임시 대리공사는 미국 국무장관으로부터 제때 훈령조차 받지 못했다. 그때마다 포크는 조미우호통상조약 체결 정신을 기준 삼아 독자적 판단에 의해 상황에 기민하게 대처했다. 이러한 그의 행동은 미국 정부의 "조선에 대한 관심 퇴거"라는 기본 노선과는 거리가 있었다.

제10장

"러시아라는 곰을 동아시아의 목장으로 유인하라"

리훙장이 묄렌도르프를 조선에 보낸 이유는 아이훈조약과 청-러 베이징조약으로 연해주 일대 청의 영토를 강탈한 러시아가 조선으로 밀고 내려오려는 야심을 제어하기 위해서였다. 그런데 리훙장이 특별히 선발해 보낸 인물이 리훙장을 배신하고 조선에 러시아를 끌어들여 수교의 주인공 역할을 했다. 조선에서 청의 이익을 위해 일하는 척하면서 독일·러시아의 이익을 위해 고군분투한 것이다.

고종과 민 왕후가 러시아와 수교해야 한다는 묄렌도르프의 제안에 거부감이 없었던 이유는 조선이 러시아로부터 직접 피해를 당한 사실이 없는 데다가, 청나라의 내정 간섭 압력을 물리쳐야 한다는 욕구, 그리고 일본·영국을 견제할 수 있는 파워를 가진 '새로운 형님 나라'로 인식했기 때문이다.

러시아 입장에서 볼 때 조선과의 수교는 '신神의 한 수'였다. 우선 러시아는 영국이나 일본이 임오군란의 혼란을 이용해 한반도에서 항만을 획득할 가능성에 대해 노심초사했다. 영국이나 일본이 한반도에서 항만을 획득할 경우 극동 러시아 지역 영토에 직접적인 위협이 되기 때문이다. 러시아가 그동안 유지해 왔던 '관망 정책'을 폐기하고 적극적으로 조선에 개입한 이유는 이것이다.

게다가 조선은 러시아가 오매불망 찾아 헤매던 부동항 확보의 적지였다. 러시아는 조선과의 수교를 통해 조-영 신조약과 동일한 권리를 획득했다. 즉 필요할 경우 러시아 군함이 조선의 어느 항구라도 입항·상륙·측량할 수 있는 권리를 확보한 것이다. 러시아는 조선과의 수교를 통해 영국의 글로벌 감시망을 피해 동아시아 바다를 마음껏 누빌 수 있는 결정적인 통로를 얻을 수 있게 되었다. 게다가 조선 영토를 거점으로 만주까지 영향력을 행사해 청을 압박할 수 있게 되었다.

고종은 영국과 미국에게 조선에 대한 청의 내정 간섭을 막아줄 것을 요청했으나 그들은 이권만 챙겼을 뿐, 어떤 도움도 주지 않았다. 막다른 골목에 몰린 고종과 민 왕후는 묄렌도르프의 인아거청引俄拒淸의 감언이설에 넘어가 영국의 라이벌인 러시아를 한반도로 끌어들였다. 이 조치는 고종과 민 왕후 입장에서 보면 회심의 역전타였다고 자위할 수도 있을 것이다. 하지만 러시아의 남진을 막기 위해 노심초사하던 영국 입장에서 보면 고종과 민 왕후의 행보는 자신들의 글로벌 러시아 봉쇄망에 큰 구멍을 내는 위험천만한 행위였다.

고종, 수교에 이어 조-러 밀약 추진

영-러 그레이트게임이 전 지구적 차원에서 벌어지고 있는 와중에 한반도에서 인아거청 외교 책략이 얼마나 중대한 함의가 있는지를 아는지 모르는지, 고종과 민 왕후는 묄렌도르프를 비선 라인으로 동원해 또다시 러시아와 접촉했다. 1884년 9월 묄렌도르프는 중국 방문길에 주청 러시아 공사관 무관인 육군 대령 시네우르(N. Ya. Shneur)와 만나 "러시아·영국·일본이 공동으로 조선의 독립을 벨기에처럼 보장해 주길 희망한다"라는 조선 조정의 의사를 전달했다. 그는 "러시아가 이런 역할을 하지 않으면 조선은 영국의 보호령이 될지 모른다"라고 은근히 협박했다.

이어 톈진에 주재하고 있던 러시아 태평양함대 사령관 크로운(A. E. Kroun) 제독을 찾아갔다. 묄렌도르프는 조만간 영국이 조선에 보호령을 설치하고 거문도를 점령하려 한다는 첩보를 제공했다. 영국이 실제로 거문도를 점령한 것은 1885년 4월 15일이다. 사건 발생 7개월 전에 묄렌도르프가 이런 예측을 러시아에 전했다는 사실이 흥미를 끈다.

당시 영국 해군성은 거문도 점령과 관련해 어떤 계획이나 논의도 없었다. 오히려 러시아가 거문도나 영흥만, 제주도를 점령하려 한다는 풍문이 난무하고 있을 때다. 러시아 외무성은 묄렌도르프가 제공한 첩보 내용을 심의한 후 10월 13일 주일 러시아 공사 다비도프에게 "조선 국왕에게 영국의 보호령을 허용해서는 안 되며, 거문도를 영국에 양여하지 말라고 권고할 것. 그러지 않으면 조선의 국제적 여건을 변경하게 될 것임을 조선에 알리라"라고 훈령했다.

묄렌도르프는 민영익에게 "러시아의 직접적인 보호를 받는 것이 조선에 이익이 된다"라고 설득했다. 민영익은 "우리가 러시아에 의지하려 할 경우 청나라가 조용히 넘어가지 않을 것"이라며 우려했다. 고종과 민 왕후도 처음에는 주저했는데, 12월 4일 갑신정변 쿠데타가 발생하면서 상황이 돌변했다. 고종은 묄렌도르프의 의견에 따라 러시아에 "조선에 대한 직접적인 보호"를 요청했다.

이 보고를 접한 기르스 러시아 외상은 신중한 접근을 결정했다. 현지 사정을 잘 모르는 상황에서 러시아가 군대를 파견해 조선을 보호국화할 경우 청·일과 무력 충돌에 휘말릴 수도 있었기 때문이다. 우선 기르스 외상은 주일 러시아 공사 다비도프에게 "일본 주재 일등서기관 스페예르(Alexei de Speyer)를 서울로 보내 조선 국왕의 보호 요청에 대한 진상을 확인하라"라고 명했다.

연해주에 밀사 파견

스페예르는 요코하마에서 순양함 라즈보이니크(Razboinik)호를 타고 1884년 12월 28일 인천에 도착했다. 1885년 1월 1일 스페예르는 고종을 알현했다. 고종은 스페예르에게 "조선은 서유럽 열강 중 미국과 가장 친하지만 우리의 강력한 인접 국가 러시아처럼 친하지는 않다"라고 말했다. 이어 그는 "이 어려운 시기에 러시아가 조선과 맺은 조약에 따라 관리들을 파견해 줄 것을 희망한다"라고 했다.

고종을 알현하고 나온 스페예르는 묄렌도르프와 본격적인 교섭을 벌였다. 묄렌도르프는 "조선은 강력한 국가의 보호를 받아야 하는데, 러시아를 그 보호자로 생각한다"라면서 "조선을 보호 통치해 주는 대가로 조선은 러시아에 영일만을 해군 정박 기지로 제공할 용의가 있다"라고 제안했다.

스페예르로부터 관련 내용을 보고받은 기르스 외상은 다비도프 공사에게 "조선에 대한 보호 통치 문제는 그로 인해 청·일과 충돌을 야기하지 않는다는 확신이 설 때까지 아무런 결정을 하지 않을 것"이라는 비밀 훈령을 보냈다. 러시아의 입장을 알 수 없었던 고종은 지속적으로 러시아와 접촉을 시도했다.

고종은 묘당과 외교 부서인 통리아문은 물론, 묄렌도르프에게도 비밀로 한 채 러시아 황제에게 조선에 대한 보호를 간청하는 칙서를 작성했다. 친군 전영 사령관 한규직의 휘하 장교인 권동수·김용원·김광훈·신선욱 등 4명의 밀사가 러시아 정부에 이 칙서를 전달하기 위해 연해주에 파견되었다.

국왕으로부터 마패 2개를 하사받은 조선 장교들은 극비리에 연해주의 노보키옙스코에 도착했다. 그들은 프리아무르 총독 코르프를 만나 조선 국왕의 친서를 전달하고 러시아 황제에게 보내줄 것을 요청했다. 이어 고종의 밀사들은 러시아 관리와 (1) 김옥균이 러시아 영토에 오면 조선으로 압송할 것, (2) 일본이 보상금 13만 원을 요구하는데, 러시아가 나서서 이 요구를 파기시켜 줄 것, (3) 조선이 다른 나라로부터 멸시를 당하니 러시아가 보호해 줄 것, (4) 조속히 조약을 교환해 공사를 파견할 것, (5) 순해巡海하는 러시아 군함이 조선의 3해를 보호해 줄 것, (6) 육로 협상을 체결할 것 등 6개항의 약정을 체결했다(임계순, 「한로밀약과 청의 대응」, 1984, 82쪽).

조선과 러시아 간의 심상치 않은 접촉 움직임은 1885년 4월 5일 지린장군吉林將軍 시위안希元을 통해 청 조정에 알려졌다. 시위안은 "자세한 내용은 알 수 없으나 조선 장교들이 러시아와 접촉한 것은 참으로 이상하다"라고 보고했다.

한반도 중립화론 등장

묄렌도르프는 고종이 러시아와 비밀 접촉을 진행 중인 사실을 까맣게 몰랐다. 이 상황에서 그는 도쿄 주재 러시아 공사관에 "조선 국왕 일가의 보호를 위해 러시아 군함과 병력 200명을 인천에 파견해 고종을 호위해 줄 것"을 요청하는 전보를 타전했다.

조선 정부는 임오군란 당시 일본 공사관이 불타고 일본인이 살해당하자 일본에 사죄하기 위해 박영효를 전권대표로 수신사를 파견한 바 있다. 갑신정변이 진압된 후인 1885년 2월에도 일본 정부에 사죄하기 위해 서상우가 전권대표, 묄렌도르프가 부관으로 파견되었다. 조선의 관복을 입고 일본에 나타난 묄렌도르프는 다비도프 주일 러시아 공사와 회견해 조선의 보호통치와 관련한 고종의 밀서를 전달하고 러시아의 결심을 촉구했다.

고종이 묄렌도르프를 통해 러시아에 전한 밀서는 "조선 왕조의 군대 훈련을 위해 러시아 육군 교관을 초빙"하고 "청일이 충돌할 경우 러시아가 조선을 보호해 달라"라는 요망서였다. 묄렌도르프와 다비도프 공사 간 교섭을 통해 "조선은 러시아에서 장교 4명, 하사관 16명의 군사 교관단을 초빙한다. 조선 정부는 재정 궁핍으로 교관의 봉급을 지불할 수 없기 때문에 그 대가로 어느 정도의 이권을 제공한다"(다보하시 기요시, 김종학 역, 『근대 일선관계의 연구 (하)』, 2013, 37쪽)라는 합의가 이루어졌다.

러시아는 조선 측 요구를 수용하는 대가로 영흥만이나 영일만 일대 조차를 요구했다. 묄렌도르프는 조선 정부가 러시아의 숙원인 부동항을 제공하겠다고 제안했다. 그는 한술 더 떠 "러시아 군사 교관이 조선에 파견될 경우 러시아가 조선의 내정에 개입할 수 있는 기회를 제공하겠다"라고 약속했다.

일본 정부는 갑신정변 사죄 사절로 온 묄렌도르프가 도쿄 한복판에서 주일 러시아 공사와 빈번하게 접촉하는 모습을 예의주시했다. 이 과정에서 일본 정부는 조선이 러시아 정부와 모종의 밀약을 체결한다는 정보를 파악했다. 서상우와 묄렌도르프는 4월 5일 귀국했다.

조선이 러시아와 수교하면서 한반도는 영·미·러·청·일 등의 이권과 자국 우선 전략이 날카롭게 부딪치는 국제 무력 외교의 결전장으로 변했다. 이 와중에 조선의 자주독립을 유지하기 위한 방안으로 중립화론이 제기되었다. 중립화론을 주장한 첫 주자는 조선 주재 독일 총영사대리 부들러(Hermann Budler)였다. 부들러는 1885년 2월 1일, 조선의 외교 책임자 김윤식에게 열강의 침략 위협에 노출된 조선이 생존하려면 스위스처럼 영세중립국이 되어야 한다는 권고문을 보냈다.

내국인으로 중립론을 처음 제기한 인물은 유길준이다. 유길준이 제창한 중립론은 묄렌도르프의 인아책引俄策, 리훙장이 주장한 연미론聯美論을 전면 거부하고 청이 조선을 장악하고 있는 현실을 감안해 청이 주도권을 쥔 상태에서의 한반도 중립을 주장했다. 말하자면 벨기에·불가리아 사례와 비슷한 중립론이었다.

독일 외무성 간첩 묄렌도르프

부들러와 유길준은 조선의 '영세중립화'를 주장했지만 그들이 제시한 중립국 모형은 각각 다르다. 부들러는 조선에서 중국과 일본의 분쟁을 예상하고 그것을 미연에 방지하는 것이 주된 목적이었고, 그것을 주도할 특정 국가를 제시하지 않았다. 반면에 유길준은 러시아의 남하 정책을 막는 것을 주된 목적으로 제시했고, 그것을 주도할 국가로 중국을 꼽았다.

여기서 주목해야 할 점은 묄렌도르프의 역할이다. 그는 자신을 조선에 보낸 청 조정과 리훙장을 배신하고 러시아를 조선에 끌어들이는 데 지극정성으로 앞장섰다. 심지어 "러시아의 직접적인 보호"와 "그 대가로 부동항 제공"이라는 영-러 그레이트게임의 가장 심각하고 민감한 이슈를 서슴없이 제기했다.

간디는 "지옥으로 가는 길은 인간의 선의善意로 포장되어 있다"라고 설파했다. 조선을 보호하기 위해 러시아를 한반도로 끌어들이려 했던 묄렌도르프의 전략은 조선의 독립과 자주를 위해서가 아니라, 그의 모국인 독일 정부의 지령에 따른 공작이었다. 이런 행위를 이해하려면 복잡한 국제정치 상황을 통찰해야 한다.

프로이센-프랑스 전쟁에서 승리해 나폴레옹 전쟁 때의 패배를 통쾌하게 설욕한 프로이센(독일)은 비스마르크(Otto von Bismarck) 주도하에 프랑스와 러시아의 접근을 봉쇄하려 했다. 이를 위해서는 러시아의 관심을 유럽 쪽이 아니라 동아시아로 돌리는 것이 급선무였다. 러시아의 진출 방향을 동아시아로 틀어야 독일은 프랑스와 러시아의 좌우협공이라는 부담에서 벗어날 수 있었기 때문이다.

철혈재상 비스마르크는 자신이 성취한 독일 통일을 완수하는 일에 모든 정열을 쏟았다. 문제는 프랑스였다. 비스마르크는 프로이센-프랑스 전쟁에서 패한 프랑스가 독일에 악감정을 품지 않도록 하기 위해 프랑스의 해외 진출을 적극 지원했다. 또 프랑스의 동맹국인 러시아가 유럽에서 동아시아로 진출하길 희망했다. 독일은 기회가 날 때마다 "러시아의 미래는 아시아에 달려있다"라면서 러시아를 부추겼다.

독일 정부는 자국 안보에 큰 부담인 러시아의 관심을 동아시아로 돌리기 위해 조선에 진출해 외교협판을 맡고 있는 독일인 묄렌도르프와 접촉했다. 학자들은 묄렌도르프가 독일 정부로부터 지령을 받고 조-러 수교 체결 및 조-러 밀약 공작을 벌인 것으로 분석했다.

독일 정부가 묄렌도르프에게 조-러 밀약 체결 지령을 내린 시기는 1884년 10월 독일 총영사 젬브시(Otto Zembsch)가 서울에 부임했을 때, 젬브시를 통해서였을 것으로 추측한다. 묄렌도르프 부인 로잘리(Rosalie)의 일기에 의하면 묄렌도르프는 "젬브시가 자신과 합의해서 일을 추진하도록 베를린으로부터 지시를 받았다는 사실을 알고는 기뻐했다"라고 기록하고 있다(임계순, 「한로밀약과 청의 대응」, 1984, 81쪽).

묄렌도르프는 독일 정부와 긴밀한 연계를 맺고 있던 비밀 공작원으로, 독일 외무성으로부터 "러시아라는 곰을 동아시아 목장으로 유인하라"라는 극비 지령을 받았다. 이때부터 묄렌도르프는 고종과 민 왕후를 감언이설로 유혹해 러시아와의 수교 작전을 전개해 성공시켰고, 이어 조-러 밀약까지 성공했다.

영국의 대응

비스마르크의 동아시아 정책은 러시아를 조선으로 끌어들여 영국과 대립시키고, 그 틈을 이용해 유럽에서 자국의 안전을 도모하는 것이었다. 이것이 묄렌도르프를 통한 조-러 수교 공작 및 조-러 밀약 공작의 기본 원리였다. 묄렌도르프야말로 비스마르크의 동아시아 정책 실행을 위한 한국 출장소장과 같은 존재였다(최문형, 『한국을 둘러싼 제국주의 열강의 각축』, 2006, 57쪽).

19세기 말 영국과 러시아의 제국 경영에서 전략 거점은 아프가니스탄과 조선 남해의 거문도였다. 영국 입장에서 볼 때 아프가니스탄은 중앙아시아에서 인도로 남진하려는 러시아를 방어하기 위한 요충지였고, 거문도는 홍콩에서 2,000킬로미터, 블라디보스토크에서 1,400킬로미터 지점에 위치해 블라디보스토크에서 대양으로 나아가는 관문이었다. 이 두 곳의 사수는 영국의 국익과 직결된 이슈였다.

이 와중에 고종이 러시아에게 군사교관 파견 요청, 조러 연합군 결성, 조선 보호 문제까지 제안하자 러시아는 별다른 수고나 노력, 투자도 없이 한반도로의 남진이라는 숙원을 해결해 줄 복덩이가 굴러 들어온 셈이다. 러시아는 블라디보스토크를 모항母港으로 하는 자국 태평양함대의 원양 작전을 위해 조선 남해안 지역에 연료 보급 기지를 확보할 필요가 있었다. 오래전부터 거문도의 지정학적 중요성을 잘 알고 있던 러시아는 고종의 요구를 수용하는 대가로 거문도에 자국 해군 함정용 저탄소 설치를 요구했다.

조-러 밀약설은 몇 달 전부터 서울 외교가에서 심심치 않게 떠돌던 이슈였다. 풍문으로만 전해졌던 밀약설이 사실로 드러나자 영국은 한쪽 눈으로는 아프가니스탄을 감시하면서, 다른 쪽 눈으로는 블라디보스토크를 중심으로 한 러시아 태평양함대의 움직임을 예의주시했다.

영국과 러시아가 중앙아시아에서 충돌한 것은 1871년 러시아가 이리伊犁 지역을 점령한 이후부터였다. 이리를 점령한 후 러시아의 남진이 계속되자 영국은 아시아 경영의 보루인 인도의 안전을 위해 아프가니스탄 확보에 나섰다. 제2차 영국-아프가니스탄 전쟁(1878~1880)에서 승리한 영국은 아프가니스탄에 친영親英 정권을 수립했다. 이어 러시아와 접경하고 있는 아프가니스탄 북부 국경을 위쪽으로 끌어올려 완충 지대를 설정하려 했다.

아프가니스탄과 러시아 접경 지역에 대한 현상을 변경하려는 영국의 계획은 러시아의 남하 계획과 충돌했다. 그 결과 카스피해 동부 지역을 둘러싸고 영-러 대립이 폭발했다. 러시아는 1884년 2월 14일, 아프간인들이 오랫동안 자신들의 영토라고 주장했던 메르브(Merv, 현재의 투르크메니스탄 마리)를 정복했다. 이 지역은 인도로 통하는 헤라트(Herat)와 가까운 교통의 요지였다.

블라디보스토크 봉쇄 위해 거문도 점령

러시아가 아프가니스탄을 위협하자 영국 각의는 1885년 3월 12일 러시아에 대한 전쟁 준비에 착수했다. 3월 27일 영국 해군성은 모든 군함에 동원령을 내렸고, 인도에 주둔하고 있는 군대를 아프가니스탄 국경 지역으로 이동시켰다. 사흘 후인 3월 30일, 러시아군이 아프가니스탄의 오아시스 도시인 헤라트 부근의 판제(Panjdeh)에서 영국군의 훈련을 받은 아프가니스탄 군대를 전멸시킨 '판제 사건'이 발생했다. 3월 31일, 러시아도 5만 병력을 페르시아 부근에 집결시켜 전쟁 직전 상황에 돌입했다.

이 소식이 런던에 알려진 것은 1주일이 지난 4월 7일이었다. 인도에서 막대한 이권을 향유하고 있던 영국이 발칵 뒤집혔다. 영국은 러시아가 아프가니스탄을 점령한 이유는 인도를 공격하기 위한 신호라고 판단해 준전시 상태를 선포했다. 런던에서는 연일 주가가 폭락했고, 인도에서는 러시아와의 전쟁을 위해 병력 징집이 시작되었다.

1885년 봄, 서울 외교가에는 조선 정부가 한반도 동북부에 위치한 원산 항 일대를 블라디보스토크 항이 결빙되어 폐쇄될 때 러시아에 빌려주기로 밀약했으며, 그 배후에 묄렌도르프가 있다는 소문이 나돌았다(김학준, 『서양인들이 관찰한 후기 조선』, 2010, 200쪽).

영국은 러시아와의 전쟁을 피할 수 없다고 판단했다. 영국은 크림전쟁 때 흑해의 세바스토폴 공방전이 교착 상태에 빠지자 극동의 캄차카반도 끝자락에 위치한 러시아 항구 도시 페트로파블롭스크(Petropavlovsk)를 공격한 바 있다. 영국군은 이때와 비슷하게 성동격서 전법으로 블라디보스토크 공격을 준비했다. 이 공격을 위한 전진 기지로 영국은 거문도를 점령하기로 결정했다. 구체적인 점령 계획은 10년 전부터 영국 해군성이 수립해 놓은 상태였다(김용구, 『거문도와 블라디보스토크』, 2009, 58~61쪽 참조).

영국은 제1차 아편전쟁이 끝난 후인 1845년 측량선 사마랑(Samarang)호를 조선 해역에 보내 조선 해안을 측량하는 과정에서 거문도를 발견하고 해밀턴(Hamilton) 항으로 명명했다. 1855년에도 영국 해군은 측량선 사라센(Sarasen)호를 보내 거문도를 정밀 측량하고 이 섬이 지중해 관문 지브롤터에 버금가는 전략적 거점이라고 보고했다.

파크스는 1875년에 영국 외무부에 거문도 점령을 건의했다. 영국은 또 1882년 조-영 수교 교섭 당시 거문도를 군함 정박지로 사용한다는 내용을 조약문에 넣으려 했으나 마젠중馬建忠의 반대로 좌절되었다(원유한, 「영국군의 거문도 점령사건」, 『군사』 제7호, 국방부 군사편찬연구소, 1983.12, 43쪽).

영국 내각은 러시아와의 분쟁을 감안해 거문도 점령을 결정했다. 이 작전의 근본 목적은 해군상 배링(Thomas G. Baring)의 1885년 5월 20일자 각서에 명확하게 표현되어 있다. 이 각서에서 영국은 거문도를 점령할 경우 태평양의 러시아 군사력을 봉쇄하는 기지로서 거문도가 쓰시마해협을 통제하는 데 효과적이며, 블라디보스토크에 대한 군사 작전을 지원하는 전진 기지로서 거문도 점령이 필요하다고 판단했다(김용구, 『거문도와 블라디보스토크』, 2009, 67쪽).

배링 해군상은 이 두 가지 이유 때문에 러시아와의 전쟁 위험성이 계속되는 동안 거문도를 점령해야 하며, 아프가니스탄 국경 문제가 해결될 경우 철군 여부는 그때 가서 판단한다는 입장이었다. 이때부터 영국의 거문도 점령설이 떠돌자 일본 정부는 4월 11일 부산 항에 정박 중이던 군함 류조龍驤호를 거문도 해역에 보내 영국 군함의 동태를 정찰했다. 하지만 영국 군함은 보이지 않았다.

상대방의 취약 지점을 위협

러시아의 아프간 점령 소식이 런던에 전해진 지 1주일 후인 1885년 4월 15일, 영국 해군성은 해군성의 명령을 수령한 중국해 사령관 도웰(William M. Dowell) 제독에게 "거문도를 점령하고 그 결과를 보고하라"라는 명령을 보냈다. 해군성의 명령을 수령한 도웰 제독은 즉시 아가멤넌(Agamemnon)호, 페가서스(Pegasus)호, 파이어브랜드(Firebrand)호를 출동시켜 다음 날인 4월 16일 아무런 선언이나 절차 없이 간단히 거문도를 점령했다.

사마랑호가 서양 열강의 군함으로는 최초로 거문도를 탐사한 지 40년 후, 영국이 전격적으로 이 섬을 점령한 이유는 세 가지로 분석된다. 우선 쓰시마해협을 장악해 러시아 군함의 출구를 막음으로써 러시아가 영흥 항을 점거하려는 야심을 무산시키고 러시아의 태평양 진출을 저지하기 위해서였다. 두 번째는 영국 해군이 블라디보스토크를 공격할 때 기지로 삼기 위한 목적이었다. 마지막으로 전략적 요충인 거문도를 러시아가 장악할 경우 극동에서 군사적 우위는 물론, 중국 중남부 지역에서 향유하고 있던 영국의 이권을 상실할 우려가 있었기 때문이다.

영국 함대의 거문도 점령은 조-러 밀약을 무효로 만들어 러시아가 조선으로 남하하지 못하도록 저지하기 위한 특단의 조치였다. 또 언제든 블라디보스토크를 봉쇄할 수 있다는 위협을 통해 러시아의 아프가니스탄 침공을 막기 위한 시도였다. 영국의 인도 총독 블랙우드(Frederick Hamilton-Temple-Blackwood)는 영국의 거문도 점령에 대해 "개의 목을 조름으로써 물고 있는 뼈다귀를 떨어뜨려 놓치게 하는 전략"이라고 설명했다(최문형, 『한국을 둘러싼 제국주의 열강의 각축』, 2006, 70쪽).

거문도에 주둔하고 있던 영국군의 수는 많을 때는 700~800명, 적을 경우 200~300명 수준이었다. 영국군은 세 곳의 해문海門 구축 공사를 했으며, 음료수 공급을 위해 급수로를 건설했다. 또 대포와 수뢰水雷를 설치해 섬을 요새화했다(원유한, 「영국군의 거문도 점령사건」, 1983, 48~49쪽).

당시 영국은 세계의 바다를 장악한 해양 국가였고, 러시아는 유럽 최대의 육군 국가였다. 아프가니스탄을 둘러싼 양국의 대결은 거문도 점령과 연동되었다. 유라시아를 무대로 전개되고 있던 영-러 대결은 상대방의 취약 지점을 위협해 이를 정책의 지렛대로 활용하는 '그레이트게임' 양상으로 전개되었다(최덕규, 『근대 한국과 동아시아 변경 연구』, 경인문화사, 2016, 13쪽).

영국이 거문도를 점령하기 전까지 러시아는 한반도의 현상을 유지하기 위해 '관망 정책'을 고수하려 했다. 이러한 러시아의 정책 노선은 영

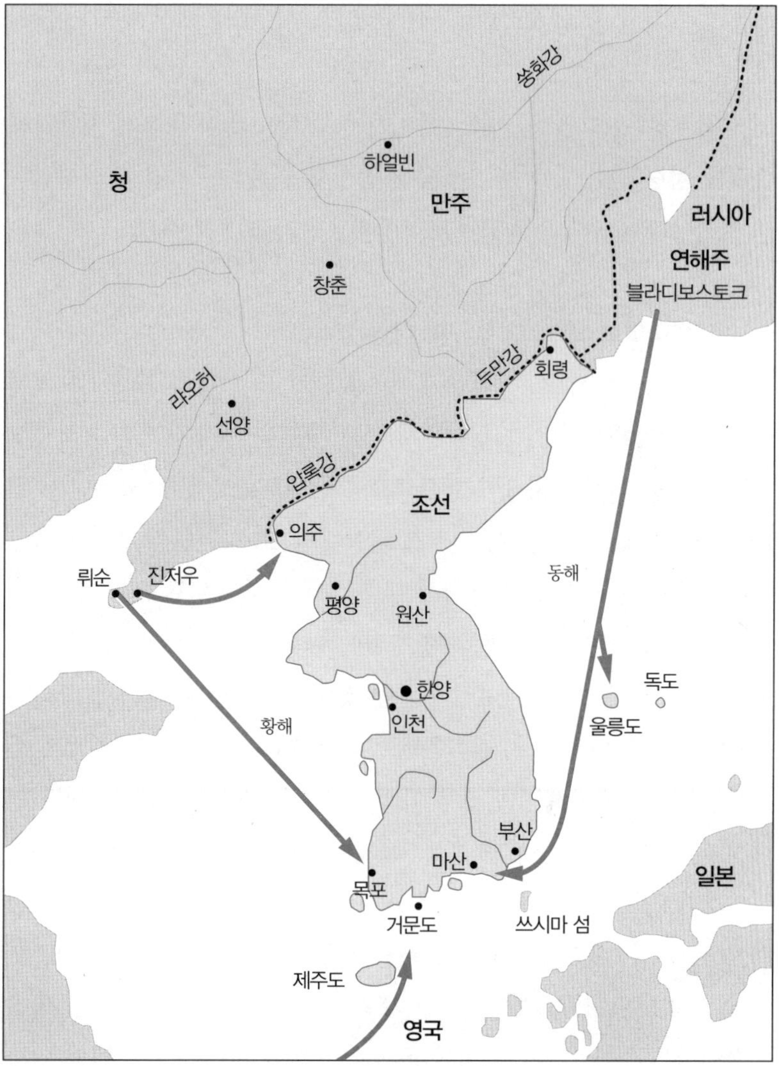

거문도의 지정학적 가치

국의 거문도 점령으로 더 이상 지탱할 수 없게 되었다. 러시아는 갑신정변에 대응한다는 명목으로 1885년 초부터 한반도 연안에 러시아 함대를 집결시켰다. 청·일 양국군이 조선의 수도 서울에서 무력 충돌하자, 러시아는 한반도 문제와 관련해 두 가지 방침을 정했다. 첫째로 청·일 양국 사이에서 엄정 중립을 유지하며, 둘째로 일본이 조선 연안에서 항구를 점령하면 러시아도 한 곳을 점령해 일본의 목적을 상쇄시킨다는 것이다(최덕규, 『근대 한국과 동아시아 변경 연구』, 2016, 16쪽).

러시아, 블라디보스토크 항 입구에 어뢰 설치

러시아 외상 기르스는 해군상 셰스타코프(Ivan A. Shestakov) 제독에게 조선 해역에서 이런 방침하에서 임무 수행을 지시할 것을 요청하고 관련 계획을 러시아 황제 알렉산드르 3세에게 보고했다. 1884년 12월 19일 셰스타코프 해군상은 기르스 외상에게 "조선 연안의 특정 지역을 점령할 수 있는 러시아 해군 함정은 총 14척"이라고 알렸다.

해군상 셰스타코프 제독은 지중해와 흑해함대 전함들을 조선 해역으로 이동시키는 데 45~50일이 걸릴 것으로 예상했다. 따라서 1885년 3월 말이 되면 위의 14척 전함뿐만 아니라 블라디보스토크에서 출항한 4척의 전함이 가담해 한반도 해역에 총 18척의 러시아 함대가 집결할 예정이었다(최덕규, 『근대 한국과 동아시아 변경 연구』, 2016, 16~17쪽).

블라디보스토크는 1880년부터 러시아 태평양함대의 모항으로 기능하기 시작했다. 블라디보스토크에서 태평양으로 나가는 관문에 거문도가 위치하고 있었다. 영국 함대의 거문도 점령은 러시아 함대의 유일한 태평양 진출구인 쓰시마해협을 차단하기 위한 목적이었다. 만약 영국 해군이 쓰시마해협을 차단하면 동해는 '동아시아의 흑해'가 되어 러시아의 태평양 진출 기도를 간단히 저지할 수 있게 된다.

영국이 돌연 거문도를 점령하자 러시아는 자국에 대한 전쟁 선포로 인식하고 극도로 긴장했다. 당시 연해주의 러시아 병력은 1만 8,000명에 불과했고, 이들 병력도 대부분 우수리만과 블라디보스토크 입구의 포시에트만에 집결되어 있었다. 러시아 정부는 4월 21일 블라디보스토크 항 입구에 어뢰를 설치하고 "이 항구에 들어오는 모든 선박을 격침하겠다"라고 선언했다. 블라디보스토크 옆의 포시에트에도 어뢰를 설치했고, 블라디보스토크에 있던 군함들을 슬라뱐카로 옮겼다. 영국 군함들은 러시아 함대가 유사시 대양으로 나오기 전에 격침하기 위해 2개월 동안 집요하게 추적했다(김용구, 『거문도와 블라디보스토크』, 2009, 86쪽).

영국과 러시아의 긴장은 5월 6일 아침 요코하마 항구에서 현실로 나타났다. 영국 군함이 요코하마 항에 입항하자 이곳에 정박하고 있던 러시아 군함이 공격 위험을 느끼고 발포 자세를 취하면서 일촉즉발의 전운이 감돌았다. 또 5월 10일 러시아 의용함인 블라디보스토크호가 거문도에 와서 약 2시간 정박했다. 영국군은 거문도에 영국기를 게양했다. 일본도 5월 22일 거문도 해역에 나타나 전선 부설, 포대 구축, 병영 건축 등 요새화 작업에 분주한 영국군 동정을 정찰했다(원유한, 「영국군의 거문도 점령사건」, 1983, 49쪽).

러시아 정부는 영국 해군의 거문도 철수를 위한 외교적 압박을 시작했다. 5월 18일 베이징 주재 러시아 공사 포포프는 "청이 영국의 거문도 점령을 허용하면 러시아도 조선의 다른 항구를 점령하겠다"라고 공언했다. 같은 날 러시아 정부는 주일 러시아 공사 다비도프에게, 참사관 스페예르를 서울에 파견해 조선이 영국에 무엇을 양보했는지, 러시아 교관 외에 다른 국가의 교관을 조선 국왕이 초빙했는지 알아보도록 했다. 또 거문도를 영국에 매각하지 못하도록 조선에 압력을 넣으라고 지시했다(김용구, 『거문도와 블라디보스토크』, 2009, 87~88쪽).

거문도 점령 사실 까맣게 모른 조선 정부

영국 정부는 섬을 점령한 다음 날인 1885년 4월 17일 청과 일본에 주재하는 오코너와 플런켓 공사에게 "주재국 정부에 거문도 점령 사실을 통보하라"라고 훈령했다. 이로써 청일 양국 정부는 영국이 거문도를 점령한 사실을 알게 되었다. 영국이 거문도를 점령하고 이를 거점으로 러시아와 전쟁에 돌입할지도 모르는 상황이 전개되자 일본 정부는 크게 당황했다.

정작 당사국인 조선 정부는 영국 함대가 거문도를 점령한 사실을 모르고 있었다. 영국 정부는 4월 23일, 주청 영국 공사 오코너에게 "거문도의 일시 점령이 필요하다는 비밀 각서를 조선 조정에 교부하라"라고 훈령했다. 오코너 공사는 4월 24일자로 "조선 남해의 한 섬 포트해밀턴(거문도)을 러시아에 대한 공수攻守상의 필요에 따라 영국 해군경의 명령으로 영국 군함이 점령했으니 그 취지를 알린다"라는 조회서를 작성해 조선 정부에 발송했다. 이 서한이 서울에 도착하려면 3주 정도 시간이 필요했다.

영국이 외교 라인을 통해 공식 통보를 해주기 전까지 영국 함대가 거문도를 점령한 사실을 까맣게 모르고 있던 조선 정부는 5월 19일 오코너의 조회서를 받고서야 자국 영토가 영국 해군에 점령당한 사실을 알게 되었다. 하지만 해군이 없는 조선이 영국에 대응할 수단은 존재하지 않았다. 문제의 조회서를 번역하고 외교적 대응 방법을 수립한 것은 외아문 고문을 맡고 있던 후쿠자와 유키치의 제자 이노우에 가쿠고로였다.

리훙장이 영국의 거문도 점령 사실을 알게 된 것은 갑신정변의 사후처리를 위해 이토 히로부미와 진행한 톈진회담을 통해서였다. 이날 리훙장과 이토는 조선에 파병하는 문제를 놓고 힘겨루기를 하던 중 영국이 거문도를 점령했다는 중대 정보를 리훙장에게 알려주었다(김용구,

『거문도와 블라디보스토크』, 2009, 73~74쪽).

거문도 점령 사건이 일어날 무렵 청과 영국은 우호적이고 긴밀한 관계를 유지하고 있었다. 리훙장은 영국이 자신들의 속국인 조선의 거문도 점령을 묵인하는 대가로 청의 변형된 사대질서론을 국제적으로 공인받고자 했다. 리훙장은 이러한 책략하에 쩡궈판曾國藩의 장남으로서 철저한 종주권 강화론자인 주영 청국 공사 쩡지쩌曾紀澤를 통해 영국 외무성과 접촉했다.

리훙장은 거문도 문제를 전통적인 동아시아 문제로 인식했으나, 핵심 본질은 영국과 러시아가 전 지구적 차원에서 벌이고 있는 그레이트게임의 대충돌이란 사실을 알게 되었다. 리훙장은 북양함대 사령관 딩루창丁汝昌 제독에게 차오융超勇·양웨이揚威 두 군함을 이끌고 거문도로 가서 영국 해군의 동정을 살피라고 명했다.

거문도 불법 점령 항의

딩루창은 거문도로 향하는 길에 인천에 입항해 고종에게 "이 문제를 청에 일임하면 청 조정이 잘 알아서 처리하겠다"라고 아뢰었다. 묄렌도르프는 특사 엄세영과 함께 청국 군함 차오융호를 타고 영국군의 거문도 불법 점령에 항의하기 위해 거문도에 도착했다. 도웰 사령관은 나가사키에 머물고 있어 딩루창·엄세영·묄렌도르프는 다시 나가사키로 향했다. 5월 18일 나가사키에 도착한 일행은 5월 19일 도웰 사령관에게 거문도 불법 점령에 대한 항의 공문을 전달했다.

나가사키에 머무는 동안 묄렌도르프는 전보로 도쿄의 주일 러시아 공사 다비도프에게 "러시아의 육군 교관 초빙에 관한 비밀 협정이 국왕의 윤허를 얻었다"라고 알렸다(다보하시 기요시, 김종학 역, 『근대 일선관계의 연구 (하)』, 2013, 38쪽). 엄세영과 묄렌도르프는 영국 정부와 직접 교섭하기로 하고 서울로 귀환했다.

조선 정부는 미국 공사에게 영국군의 거문도 철군을 위한 '거중조정'을 요청했다. 미국의 베이어드(Thomas F. Bayard) 국무장관은 조선 정부로부터 영국군의 거문도 점령과 관련한 '거중조정' 요구를 받자 "조선이 영국으로부터 압제를 받았다고 보기 어렵다"라면서 개입을 회피했다.

베이어드 장관은 조선 주재 포크 임시 대리공사에게 "조선은 청·일·러·영의 이해관계가 얽혀있는 갈등의 중심지요, 적의에 찬 음모가 벌어지고 있는 곳이다. 때문에 미국의 이익을 위해 모든 것으로부터 초연한 태도를 취하고 아무것도 해서는 안 된다. 이권을 얻기 위해 서로 대립하는 나라와 한 짝이 되거나 음모에 끼어들지 말라"라면서 조선에 대한 미국의 불간섭 정책을 통보했다. 베이어드 장관은 조미수호조약에 명기된 '거중조정'의 폐기를 선언한 것이다.

거문도를 점령한 영국 해군은 상하이와 거문도를 해저 전선으로 연결해 통신을 했고, 장병들에게 육류 공급을 위해 소·돼지·양·염소·오리 등을 구입해 거문도에서 길렀다. 그들은 주민들에게 민폐를 끼치지 않기 위해 극도로 조심했다. 서울의 영국 영사관은 조선어가 가능한 영국 외교관을 거문도에 파견해 영국 해군과 주민들 간의 의사소통을 도왔다.

영국군은 거문도에 상륙해 진지, 포대, 막사, 창고와 병원, 통신 시설을 설치했는데, 이때 부족한 일손을 메우기 위해 주민 300여 명을 고용했다. 그들에게 일을 시키고 식사와 보수를 제공했으며, 몸이 아픈 주민은 영국 군의관이 치료를 해주었다. 또 주민들과 축구 및 테니스 경기를 했다.

당시 영국군은 조선인들에게는 쓸모가 없는 영국 돈 대신 통조림이나 물품으로 보수를 주었다. 조선의 관리들은 백성들을 등쳐먹고 공짜로 부려먹기만 했는데, 일을 시키면 반드시 보수를 제공하는 영국군을 주민들은 큰 호의로 맞았다. 또 거문도의 토지 10에이커(1만 2,000평) 1년 임차료로 174달러를 책정해 주민들에게 제공했다. 영국군은 주민들에게 영어와 영어 노래도 가르쳐주었다.

거문도 임대료 내려 했던 영국

영국의 거문도 점령에 대해 조선 정부가 항의를 제기하자 영국은 금전으로 문제를 해결하는 방안을 검토했다. 즉 거문도 점령의 대가로, 일시불로 할 경우 5만 파운드, 매년 임대료를 지불할 경우 5,000파운드를 한계선으로 정했다. 힘없는 지구 변방국의 외딴 섬에 자국 함정이 기항하는 대가로 순순히 비용을 지불한다면 그건 제국주의 국가의 면모가 아닐 것이다.

8월 26일, 조선 주재 영국 총영사 애스턴은 김윤식에게 조선 정부가 이허양행에 갚아야 할 채무를 상환하라고 요구했다. 영국계 상사인 이허양행은 청나라 초상국招商局 소속 660톤급 기선 난성호南陞號를 투입해 나가사키에서 부산을 경유해 인천과 상하이를 연결하는 조선 최초의 정기 항로를 개설했다. 이 항로는 1884년 12월 발생한 갑신정변으로 1년 만에 운항이 중단되었다.

애스턴 총영사는 난성호의 운임 채무액과 광산 관련 업무에서 발생한 손실액 등 1만 6,000냥을 조속히 상환하라고 요구했다(김용구, 『거문도와 블라디보스토크』, 2009, 159~161쪽). 재정이 바닥난 조선 정부는 채무 상환 압력을 받자 영국 정부에 50만 달러의 차관 제공을 요청했다.

1885년 9월 영국의 중국해함대 사령관으로 부임한 해밀턴(R. V. Hamilton) 제독이 거문도 철수를 주장하는 보고서를 제출했다. 해군성이 이를 채택하면서 거문도 유료 임대 구상은 무산됐다.

1885년 6월 9일, 조-러 밀약의 마무리 협상을 위해 주일 러시아 공사관 소속 일등서기관 스페예르가 두 번째로 조선을 방문했다. 때는 바야흐로 조-러 밀약을 견제하기 위해 영국 함대가 거문도를 점령(1885년 4월 15일)하고 있었고, 일본과 청의 톈진조약 체결(4월 18일) 등 조선을 둘러싸고 풍파가 일고 있던 민감한 시기였다.

서울에 도착한 스페예르는 외교 담당 부서인 통리아문을 방문하지 않고 국왕 인견도 요청하지 않은 채 오직 묄렌도르프와 비밀회의만 거듭했다. 스페예르는 6월 10일 포크 미국 공사와 회동했다. 포크는 6월 16일 본국 정부에 "스페예르는 임시 대리인(agent provisoire) 자격으로 거문도 문제에 관한 임무를 띠고 서울에 왔다. 영국이 거문도 점령을 계속하면 러시아는 그보다 10배에 달하는 조선 영토를 획득하라는 훈령을 받았다고 공언했다"라고 보고했다(김용구, 『거문도와 블라디보스토크』, 2009, 90쪽).

고종은 묄렌도르프를 통해 스페예르에게 "청-일 간에 전쟁이 벌어질 경우 조선을 확실하게 보호해 줄 것, 5만~6만 명 규모의 조-러 연합군 구성"을 제안했다. 스페예르는 "모든 수단을 동원해 러시아가 조선을 보호하겠다"라고 약속했다(다보하시 기요시, 김종학 역, 『근대 일선관계의 연구 (하)』, 2013, 35쪽). 이것이 제1차 조-러 밀약설의 전모다. 수교한 지 불과 몇 달 후, 그동안 위협 국가로 인식되어 왔던 러시아에게 어떻게 이처럼 파격적인 제안을 하게 되었는지 놀라지 않을 수 없는 사건이었다(심헌용, 「조러 연합군과 러일전쟁 전후 군사협력-기원, 구상, 시도」, 정성화 외 지음, 『러일전쟁과 동북아의 변화』, 선인, 2006, 111쪽).

스페예르는 러시아 육군 교관 초빙 협정의 세부안과 장문의 사유서를 작성해 국왕에게 올리고 통리아문에 전달했다. 하지만 당시 서울 정세는 러시아에 불리하게 돌아가고 있었다. 우선 청·일 양군이 함께 철병한 틈을 타서 어부지리를 노리는 러시아에 대해 청·일 양국은 극도로 불쾌감을 보였다. 게다가 외국인 교관 파견 문제는 이미 고종이 미국 정부에 요청을 해놓은 상황이었다. 여기에 러시아와 평지풍파를 일으킨 주인공이 묄렌도르프라는 사실이 알려지면서 그에 대한 반감이 폭발했다.

조-러 밀약 사실 외교가에 폭로돼

묄렌도르프의 지원을 받은 스페예르는 조선의 외교 책임자 김윤식과 6월 12일, 20일, 24일, 그리고 7월 2일 등 네 차례 회동했다. 6월 20일 회담부터 격론이 벌어졌다. 스페예르는 묄렌도르프가 1884년 도쿄의 러시아 공사관에서, 1885년 5월에는 나가사키에서 러시아 군사교관단 초청을 요구한 사실, 고종이 연해주로 밀사를 보내 러시아에게 조선의 보호를 요청한 사실 등을 열거하면서 러시아 군사교관 파견을 하루빨리 결정하라고 압박했다.

김윤식은 임오군란·갑신정변 쿠데타가 일어나자 재빨리 청에 군대를 파병해 진압을 요청한 사실에서 알 수 있듯이 조선을 대표하는 친청파 수뇌였다. 그는 전통적 종속 관계인 청을 무시하고 러시아에 접근하려는 묄렌도르프의 구상을 도저히 이해할 수 없었다. 김윤식은 "이미 청의 중재를 통해 미국에 군사교관 초빙을 요청했다. 러시아 군사교관 초빙은 불가능하다"라고 제동을 걸었다.

스페예르는 러시아 군사교관 초빙과 조-러 연합군 결성은 고종의 밀서를 통해 이루어진 것이라면서 김윤식을 압박했다. 김윤식은 묘당과 협의 끝에 조-러 밀약 관련 사실을 청의 총판조선상무 천수탕과 탄경야오 서기관, 임시 일본 대리공사 다카히라 고고로高平小五郎에게 통보했다. 이로써 조러 밀약설이 외교가에 폭로되었다.

스페예르는 김윤식이 자신과의 회담 내용을 청국 대표와 일일이 상의한다는 사실을 알고 천수탕에게 외국 군사교관 초청과 관련한 청의 입장을 문의했다. 천수탕은 "톈진조약에 의해 청·일 양군이 조선에서 철수한 후 조선이 어느 나라로부터 교관을 초빙하든 그것은 조선의 자유"라고 답했다.

스페예르는 6월 21일 고종과 회담해 묄렌도르프를 통해 요청한 러시아 군사교관 파견 건에 대한 해명을 요구했다. 고종은 그동안의 비밀 협상 내용을 전면 부인하면서 "러시아 군사교관 파견 요구 건에 대해 나는 전혀 아는 바 없다. 우리는 이미 미국에 군사교관 파견을 요청했다. 러시아에서는 군사교관이 아니라 광산 기사 정도는 초빙할 수 있다"라고 답했다.

고종의 답변에 격분한 스페예르는 "이런 식으로 나오면 러시아 함대를 동원해 제주도를 점령하겠다"라고 협박했다. 스페예르는 공식적인 협상을 진행할 수 있는 아무런 권한을 위임받은 적도 없고, 합의문에 서명할 권한도 없었다. 스페예르의 제주도 점령 발언은 그가 받은 훈령의 범위를 넘어선 것이었고, 거문도에 세계 최강의 영국 함대가 버티고 있어 러시아의 제주도 점령은 엄포로 끝났다.

고종의 이중 외교에 놀아난 스페예르는 어떤 성과도 거두지 못하고 7월 12일 서울을 떠났다. 러시아 해군성은 "스페예르의 조선 방문은 러시아의 치욕으로 끝을 맺었다"라고 보고했다.

거문도는 조선의 영토였지만 영국의 거문도 점거를 해결하기 위한 국제 협상은 청의 리훙장이 담당했다. 영국은 청과 협상함으로써 조선이 청나라의 속방임을 인정했다. 러시아·미국·일본은 영국의 거문도 점거에 항의했지만 조선 영토에 관한 문제를 청이 담당하는 것은 당연한 일로 받아들였다. 거문도 사건은 조선이 청의 속방임을 다시 한번 국제적으로 확인시킨 사건이었다(함재봉, 『한국사람 만들기 Ⅲ-친미기독교파 1』, 2020, 641쪽).

청·일, 조선 압박 위해 '조선 개혁안' 합의

조-러 밀약설 전모가 폭로되면서 그동안 전혀 별개 사안으로 보였던 조-러 보호밀약설과 영국의 거문도 점령이 영-러 간 '그레이트게임'의 일환이라는 사실이 극명하게 드러났다. 이 와중에 1885년 9월 무렵 일본에 망명해 있던 김옥균의 불온한 움직임이 조선에 전해졌다.

1885년 11월 23일 오이 겐타로大井憲太郎와 고바야시 구스오小林樟雄 등 자유민권운동 지도자들이 경찰에 체포되었다. 군사를 이끌고 조선으로 건너가 김옥균·박영효 등 친일 개화파들이 권력을 잡도록 돕고자 한 죄목이었다. 경찰은 오사카와 나가사키 지역에서 일당 130명을 추가로 구속했다. 이것이 '오사카 사건'이다.

김옥균이 이들과 결탁해 낭인 무뢰배들을 이끌고 강화도를 침략할 것이며, 이를 제압하기 위해 청의 북양함대가 출동한다는 뜬소문이 서울 장안에 파다하게 퍼졌다. 충격을 받은 조선 정부는 일본에 항의하는 등 일대 소동이 일어났다. 중국·영국·미국 등이 군함을 제물포로 급파했으나 김옥균의 원정대는 오지 않았다. 김옥균을 그대로 두었다간 복잡한 외교 문제가 불거질 것을 우려한 일본 정부는 1886년 8월 10일 김옥균을 태평양의 절해고도 오가사와라小笠原로 추방했다.

민 왕후를 중심으로 뭉친 민씨 척족 세력은 내·외정에 적극 간섭하는 청과 김옥균을 싸고도는 일본을 동시에 견제하기 위해서는 조선에 지대한 관심을 보이는 러시아를 끌어들이는 이이제이책以夷制夷策이 최선이라는 판단 아래 조-러 밀약을 추진했다. 막상 러시아 협상 대표가 조선에 와서 조-러 밀약이 폭로되자 고종은 태도를 바꾸어 협상을 파기한 것이다.

이노우에 가오루 일본 외상은 1885년 5월 30일, 조-러 밀약과 관련한 제1보를 접수하자 사태의 심각성을 깨달았다. 그는 6월 5일 주일 청국 공사 쉬청자오와 만나 조선의 내정을 개혁해 앞으로의 화근을 없애야 한다는 데 합의했다. 7월 3일 이노우에 외상은 에노모토 타케아키榎本武揚 주청 공사에게 훈령을 보내 리훙장에게 다음과 같은 '조선 개혁안'을 전달했다(다보하시 기요시, 김종학 역, 『근대 일선관계의 연구 (하)』, 2013, 44쪽).

> 첫째, 조선의 외교 방침은 리훙장 총독이 이노우에 외상과 협의한 후 조선 국왕에게 전달해서 실시하도록 할 것.
>
> 둘째, 내환內宦(환관)의 국정 간여를 엄금할 것.
>
> 셋째, 대신 임용을 신중히 할 것. 그 인선은 국왕이 리훙장 총독에게 승인을 구하고 리훙장 총독이 이노우에 외상에게 미리 통지한 후 결정할 것. 현재 묘당의 중신 중에는 김홍집·김윤식·어윤중 등이 적임으로 인정됨.
>
> 넷째, 외교·국방·재정은 특히 중요하므로 김홍집·김윤식·어윤중 등을 그 장관으로 임명할 것.
>
> 다섯째, 묄렌도르프를 파면하고 그 후임으로 미국인 가운데 유능한 자를 임명할 것.
>
> 여섯째, 청의 총판조선상무 천수탕을 경질하고 보다 유능한 자를 후임으로 할 것.
>
> 일곱째, 청의 조선 주재관은 항상 주조선 일본 공사와 연락을 취하고, 중대한 사건이 돌발했을 때는 서로 협의할 것.

일본과 청이 '조선 개혁안'에 합의한 이유는 청·일 공동으로 조선의 인아책引俄策을 저지하기 위해서였다. 일본은 1876년 강화도조약을 통해 조선을 자주독립국으로 인정한 바 있다. 그런데 조선의 외교 방침 및 조선 대신의 인선을 청일 양국 외교 책임자들이 정하기로 합의한 내용을 보면, 조선은 이때 이미 독립 국가의 위상을 완전 상실하고 있음을 확인할 수 있다.

에노모토 공사는 리훙장에게 "이노우에 외상의 뜻"이라면서 대원군 석방과 귀국을 제의했다. 리훙장은 고종이 조-러 밀약을 통해 청의 보호에서 벗어나려 함으로써 종주국의 위신을 적지 않게 손상당했다. 일본이 대원군 귀국을 제안해 오자 이를 수락했다. 리훙장은 조-러 밀약설에 대한 응징으로 고종과 민 왕후의 정적인 대원군을 귀국시켜 견제 역할을 맡기기로 결정한 것이다.

제11장

'위안스카이의 세상'이 된 조선

이노우에가 제안한 '조선 개혁안'의 의도는 분명했다. 일본은 청을 앞세워 조선의 내정에 간섭하고, 그 배후에서 청과 조선 간의 관계를 조종하겠다는 의미가 담겨있었다. 이 안을 원안 그대로 수용하면 일본에게 공동 종주국 자리를 인정하는 결과가 되고 만다. 이런 사태를 모를 리 없는 리훙장은 이노우에 외상의 제안 중 몇 가지만 선택적으로 진행했다.

1885년 7월 23일, 리훙장은 고종에게 허락 없이 몰래 러시아에 군사교관을 요청한 행위를 강력 경고하는 밀서를 보냈다. 또 이노우에 외상과 합의한 대로 묄렌도르프의 해임 조치에 돌입했다. 리훙장은 "묄렌도르프가 조선 해관에서 징수한 관세를 포탈하고 있다"라면서 해관에 청이 추천하는 미국인을 등용할 것을 요구했다.

이때부터 영국·청·일본의 여러 신문에 묄렌도르프가 러시아에 매수되었으며, 해관을 방만하게 운영하고 독일인만 우대한다고 비난하는 기사가 연일 보도되었다. 상황이 심각하게 돌아가자 고종은 이조참판 남정철을 급히 톈진에 파견했다. 고종은 남정철을 통해 러시아와 밀약 체결 경위를 해명하고 모든 문제를 묄렌도르프의 월권행위로 돌려 그의 파면으로 사건을 무마하려 했다. 고종은 1885년 7월 27일 묄렌도르프를 협판교섭통상사무에서 해임했고, 8월 25일에는 총세무사직도 박탈했다. 고종의 밀명을 받들어 블라디보스토크에 가서 러시아 관리들과 접촉했던 조선 관리들은 모두 귀양을 갔다.

묄렌도르프는 두 직책에서 파면된 후에도 계속 인천에 머물렀다. 민씨 척족 세력이 "베베르가 서울에 도착하면 러시아와 새 협약을 맺는 일을 도와달라"라면서 그에게 전환국방판(조폐국 차장)을 맡겼기 때문이다. 묄렌도르프는 이 직함을 가지고 비밀리에 러시아와 접촉을 계속했다.

청국 정부는 일본과 약속한 대로 대원군을 석방 귀국시키기 위해 물밑 작업에 돌입했다. 이 움직임을 눈치 챈 고종과 민 왕후는 경악했다. 그들은 대원군의 귀국을 저지하거나, 그것이 어려울 경우 변경으로 유배를 보내려 했다. 이처럼 민감한 문제를 독단으로 처리했다간 무슨 날벼락이 떨어질지 알 수 없으니 고종은 청 조정에 양해를 구하기 위해 민영익과 김명규를 톈진에 급파했다.

대원군 귀국 막기 위해 총력전 전개한 고종

8월 20일 톈진에 도착한 민영익은 리훙장을 만나 "대원군이 환국하면 조선에서 변란이 일어날 수 있으니 귀국 시기를 늦춰달라"라고 요청했다. 리훙장은 "대원군은 노환을 앓고 있고, 국사에 관여하고 싶어 하지도 않는다. 다만 왕비 민씨가 자신의 당파에 치우쳐 그릇된 정치를 펴고 국사를 그르치고 있으므로 청 황제가 특별히 엄지를 내려 왕비가 정치에서 손을 떼도록 하고, 그럼에도 왕비가 정치에 관여할 경우 대신을 파견해 감국監國으로서 왕과 왕비를 감독하겠다"라고 답했다.

민영익이 별 소득 없이 귀국하자 이번에는 청 조정에 폭넓은 인맥을 가진 이응준을 특파했다. 이응준은 중국 요로에 뇌물을 뿌려 대원군의 귀국을 막으려 했으나 별무소득이었다. 귀국을 앞둔 대원군은 리훙장에게 민씨 척족의 국정 농단이 결국 나라를 멸망의 길로 이끌 것이라면서 이를 막을 수 있는 유일한 방법은 청이 대신을 파견해 한양에 상주시켜 민 왕후와 민씨 척족 세력을 제어하는 것이라고 말한다. 고려 때 원나라가 정동행성을 설치해 고려 내정에 간섭한 전례를 따를 것을 제안한 것이다. 결국 조선을 청의 식민지로 만들라는 요구를 한 셈이다. 이후 위안스카이 파견을 통한 조선 식민지화 정책에 대원군도 일정 부분 기여한 셈이다.

리훙장은 대원군의 귀국 호위 책임을 위안스카이와 청국 총병(사단장급) 왕융성王永勝에게 맡겼다. 위안스카이는 갑신정변을 수습하는 과정에서 일본과의 마찰을 피하기 위해 본국 소환되어 무료하게 지내던 중 대원군 호송 책임을 맡아 또다시 조선으로 파견되었다. 대원군은 청군의 삼엄한 호위하에 북양해군 소속 전하이鎭海호를 타고 10월 3일 인천에 도착했다. 대원군의 도착 일시가 사전 통보됐음에도 불구하고 조선 정부에서는 누구 하나 영접을 나오지 않았다. 인천에 정박 중이던 러시아·영국·일본 군함에서 사절을 보내 대원군의 무사 귀환을 환영했을 뿐이다.

위안스카이의 안내로 하선한 대원군은 이틀 후 왕융성과 위안스카이가 지휘하는 북양해군 육전대의 삼엄한 호위를 받으면서 서울에 입성했다. 남대문까지 나가 대원군을 맞은 국왕은 3년 만에 귀국한 부친과 말 한마디 나누지 않았다. 대원군이 운현궁에 도착하자 그 부근 일대는 10여 일 동안 인파로 들끓었다. 여러 관리들이 대원군을 찾아가 그동안의 고생을 위로했으며, 일반 시민들은 멀리서 운현궁을 향해 절을 했다.

묄렌도르프 해임

고종과 민 왕후, 민씨 척족들은 대원군 귀국에 노골적인 반감을 드러냈다. 그들은 포도청에 임오군란 잔당에 대한 대대적인 수색 명령을 내렸다. 그 결과 임오군란 이후 3년간 도피 중이던 무위영 포수 김춘영, 훈련도감 나팔수 이영식을 체포해 대원군이 서울에 입성한 날 군기시 노상에서 능지처참형을 집행했다. 그들 시신을 대원군이 입경하는 길가에 버릴 것을 명했다. 또 대원군의 청지기 중 독살된 자도 있었고, 텐진에서 대원군을 수행해 온 통역관 김병문과 시종 10여 명도 체포되었으나 위안스카이의 강력한 항의로 석방되었다. 대원군의 수하였던 이들은 국왕의 서슬 퍼런 조치에 놀라 대원군 주변에서 달아났다.

임오군란 잔당에 대한 잔인한 처형은 고종과 민 왕후가 대원군에게 보내는 섬뜩한 경고였다. 대원군이 사저인 운현궁에 도착하자 고종은 수많은 감시원을 운현궁 주위에 배치해 외부인의 출입을 차단했다. 대원군은 귀국 직후부터 10여 년 동안 유폐 상태나 다름없는 칩거 상황이 되었다. 청이 고종과 왕비, 민씨 척족 세력의 결사반대에도 불구하고 대원군을 귀국시킴으로써 임오군란 이후 형성된 청과 민씨 척족 간의 강력한 연대는 급격히 약화되기 시작했다(함재봉, 『한국사람 만들기 III-친미기독교파 1』, 2020, 711쪽).

리훙장은 이노우에 외상과 합의한 대로 묄렌도르프의 후임자 선정에 나섰다. 리훙장은 묄렌도르프가 겸직했던 외교 고문관(협판교섭통상사무)과 해관 총세무사직을 분리하기로 결정했다. 청국 총세무사로 근무하던 영국인 로버트 하트(Robert Hart)는 리훙장에게 조선 해관 총세무사로 미국인 헨리 메릴(Henry F. Merrill)을 천거했다.

리훙장은 메릴을 조선 해관 총세무사로, 외무협판은 텐진 주재 미국 영사를 역임한 오언 데니를 고종에게 추천해 임명케 했다. 메릴과 데니는 리훙장의 지시에 따라 청의 새로운 조선 정책을 추진하기 위해 위안스카이를 중심으로 구성된 '북양北洋 3인방'이었다.

로버트 하트는 이들을 천거하면서 이번 기회에 조선을 명실상부한 청의 식민지로 흡수해야 한다는 '조선 병합론'을 건의했다. 하트는 그 준비 작업의 일환으로 조선 해관을 청국 해관에 예속시킬 것을 제안해 관철시켰다. 묄렌도르프와 메릴은 모두 청이 추천한 조선 해관 총세무사였다. 하지만 두 사람의 신분이나 권한은 크게 달랐다.

조선 해관 청국에 예속시켜

묄렌도르프는 조선에 대한 각종 개혁 의견을 조언하는 직책이었다. 반면에 메릴은 청국 총세무사인 로버트 하트 지휘 아래 파견되었고, 그의 신분은 청국 해관 소속이었다. 또 조선 총세무사 이외에 다른 직책을 맡을 수 없도록 규정되어 있었다. 메릴은 조선 해관을 청국 해관에 예속시키는 임무를 띠고 부임했다.

하트는 청국 해관과 조선 해관을 완전 병합해 자신이 조선 해관 총세무사직도 겸하려는 야심을 갖고 있었다. 이런 배경에서 하트는 1886년 상하이해관 조책처造冊處에 명해 조선 해관의 분기별 보고서를 청국 해관이 발행하는 『무역총책貿易總冊』의 부록으로 발행하도록 조치했다. 조선 해관 보고서가 청국 것과 합쳐져서 발행된 것은 조선에 대한 청의 종주권을 대외적으로 홍보하는 데 큰 도움을 주었다(이양자, 『조선에서의 원세개』, 신지서원, 2002, 198쪽).

메릴은 조선 총세무사에 취임한 이후 하트의 지령에 따라 11명의 해관원을 해임하고 새로 독일인·프랑스인·영국인을 채용했다. 조선 해관 인사권이 청국 수중에 귀속되면서 이후 조선 해관은 청국 해관의 부속 기구로 변질되었다. 조선 총세무사는 청국 해관에 수출입 상품 목록, 징수된 세금 및 각 해관의 경비 지출에 대해 상세한 정황을 보고해야 했다. 조선 해관을 청국 해관에 예속시킨 조치는 조선에 대한 청의 '종주권 강화책'의 상징이었다(이양자, 『조선에서의 원세개』, 2002, 120쪽).

메릴은 4년간 조선 총세무사로 재임하면서 조선 해관을 근대적 체제로 바꿔놓았다. 이 과정에서 열강의 각축장이 된 조선을 동정했다. 그는 청의 독단적인 종주권 강요에 불복해 어느 정도 독자적인 행동을 취했다. 1887년 박정양을 미국 주재 공사로 파견할 때 메릴은 청의 집요한 압력을 물리치고 조선 측 입장을 지지했다.

또 청으로부터의 밀수를 막고 세수를 늘리기 위해 위안스카이와 맞섰다. 위안스카이와 계속 부딪쳤던 메릴은 1889년 11월 해임되고 독일인 쇠니케(J. F. Schoenicke)가 총세무사 서리로 부임했다. 메릴의 후임인 쇠니케도 조선의 자주독립 운동을 동정하다가 위안스카이로부터 경고를 받았다. 청은 인천 세무사 모건(F. A. Morgan)을 쇠니케의 후임으로 임명하려 했으나 조선 측이 동의하지 않자 1893년 브라운(John McLeavy Brown)을 임명해 겨우 합의를 보았다.

묄렌도르프가 맡았던 외무협판직에는 미국인 오언 데니가 임명되었다. 그는 톈진 주재 미국 영사, 상하이 총영사를 역임하며 리훙장과 친분을 쌓았다. 리훙장이 데니를 서울로 보낸 이유는 러·일 양 세력의 한반도 침투를 저지하고 조선에 대한 청의 지배권을 확고히 하기 위해서였다.

데니는 서울에서 고종의 정치 외교 고문으로 4년간(1886~90) 활동하며 정치 외교의 중심인물로 활약했다. 데니는 임명 과정에서 리훙장의 도움을 받았지만, 조선 정부 관리로 임명된 이상 조선 정부와 고종에게 충성을 다하는 것이 자신의 의무라고 확신했다. 조선의 독립을 위해서는 청의 간섭을 배제하는 것이 급선무라고 판단한 데니는 조선에 대한 청의 간섭 정책을 비난하고 조선의 자주독립을 위해 고군분투했다.

데니와 위안스카이의 충돌

데니가 외국 세력을 끌어들여 청의 간섭을 배제하는 정책을 강화할 때마다 청국 대표인 위안스카이와 정면충돌했다. 미국 변호사 출신인 데니는 해박한 구미 국제공법 이론을 동원해 청이 내세우는 "조선은 본래부터 중국의 속방"이라는 주장을 전면 부인했다.

그는 조선이 청의 조공국이지만 엄연한 주권 독립국이란 사실을 증명하기 위해 "버마 영유권 문제로 영국이 청에 조공을 바쳤다고 해서 대영 제국을 청의 속국이라고 말할 수 없다. 19세기 유럽 제국, 특히 미국은 지중해에서 이슬람교도 해적으로부터 상선 보호와 교역 증진을 위해 이슬람 국가들에 공물을 바친 일이 있다. 그렇다고 미국을 이슬람 국가의 속국이라고 말할 수 없다. 따라서 조공 체제와 속국 관념은 별개"(김원모, 『개화기 한미교섭관계사』, 2003, 199쪽)라는 논리를 펼쳤다.

데니는 위안스카이에 대해 "범죄성·부당성·잔혹성이라는 점에서 볼 때 국제관계 역사에서 위안스카이 같은 인물은 거의 없었다. 그는 청국의 발굽으로 조선의 목을 짓누르기 위해 조선의 발전을 지향하는 모든 노력을 반대했을 뿐만 아니라, 자신의 주변에 거느리고 있던 용병대를 이용함으로써 조선의 상류 인사들이 정부와 자신들을 위해 외국과 거래하려는 거의 모든 노력을 파멸시키고 웃음거리가 되도록 만들려고 노력했다"라고 비판했다(O. N. 데니, 신복룡·최수근 역주, 『청한론淸韓論』, 1999, 23쪽).

1890년 임기 만료된 데니의 후임으로 르장드르(Charles W. Le Gendre)가 조선에 초빙되었다. 프랑스에서 출생해 미국으로 이주한 르장드르는 미국 내전(남북전쟁)에 참전한 후 외교관이 되어 마카오 주재 미국 영사로 근무했다. 1862년 샤먼廈門 영사로 재임 중 미국 선박 난파 사건이 발생하자 타이완으로 가서 사건을 원만하게 해결했다. 덕분에 그는 타이완 전문가로 알려졌다.

이후 일본 정부 외교 고문으로 활동했고, 조선에 10여 년 체류하며 고종의 외교 고문으로 활동한 아시아 전문가다. 르장드르는 조선의 고관과 외교 사절이 참여한 정동구락부의 핵심 인물이었다. 그는 조선에서 활동하는 미국 선교사들의 활동을 지원하던 중 1899년 9월 1일 사망해 양화진 외국인 묘역에 묻혔다.

당시 조선 조정은 외국에 헐값으로 넘긴 이권 회수 운동을 진행했다. 외국에 넘긴 이권은 차관 도입 과정에서 담보로 제공한 것이 대부분이었다. 따라서 이권을 회수하려면 해당 국가에서 빌린 차관을 상환해야 했다.

조선의 외교고문 이노우에 가쿠고로는 서양 열강과 동아시아 주변국이 조선을 놓고 벌이는 움직임에 대해 "일본은 조선을 도외시하고, 청국은 변함없이 내치·외교에 간섭하며, 영국은 은근히 청국과 결탁한 듯하고, 미국은 오로지 무역으로 실리를 탐하느라 정치엔 계획이 없으며, 독일도 오로지 무역으로 벌이를 하려 하고, 러시아는 다소 조선 조야의 환심을 얻고자 열심히 힘쓴다"(이노우에 가쿠고로, 신영길 옮김, 『조선조 망국 전야기』, 2008, 59쪽)라고 분석했다.

대원군 귀국을 계기로 리훙장은 그동안 추진해 왔던 대對조선 외교의 방향을 전환했다. 그 전까지는 외척 세도정치를 일삼는 여흥 민씨와 풍양 조씨의 존재를 인정하고, 정교政教 자주 명목하에 이들에게 적당한 지도권을 부여함으로써 종주권을 유지하려 했다. 때문에 조선 정부의 독립성이 크게 훼손되지는 않았다.

1885년 10월을 기점으로 청은 이 방침을 전면 폐기했다. 리훙장은 민씨 척족 세력을, 청의 위신을 손상시키고 조선의 건전한 발전을 저해하는 사당私黨으로 간주해 억제하려 했다. 그 결과 조선에 대한 내정 간섭은 노골적인 모양새가 되었고, 조선은 독립국으로서의 실체를 거의 잃는 지경에 이르렀다(다보하시 기요시, 김종학 역, 『근대 일선관계의 연구 (하)』, 2013, 56쪽).

천수탕 해임, 위안스카이 조선에 보내

민씨 척족 세력은 청의 내정 간섭을 물리칠 더 강한 나라를 조선에 끌어들이는 것으로 저항했다. 그들 눈에 들어온 '청보다 더 강한 나라'는 러시아였다. 대원군이 귀국한 지 며칠 후인 1885년 10월 6일, 러시아 대리공사 겸 총영사 베베르가 조러수호조약 비준서 교환을 위해 서울에 도착했다. 베베르는 10월 14일 김윤식과 회동해 조-러 조약 비준을 매듭짓고 10월 22일 상하이로 출발했다.

이 소식을 접한 리훙장은 조-러 밀약 같은 불미스러운 사건이 재발하지 않도록 조선 내정을 강력하게 간섭·통제하기로 결정했다. 리훙장은 일본 외교관에게 "뼈 없는 해삼無骨海蔘"이라고 모욕당한 천수탕을 소환하고, 자신의 심복인 위안스카이에게 주차조선총리교섭통상사의駐箚朝鮮總理交涉通商事宜라는 해괴한 직함을 주어 1885년 11월 17일 서울에 부임시켰다. 이 조치도 이노우에 외상과 합의한 '조선 개혁안'에 포함되어 있는 내용이었다.

청은 해외에 공관을 설치하고 외교관을 파견할 경우 흠차출사대신欽差出使大臣이란 직함을 부여했다. 이것은 중국과 평등한 관계에 있는 국가에 파견하는 외교관 명칭이다. 청은 조선을 평등한 주권국가가 아닌 속국(혹은 식민지)으로 대우했기에 정식 외교관인 흠차대신은 어울리지 않는다고 판단했다. 때문에 주차조선총리교섭통상사의라는 관직을 급조해 26세의 새파란 청년 하급 관리를 조선에 보냈다. 청이 조선에 정식 외교관인 흠차대신을 파견한 시기는 청일전쟁에서 패배해 쫓겨난 후인 1898년이었다.

위안스카이의 관직 품계는 지방 행정관 비서에 해당하는 4품 도원道員이었는데, 3품으로 진급시켜 조선으로 보냈다. 그의 지위는 청이 외국에 파견하는 공사보다 낮은 총영사급이었다. 직급은 낮았지만, 청 황제로부터 부여받은 권한은 전임자인 천수탕의 그것을 훨씬 능가했다. 천수탕은 조선의 무역만 담당했을 뿐 조선의 국정에 간섭할 권한은 없었다.

임오군란·갑신정변 때 기민하고 과단성 있는 업무 처리로 리훙장의 주목을 받았던 인물이 위안스카이였다. 리훙장은 위안스카이를 조선에 파견하면서 "지금 무대가 완성되어 손님들이 너의 등장을 기다리고 있다. 조선으로 건너가 국사를 감독하라"라고 명했다. 일종의 총독 자격으로 서울에 파견한 것이다.

위안스카이는 조선을 전통적 의미의 속국이 아니라 부용국附庸國, 즉 큰 나라의 지배를 받는 작은 나라로 간주했다. 근대 국제법에 규정된 식민국으로 조선을 상대한 것이다. 그는 자신의 명함에 '총독(resident)'이라고 새겼고, 서울 주재 외교관들에게 자기 직함을 영국의 인도 주재 총독과 같은 것이라고 설명했다(이정식, 『구한말의 개혁·독립투사 서재필』, 2003, 150쪽). 이로써 1885년부터 청일전쟁이 벌어지기 직전인 1894년까지 9년에 걸친 '위안스카이의 조선' 시대가 펼쳐졌다.

위안스카이는 부임 즉시 인천·부산·원산 개항장에 분판상무위원分辦商務委員을 배치해 세관 수입을 감독하고 상업 진흥에 힘을 기울였다. 또 친청 사대당 영수인 김홍집 등과 결탁해 고종과 민 왕후를 비롯한 여러 신하들을 감시했다. 그가 가장 먼저 처리한 업무는 반청反淸·연아聯俄의 상징인 묄렌도르프의 처리였다. 위안스카이는 1885년 12월 1일 인천에서 전환국 업무를 담당하던 묄렌도르프를 톈진으로 추방했다.

묄렌도르프가 조선에 체류한 기간은 1882년 12월부터 1885년 12월까지 만 3년이었다. 이 기간 동안 묄렌도르프는 조선 외교사에서 중요한 일들을 대부분 도맡아 처리했다. 그는 독일 외무성의 지령을 받아 조-러 수교와 조-러 밀약을 추진함으로써 조선의 운명을 영-러 그레이트게임의 소용돌이로 끌어들인 장본인이었다.

프랑스와의 수교

청으로 쫓겨 간 묄렌도르프는 청 해관 복귀를 희망했지만 리훙장의 거부로 불발되자 학자의 길을 걷는다. 어학에 탁월한 재능을 가진 묄렌도르프는 8개 언어에 능통했고 히브리어·범어梵語·만주어까지 구사했다. 그는 만주어를 라틴 문자로 표기하는 '묄렌도르프 표기법'을 창안하는 등 어문 연구에 몰두하다 1901년 4월 20일 닝보寧波에서 사망했다.

묄렌도르프가 톈진으로 돌아간 후에도 민씨 척족 세력은 러시아와 극비 접촉을 계속했다. 죽산부사 조존두, 고종이 청국의 간섭을 배제하고 국정 운영을 하기 위해 설치한 내무부 주사 김가진·김학우·전양묵 등이 왕비와 척족의 뜻을 받들어 러시아 공사관에 출입하면서 연락책 역할을 수행했다. 고종과 민 왕후가 청·일의 거센 압력에도 불구하고 러시아에 대한 미련을 버리지 못한 이유는 무엇이었을까?

거문도를 점령한 영국은 청의 집요한 철수 노력에도 불구하고 거문도에서 한 발짝도 움직이지 않았다. 종주국 체면이 크게 손상되는 모습을 본 친러파 일당이 국왕과 왕비에게 "러시아에 간청하면 영국에 압박을 가해 거문도를 돌려받을 수 있다. 러시아의 보호를 받으면 청의 내정 간섭에서 벗어나 종속 관계를 폐기하고 완전한 독립국이 될 수 있다"라고 설득했다.

청-프랑스 전쟁은 1885년 6월 톈진에서 강화조약을 체결해 종전되었다. 육상 전투에서는 선전했으나 해전에서 푸젠 함대가 전멸당하는 등 큰 타격을 입은 청은 베트남에 대한 프랑스의 보호권을 인정했다. 청은 10억 냥 이상을 전비戰費로 지출했고, 2억 냥의 부채를 떠안았다.

1866년 강화도를 침략했다가 조선군에게 패해 망신살이 뻗쳤던 프랑스는 청-프랑스 전쟁이 종전되자 조선에 대한 관심을 되살리기 시작했다. 그들은 조선과 수호 조약 체결을 위해 1886년 4월 코고르당(Francois G. Cogordan)을 전권위원으로 서울에 파견했다.

조선 조정은 프랑스 신부의 남연군 묘 도굴 사건, 강화도 침략 등으로 감정이 크게 상해 있어 프랑스와의 접촉에 거부감이 강했다. 어윤중은 코고르당에게 병인양요 당시 프랑스군의 분탕질을 상기시키면서 "조약 문제를 상의하기 전에 프랑스의 사과와 배상"을 주장했다(김용구, 『세계관 충돌과 한말 외교사, 1866~1882』, 문학과지성사, 2001, 413쪽).

데니는 조선을 구하기 위해서는 외교 범위를 넓혀야 한다는 차원에서 1886년 프랑스와 조약 체결에 앞장섰다. 코고르당은 수교 조약의 전제 조건으로 조선에서의 포교의 자유를 요구했다. 그는 포교의 자유가 인정되지 않을 경우 군함을 파견하겠다고 협박했다. 조선의 외교권을 장악하고 있던 위안스카이는 인심 쓰듯 프랑스 측 요구를 수용하고 조선 조정에 "앞으로 기독교도 보호에 만전을 기하라"라고 간섭했다.

이처럼 무례한 요구에 민응식을 비롯한 대신들이 반발하자 위안스카이는 "나는 단순한 통상사의가 아니라 청 황제에 의해 조선 왕조의 국정 전반에 관여하는 권한을 부여받은 존재"라고 주장했다(기무라 간, 김세덕 옮김, 『대한제국의 패망과 그림자』, 2017, 219쪽).

우여곡절 끝에 "프랑스인이 조선에 와서 학습을 하거나 혹은 교회敎誨할 수 있다"라는 내용을 삽입해 1886년 6월 4일 조선-프랑스 조약이 체결되었다. 프랑스와 수교한 1886년 이후 조선에서는 청과 일본은 물론, 미·영·독·러·프 등 7개국이 서로 뒤얽혀 자국의 이익을 추구하는 천태만상이 연출되었다.

위안스카이의 고압적인 태도는 조선 조정의 반발을 부추겼다. 고종은 묘당의 반청反清 분위기에 편승해 또다시 일을 벌였다. 청-프랑스 전쟁으로 청의 군사력이 허약하다는 사실이 드러나자 고종과 민 왕후는 또다시 러시아와 비밀 접촉을 재개했다. 제2차 조-러 비밀 협약은 1886년 8월 예비 교섭이 이루어졌다. 고종은 러시아 대리공사 베베르에게 밀서를 보내 "조선 왕조가 청의 영향에서 벗어날 수 있도록" 러시아 정부에 직접적인 보호를 요청했다. 심지어 고종은 러시아가 조선 해역에 함대를 파견해 청의 압력을 제거해 줄 것을 제안했다. 또다시 인아배청引俄排清 정책을 선언한 것이다.

제2차 조-러 밀약, 민영익이 폭로

베베르는 조선의 인아배청 정책에 적극 호응하면서 조선 정부의 공식 문서를 요구했다. 고종은 총리내무부사 심순택 명의로 문서를 작성하고 국보國寶와 총리대신 인장을 날인한 후 베베르에게 전달했다. 후에 이 문서의 실제 존재 및 위조 여부를 둘러싸고 논란이 벌어진다.

제2차 조-러 밀약 추진 과정에서 민영익의 반대에 부딪혔다. 민영익은 '인아引俄'의 성공 가능성은 의심스러운 반면, 배청排清에 대한 보복은 가공할 만한 것임을 제1차 조-러 밀약 사건을 통해 체험했다. 러시아를 끌어들여 청의 압력을 제거하는 인아거청이 얼마나 위험한 도박인지를 깨달은 순간, 민영익은 자신을 총애했던 고종과 민 왕후를 배신하기로 작정했다. 그는 고종의 제2차 조-러 밀약 관련 극비 내용을 위안스카이에게 알렸다.

확고한 친청론자인 김윤식도 러시아와 고종의 두 번째 밀약이 자신의 정치 신념에 반하는 내용이었기에 반대하고 나섰다. 결국 제2차 조-러 밀약은 민영익이 위안스카이에게 밀고하는 바람에 그 전모가 백일하에 드러났다. 청은 제1차 조-러 밀약 때는 묄렌도르프에게 책임을 물어 그를 해임하고 위안스카이를 조선에 보내 감시를 강화하는 것으로 사건을 종결했다. 이 와중에 또다시 조-러 밀약설이 터지자 위안스카이는 특단의 대책을 마련했다. 그는 1886년 8월 6일, 직속 상관인 리훙장에게 관련 내용을 보고하고 다음과 같은 고종 폐위 건의를 올렸다.

> "우리 청은 조공국을 다스리는 데 너무 인정을 베풀었습니다. 그런데 조선은 우리가 다른 나라들 때문에 어쩔 수 없이 그러는 것으로 알고 점차 방자해져 이제는 우리를 신경 쓰지도 않는 지경에 이르렀습니다. 제 생각에 러시아가 조선에 군대를 파견하지는 않을 것 같습니다. 그러니 고종이 러시아 군대를 끌어들이기 전에 우리가 먼저 해군과 육군을 조선에 보내 고종을 폐하고, 왕족 가운데 현명한 자를 새 임금으로 세우는 것이 좋을 듯합니다. 그런 다음 군사 수천 명을 보내면 됩니다. 우리 군대가 먼저 조선에 들어가고 조선의 임금이 바뀐 것을 보면 러시아도 움직이지 않을 것입니다." (허우이제, 장지용 옮김, 『위안스카이』, 2003, 72~73쪽)

위안스카이는 고종을 폐위하고 적당한 인물로 국왕을 교체하기 위해 왕족들과 접촉했다. 또 대원군으로 하여금 국정을 감독하게 하는 문제를 검토했다. 민영익은 재빨리 위안스카이가 추진하는 고종 폐위를 위한 움직임을 고종에게 알렸다. 청과 고종 양쪽의 비난을 받는 입장이 되자 민영익은 고종의 비밀 통치 자금을 가지고 홍콩으로 도주했다. 그는 홍콩에서 가장 호화로운 빅토리아호텔의 스위트룸을 세내어 안락한 망명 생활을 즐겼다.

상황이 심상치 않게 돌아가자 고종은 위안스카이에게 밀사를 보내 "러시아에 보낸 문서는 위조문서이며 나는 알지도 못하는 사건"이라고 변명했다. 위안스카이는 리훙장에게 "조선 왕은 책임을 회피하기 위해 궤변을 늘어놓으며 러시아군이 오기를 기다리고 있다. 하지만 문서에는 조선 왕의 인장이 찍혀있어 책임 회피는 불가능하다. 병사 500명만 있으면 왕을 폐위해 톈진으로 보내 엄히 심문할 수 있다"라는 전문을 보냈다.

조-러 밀약 둘러싼 논란

제2차 조-러 밀약설의 증거는 심순택 명의로 러시아에 보낸 밀서였다. 다른 열강은 이 문서의 위조 가능성을 제기했다. 위안스카이와 주한 영국 총영사대리 베이버(Edward C. Baber)가 위조범으로 거론되었다(김용구, 『러시아의 만주·한반도 정책사, 17~19세기』, 2018, 145쪽). 베이버는 영국이 거문도를 점령하고 있던 시기에 서울 주재 총영사대리로 부임한 인물이다.

두 차례의 조-러 밀약과 관련해 학계 의견은 두 가지다. 최문형을 비롯해 말로제모프, 보리스 박(Boris Park) 등은 조-러 밀약의 내용이나 존재 자체를 부인한다. 반면에 임계순을 비롯한 일군의 연구자들은 두 차례의 조-러 밀약이 러시아 황제와 고종 사이에 구체적인 협약으로 확인되지 않았지만, 비공식 채널을 통해 두 나라 정상들 사이에 일정한 양해가 이루어졌음이 분명하다고 주장한다.

이처럼 실체가 뚜렷했던 사건이 '설說'로 격하된 이유가 있다. 러시아가 조선에서 부동항 취득을 계획하고 있다는 열강의 인식을 기정사실로 만든 것은 조선 국왕 고종의 외교 행태 탓이다. 고종은 러시아에 보호를 요청했고, 그 대가로 조선의 항구를 제공하겠다고 제안했다.

조-러 밀약은 조선 정부도 전혀 모르는 상황에서 고종이 직접 나서서 극비리에 추진한 프로젝트였다. 러시아와의 비밀 접촉이 밝혀져 평지풍파가 일어나자 고종은 청의 비난과 간섭이 두려워 사건을 감추기 위해 노력했다. 제1차 조-러 밀약 의사를 전하기 위해 고종이 블라디보스토크에 파견한 친군 전영前營의 장교 네 명은 한규직의 부하였다. 이들은 고종의 명령이 아니라, 자기들이 러시아 관리들과 사사로운 약속을 한 것이라고 주장했다. 이런 변명으로 러시아와의 밀약을 축소 은폐하는 바람에 조-러 밀약은 시중에 떠도는 '설'로 격하된 것이다.

더 중요한 관점은, 만약 영국과 일본 등이 이 사건을 국제적 이슈로 부각시켜 압력을 가하지 않았다면 어떻게 되었을까 하는 점이다. 러시아의 한반도 내 부동항 획득 움직임이 근거 없는 풍문이었다 해도 패권국 영국 입장에서는 한가롭게 구경만 하고 있을 문제가 아니었다(최문형, 『한국을 둘러싼 제국주의 열강의 각축』, 2006, 61~62쪽).

영국과 일본이 조-러 밀약에 대해 "풍문 수준이니 지켜보자" 하고 넘어갔다면 고종과 러시아는 구체적인 협약을 맺어 러시아가 더 일찍 한반도에 진출했을 가능성이 높다. 그랬다면 러시아와 '그레이트게임'을 벌이던 영국은 일본을 더 빨리 한반도에 진출시켜 러시아 봉쇄 임무를 맡기지 않았을까?

난감한 상황이 된 것은 러시아도 마찬가지였다. 제1차 밀약의 부도에 이어 제2차 밀약마저 고종이 갈팡질팡하자 러시아는 고종에게 등을 돌렸다. 그 결과 러시아와의 두 차례에 걸친 밀약설은 영국의 거문도 점령과 청의 내정 간섭 강화라는 최악의 결과만 야기했다.

위안스카이는 고종을 폐위하고 고종의 친형인 이재면의 아들 이준용을 왕위에 앉힌 다음 대원군에게 섭정을 맡긴다는 계획을 세웠다. 한편에선 이 기회를 이용해 틈만 나면 사건을 일으키는 조선을 청에 병합하는 계획을 추진했다.

고종은 위기에서 벗어나기 위해 인아배청 정책을 건의한 김학우·김가진·조존두·전양묵 등을 체포해 의금부에 하옥했다가 8월 23일 유배 보냈다. 고종의 기회주의적 행동은 러시아를 크게 자극했다. 베베르 공사는 "이것은 무고한 자를 벌한 행위"라며 고종을 격렬하게 질책했다. 러시아의 압력에 놀란 고종은 김학우 외 3명에 대한 유배형을 사면했다.

"청이냐, 러시아냐" 양자택일 강요

이 무렵 청국은 해군 건설을 위해 많은 노력을 기울였다. 해군 군정을 총괄하기 위해 베이징에 해군아문을 설치하고 순친왕醇親王 혁현奕譞을 해군총리대신에, 경친왕 혁광奕劻과 리훙장을 회판에 임명했다. 1890년까지 청국은 전함 두 척, 장갑순양함 6척, 순양함 2척을 해외에서 구입하고 뤼순에 군항을 건설하는 등 근대적 해군을 건설했다. 1885년 딩위안定遠·전위안鎭遠 두 전함을 주력으로 삼고 있던 청의 북양함대에 순양함 지위안濟遠이 추가 배치되면서 전력이 강화되었다.

청국의 함정 이름에는 외국을 의미하는 '위안遠' 자가 붙었는데, 이것은 일본에 대한 견제를 의미하는 것이었다. 북양함대는 해군력이 미약했던 일본에게 큰 위협이었다. 1886년 8월 24일, 위안스카이의 요청에 따라 조선 국왕 폐위를 위한 무력시위를 위해 청은 북양함대를 인천에 파견하기로 했다. 이를 위해 나가사키에 파견되어 있던 북양해군 제독 딩루창에게 전문을 보내 조선 해역으로의 이동을 명했다.

당시 북양함대는 독일에서 도입한 전함 딩위안·전위안, 순양함 지위안이 나가사키에 입항했다. 이때 나가사키에 상륙한 북양함대 수병과 일본인 간에 충돌이 벌어져 일본 낭인浪人들이 청국 수병 5명을 칼로 베는 사건이 벌어졌다. 격분한 딩루창 제독이 "당장 함포 사격을 해서 나가사키를 불바다로 만들겠다"라고 위협하자 일본 정부가 사과했다. 사태의 뒤처리를 위해 북양함대가 나가사키를 떠날 수 없게 되자 딩루창 제독은 순양함 지위안만 인천으로 급파했다. 리훙장은 남양해군 제독 우안캉吳安康에게 명해 휘하의 군함을 인천으로 보내게 했다.

청국 함대의 조선 정벌 관련 소식은 즈푸(옌타이)에 정박하고 있던 미국 군함 오시피호에게도 알려졌다. 8척의 청국 함대가 제물포에 도착함과 동시에 미국 군함 오시피호도 제물포에 입항해 20명의 해병대가 서울 미국 공사관에 진주했다. 청이 고종을 폐위하기 위해 군함을 동원해 무력시위를 벌이자 미국은 해군 함정을 인천에 급파해 청의 행동을 견제한 것이다. 위안스카이가 요청한 청국 군함이 인천에 도착하면서 고종의 폐위는 시간문제가 되었다.

북양함대가 인천 앞바다에서 무력시위를 하는 가운데 위안스카이는 8월 28일 「조선대국론朝鮮大局論」이라는 글을 묘당에 보내 조선은 청과 러시아 중 어느 나라를 종주국으로 할 것인지 양자택일하라고 압박했다. 위안스카이는 이 글에서 "조선은 영토는 3,000리에 불과하고 인구는 1,000만 명도 못 되며, 거두어들이는 세금도 200만 석이 못 된다. 군사도 수천 명에 불과해 모든 나라들 중에서도 가장 빈약하기 때문에 조선은 자신들을 도울 나라가 필요하다"라고 주장했다. 이어 그는 영국과 프랑스는 물불 안 가리고 영토를 탐내며, 미국과 독일은 다른 나라를 도우려는 의지가 없고, 일본과 러시아는 국제 정세에 얽매여 조선을 도울 여유가 없다고 주장했다.

위안스카이는 "조선이 기댈 곳은 청국뿐이며, 청과 조선은 아버지와 아들 같은 관계로 묶인 종주국과 속국이다. 청과 조선이 굳게 결합하면 이익도 크다"라면서 조선이 청에 의지해야 하는 여섯 가지 이유가 있고, 조선이 중국을 배신하고 청의 영향권에서 이탈하면 네 가지 해로움이 있다고 경고했다. 그는 현 실정에서 조선의 안전을 보장하는 나라, 지극히 가깝고 크고 어질고 공정한 나라를 찾아 구원을 받으려면 청국 이외의 다른 나라는 없다고 단언했다.

한편에선 청 황제의 칙명을 통해 조선 국왕 폐위를 검토했다. 그런데 제2차 조-러 밀약을 방해한 일로 인해 위안스카이와 베베르 사이에 반감이 깊어졌다. 기르스 러시아 외상이 주러 청국 공사에게 위안스카이가 조선 국정에 간섭하는 것에 항의하는 등 청-러 간에 외교적 마찰이 일자 리훙장은 고종의 강제 폐위는 서양 열강의 간섭을 불러올 우려가 있어 더 이상 사건을 확대하지 않는 것이 유리하다고 판단했다. 리훙장은 사태 수습을 위해 제2차 조-러 밀약 사건과 관련해 관직을 내놓고 조정을 떠난 김윤식을 독판교섭통상사무(외무장관)로 복직시킬 것을 요구했다.

10명의 부인, 32명 자녀 얻은 위안스카이

조선의 외교 총책 김윤식은 '위안스카이의 사람'으로 분류되는 청류당(청국당)의 대표 인물이다. 복직된 김윤식은 9월 4일 자신의 명의로 각국 공사에게 "조선 왕조가 각국에 발송하는 모든 외교 문서에 설령 조선의 국보가 찍혀있더라도 통리아문의 인장이 찍혀있어야 하며, 통리아문의 인장이 없는 모든 외교 문서는 무효로 간주한다"라는 조회를 보냈다. 조선 국왕이 국새를 날인해 보낸 문서라도 자신이 대표로 있는 외교아문의 인장이 날인되어 있어야 정식 외교 문서라고 선언한 것은 조선의 외교권을 고종으로부터 빼앗아 청국당 대표가 행사하겠다는 선언이나 다름없었다.

내용이 너무 황당하다고 느꼈는지 9월 4일자 통리아문의 조회에 대해 답신을 보낸 곳은 위안스카이와 신임 독일 총영사 켐퍼만(Peter F. Kempermann) 두 명뿐이었다. 일본·미국·영국·러시아 대표들은 이를 묵살했다.

두 차례에 걸친 고종의 조-러 밀약 사태는 여차하면 조선을 식민지화하려는 청의 입장을 결정적으로 강화시켜 주었다. 청은 서양 열강을 비롯해 동아시아 중심국들이 우려하는 러시아를 끌어들여 국제 질서를 어지럽히는 조선의 위험천만한 외교 행태를 구경만 하고 있을 수는 없다고 판단했다.

위안스카이는 갑신정변 당시 조선에서 일본 세력을 몰아낸 인물이다. 그런 그가 조-러 밀약을 단숨에 분쇄하고 언제든 국왕을 폐위할 수도 있음을 여실히 보여주었다. 이때부터 청의 대한對韓 정책과 조선 외교 문제의 결정권은 형식적으로 리훙장이 관장하고 있었을 뿐 실제로는 위안스카이가 주도했다(이양자, 『조선에서의 원세개』, 2002, 67쪽).

임오군란과 갑신정변으로 조선에 대한 일본의 영향력은 급격히 떨어졌다. 리훙장은 조선의 정정을 안정시키기 위해 보다 강력한 개입 정책 드라이브를 걸었다. 그 결과 1886년부터 1894년까지 8년여 동안 고종과 민씨 척족들은 위안스카이 앞에 바짝 엎드려 숨도 제대로 못 쉬는 상황이 계속됐다. 1894년 농민 봉기 여파로 일본군이 한반도에 상륙할 때까지 위안스카이는 조선의 상왕, 총독이나 다름없는 권한을 행사했다. 조선의 내·외정에 대한 청의 간섭은 누구도 말릴 수 없는 극한 상황으로 치달았다. "위안스카이에 의한, 위안스카이를 위한" 조선으로 전락한 것이다.

위안스카이의 정실부인은 허난성河南省 지주 집안 출신인 위于씨였다. 그녀는 문맹인 데다 예절을 전혀 모르는 여성이었다. 위안스카이는 정실부인 외에 중국어로 '이타이타이姨太太'라 불리는 첩을 9명 두어 총 32명의 자녀를 생산했다. 조선에서 황제처럼 군림하는 동안에도 그의 생식 기능은 왕성하게 작동했다.

그는 안동 김씨 집안의 처녀를 이타이타이로 두었는데, 김씨 여인은 1890년 아들 위안커원袁克文을 출산해 위안스카이의 총애를 독차지했다. 위안커원은 후에 중화민국(타이완)의 장기·마작 유단자로 유명해졌는데, 위안커원의 셋째 아들이 세계적인 핵물리학자 위안자류袁家騮 박사다. 위안스카이는 김씨가 데려온 몸종 이씨와 오씨까지 모두 이타이타이로 삼았다. 이들로부터 모두 7남 8녀의 자녀를 생산했다(이양자, 『조선에서의 원세개』, 2002, 15쪽 참조).

제12장

청의 조선 침탈

조미수호조약 제2조는 조·미 양국이 상호주의 원칙에 따라 상대국 수도에 전권공사를 파견해 주재한다고 명문화했다. 미국은 이 조항에 의거해 푸트 공사를 서울에 부임시켰고, 고종도 해외 상주 외교관 파견을 추진했다. 이 무렵 청의 종주권 강화 정책으로 압력이 고조되고 있어 고종은 청의 반응을 시험해 보기로 했다.

1887년 5월 16일, 고종은 민영준을 주일 전권공사로 임명해 일본에 파견했다. 청으로부터 별다른 이의 제기가 없자 1887년 7월 박정양을 주미 특명전권공사, 심상학을 유럽 5개국(영·불·독·러·벨기에) 특파전권공사로 임명해 현지 부임을 명했다. 심상학은 병이 나서 부임이 불가능하자 조신희를 후임으로 임명했다. 해외 주재 외교관 파견은 위안스카이의 횡포에 불만을 품고 있던 조정 대신들의 건의에 따라 구미 열강과 제휴해 청나라와 종속 관계를 끊고 조선의 독립을 확인하기 위한 고종의 외교적 시도였다.

주미 상주 외교팀 파견

초대 주미 외교팀은 전권공사 박정양 등 12명으로 구성되었다. 조선 정부는 전권공사 파견 사실을 딘스모어 주조선 공사에게 통고했다. 조선 공사 일행을 워싱턴까지 안내할 책임자로 의료 선교사 알렌을 외국인 참찬관에 임명했다. 알렌은 자신의 직책을 '외무비서관'으로 정했다. 고종은 알렌에게 조선 공사 안내뿐만 아니라 미국으로부터 200만 달러 차관 도입 밀명을 내렸다.

조선이 상주 외교관을 미국에 파견한다는 정보가 알려지자 위안스카이는 "조선의 독자적인 전권공사 파견은 속방의 행동 규범에 반하는 용납될 수 없는 행위"라면서 이를 중지하라고 압력을 가했다(김원모, 『개화기 한미교섭관계사』, 2003, 6쪽). 보고를 받은 리훙장도 "조선 정부가 전권대신을 미국에 보낼 경우 선전포고를 하겠다"라는 위협적인 전문을 고종에게 보냈다(알렌, 김원모 완역, 『알렌의 일기』, 1991, 132쪽).

주미 전권공사 파견 문제로 논란이 벌어지자 베이어드 미국 국무장관은 주청 미국 공사 덴비(Charles H. Denby)를 통해 10월 17일 청국 정부에 "조선 전권공사의 미국 파견을 방해하는 행위는 조-미 조약을 무

초대 주미 공사 팀 조직

직책	이름	개인 수행원
전권공사	박정양	강진희(수행 비서) 이종하(수행 하인)
일등서기관 참찬관	이완용	이헌용(수행 비서) 허용업(수행 하인)
이등서기관	이하영	
삼등서기관	이상재	
번역관	이채연	
외무서기관	알렌	실(개인 비서) 김노미(몸종)

시하는 처사"라고 강력 항의했다. 미국으로부터 외교적 항의가 제기되자 위안스카이는 "조선은 약소국이며 자주 불능하기 때문에 전권공사를 파견할 수 없다. 경제적으로도 빈약한 나라여서 전권공사를 파견하더라도 재정난으로 중도에 철수할 것"이라는 궁색한 변명을 내놓았다.

고종은 외교고문 데니를 톈진에 파견해 리훙장을 설득했다. 리훙장과 회담한 데니는 "조선과 청은 종속 관계가 아니라 조공 관계이며, 따라서 내치·외교를 자주적으로 하고 있는 조선은 독립 국가이기 때문에 전권공사 파견권이 있다"라고 주장했다.

영약삼단另約三端 논란

미국 정부, 그리고 조선 정부 소속 미국인 외교고문의 항의에 부딪힌 리훙장은 "조선은 각국에 사신을 파견함에 있어 먼저 청에 알리고 승낙을 받은 후 파견하는 것이 속방 체제에 합당한 도리"라는 선자후파先咨後派 입장을 밝혔다. 아울러 조선 정부의 공사 파견은 허락하되, 전권공사가 아닌 2등 공사(변리공사, MR)를 파견해 청의 종주권을 유지하는 방향으로 처리해 줄 것을 요구했다.

데니의 지원을 받은 조선 정부는 리훙장의 의견을 무시하고 끝까지 전권공사 파견을 주장했다. 그 결과 청 조정은 11월 11일, 영약삼단另約三端을 조건으로 전권공사의 미국 파견을 허락했다. 영약삼단이란 '세 가지 별도 약속'이라는 뜻이다. 첫째, 조선 공사가 각국에 도착하면 먼저 청국 공사관에 가서 알리고, 청국 공사의 안내를 받아 외교 부서를 방문해 국서(신임장)를 제정한다. 둘째, 조선 공사는 공식 석상에서는 청국 공사의 뒤를 따르며, 청국 공사보다 낮은 자리에 앉는다. 셋째, 조선 공사는 중요한 외교 교섭을 수행할 경우 청국 공사와 사전 협의 후 그 지시에 따른다는 내용이었다.

조선 정부가 영약삼단을 수락함으로써 3개월 만에 외국 상주 외교 사절 파견이 가능해졌다. 박정양 일행은 11월 14일 제물포에서 미국 해군 아시아함대 소속 포함砲艦 오마하(Omaha)호에 승선했다. 그가 배에 오를 때 천지를 진동하는 뱃고동 소리가 울렸다. 박정양은 이것을 악귀들의 울음소리로 알고 "아이고!" 소리를 지르며 육지 쪽으로 달아났다. 그는 결국 붙잡혀 강제로 배에 태워졌다. 오마하호 함장은 미국에 주재하게 될 조선 공사 일행이 함상에 오르자 그에 대한 예우로 마스트에 태극기를 게양하고, 의장대 사열과 군악대 환영 연주에 이어 15발의 예포를 발사했다.

조선 공사단은 부피가 엄청나게 크고 무게가 6톤에 이르는 짐 상자 13개를 배에 실었다. 외교단이 현지에서 입을 각종 의복과 김치·건어물 등 식료품이었다. 미국 군함을 타고 나가사키에 도착한 박정양 일행은 12월 10일 요코하마에서 영국 선적의 여객선 오셔닉(Oceanic)호 편으로 미국을 향해 출발했다. 오셔닉호는 호놀룰루를 거쳐 12월 28일 샌프란시스코에 도착했다.

1888년 1월 9일 박 공사 일행이 샌프란시스코에서 대륙횡단열차 편으로 워싱턴에 도착했다. 그들은 워싱턴 시 15가 1513번지 소재 피셔(Fisher)라는 사람의 건물을 임대해 임시 주미 조선 공사관으로 사용했다. 1층에는 거실·식당·주방·식료품실, 2층에는 침실 5개와 무도장·욕실, 3층에는 대형 사무실과 저장실이 있었다.

주미 공사단이 워싱턴에 도착하자 주미 청국 공사 장인환張蔭桓으로부터 영약삼단을 수행하라는 전갈이 빗발쳤다. 겁을 먹은 박정양은 청국 공사관을 방문해 청국의 안내를 받아 외교 활동을 하려 했다. 알렌은 이런 의도를 강력히 만류하면서 "만약 박 공사가 미국 국무장관을 만나기 전에 먼저 청국 공사관을 방문한다든가 명함을 보내는 일이 있을 경우 나는 조선 공사 외무비서관을 사임하고 박 공사와의 관계를 끊겠다"라고 선언했다(알렌, 김원모 완역, 『알렌의 일기』, 1991, 150쪽).

워싱턴에 태극기 게양

박정양 공사 일행이 국무부를 방문할 때 청국 공사가 그곳에 먼저 와 있을 것이라는 정보를 입수했다. 일행은 아침 일찍 국무부로 떠났다. 때마침 비가 억수같이 내리는 바람에 청국 공관원 중 아무도 국무부에 나와 있지 않았다. 박정양은 고종의 훈령에 따라 주미 청국 공사를 통하지 않고 직접 미국 국무장관을 만나 국서를 전달했다. 일부러 영약삼단 규정을 지키지 않은 것이다.

워싱턴 현지에서 상황이 심상치 않게 진행되자 주미 청국 공사 장인환은 리훙장에게 "박정양이 아직까지 본 공사를 찾아오지 않은 것은 심히 교만한 일"이라고 보고했다. 또 주미 청국 공사관 소속 참찬관을 박정양 사무실로 보내 "조선 공사가 병을 칭하고 청국 공사를 먼저 만나지 않은 것은 속방 체제의 예의에 어긋나는 일"이라고 준엄하게 경고했다.

박정양은 "본국으로부터 영약삼단에 대한 훈령을 받지 못했다"라면서 주미 청국 공사의 호출을 거부했다. 박정양이 의도적으로 영약삼단을 무시하고 있다는 보고를 받은 리훙장은 위안스카이에게 "조선 정부에 강력 항의하라"라는 지시를 내렸다.

청이 국제 외교 관계에서 전례를 찾아보기 힘든 영약삼단이란 굴욕적인 조건을 요구한 이유가 있다. 고종은 청의 감시를 피해 두 차례나 조-러 밀약을 추진해 평지풍파를 일으킨 바 있다. 청은 고종이 미국과 비밀 협상을 통해 미국을 조선에 끌어들일지도 모른다면서 이를 원천 봉쇄하기 위해 해괴한 견제 장치를 강제한 것이다.

1888년 1월 17일, 박정양 공사는 이완용·이하영·이상재·이채연 등 조선 외교관 일행과 함께 클리블랜드(Grover Cleveland) 미국 대통령을 예방해 국서를 제정했다. 1883년 보빙사 민영익이 아서 대통령에게 큰절을 올린 것과는 달리, 박정양은 악수로 인사를 나누고 국서를 봉정했다(알렌, 김원모 완역, 『알렌의 일기』, 1991, 149~153쪽 참조). 대통령 예방이 끝난 후 박 공사 일행은 주미 각국 공사 등 외교관, 미국 행정부, 고위 관리 셰리던(Philip H. Sheridan) 장군, 포터(David D. Porter) 제독 등 48곳을 인사 방문했다. 일행은 마차를 타고 다니면서 조선 특명전권공사 명함을 전달했다.

조선 정부는 미국 수도 워싱턴에 공사관을 설치하고 처음으로 국기를 미국 땅에 게양했다. 이와 관련해 이승만은 "여러 나라들은 워싱턴에 조선 공사관이 개관한 날을 조선이 세계에 독립을 선포한 날로 여겼다. 우리나라 신민 된 자들은 이 역사를 영원히 기억하지 않을 수 없을 것"이라고 소감을 밝혔다(이승만, 오영섭 역주, 『독립정신』, 우남이승만전집 발간위원회·연세대학교 이승만연구원 편, 2019, 246쪽).

1월 26일 알렌은 셰리던 장군을 만났다. 그는 국무부로부터 조선에 파견할 군사 교관 3명을 선발해 달라는 훈령을 받고 예비역 장군 윌리엄 다이(William M. Dye) 장군을 비롯해 커민스(Edmund H. Cummins) 대령, 존 리(John G. Lee) 소령을 추천했다. 교관들과 만난 알렌은 다이 장군이 너무 늙어 보였다고 자신의 일기에 기록했다(알렌, 김원모 완역, 『알렌의 일기』, 1991, 153쪽).

미 군사교관단 서울 도착

고종은 1883년 보빙사 민영익을 통해 미국 정부에 미국인 군사교관과 재정고문 초빙을 의뢰했다. 미국 국무장관 프릴링하이즌은 여러 차례에 걸친 고종의 간청에도 불구하고 5년간 이 요구를 깔아뭉개다가 이때서야 윌리엄 다이를 고종에게 추천했다.

다이 장군은 미국 육군사관학교를 졸업하고 남북전쟁에 북군 장교로 참전한 전쟁 영웅이다. 소장 예편 후 이집트 정부 초청으로 이집트군 참모차장을 지냈다. 귀국해 워싱턴 시 경찰국에 근무하던 중 조선 정부의 초빙을 받아 1888년 4월 퇴역 장교 커민스 대령, 리 소령, 일본 고베 영사관에 근무하던 닌스테드(F. J. H. Nienstead) 해군 대령과 함께 서울에 도착했다(「개항 100년 속의 미리견米利堅 200년」, 『동아일보』 1976년 5월 13일).

미국인 군사교관 도착에 맞춰 조선 정부는 조선 최초의 근대식 사관학교인 연무공원鍊武公院을 설립했다. 근대 조선군 양성은 1881년 별기군 교관 호리모토 레이조堀本禮造에 의해 시작되었다. 호리모토는 군사력 근대화의 필요성을 역설하면서 각 병과의 사관 교육이 선행되어야 한다고 제안했다. 그 결과 같은 해 9월, 양반 자제 중에서 사관생도 20여 명을 최초로 모집해 6개월 속성으로 사관생도 과정 훈련을 실시했다. 정규과정을 이수한 자는 종6품관인 남행부장南行部將에 임명되었다(최병옥, 「교련병대(속칭 별기군) 연구」, 『軍史』 제18호, 국방부 전사편찬위원회, 1989, 89쪽).

1883년 초에는 앞에서 소개했듯이 14명의 청년을 일본 도쿄의 육군 도야마학교에 유학시켜 사관 교육을 진행했다. 미국 교관단이 도착하자 고종은 다이 장군을 병조참판에, 닌스테드 대령을 병조참의에 제수했다. 다이 장군과 미국인 장교들은 연무공원에서 생도 훈련에 돌입했다. 생도들은 16~27세의 귀족 집안 자제들로, 조선 최초로 서양식 제복을 착용하고 서구식 군사 교육을 받았다(이광린, 『한국개화사연구』, 일조각, 1895, 159쪽).

교관 요원 네 명 중 커민스와 리가 서울 도착 몇 개월 후 해고되었고, 다이와 닌스테드 두 사람이 160명으로 늘어난 연무공원 무관 훈련과 1만 2,000명에 달하는 궁성수비대 훈련까지 담당했다. 하지만 곳곳에서 방해 공작이 제기되면서 연무공원의 사관 교육은 지지부진했다. 게다가 정부 재정 악화로 교관 봉급이 몇 달간 밀려 외교적 갈등을 야기했다.

의욕적으로 출발한 연무공원의 성과가 지지부진했던 이유가 있다. 당시 조선 정부가 미국 교관 초빙에 힘을 쏟았던 이유는 근대식 군대 양성을 위해서가 아니라, 미국 세력을 조선에 끌어들여 청·일과 러시아의 조선 진출을 막기 위한 목적이었다.

1889년 조선에 파견되어 군사 상태를 염탐한 러시아 장교 베벨리는 조선군에 대해 "무기를 다룰 수 있는 한국의 모든 남성들은 군 복무를 해야 한다. 그러나 그것은 교육을 받은 책임자나 조직이 없기 때문에 조선군은 전투력을 지니고 있다고 보기 어렵다. 이런 점에서 그들은 중국 부대보다 허술한 조직"이라고 보고했다.

베벨리의 기록에 의하면 연무공원에서의 사관 양성 노력은 성공적으로 이루어지지 못했다. 게다가 연무공원이 최초의 근대적 사관 양성 기관이었는지도 의문이다. 연무공원에 미국인 교관을 초빙한 것, 서구식 무기가 사용된 내용만 알려져 있을 뿐, 연무공원이 얼마나 서구화되었는지 알 수 있는 자료는 존재하지 않는다(한용진·채성주, 「개항 이후 사관양성에 관한 고찰」, 『한국교육사학』 제23집, 2001, 173~193쪽).

일은 자신이 저지르고 책임은 부하에게 떠넘긴 고종

유명무실했던 연무공원의 역할과 임무는 1894년 종료되었다. 청일전쟁 발발 직전, 일본군이 경복궁을 점령하고 강제로 조선군을 무장 해제했다. 이때 연무공원 학도와 친위대의 신식 무기를 약탈함으로써 그 기능을 상실했다(박재찬, 「훈련대 사관양성소에 대한 일연구」, 『논문집』 18집, 육군3사관학교, 1983, 31쪽). 같은 해 12월 17일 칙령으로 모든 군사 기관이 군무아문軍務衙門에 흡수되면서 조선 최초의 사관학교인 연무공원은 폐지되었다.

연무공원 폐지 후 다이 장군 일행은 고종의 요청으로 왕실 수비를 담당하는 시위대 훈련과 국왕 경호를 맡았다. 다이는 조선에 온 지 11년 만에 귀국했고, 그로부터 몇 달 후 69세를 일기로 사망했다.

1888년 1월 27일 밤, 박정양 공사와 알렌은 미국 대통령 주최 리셉션에 참석한 후 휘트니(William C. Whitney) 해군장관의 자택 만찬 행사에 참석했다. 박 공사는 미국 여성들이 거의 옷을 걸치지 않고 벌거숭이 알몸으로 다니는 모습을 보고 큰 충격을 받았다. 박정양은 알렌에게 "나체 여인들을 쳐다보아도 괜찮으냐"라고 물었다. 이브닝드레스의 긴 옷자락을 끌고 다니는 나체 여인 한 사람이 추위에 몸을 부들부들 떨고 있자 박 공사는 보다 못해 자신의 두루마기를 벗어서 추위에 떨고 있는 그녀의 알몸을 감싸서 따뜻하게 해주면 어떻겠느냐고 알렌에게 묻기도 했다.

청국 정부의 경고를 무시한 채 자주 외교를 하고 있는 박정양 공사에 대해 보고받은 위안스카이는 고종을 강력하게 질책했다. 고종은 "박 공사가 나라의 체면을 중시해 영약삼단을 일부러 어긴 것"이라며 책임을 박정양에게 떠넘겼다.

갑신정변의 뒤처리를 위한 외교 협상에서 고종은 일본에 지나칠 정도로 양보했다. 그러나 김옥균 등을 처벌하기 위해 여러 차례 자객을 파견했고, 끝내 홍종우洪鍾宇를 통해 김옥균을 상하이로 유인한 다음 암살했다. 제1차 조-러 밀약이 폭로되자 고종은 러시아의 체면을 유지해주는 조건으로 묄렌도르프를 해임했다. 제2차 조-러 밀약 때는 조존두 등에게 국서 위조 행위의 책임을 뒤집어씌워 그를 유배 보냈다. 미국에 상주 공사를 파견했을 때는 국왕이 영약삼단의 예를 시행하지 말라고 훈령을 내리고도 책임을 주미 공사 박정양에게 떠넘겼다.

위안스카이는 청국의 대미對美 정보 라인을 통해 박정양이 워싱턴에서 영약삼단을 무시한 행위는 고종의 훈령에 의한 의도적 사태임을 파악하고 있었다. 때문에 고종의 변명은 더 이상 통하지 않았다. 영약삼단 무시 행위가 다른 외교 사절에까지 영향을 미칠 것을 우려한 위안스카이는 유럽 5개국 특파전권공사로 임명되어 홍콩에서 부임 대기 중이던 조신희에게도 영약삼단을 엄수할 것을 촉구했다.

위안스카이의 압력에 굴복한 고종은 1888년 11월 박정양에게 소환령을 내렸다. 박정양 초대 주미 공사는 11월 19일 임지를 떠나 귀국 길에 올랐고, 홍콩에서 대기 중이던 조신희는 임지에 부임도 못하고 중도 소환되었다. 위안스카이는 박정양이 귀국하면 영약삼단을 준수하지 않은 일에 대한 책임을 추궁하기 위해 벼르고 있었다. 이를 눈치 챈 박정양 공사는 1889년 1월 18일 도쿄에 도착해 병을 핑계로 주일 조선 공사관에서 7개월간 머물다 1889년 8월 중순 귀국했다.

고종은 그를 처벌하지 않고 외직에 임명했다. 위안스카이는 박정양에게 중벌을 내리지 않으면 중대 조치를 취하겠다고 엄포를 놓았다. 고종은 이에 굴복해 박정양을 해직시켰다.

미국에서 200만 달러 차관 불발

재정난으로 허덕이던 조선이었기에 미국에 파견된 공사관원들의 살림도 궁색하기 이를 데 없었다. 워싱턴의 주미 공사관 개설 업무가 어느 정도 안정되자 알렌은 1888년 2월부터 고종으로부터 밀명을 받은 200만 달러 차관 도입을 위해 활동을 개시했다. 가장 먼저 윌슨(James H. Wilson) 장군을 접촉해 그로부터 월스트리트에서 활동하는 유력한 금융계 인사를 소개받았다. 하지만 미국 금융가에서 조선에 차관을 제

미국의 영토 확장

공하는 문제에 대해 관심을 가지는 사람은 하나도 없었다.

천신만고 끝에 워싱턴의 주미 조선 공사관은 미국의 일부 인사들과 교섭해 미국 은행으로부터 부산·인천·원산 해관의 관세를 담보로 200만 달러 차관을 얻기로 했다. 이 돈으로 미국에서 모병을 해 조선에 보내 청의 횡포에 대항하려는 계획을 추진했다. 이 계획은 조선에 대한 '관심 퇴거'에 들어간 미국 정부의 강력한 반대로 무산되었다. 미국 정부가 미국에서 모병한 사람들의 조선 파병에 적극 반대하자 미국 은행은 200만 달러 차관 제공을 거절했다. 덕분에 이하영을 위시한 조선 외교단은 16만 5,000달러의 운동비만 날리고 말았다.

미국은 1880년대 이전까지는 서부 개척 열기로 인해 경제 성장을 구가했다. 미국인들에게 서부 개척은 서양 열강의 해외 식민지 획득에 해당하는 대역사였다. 하지만 미국인들의 발걸음이 태평양 연안까지 도달하면서 서부 개척은 종료되었다. 그 결과 새로운 영토 개척에 따르는 내부 시장 확장은 멈추었다.

이때부터 공장에서 쏟아져 나오는 면제품과 농산물을 판매하기 위한 새 시장 개척이 절실한 과제로 대두했다. 미국은 값싼 면제품 판매 시장으로 중국을 발견했다. 미국은 중국을 자신들이 개척해야 할 뉴프런티어, 새로운 서부로 정하고 태평양을 통해 중국으로 진출하기 위한 전략을 구사하기 시작했다.

첫 희생양은 하와이였다. 미국 자본가들은 독립 국가인 하와이에서 농토를 취득해 대규모 농장을 운영했다. 당시 하와이 인구는 10만 명, 하올레(haole)라 불리던 미국 농장주는 7,200여 명이었다. 미국 농장주들은 1893년 2월, 주하와이 미국 대사 존 스티븐스(John L. Stevens)의 도움을 받아 쿠데타를 일으켰다.

그들은 미국 전함 보스턴호를 타고 온 해병대 150명의 도움을 받아 릴리우오칼라니(Liliuokalani) 여왕 정부를 무너뜨리고 신정부를 수립했다. 1897년 신정부는 미국과 하와이의 합병을 추진했다. 매킨리(Wiliam McKinley) 행정부의 해군차관 시어도어 루스벨트(Theodore Roosevelt)가 이 작업에 깊이 개입했다.

다음 해인 1898년 4월 말, 미국은 에스파냐에 전쟁을 선포하고 쿠바와 서태평양의 필리핀에서 에스파냐군과 전투를 벌였다. 1898년 5월, 1만 2,000명의 미군이 필리핀에 상륙해 마닐라를 점령했다. 에스파냐와 전쟁 와중에 미국은 하와이를 정식으로 합병했다. 1898년 8월 에스파냐가 항복하자 미국은 에스파냐로부터 전리품으로 쿠바·푸에르토리코·필리핀을 양도받았다.

중국 직항로 개척 위한 미국의 '섬 제국주의'

에스파냐와의 전쟁 후 필리핀·괌·웨이크섬·하와이가 미국의 공식 영토로 편입되면서 미국은 명실상부한 태평양 국가로 부상했다. 토머스 매코믹(Thomas McCormick)은 미국이 태평양에서 중국으로 접근하는 길목에 위치한 전략적 디딤돌 지역을 미국령으로 흡인하는 전략을 '섬 제국주의(insular imperialism)'라고 명명했다.

이 무렵 미국의 대외 정책은 팽창주의와 먼로주의(Monroe doctrine)로 상징된다. 먼로주의는 아메리카 대륙과 유럽 대륙 간의 상호 불간섭 원리, 고립주의 및 비식민지 원리를 근간으로 하고 있다. 먼로주의는 유럽과 미국 대륙 간에만 적용되는 것이었으며, 그 이외 지역에 대해서는 적용하지 않았다. 미국 역사가 해링턴(F. H. Harrington)에 의하면 팽창 정책의 실천 방법은 가치가 있는 곳에는 진출을 시도하지만 가치가 없는 곳에는 그러지 않았다(이민식, 「19세기말 한미관계 연구」, 1994, 4쪽).

매코믹은 미국이 태평양의 섬들을 탈취한 이유는 해당 지역의 경제적 가치 때문이 아니라, 거대한 중국 시장에 침투해 지배하기 위해서였다고 지적한다. 이 야망을 실현하기 위해 태평양을 횡단하는 안전한 해상 무역로가 필요했고 석탄 보급소와 통신 케이블, 해군 기지 구축이 요구되었다.

미국이 중국 진출에 전력투구하는 상황에서 청의 종속국이며 워낙 가난해 착취할 것조차 없는 나라, 게다가 영국과 러시아라는 강국이 세력 다툼을 하고 있는 조선이 눈에 들어올 리 없었다. 미국 정부는 조선에 대한 엄격한 중립 및 불간섭 정책을 유지했다. 그들은 조선에 파송된 일부 미국 선교사들이 조선의 독립을 지원하는 등 미국 정부의 의사에 반하는 행위를 하는 것을 우려했다. 자칫 잘못했다간 미국 정부가 한반도에서 벌어지는 복잡한 '그레이트게임'의 소용돌이로 끌려 들어

갈 수 있었기 때문이다.

미국 정부는 아펜젤러·언더우드·헐버트 같은 자국 선교사가 조선 정부에 맞서 개화 활동을 벌이다 탄압받는 인사들을 치외법권을 이용해 숨겨주거나, 반反정부 활동을 지원하거나, 왕비 살해 현장을 목격한 고종을 보호하는 등의 정치 활동을 금지하는 훈령을 내렸다.

미국 선교사들은 대부분 정교政教 분리라는 미국적 이상을 신봉하는 사람들이었다. 이런 이유 때문에 아펜젤러·언더우드·헐버트 등 몇몇 특수한 사례를 제외한 대다수의 미국 선교사들은 조선의 정치적 운명에 대해 매정할 정도로 관심을 끊었다.

미국 선교사들은 제국주의 경쟁 속에서 조선 왕조가 기울고 일본이 중국과 러시아를 차례로 꺾고 조선의 새 지배자로 등장하는 모습을 기대 섞인 마음으로 지켜보았다. 그들은 서구식으로 문명개화된 일본이 기독교 선교에 더 우호적인 상황을 마련해 줄 것으로 기대했다(류대영, 『개화기 조선과 미국 선교사』, 2007, 419~420쪽).

청나라의 조선 침탈

1882년 8월 청은 조선과 상민수륙무역장정을 체결하면서 경제 침투를 가속화했다. 무역장정을 통해 조선이 청의 속국임을 명문화했고, 종주국 체면에 걸맞게 영사재판권, 서울에서의 상업 활동, 내지 통상, 토지 소유, 저관세율 등 각종 특권을 확보했다. 청에게 각종 특권을 부여하자 서양 열강과 체결한 조약의 최혜국 조관에 의해 일본·미국·영국·러시아·독일 등도 같은 권리를 확보했다.

청나라는 무역장정 체결 이후 조선에서 상권 확장을 위해 많은 노력을 기울였다. 그 결과 청의 대對조선 무역량이 급격히 늘면서 일본의 독점적 진출이 견제당했다. 농민 봉기가 발발한 1894년까지 청일 양국은 조선에서 치열한 무역 경쟁을 벌였다.

청 조정은 무역장정 체결 후 화상들의 상업 활동을 지원하기 위해 1882년 천수탕을 총판조선상무로 조선에 파견했다. 천수탕은 조선의 개항장에서 영사 업무를 개설하고 청국 조계지를 확립했다. 이때부터 조선에 진출하는 화교가 꾸준히 늘었다. 1884년 서울에 350명, 인천에 235명의 화교가 활동했다. 개항장을 중심으로 중국인 조계지가 설치되면서(1884년 인천, 1887년 부산, 1889년 원산) 화교 수가 1890년에는 1,000여 명으로 불어났다. 1896년 조선에서 활동 중인 중국 상인은 5,000여 명에 달했다(이영훈, 『한국경제사 I』, 2016, 606쪽).

화상은 옷감·피혁·잡화를 비롯해 서양 물품을 수입 판매하고 조선 토산품을 수출했으며, 잡화점·포목상·양장점·이발소·요식업소 등을 운영했다(김용삼, 『한강의 기적과 기업가정신』, 프리이코노미스쿨, 2015, 29쪽).

종주국의 위세를 앞세운 화상들은 행동이 오만방자하기 그지없었다. 서울에 진출한 화상들은 회관 건립을 위해 당대의 세도가였던 무위대장 이경하의 아들이자 사간원 정언正言을 지낸 이범진의 저택을 매입하려 했다. 이범진은 후에 농상공부협판, 주러시아 공사를 지냈고, 그의 아들 이위종은 헤이그 밀사의 일원이 되어 활약한 애국자다.

이범진이 저택 매각 요청을 거절하자, 1884년 6월 23일 화상 수십 명이 이범진의 집에 몰려가 난동을 부렸다. 화상들은 이범진의 옷을 찢고 폭행을 가한 후 청국 공관으로 끌고 가 강제로 매각 각서를 쓰도록 했다(박은숙, 『김옥균-역사의 혁명가 시대의 이단아』, 2011, 32쪽). 당대의 세도가 아들이 이 정도로 능멸당했으니 일반 백성들이 겪은 설움과 고초는 어느 정도였을까.

위안스카이 부임 전까지 조선 개항장에서의 무역은 일상이 독점하고 있었다. 일본보다 진출이 늦었던 화상은 조선에서 상업 기반을 뿌리 내리기 어려웠다. 위안스카이는 부임하자마자 화상들의 상로商路 개척, 회관 건립, 상선 운항 등 특별 조치들을 내놓아 화상들의 상권 확장에 앞장섰다.

위안스카이의 정치적 보호와 상권 확장 정책 덕분에 인천 항을 기점으로 경인 지역 일대에서 화상들의 상권이 날로 확대되었다. 한편에선 화상들의 행패가 점점 심해져 원성을 샀다. 1885년 화상들이 조선 해관에 침입해 해관원을 구타하는 등 난동을 부렸고, 해관원들의 조사를 방해했다.

청국 군함 이용해 밀수

1886년에도 화상이 인삼을 밀수출하려다 해관원에게 적발되자 인천 해관을 습격한 사건도 발생했다(이양자, 『조선에서의 원세개』, 2002, 87쪽). 청국 영사관은 청국 군함 전시鎭西호를 이용해 인삼을 밀수출했다. 주모자는 신타이항新泰行이라는 무역회사를 운영하며 인천 청국상업회의소 소장을 맡고 있던 류쑹난劉松南이었다. 이 사건은 조선 해관 총세무사 메릴이 청국 총세무사 로버트 하트에게 보고해 청 조정에서도 관심을 가지게 되었다. 적절한 처리를 지시받은 위안스카이는 류쑹난을 조선에서 추방하고 인천 해관에 배상금 지불을 명령했다. 이때 류쑹난이 조선 정부에 지불한 배상금은 80달러에 불과했다.

위안스카이가 조청 간 무역액을 늘리기 위해 총력전을 전개한 결과 1885~92년 사이 청에서 부산·원산·인천 등 개항장으로 수입된 금액은 31만 3,342달러에서 205만 5,555달러로 656퍼센트나 늘었다. 조청 상민수륙무역장정 체결 이후 화상들은 본국 정부의 지원을 받아 조선에서 대대적인 활동을 전개했다. 그 결과 조선이 청·일 양국으로부터 수입한 물품의 비중은 1885년 19(청) 대 81(일)에서 1892년에는 45 대

1885~92년 조선-청국의 무역액 통계표

(단위 : Mexican Dollar)

구분 연도	청의 대조선 수출액				조선의 대청 수출액
	부산	원산	인천	합계	
1885	0	70,662	242,680	313,342	9,479
1886	17,102	31,057	406,856	455,015	15,977
1887	0	101,312	641,340	742,652	18,873
1888	0	224,236	636,092	860,328	71,946
1889	50,565	321,983	729,037	1,101,585	109,798
1890	3,576	343,885	1,312,614	1,666,075	70,922
1891	43,365	366,885	1,738,044	2,147,294	136,464
1892	28,940	310,384	1,716,231	2,055,555	149,661

출처 : 청의 대조선 수출액은 北川修, 『日清戰争までの日鮮貿易』, 72~73(이양자, 『조선에서의 위안스카이』, 신지서원, 2002, 88쪽에서 재인용); 조선의 대청 수출액은 조선무역협회 편, 『조선무역사』, 46쪽.

55로 일본과 거의 대등한 수준까지 성장했다(임계순, 「한로밀약과 청의 대응」, 1984, 66쪽). 위안스카이는 조선의 내정에만 간섭한 것이 아니라 대외 무역에서도 일본이 점해 왔던 절대적 지위를 위협할 정도로 중국의 경제력을 조선에 깊숙이 침투시켰다.

조선에 진출한 화상들은 대부분 산둥성山東省과 저장성浙江省 출신이었다. 그들은 일상들과 마찬가지로 상하이에서 영국산 면제품을 구입해 조선에 수출하는 중계무역에 종사했다. 청이 조선에 수출하는 품목 가운데 청국산은 농산물 정도였고, 조선에서 청으로 수출되는 품목은 인삼과 해산물, 농산물(미곡·대두 등), 금은金銀이었다.

화상들이 조선 상권 장악

조선이 청으로 수출한 총액은 1892년에 14만 9,661달러인 데 반해 청으로부터의 수입 총액은 205만 5,555달러였다. 수입액이 수출액의 14배나 되는 심각한 무역 역조 현상은 조선의 재정에 치명타를 가했다(이양자, 『조선에서의 원세개』, 2002, 89쪽). 또 청이 조선에 중계무역으로 수출한 영국산 면제품은 조선의 면화 농업을 붕괴시키는 역할을 했다.

화상들은 산둥반도에서 배를 타고 서해를 건너오거나 육로로 만주를 거쳐 평안도와 황해도로 들어왔다. 바닷길을 통해 들어오는 밀무역꾼을 잠상潛商이라 했는데, 잠상은 개항장을 통하지 않고 다른 항구로 몰래 들어와 상권을 장악했다. 일상들도 조선 연안 전역에서 밀무역을 행했다.

평양 일대가 청국 잠상들의 근거지였다. 청의 밀수꾼을 태운 선박은 산둥반도의 옌타이煙臺·덩저우登州에서 평안도와 황해도 연안으로 몰려왔다. 밀수선 중 규모가 큰 선박은 미곡 1,000섬, 소형은 400~500섬을 싣고 한 번에 40~50척씩 떼를 지어 몰려다녔다. 청의 밀무역꾼들은 조선의 거간을 통해 주단·잡화·은괴·은전을 조선의 곡물과 교환해 가져갔다(이양자, 『조선에서의 원세개』, 2002, 104~105쪽).

『통리기무아문 일기』에 의하면 1888~89년 사이 9개월간 황해도와 평안도 접경 해안에 밀무역을 위해 청국 상선 150~160척이 드나들었다. 영국 영사 보고서에 의하면 1890년 개항장 인천에 청국 범선 14척(총 272톤)과 기선 18척(총 7,660톤)이 정박했다. 청국 해관 총세무사 로버트 하트의 보고에 의하면 조선에서 외국 상인의 밀무역 규모는 3개 개항장에서의 정식 무역액과 비슷한 규모였다.

화상이 확대되고 중국 거류민도 늘어나면서 화상들은 조선 내에서 만만치 않은 상권을 형성했다. 서울과 인천에 개설한 화상 점포는 총 73개 상사였다. 청국 상사들은 사업, 무역을 비롯해 차관 제공에 이르기까지 활동 영역이 다양했다. 조선 무역계를 주름잡던 화교 거상은 동순태同順泰를 비롯해 광대호廣大號, 금성동錦成東, 조공순兆公順, 신태자호新泰字號, 동순덕同順德, 공화순公和順 등 20~30개에 달했다(이양자, 『조선에서의 원세개』, 2002, 93쪽).

개항 이후 조선에서 활동한 화교 무역상사 중 규모가 가장 큰 기업은 광둥성廣東省 출신의 화교 탄제성譚傑生이 창업한 동순태였다. 그는 1882년 서울에 진출해 수표교 부근에서 중국산 한약재 판매와 콩나물 재배로 돈을 벌어 무역상을 설립했다. 동순태는 위안스카이와 결탁해 영국산 면포와 잡화 밀수, 조선 홍삼·곡물·우피·해산물 밀수출로 막대한 이익을 얻었다. 1890년 무렵에는 상하이·광저우·홍콩·고베·요코하마 등지에 지점을 개설했다.

외국 상인들 횡포에 저항

동순태는 조선 정부와 합작으로 통혜공사通惠公司라는 기선 회사를 설립하고 화륜선 2척을 한강에 투입해 화물과 여객 운송을 독점했다. 1893년에는 마차 회사를 설립해 서울-제물포 간 육로 운송 사업을 시작했다. 1899년 경인 철도가 개통되기 전까지 서울-제물포 간을 운행한 동순태의 마차는 가장 편리하고 빠른 교통수단이었다.

화상들은 영국산 면제품을 대규모로 수입해 직거래했기 때문에 가격 경쟁력에서 일상을 앞섰다. 상업 활동에 대해서는 도가 튼 화상들은 본국의 정치적 위세를 배경으로 지방의 소읍까지 상품 판매와 물화 수집을 해 이득을 챙겼다. 덕분에 국내의 객주와 여각旅閣, 보부상, 육의전六矣廛 상인들이 심대한 타격을 받았다. 육의전은 특정 상품에 대한 독점 판매권을 부여받는 조건으로 왕실과 국가에 필요한 물품을 조달하는 대형 상점이었는데, 이들의 상권이 위협받을 정도로 화상의 공세는 대단했다.

화상의 횡포에 대한 반감은 구타, 재물 탈취, 살상, 방화 등 폭력적 양상으로 표출되었고, 그 빈도도 크게 늘었다. 조선 상인과 백성들의 반발로 화상들의 피해가 속출하자 위안스카이는 서울 곳곳에 흩어져 영업하던 화상들을 남문과 동문 내의 궁궐 일대로 옮겨 한곳에 모여 살도록 유도했다. 이 조치로 인해 서울 시내 두 곳에 중국인 집단 거류지가 형성되었다. 1889년에는 화상 보호를 이유로 덕수궁 근처에 청국인 거류지역을 하나 더 지정했다.

외국 상인들이 서울 상권을 장악해 가자 서울 상인들은 1890년 1월 총리아문에 몰려가 청·일 양국 상인의 퇴거를 청원했다. 수백 명의 상인들은 멍석을 펴고 앉아 연좌시위를 벌였다. 또 시내 곳곳에 "외국 상인은 인천으로 물러가고 서울은 재래 상인들이 전업하게 함으로써 전통적인 상도덕 질서를 회복해 달라"라고 요구하는 격문을 내걸고 폐문철시했다.

1895년 청일전쟁에서 청이 패해 다수의 화교들이 본국으로 철수했고, 이때부터 조선에서 화교 상권은 급격하게 축소되었다. 하지만 동순태는 건재했다. 1920년대에는 미국에서 최신형 고급 승용차 커닝엄을 수입해 미카도 택시회사를 운영했으며, 서울 요지에 다수의 부동산을 소유했다. 1929년 설립자 탄제성이 사망하면서 경영이 악화되자 재산을 정리하고 상하이로 철수했다(김용삼, 『한강의 기적과 기업가정신』, 2015, 31쪽).

해마다 무역수지 적자 누적

옆의 두 도표는 1885~92년까지 조선이 청일 양국과 수행한 무역액 통계다. 1892년의 경우 조선은 청에 인삼·쇠가죽·해산물 등 14만 9,861달러(멕시칸달러)를 수출한 반면, 수입액은 205만 5,555달러로

조선이 청·일로부터 수입한 수입액 비교

(단위 : Mexican Dollar)

연도 \ 국별	청국		일본	
	수입액	백분비	수입액	백분비
1885	313,342	19	1,377,392	81
1886	455,015	17	2,064,353	83
1887	742,661	26	2,080,787	74
1888	860,328	28	2,919,115	72
1889	1,101,585	32	2,299,118	68
1890	1,060,075	32	3,086,897	68
1891	2,148,294	40	3,226,468	60
1892	2,055,555	45	2,555,675	55

출처 : 이광린, 『한국사강좌(5)』(근대편), 일조각, 1981, 259쪽

조선이 청·일에 수출한 수출액 비교

(단위 : Mexican Dollar)

연도 \ 국별	청국		일본	
	수출액	백분비	수출액	백분비
1885	9,479	2	377,775	98
1886	15,977	3	488,041	97
1887	18,873	2	783,752	98
1888	71,946	9	758,238	91
1889	109,798	9	1,122,276	91
1890	70,922	2	3,475,098	98
1891	136,464	4	3,356,351	96
1892	149,861	6	2,271,928	94

출처 : 임명덕, 『袁世凱與朝鮮』, 201쪽.

190만 5,694달러의 무역수지 적자를 기록했다. 같은 해 일본으로의 수출액은 227만 1,928달러인 반면 수입액은 255만 5,675달러로 28만 3,747달러의 무역수지 적자를 기록했다.

1885년부터 1892년까지 청나라에서 부산·원산·인천 3개 항구로의 수입액 합계는 31만 3,342달러에서 205만 5,555달러로 늘었다. 특히 인천 항의 무역액이 부산과 원산의 합계액보다 훨씬 많았다. 이것은 부산을 통한 일본과의 무역 위주였던 패턴이 무너지고 인천을 통한 청국과의 무역이 주류를 이루었음을 알려주는 증거다.

만성적인 무역수지 적자는 조선의 경제 상황을 크게 악화시켰다. 특히 화상이 주도적으로 수입한 값싼 서양산 면제품(주로 영국제)은 농촌의 자급자족 경제를 분해해 농촌 경제의 시장 의존도를 높였다.

1882년 체결된 조청상민수륙무역장정 제7조는 윤선 정기 항로 개척, 청국 군함의 조선 연해 및 항구 자유 왕래권, 조선 해방海防의 청국 담당, 청국 병선 관리관의 인천 파견 등이 주요 내용으로 포함되어 있었다. 조청 양국은 이 규정에 따라 윤선왕래합약장정輪船往來合約章程을 체결했다. 이 장정에 의해 청나라 초상국 소속의 푸유富有호가 매월 1회 인천-상하이 간 정기 운항을 개시했다. 1884년 1월에는 상하이뿐만 아니라 옌타이와 나가사키도 운항했다. 이때는 조선과 청나라 무역이 초보 단계여서 물동량이 거의 없어 수개월 후인 1884년 8월에 항로가 폐지되었다.

위안스카이는 부임 후 무역장정 내의 군사 조항을 강화하기 위해 병선장정兵船章程 6개 조항을 조선에 강요했다. 병선장정의 내용 중에 "청국 군함의 왕래 및 청국 해병의 하선과 승선 시 조선 해관의 간섭을 받지 않는다"라는 조항이 있었다. 이것은 청의 군인·관료·상인 등의 군함을 이용한 밀수 행위를 합법화하려는 목적이었다(이양자, 『조선에서의 원세개』, 2002, 194쪽).

병선장정을 강제한 것은 위안스카이가 자행한 대對조선 압박 정책의 일면을 적나라하게 보여주는 증거다. 당시 조선 지도부는 '위안스카이의 조정朝廷'으로 불릴 정도였다. 조선의 내외정에 대한 간섭 및 압력, 청국 군함을 이용한 무관세 무역에 이어 병선장정 체결로 청국 군함을 이용한 밀수가 합법화되었다. 게다가 청국 군함에 의한 청국 상선 및 어선 보호가 보장됨으로써 조선에 대한 청의 경제적 약탈이 극대화되었다.

재정난 닥칠 때마다 청에 차관 요청

앞에서 잠시 설명했듯이 묄렌도르프는 1883년 영국계 상사인 이허양행과 기선 운항에 관한 계약을 체결했다. 그 결과 1883년 11월부터 1년 기한으로 청의 초상국에서 용선한 660톤급 기선 난성호를 투입해 나가사키-부산-인천-상하이를 연결하는 조선 최초의 정기 항로를 개설했다. 이 항로는 예상과는 달리 수송량이 적어 적자가 누적되자 조선 측의 계약 연장 요청에도 불구하고 1884년 11월 운항이 중지되었다.

1885년 가을, 조선 조정은 일본 정부로부터 임오군란 배상금 지불 독촉이 심해지자 독일계 세창양행에서 2만 파운드의 차관을 도입했다. 이자는 연리 12퍼센트에 해관·우피牛皮·사금砂金 등을 담보로 설정했고, 독일 선박의 전라도 세미稅米 운송권을 부대조건으로 하는 등 까다로운 조항들이 포함되어 있었다.

조선이 독일계 상사로부터 차관을 도입했다는 정보를 입수한 위안스카이는 세창양행의 차관 조건에 대한 압력을 가했다. 그 결과 세창양행은 이율을 연리 10퍼센트로 낮추고 우피와 사금 담보는 취소되었다(이양자, 『조선에서의 원세개』, 2002, 125쪽). 위안스카이가 조선의 재정에 도움을 주기 위해 압력을 행사한 것이 아니다. 독일 회사의 이권 독점으로 청국 상인들이 손해 볼 것을 우려해 행동에 나선 것이다.

세창양행은 조선 정부에 2만 파운드 차관을 제공하는 대가로 1886년부터 1년간 호남 지역의 세미 운송권을 획득했다. 세창양행이 남부 지방 곡물 운송을 위해 투입한 기선은 부산과 인천, 전라도 일대는 물론 상하이까지 왕래했다. 운임은 재화 가격의 12~15퍼센트로 상당히 고가였다. 세창양행은 연간 3만~5만 석의 세미 운송으로 막대한 이득을 취했다.

세창양행은 1897년 채광한 금의 4분의 1을 조선 정부에 납부하는 조건으로 강원도 당현 금광을 25년간 소유했다. 세창양행은 독일산 바늘, 염료, 금계랍(키니네), 영국산 면제품을 수입했고 조선산 쇠가죽, 쌀, 콩 등을 수출했다. 창업자인 볼터는 1907년 마이어와 동업 관계를 청산하고 세창양행을 단독 경영했다. 서울과 제물포에 막대한 토지를 소유해 '제물포의 왕'이라 불렸던 볼터는 6·25 전쟁이 발발하자 사업을 접고 한국에서 철수했다.

일본은 1882년 이래 일본우선日本郵船주식회사가 부산·인천·원산 등 3개 개항지에 지사를 두고 항운 사업을 시작했다. 청나라도 종주국으로서의 체면을 유지하고 늘어나는 화상들의 조선 진출을 후원하기 위해 광지륜廣濟輪이라는 선박을 투입해 인천-상하이 간을 월 1회 운행했다.

빚을 내서 빚을 막는 악순환의 연속

외국 자본의 이권 탈취 방식 영업으로 인해 조선의 산업과 경제는 곳곳에서 파탄이 났다. 차관을 도입한 몇 년 후에는 원금과 이자를 갚기 위해 더 많은 차관을 도입해야 하는 악순환이 반복되었다. 앞서 소개한 세창양행의 2만 파운드 차관도 기한이 지나도록 상환하지 못했다. 그 결과 이자가 가산되어 상환 금액이 10만 냥에 이르렀다. 상환 독촉을 견디다 못한 고종은 위안스카이에게 구원을 요청했다. 위안스카이의 주선으로 1892년 8월 19일 조선에 진출한 화교 기업 동순태로부터 월 6퍼센트, 80개월 분할 상환 조건으로 10만 냥을 차관해 세창양행의 차관을 갚았다(이양자, 『조선에서의 원세개』, 2002, 131~132쪽 참조).

조선 정부는 외국 상사에게 이권을 넘겨주느니, 차라리 선박을 도입해 직접 세미를 운송하기로 결정했다. 이를 위해 1886~87년 조선에서 궁정 전기 공사, 스탠더드석유회사 대리점을 경영하던 타운센드양행(Townsend & Co.)과 일본 다이이치은행으로부터 14만 냥의 차관을 도입해 윤선輪船(수레바퀴 모양의 수차를 회전시켜 운항하는 배) 3척을 도입했다. 이 선박들은 세미, 민수용 농산물, 석탄 운송에 이용했다.

이때 들여온 차관도 제때 상환하지 못해 독촉이 심해지자 고종은 또다시 위안스카이에게 구원을 요청했다. 동순태로부터 10만 냥을 차관한 지 42일 만인 10월 6일, 또다시 10만 냥 차관 계약을 체결했다. 월 6퍼센트의 이자와 인천·부산항 해관세로 100개월 분할 상환한다는 조건이었다.

고종으로부터 거듭 차관 요청을 받은 위안스카이는 "대여가 많으면 많을수록 청의 권리는 신장된다"라면서 계약 조건에 한 가지를 추가했다. 조선과 화상 합작으로 회사를 설립하고, 50톤급 소형 기선을 구입해 인천-서울 간 청국 상인들의 화물과 조선의 세미 10만 석의 운반 이권을 15년간 동순태에게 넘겨준다는 내용이었다. 고종은 울며 겨자 먹기로 이 조건을 수락했다.

동순태는 조선 정부와 합작으로 한화윤선공사韓華輪船公司를 설립해 인천-서울 간 운항권을 획득했다. 이 항로는 인천-상하이 간 초상국 윤선의 정기 항로와 연결되어 조선에 대한 청나라의 경제 침탈을 확대했다. 덕분에 1890년대 초 화상 활동이 일상을 압도하는 계기가 되었다.

위안스카이는 화상들의 밀수를 묵인해 그들 상품을 내륙으로 운반하는 데에도 조선 조정이 빚을 내어 구입한 기선이 제공되도록 압력을 가했다. 이런 모습을 목격한 조선의 외교고문 오언 데니는 "위안스카이는 밀수꾼이며 외교의 무법자"라고 비판했다.

청나라 이외 국가에서의 차관 도입 통제

의료 선교사로 내한했다가 조선 주재 미국 공사관의 외교관으로 임명된 알렌은 위안스카이가 금지된 도박을 저지른 죄로 체포된 중국인을 청국 공사관 앞, 길 가는 사람들이 지켜보는 앞에서 직접 처단하는 장면을 목격했다(김원모, 『개화기 한미교섭관계사』, 2003, 511쪽). 재한在韓 중국인에 대한 생살여탈권을 그가 장악하고 있었던 것이다.

조선 정부는 동순태로부터 20만 냥의 차관을 얻어 급한 불은 껐지만, 잡다한 채무는 곳곳에 쌓여있었다. 일본 은행으로부터 빌린 거액의 차관을 기한이 넘도록 상환하지 못해 애를 먹자 조정은 또다시 위안스카이에게 차관 공여를 요청했다. 그 결과 상하이의 영국계 후이펑은행滙豐銀行과 교섭해 1893년 1월 하순 5만 냥의 차관을 도입해 일본 빚을 갚았다.

위안스카이는 차관을 통한 조선의 속국화, 청의 종주권 강화를 집요하고 치밀하게 추진했다. 차관을 통한 압박 정책에 대해 직속상관인 리훙장은 "쓰다듬는 가운데 제어의 뜻을 두고, 조선의 이권을 조정해 속번을 지배하는 방식"이라면서 기특하게 여겼다.

1889년까지 조선의 내·외채 총액은 130만 냥으로 추산되었다. 고종은 빗발치는 외채 상환 독촉과 미상환에 따르는 이권 침탈에서 벗어나고 또 청의 간섭을 물리치기 위해, 위안스카이의 첩자가 들끓는 외교부서(외아문)를 제쳐놓고 외국에서 초빙해 온 인사들을 통해 비밀리에 차관 도입을 추진했다(이양자, 『조선에서의 원세개』, 2002, 126쪽).

1889년 5월 민영익은 외교고문 데니와 함께 주한 프랑스 공사 콜랭

드플랑시와 비밀 교섭을 진행해 프랑스 은행으로부터 200만 냥을 차관하기로 약속받았다. 200만 냥 가운데 130만 냥은 각국으로부터 빌린 차관 원리금을 청산하고, 나머지 70만 냥은 광산 개발과 철도 부설 자금으로 사용하려 했다. 위안스카이는 외아문독판서리 조병직을 통해 이 내용을 파악하고는 압력을 가해 중지시켰다(이양자, 『조선에서의 원세개』, 2002, 126~127쪽).

이 사건 이후 리훙장은 청국 총세무사 하트의 건의를 받아 각국에 조회를 보내 "어느 나라든 청 조정의 인준 없이 조선과 계약한 차관은 무효"라고 선포했다. 고종은 르장드르를 총세무사에 임명해 해관에 대한 청의 간섭에서 벗어나려 했다. 이 사실을 알게 된 위안스카이는 치열한 방해 공작을 펼쳐 르장드르는 총세무사 대신 내무협판직을 제수받았다.

고종은 르장드르를 일본에 파견해 일본으로부터 150만 엔 차관 도입 계약을 추진했다. 조선 해관 수입을 저당하고 원리금을 12년 분할 상환하는 조건이었다. 리훙장과 위안스카이는 주일 청국 공사 리수창黎庶昌을 통해 르장드르의 활동을 저지했다. 르장드르는 여러 차례 차관 도입 교섭을 벌였지만, 전례 없이 강력하고 조직적인 청의 저지 정책으로 거듭 실패했다.

조선이 청의 감시망을 교묘하게 피해 해외로부터 차관 도입을 시도하자 청은 1890년 3월 중순, 세계 각국은 조선과 차관 도입 계약을 맺어서는 안 된다는 희한한 성명을 발표했다. "조선은 나라 살림이 빈곤한데 낭비가 심해 채무 상환이 어려우니 각국 상사는 조선에 차관을 제공해서는 안 된다. 앞으로 조선 정부가 채무를 상환하지 못해도 청은 보증을 하지 않는다. 만약 각국이 외채 때문에 조선 해관을 저당하고자 해도 중국은 절대 윤허하지 않는다"라는 내용이었다(이양자, 『조선에서의 원세개』, 2002, 129쪽).

이 성명이 발표되자 가장 먼저 영국이 찬성 입장을 밝혔고, 프랑스·벨기에·이탈리아는 이의를 제기했으며, 러시아와 미국은 침묵했다. 일본만이 "차관은 해당국이 스스로 알아서 결정하고 처리할 문제"라고 항의했다.

1892년 위안스카이가 휴가차 본국으로 돌아간 틈을 이용해 조선 정부는 일본과 신식 화폐 주조기 도입을 위해 25만 원의 차관을 계약했다. 위안스카이는 서울 귀임 즉시 조선 정부에 이 돈을 상환하라고 압력을 넣은 후 "앞으로는 절대 청국에서만 차관을 하라"라고 요구했다.

전선電線 조약으로 조선의 목 졸라

이 무렵 위안스카이가 조선 조정에 미친 영향력은 거의 절대적이었다. 그의 임기는 3년이었다. 리훙장은 위안스카이를 두 차례나 유임시켜 9년간 조선에서 활동하도록 배려했다. 그를 계속 유임시킨 이유는 그가 "상국의 체통을 유지하고, 조선을 조종해 배반하지 않도록 하는 데 공을 세웠기 때문"이었다.

리훙장은 조선에서 위안스카이의 활약상에 대해 "종속국이 주제넘게 함부로 행동하는 것을 막고, 열강이 호시탐탐 엿보는 것을 막아 충성을 다하게 했고, 이해와 향배를 심사 선택할 줄 알았으며, 중요 사건이 있을 때마다 심신을 다해 대책을 협의해 수시로 위기를 막고 보필해 이익됨이 컸다"(이양자, 『조선에서의 원세개』, 2002, 70쪽)라고 칭찬했다.

위안스카이를 통한 청의 집요한 내·외정 간섭은 통신 분야에서도 두드러졌다. 1884년 3월 홍영식이 우정국총판에 임명되어 그해 10월에 근대식 우편 업무가 개시되었다. 우정국이 설립되면서 파발마를 통해 소식을 전하는 역참제가 폐지되고 근대적 우편 제도가 시행되었다. 외국과 우편물 교환 협정을 맺어 해외 통신도 가능해졌다.

우정국을 통한 전신 업무는 경제적 측면뿐만 아니라 정치·군사적 측면에서도 큰 의의가 있었다. 일본은 1876년 1월 부산에 일본 우편국을 개설했고, 1884년 2월에는 부산-나가사키 간 해저 전신선을 부설하고 일본 전신국을 부산에 개국했다. 일본이 부산과 나가사키를 해저 전선으로 연결하자 청나라도 1885년 7월 17일 조선과 조청전선조약(일명 의주전선계약)을 체결했다. 8조로 된 조약 내용은 다음과 같다(이양자, 『조선에서의 원세개』, 2002, 136쪽).

① 인천-한성(서울)-의주-평황청을 경유하는 육로 전선을 가설한다.
② 비용은 10만 냥을 청에서 차관해 5년 거치 후 20년 동안 매년 5,000냥씩 무이자로 상환한다.
③ 이후 25년간 해륙海陸 전신선 부설권을 타국에 허락하지 않고, 또한 청나라 화전국華電局의 승인을 얻어 확충·증설할 수 있다.
④ 재료, 기기, 기술자, 종사원, 봉급, 식대, 여비 등을 모두 차관 금액에서 지급한다.
⑤ 차관을 상환할 때까지 중국 전보국에서 대리 관리한다.
⑥ 차관 금액 10만 냥은 중국 전보국이 톈진 후이펑은행에 예치해 두고 필요에 따라 인출·사용한 후 북양대신에게 보고하고 조선 조정의 검사를 받는다.
⑦ 조선 조정은 전선 가설상의 방해나 파손에 책임을 진다.
⑧ 준공 후 수리 보호를 위해 중국처럼 20리마다 병졸 1명과 100리마다 장교 1명을 두어 순회 감시케 한다. 이들은 조선 조정이 선발하고 화전국이 관할한다.

조청전선조약 내용을 자세하게 소개한 이유는 이 조약이 참혹할 정도로 조선 측에 불리한 내용으로 구성되어 있었기 때문이다. 차관은 무이자이므로 조건은 유리한 것처럼 보이지만, 거기엔 다 이유가 있었다. 조선이 다른 나라에서 차관을 도입하지 못하도록 저지하기 위해서였고, 유리한 상환 조건을 내세워 청은 25년간 조선에서 전선 부설권 및 관리권을 차지했다. 이런 명문 조항으로 인해 조선 전보국은 중국 화전국의 일개 지방 전보국으로 격하되었다.

전선에 대한 민중의 저항

전선조약 체결 즉시 양국은 전선 가설 작업에 돌입했다. 덴마크 전신기술자 물렌스테트(Henry J. Muhlensteth) 등 요원 150여 명이 조선에 도착해 전선 가설에 착수했다. 1885년 9월 28일 한성전보국 개국과 동시에 서울-인천 간 전신선이 개통되었다.

11월 12일에는 서울-의주 간 가설 공사가 완공되어 청국 전신선과 연결되었다. 이것이 서로전선西路電線이다. 이때부터 서울과 베이징이 전신으로 연결되었고, 청이 조선과 외부 세계를 연결해 주는 전보망을 장악함으로써 청은 조선에서 일어나는 모든 사건에 대한 소식을 즉시 접하고 즉각 대응할 수 있게 되었다.

서로전선은 청이 차관으로 제공한 자금과 기술로 이루어졌다. 뿐만 아니라 순찰 장교와 병졸을 제외한 모든 운영을 청의 화전국이 맡았다. 청의 압박에 의해 가설된 서로전선은 가설 공사 때는 물론이고 가설 후에도 백성들의 노동력을 강제 동원했으며, 전선의 보호·감시뿐만 아니라 전선 유지 경비마저 백성들이 부담해야 했다.

서울-공주-전주-장수-거창-대구-부산으로 이어진 전선이 남로전선南路電線이다. 이 노선은 1888년 7월 9일 전신 사무가 개시되었고,

1889년에는 공주-청주 간 청주 지선이 준공되었다. 1890년 8월 10일에는 서울-원산 간 북로전선北路電線이 연결되었다. 이러한 전신 설비 명의는 조선이었지만, 실제로는 청 조정에 의해 관리되고 감시를 받았다. 1894년 봉기한 동학 농민군은 "민간에게 가장 큰 피해를 끼치는 것은 전보국이니 없애버려라"라고 요구할 정도로 원성이 자자했다(김정기, 「청의 조선 '속방화' 정책과 동학농민전쟁」, 2002, 37쪽).

임오군란 진압 직후 체결된 조청상민수륙무역장정에 의해 화상들은 조선에서 내지 통상 및 여행권, 연안 무역 및 연안 운송권, 국경 무역권, 서울에 상점 개설권 등을 획득했다. 그 결과 조선의 모든 개항장과 미개항장은 물론, 수도 서울 한복판까지 화상과 청국 자본이 쓰나미처럼 몰려와 잠식하기 시작했다. 조선 국토는 화상들의 이권 침탈의 낙원으로 변했다.

도가 지나친 화상과 일본 상인들의 이권 침탈에 분노한 조선 군중들이 장시, 포구, 서울 시장에서 외국 상인들을 습격·방화·폭행·살인하는 사건이 연이어 발생했다. 1887년, 1889년, 1890년 세 차례 서울에서 외국 상인 축출을 위한 대규모 투쟁이 발생했다. 이 중 가장 규모가 크고 격렬했던 투쟁은 1890년에 폭발했다. 화상들을 서울 밖으로 축출하기 위해 조선 상인들은 조직적인 연좌 데모와 상가 철시 투쟁을 벌였다. 그 결과 서울 일대의 상권은 거의 마비 상태에 빠졌다(김정기, 「청의 조선 '속방화' 정책과 동학농민전쟁」, 2002, 38쪽).

이 모든 청의 내정 간섭 현상의 근원을 거슬러 올라가면 민씨 척족 세력의 가렴주구에 의한 임오군란과 김옥균 일파의 갑신정변 쿠데타가 나타난다. 조선이 무너지는 과정에서 위정척사 수구 세력의 무능 및 국제 정세 안목 결여도 큰 문제였지만, 개화당도 응분의 책임을 져야 할 부분이 적지 않다.

1873년까지 대원군 치하에서 쇄국 정책을 추진해 왔던 조선은 고종이 친정을 개시하면서 개국 노선으로 돌아섰다. 1876년 일본, 1882년 미국 등 서구 열강과 수교하면서 고종은 왕비 민씨의 일가친척 및 개화파 관료들의 도움을 받아 개화·자강 운동을 벌였다. 고종은 통리기무아문을 개설하고 일본에 조사시찰단, 청에 영선사, 미국에 보빙사를 파견하는 등 적극적인 개화 정책을 추진했다.

근대화의 딜레마

개화를 통한 근대화 노력은 1884년 12월, 일본의 힘을 빌려 근대화를 앞당기려는 급진 개화당의 갑신정변이 실패하면서 심각한 차질을 빚게 된다. 임오군란 때부터 종주권을 앞세워 조선의 내·외정에 간섭해 오던 청이 갑신정변을 계기로 식민화 정책으로 돌아섰다. 청이 위안스카이에게 총독과 같은 권한을 부여해 9년 동안 서울에 상주시킨 이유는 갑신정변 같은 반청·친일 경향의 근대화 운동을 봉쇄하고 조선을 보호국으로 묶어두기 위한 나름의 전략이었다.

위안스카이는 조선과 서구 체약국 간의 외교·통상·문화적 접촉을 제한했고, 내부에서는 개화에 긍정적인 관료들을 관직에서 몰아내고 친청 관료들로 대체했다. 권력의 향배에 민감한 민씨 척족들은 재빨리 위안스카이와 결탁해 조선의 정치를 통제했다. 그 결과 조선은 명목상으로는 독립국이었지만, 청의 극심한 내정간섭으로 인해 주권 행사를 못하는 식민지 신세를 면치 못했다.

위안스카이가 총독처럼 군림했던 1885~94년 기간 동안 조선은 도쿄와 워싱턴 이외에는 재외 공관 개설이 불가능했다. 그나마 도쿄와 워싱턴에 개설된 공사관은 공사 자리를 비워둔 채 하위 관원 3명 정도가 사무를 보는 방식으로 운영되었다.

조선의 개항으로 개항장에 일상과 화상이 다수 진출했다. 하지만 청국의 간섭과 압력으로 광공업이나 상업 진흥이 거의 불가능해 농본주의적 틀에 묶여있었다. 국가의 재정 수입은 지세地稅, 해관세, 인삼세 등 700만 달러 수준에 불과했다(유영익, 『동학농민봉기와 갑오경장』, 일조각, 1998, 209쪽).

나라를 지키는 군대는 임오군란 이전까지 일본 장교 1명을 고용해 신식 군대인 별기군을 훈련하던 중 임오군란으로 해산되었다. 1888년 미국인 군사 교관 4명을 초빙해 연무공원이라는 사관학교를 설치하고 미국식 군사 교육을 실시했다. 하지만 정부의 예산 부족으로 실패해 조선은 외침은커녕 민란을 억제할 능력마저 상실한 상태가 되었다.

1888년 서울 일대에 외국인이 어린아이를 유괴해 심장과 안구를 파내 약재나 사진 재료로 쓴다는 소문이 퍼지면서 외국인 습격 사건이 연이어 발생했다. 결국 미국·러시아·프랑스 해병대가 서울에 들어와 외국인을 보호하는 상황이 벌어졌다. 근대화된 교육기관이라고는 육영공원이 유일했으나 1889년 중반 개점휴업 상태에 빠졌다. 서양 선교사들이 배재학당과 이화학당을 세웠으나 학생 수는 몇십 명 수준에 불과했다. 그 결과 국가 지도부는 물론, 일반 백성에 이르기까지 국제 정세에 완전 무지한 '암흑 상태'가 전개되었다.

신분 제도도 엄격해 여흥 민씨, 안동 김씨 등 극소수의 특정 양반 가문이 거의 모든 기득권을 장악했다. 개인이 아무리 유능해도 특정 양반 가문 출신이 아니면 입신양명이 불가능한 사회로 전락했다. 이 와중에 청의 지원을 받아 집권한 민씨 척족 세력은 자신들의 권력 유지를 위해 필요한 재원을 매관매직, 가렴주구 등 비정상적인 방법을 통해 마련했다. 이러한 수탈에 저항하는 민란이 곳곳에서 폭발해 조선은 뿌리가 흔들렸다. 이것이 1882년부터 1894년까지 청국의 속방화 정책하에 억눌려 있던 조선의 참모습이었다.

개화당은 자신들이 의지하려 했던 외세의 본질이 약자들을 돌봐주는 '천사'가 아니라, 자국의 이익에 따라 행동하는 '파우스트 정신의 발현자'라는 제국주의의 본질을 전혀 이해하지 못했다. 오죽했으면 주일 영국 공사 파크스에 대한 인물평이 "불명예스런 폭력과 잔혹함을 드러내는 배고픈 늑대"로 비유되었겠는가.

조선은 소국 의식, 일본은 대국 의식

조선의 개화당 인사들이 제국주의의 본질을 이해하지 못하고 그들에게 놀아나고 있을 때, 일본의 개화를 이끈 '칼 찬 사대부' '독서하는 사무라이들'은 제국주의의 본질을 처절하게 깨닫고, 그들의 침략 근성을 막아내기 위해 외세에 철저히 대비하고 신중하게 행동했다. 그 결과 외세 의존적이며 타율에 의지한 개화가 아니라 외세를 막아내고 국가 자존을 지키기 위한 개화 및 개국에 성공했다.

이러한 현상에 대해 기무라 간은 조선은 소국小國 의식, 일본은 자기 몸에 맞지 않는 대국大國 의식을 가지고 있었다고 해석한다(기무라 간, 김세덕 옮김, 『조선/한국의 내셔널리즘과 소국의식』, 산처럼, 2007, 9쪽). 조선의 선비들은 왜 열강의 제국주의 근성이 약한 나라를 도와주는 자비가 아니라 철저하게 먹어치우는 '악마적 포식자'라는 사실을 깨닫지 못했을까?

제4권 연표

1590년 3월, 조선 정부, 황윤길·김성일 통신사로 일본 파견(임진왜란 첩보 수집 임무)

1591 2월, 조선 통신사 귀국

1635 6월, 홍타이지, 차하르 몽골 복속시키고 쿠릴타이에서 신무영명황제神武英明皇帝 존호 얻음

1636 2월, 조선 조정, 후금 사신 잉굴다이·마푸타이 추방

4월 11일, 홍타이지, 국호를 청淸으로 선포하고 황제 즉위식 거행. 조선 사신 나덕헌·이확, 홍타이지에게 배례 거부

4월 26일, 나덕헌·이확, 청 태종의 국서 팽개치고 귀국

9월, 최명길, 군사령부 평안도 의주로 이동 건의했으나 묵살당함

12월 8일, 청 태종 홍타이지, 압록강 건너 조선 침략(병자호란 발발)

12월 14일, 청군 로오사 선봉대 무악재 점령

12월 29일, 홍타이지가 지휘하는 청군 본진 남한산성 도착

1637 1월 16일, 남한산성 포위한 청군 진영에 천연두 발병

1월 20일, 홍타이지 "성에서 나와 항복하면 철군하겠다" 국서 보냄

1월 22일, 강화도 청군에게 함락

1월 27일, 인조, 항복 수락

1월 29일, 주전론 주장한 윤집·오달제 청군 진영에 넘김

1월 30일, 인조, 삼전도에서 청 태종 홍타이지에게 항복(병자호란 종료)

2월 2일, 홍타이지 서둘러 철군

1704 숙종, 대보단 건설하고 재조지은再造之恩의 주인공 명 황제 만력제에게 제사

1749 영조, 대보단 중건. 제사 대상을 명 초대 황제 홍무제, 마지막 황제 숭정제로 확대

1764 영조, "황조의 일월, 우리 동국이 대명" 인쇄해 신하들에게 배포

1815 워털루 전투에서 영국이 나폴레옹 군대 격파. 영국-러시아 그레이트 게임 시작

1832 독일인 귀츨라프 선교사, 조선 방문

1859 11월, 미국 개신교 선교사 6명 최초로 일본 파송

1862 조선군 총병력 10만 5,863명. 실제 병력은 3만 7,809명

1866 8월, 제너럴셔먼호 격침. 당시 이 배 통역관 토마스 선교사 순교

1869 11월, 수에즈 운하 개통

1870 7월, 프랑스와 프로이센(독일) 간 전쟁 발발

1871 1월, 프로이센-프랑스 전쟁에서 프랑스 항복

1875 조선 정부 1년 세입 52만 냥

1876 1월, 일본, 부산에 일본 우편국 개설

1878 12월, 일본, 육군성 참모국 폐지하고 참모본부 설립(프로이센 군제 도입)

1881 5월, 고종, 일본에 조사시찰단 파견

1882 8월, 고종, 하나부사 주한 일본 공사에게 "조선 난병들 난동 부릴 경우 일본 공사관으로 피신" 요청(최초의 일관파천 요청)

8월, 조청상민수륙무역장정 체결, 천수탕을 총판조선상무로 조선 파견

10월 13일, 박영효 수신사, 임오군란 사죄 위해 일본 파견

12월, 고종, 상공업 장려 유시 발표

1883 1월 9일, 미국 정부, 조미수호통상조약 정식 비준

1월, 주한 일본 공사 다케조에 신이치로 서울 부임

2월, 박영효 한성판윤 임명

3월 14일, 묄렌도르프를 전환국총판에 임명, 당오전 주조

4월 22일, 김옥균 동남제도개척사 겸 포경사에 임명

4월 23일, 박영효 광주유수로 좌천, 윤웅렬 남도병마절도사 임명(개화당 쿠데타군 양성 시작)

5월 12일, 루시어스 푸트 초대 조선 주재 미국 공사 서울 도착

6월, 김옥균, 차관 도입 위해 제3차 도일

6월 16일, 인천에 국내 최초로 해관 설치

7월 8일, 조선 보빙사절단 미국 파견 위해 서울 출발

8월, 통역관 양성 위해 동문학同文學 설립

9월 18일, 조선 보빙사절단, 체스터 아서 미 대통령에게 신임장 제정

9월, 조-영 신조약(파크스조약) 체결

9월, 김옥균, 「한성순보」에 「회사설會社說」 발표

11월 3일, 조·일 양국 수출입 상품에 관세 적용 합의(수교 7년 만에 관세 자주권 회복)

11월, 조선 청년 14명 일본 육군도야마학교 입교해 군사훈련

1884 1월 17일, 고종, 에버트 프레이저를 뉴욕 주재 조선 명예총영사에 임명

2월, 고종, 대원군 귀국 소문 돌자 주한 일본 공사에게 "일본군 파병, 일관파천" 요청

2월, 일본, 부산-나가사키 간 해저 전신선 부설, 부산에 일본 전신국 개국

4월, 일본 자유당 지도부, 일본이 청과 전쟁 일으켜 조선을 편입 주장

5월 3일, 김옥균 차관 도입 실패하고 귀국

5월, 청-프랑스 전쟁 발발. 우창칭 휘하의 조선 주둔 청군 1,500명 철수

6월, 독일계 상사 세창양행 조선 진출

6월, 고종, 메클레이 선교사에게 의료와 교육기관 설립 허가

7월 7일, 조러우호통상조약 체결(러시아와 수교)

미국 정부, '외교 및 영사법'에 의거 조선 주재 미국 공사 지위 특명전권공사에서 변리공사로 격하

7월 29일, 일본 육군도야마학교 유학생 서재필 이하 14명 생도 귀국

8월 23일, 프랑스 함대, 청의 푸저우福州함대 전멸시킴

8월, 일본 외상 이노우에 가오루, 조선에 대한 적극 정책으로 전환

9월 9일, 일본 자유당 총재 이타가키 다이스케와 고토 쇼지로, 주일 프랑스 공사 상코비치와 회담, "프랑스가 조선에서 쿠데타 실행 자금 100만 달러 제공" 요청

9월 20일, 미국 의료 선교사 호러스 알렌 서울 도착

10월 30일, 다케조에 주한 일본 공사, 고종에게 임오군란 배상금 40만 엔 탕감 통보 및 일관파천 요구 수락

11월 3일, 서울 교동에 신축 일본 공사관 낙성식

11월 7일, 김옥균, 다케조에 일본 공사와 갑신정변 거사 결정

11월 12일, 다케조에 공사, 본국 정부에 갑신정변 참여 여부 훈령 요청

11월 14일, 김옥균, 푸트 미국 공사에게 갑신정변 거사 논의

11월 24일, 김옥균, 영국 총영사 윌리엄 애스턴에게 갑신정변 거사 논의

11월 25일, 김옥균, 다케조에 공사와 갑신정변 거사 최종 점검

11월 28일, 일본 외무성, "갑신정변 쿠데타에 참여 말라" 훈령 작성

12월 1일, 개화당, 갑신정변 쿠데타 세부 계획 완성

12월 4일, 우정국 낙성식. 갑신정변 쿠데타 발발. 국왕 부처 경우궁으로 이동

12월 5일, 신정부 구성. 국왕 부처 창덕궁 환궁

12월 6일, '신정부 혁신 정령' 발표. 청군, 진압 작전 개시. 일본군과 개화당, 일본 공사관으로 철수

12월 7일, 개화당과 일본 공사 일행 인천으로 철수

12월 10일, 고종, 창덕궁으로 환궁

12월 11일, 개화당과 일본 공사 일행 나가사키 도착

1885 1월 9일, 갑신정변 해결을 위한 조일 간 한성조약 체결

1월, 푸트 미국 공사 사임, 포크를 임시 대리공사에 임명

1월, 고종, 제1차 조-러 밀약 위해 러시아 비밀 접촉

2월 1일, 조선 주재 독일 총영사대리 부들러, 조선 중립화론 주장

2월 4일, 갑신정변 사과 위해 서상우·묄렌도르프 일본 파견. 묄렌도르프, 다비도프 주일 러시아 공사와 회견, 조-러 밀약에 대한 러시아의 결심 촉구

3월 16일, 후쿠자와 유키치, 「지지신보」에 「탈아론」 발표

4월 5일, 언더우드 선교사 제물포 도착

4월 15일, 영국 해군 거문도 점령

4월 18일, 리훙장-이토 톈진조약 체결(청·일 양군 조선에서 동시 철수)

4월 21일, 러시아, 블라디보스토크 항 입구에 어뢰 설치

5월 3일, 스크랜턴 선교사 제물포 도착

5월 19일, 영국 정부, 조선 정부에 거문도 점령 사실 통보

6월, 조-러 밀약설 폭로

6월 20일, 아펜젤러 선교사, 아내 및 스크랜턴 가족과 함께 제물포 도착

7월 3일, 조-러 밀약 폭로되자 청·일 양국, 러시아에 대응 위해 '조선 개혁안' 합의

7월 17일, 조청전선조약(일명 의주전선계약) 체결

7월 23일, 리훙장, 고종에게 조-러 밀약 체결 관련 경고 서한 보냄

7월, 톈진조약에 의해 청·일 양군 조선에서 동시 철수

7월 27일, 고종, 묄렌도르프 해임

9월, 세창양행으로부터 2만 파운드 차관 도입

9월 28일, 한성전보국 개국, 서울-인천 간 전신선 개통

11월 12일, 서울-의주 간 전신선 개통(서로전선)

11월 17일, 위안스카이, 주차조선총리교섭통상사의로 서울 부임

1886 6월 8일, 고종, 아펜젤러 학교에 '배재학당' 현판 하사

6월 4일, 조불수호통상조약 체결

8월, 고종, 제2차 비밀협약 위한 예비 교섭 극비리에 진행. 민영익이 관련 내용 위안스카이에게 밀고

8월 6일, 위안스카이, 리훙장에게 제2차 조-러 밀약 추진한 고종 폐위 건의

8월 10일, 일본 정부, 김옥균을 태평양 고도 오가사와라로 추방

8월 24일, 청 조정, 조선 국왕 폐위 위한 무력시위 위해 북양함대 인천 파견

8월 28일, 위안스카이, 조선이 청·러시아 중 어디를 종주국으로 할 것인지 양자택일 압박

9월 23일, 동문학을 육영공원으로 개편

10월 3일, 리훙장, 대원군 석방 귀국시켜 조-러 밀약 체결한 고종 견제

1887 2월 7일, 조선어 성서번역위원회 조직

5월 16일, 고종, 민영준을 주일 전권공사로 일본 파견

9월, 영국인 농업 기술자 재프리 고빙해 농무학당 설립 추진

10월 9일, 아펜젤러, 정동제일교회 창립

1888 1월 9일, 초대 주미 공사 박정양 워싱턴 도착

4월, 미국 군사교관단 4명 서울 도착

7월 4일, 고종, 미국인 데이비스를 필라델피아 주재 명예총영사로 임명

7월 9일, 서울-공주-거창-대구-부산 간 남로전선 개통

11월, 영약삼단 시행치 않은 죄로 박정양 주미 공사 소환령

1890 3월, 청, "세계 각국은 조선과 차관 도입 계약 맺어서는 안 된다" 성명 발표

8월 10일, 서울-원산 간 북로전선 개통

1891 조선 쌀 연간 5만 6,000톤 일본 수출

1892 1월, 올링거 선교사 배재학당 내에 삼문출판사 설립

8월 19일, 화교 기업 동순태로부터 10만 냥 차관, 세창양행 차관 상환

10월 6일, 동순태로부터 또다시 10만 냥 차관

1893 1월, 영국계 후이펑은행에서 5만 냥 차관해 일본 차관 상환

1895 7월 15일, 미국인 사업가 모스, 운산 금광 광업권 획득

1897 미국 정부 하와이 합병

1898 1월, 배재학당 기관지 「협성회보」(주간 신문) 발간

5월 4일, 국내 최초의 일간 신문 「매일신문」 발행(사장 양홍묵, 주필 이승만)

8월, 미국, 에스파냐와의 전쟁에서 승리, 쿠바·푸에르토리코·필리핀 획득

1902 12월, 조지 존스 목사 주선으로 조선인 하와이 사탕수수밭 노동자로 첫 이민

1911 신해혁명파 인물 다이지타오戴季陶, "한국은 3,000년 이상 중국의 속국, 땅은 중국의 강토, 사람은 우리와 동족, 문자와 정치 풍속도 우리와 같아" 발언

2015 8월, 반기문 유엔사무총장, 중국 태산泰山에 올라 '중화태산中華泰山' 휘호

참고문헌

계승범, 「조선후기 중화론의 이면과 그 유산」, 『한국사학사학보』 19, 2009.

______, 『정지된 시간-조선의 대보단과 근대의 문턱』, 서강대학교 출판부, 2011.

구범진, 『청나라, 키메라의 제국』, 민음사, 2017.

______, 『병자호란, 홍타이지의 전쟁』, 까치, 2019.

기무라 간木村幹, 김세덕 옮김, 『조선/한국의 내셔널리즘과 소국의식』, 산처럼, 2007.

______, 김세덕 옮김, 『대한제국의 패망과 그림자』, 제이앤씨, 2017.

김낙환, 『아펜젤러 행전 1885~1902』, 청미디어, 2014.

김도태, 『서재필 박사 자서전』, 을유문화사, 1974.

김영수, 「서울주재 러시아공사 베베르의 외교활동과 한국정책」, 『서울과 역사』 제94호, 서울역사편찬원, 2016.

김영식, 『중국과 조선, 그리고 중화』, 아카넷, 2019.

김옥균·박영효·서재필, 조일문·신복룡 편역, 『갑신정변 회고록』, 건국대학교 출판부, 2006.

김용구, 『세계관 충돌과 한말 외교사, 1866~1882』, 문학과지성사, 2001.

______, 『거문도와 블라디보스토크』, 서강대학교 출판부, 2009.

______, 『러시아의 만주·한반도 정책사, 17~19세기』, 푸른역사, 2018.

김용삼, 『한강의 기적과 기업가정신』, 프리이코노미스쿨, 2015.
김원모, 『개화기 한미교섭관계사』, 단국대학교 출판부, 2003.
김윤희·이욱·홍준화, 『조선의 최후』, 다른세상, 2004.
김정기, 「청의 조선 '속방화' 정책과 동학농민전쟁」, 동학농민혁명기념사업회 편, 『동학농민혁명의 동아시아사적 의미』, 서경문화사, 2002.
김정호, 『한국의 귀화 성씨-성씨로 본 우리 민족의 구성』, 지식산업사, 2003.
김종학, 『개화당의 기원과 비밀외교』, 일조각, 2017.
김학은, 『이승만과 마사리크』, 북앤피플, 2013.
김학준, 『서양인들이 관찰한 후기 조선』, 서강대학교 출판부, 2010.
김한규, 『한중관계사 I』, 아르케, 1999.
김현수, 『대영제국의 동아시아 외교 주역 해리 S. 파크스』, 단국대학교 출판부, 2011.
남영우 외, 「조선말 일제 참모본부 장교의 한반도 정찰과 지도제작」, 『대한지리학회지』 44권 6호, 통권 135호, 2009.
다보하시 기요시田保橋潔, 김종학 옮김, 『근대 일선관계의 연구 (상)』, 일조각, 2013
______, 김종학 옮김, 『근대일선관계의 연구 (하)』, 일조각, 2016.
(O. N.) 데니, 신복룡·최수근 역주, 『청한론清韓論』, 집문당, 1999.
류대영, 『개화기 조선과 미국 선교사』, 한국기독교역사연구소, 2007.
______, 『초기 미국 선교사 연구』, 한국기독교역사연구소, 2013.
(F. A.) 매켄지, 신복룡 옮김, 『한국의 독립운동』, 집문당, 1999.
박도 엮음, 『개화기와 대한제국, 빼앗긴 근대와 자주독립 (1876~1910)』, 눈빛, 2012.
박성래, 『한국사에도 과학이 있는가』, 교보문고, 1998.
박은숙, 『김옥균-역사의 혁명가 시대의 이단아』, 너머북스, 2011.

박재찬, 「훈련대 사관양성소에 대한 일연구」, 『논문집』 18집, 육군3사관학교, 1983.
박지향, 『일그러진 근대-100년 전 영국이 평가한 한국과 일본의 근대성』, 푸른역사, 2003.
______, 『윤치호의 협력일기』, 이숲, 2010.
박치정, 『한국 속 중국』, 도서출판 삼화, 2017.
배경한, 『쑨원과 한국』, 한울아카데미, 2007.
배우성, 『조선과 중화』, 돌베개, 2016.
배항섭, 『19세기 조선의 군사제도 연구』, 국학자료원, 2002.
베벨리, 「1889년 여름의 서울기행」, 카르네프 외, 이르계바예브·김정화 옮김, 『러시아 첩보장교 대한제국에 오다』, 가야미디어, 1994.
(제임스) 브래들리, 송정애 옮김, 『임페리얼 크루즈-대한제국 침탈 비밀외교 100일의 기록』, 프리뷰, 2010.
(이사벨라) 비숍, 이인화 옮김, 『한국과 그 이웃나라들』, 살림, 1996.
(W. G.) 비즐리, 장인석 옮김, 『일본근현대정치사』, 을유문화사, 2010.
손정숙, 「한국 근대 주한미국공사 연구 (1883-1905)」, 이화여자대학교 대학원 박사학위 논문, 2004.
신동준, 『개화파열전』, 푸른역사, 2009.
신승하, 『근대중국: 개혁과 혁명-중화제국 마지막 왕조의 몰락 上』, 대명출판사, 2004.
신용하, 『초기 개화사상과 갑신정변 연구』, 지식산업사, 2000.
심현용, 「조러 연합군과 러일전쟁 전후 군사협력-기원, 구상, 시도」, 정성화 외, 『러일전쟁과 동북아의 변화』, 선인, 2006.
안승일, 『김홍집과 그 시대』, 연암서가, 2016.
알렌, 김원모 완역, 『알렌의 일기』, 단국대학교 출판부, 1991.

(엘리자베스) 언더우드, 변창욱 옮김, 『언더우드 후손이 쓴 한국의 선교역사 1884~1934』, 도서출판 케노시스, 2013.

(L. H.) 언더우드, 신복룡 옮김, 『상투의 나라』, 집문당, 1999.

오두환, 『한국근대화폐사』, 한국연구원, 1991.

왕소방王紹坊, 한인희 옮김, 『중국외교사』, 도서출판 지영사, 1997.

우경섭, 「조선중화주의에 대한 학설사적 검토」, 『한국사연구』 159호, 2012.

______, 『조선중화주의의 성립과 동아시아』, 유니스토리, 2017.

우 윤, 「일제의 국권침탈에 항거한 갑오농민혁명에 대한 학술적·법률적 검토」, 윤철상 편저, 『동학농민혁명의 역사적 의미』, 사회와 연대, 2003.

원유한, 「영국군의 거문도 점령사건」, 『군사』 제7호, 국방부 군사편찬연구소, 1983.12.

유영렬, 『개화기의 윤치호 연구』, 경인문화사, 2011.

유영익, 『동학농민봉기와 갑오경장』, 일조각, 1998.

유인석, 서준교 외 옮김, 『의암 유인석의 사상-우주문답』, 종로서적, 1984.

유자후, 『조선보부상고攷』, 정음사, 1948.

육군사관학교, 『한국군제사-근세조선후기 편』, 1977.

윤성렬, 『도포 입고 ABC, 갓 쓰고 맨손체조』, 학민사, 2004.

이광린, 『한국개화사연구』, 일조각, 1895.

이기동, 『비극의 군인들-근대 한일관계사의 비록』, 일조각, 2020.

이노우에 가쿠고로井上角五郎, 신영길 옮김, 『조선조 망국전야기』, 지선당, 2008.

이민식, 「19세기말 한미관계 연구」, 한국교원대학교 박사학위 논문, 1994.

이병천, 「개항기 외국 상인의 침입과 한국 상인의 대응」, 서울대 경제학과 박사학위 논문, 1985.

이선근, 『한국사-최근세편』, 을유문화사, 1978.

이성규, 「중화사상과 민족주의」, 『철학』 27집, 1992.

______, 「중화제국의 팽창과 축소-그 이념과 실체」, 『역사학보』 186집, 2005.

이성무, 『대은 변안열 평전』, 글항아리, 2015.

이승만, 오영섭 역주, 김명섭 해제, 『독립정신』, 우남이승만전집 발간위원회·연세대학교 이승만연구원 편, 2019.

이양자, 『조선에서의 원세개』, 신지서원, 2002.

이영훈, 「대한제국기 황실재정의 기초와 성격」, 『경제사학』 51, 2011

______, 『한국경제사 I』, 일조각, 2016.

이정식, 『구한말의 개혁-독립투사 서재필』, 서울대학교 출판부, 2003.

이　훈, 『만주족 이야기』, 너머북스, 2018.

이희진, 『중화사상과 동아시아-자기 최면의 역사』, 책세상, 2013.

임계순, 「한로밀약과 청의 대응」, 『청일전쟁을 전후한 한국과 열강』, 한국정신문화연구원, 1984.

전택부, 『양화진 선교사 열전』, 홍성사, 2013.

정옥자, 「대보단 창설에 관한 연구」, 『변태섭 박사 화갑기념 사학논총』, 1985.

______, 『조선후기 조선중화사상 연구』, 일지사, 1998.

조영준, 「19세기 왕실재정의 위기상황과 전가轉嫁 실태-수진궁 재정의 사례분석」, 『경제사학』 44, 2008.

______, 『조선 후기 왕실 재정과 서울 상업』, 소명출판, 2016.

조재곤, 『한국근대사회와 보부상』, 혜안, 2001.

차준회, 「한말 군제개편에 대해」, 『역사학보』 22, 1964.

최덕규, 『근대 한국과 동아시아 변경 연구』, 경인문화사, 2016.

최문형, 『제국주의시대의 열강과 한국』, 민음사, 1990.

______, 『명성황후 시해의 진실을 밝힌다』, 지식산업사, 2001.

______, 『한국을 둘러싼 제국주의 열강의 각축』, 지식산업사, 2006.

최병옥, 「교련병대(속칭 별기군) 연구」, 『軍史』 제18호, 국방부 전사편찬위원회,

1989.
최성락, 『100년 전 영국 언론은 조선을 어떻게 봤을까-'이코노미스트'가 본 근대 조선』, 페이퍼로드, 2019.
최종고, 「한독수교 100주년의 군사적 의의-한말의 초기교섭사를 중심으로」, 『군사』 제7호, 국방부 군사편찬연구소, 1983.
______, 「구한말의 한독관계」, 『한독수교 100년사』, 한국사연구협의회, 1984.
한명기, 『정묘·병자호란과 동아시아』, 푸른역사, 2017.
한승훈, 「영국의 거문도 점령과정에 대한 재검토-갑신정변 직후 영국의 간섭정책을 중심으로」, 『영국 연구』 제36호, 2016.
한용진·채성주, 「개항 이후 사관양성에 관한 고찰」, 『한국교육사학』 제23집, 2001.
한우근, 『동학과 농민봉기』, 일조각, 1997.
함재봉, 『한국사람 만들기 III: 친미기독교파 1』, H프레스, 2020.
허우이제侯宜杰, 장지용 옮김, 『위안스카이』, 지호출판사, 2003.
허태구, 「병자호란 강화협상의 추이와 조선의 대응」, 『조선시대사학보』 52, 2010.
(호머) 헐버트, 신복룡 옮김, 『대한제국멸망사』, 집문당, 1999.
홍웅호, 「개항기 주한 러시아공사관의 설립과 활동」, 하원호 외, 『개항기의 재한 외국공관 연구』, 동북아역사재단, 2009.
황현, 김종익 옮김, 『번역 오하기문梧下記聞』, 역사비평사, 1994.
후지무라 미치오藤村道生, 허남린 옮김, 『청일전쟁』, 도서출판 소화, 1997.
후지와라 아키라藤原彰, 서영식 옮김, 『일본군사사日本軍事史 上』, 제이앤씨, 2013.

세계사와 포개 읽는 한국 100년 동안의 역사 ❹
-영국·러시아 그레이트게임의 파장

펴낸날 **초판 1쇄 2021년 7월 20일**
초판 2쇄 2022년 4월 14일

지은이 **김용삼**
펴낸이 **김광숙**
펴낸곳 **백년동안**
출판등록 **2014년 3월 25일 제406-2014-000031호**

주소 **경기도 파주시 광인사길 22**
전화 **031-941-8988**
팩스 **070-8884-8988**
이메일 **on100years@gmail.com**

ISBN 979-11-86061-80-0 04910
979-11-86061-70-1 04910 (세트)

※ 값은 뒤표지에 있습니다.
※ 잘못 만들어진 책은 구입하신 서점에서 바꾸어 드립니다.